자연의 악

Nature's Evil

Александр Эткинд. Природа зла. Сырье и государство

자연의 악
천연자원의 문화사

초판 1쇄 인쇄일 2023년 10월 25일   초판 1쇄 발행일 2023년 10월 30일

지은이 알렉산드르 옛킨트 | 옮긴이 김홍옥
펴낸이 박재환 | 편집 유은재 | 관리 조영란
펴낸곳 에코리브르 | 주소 서울시 마포구 동교로15길 34 3층(04003) | 전화 702-2530 | 팩스 702-2532
이메일 ecolivres@hanmail.net | 블로그 http://blog.naver.com/ecolivres
출판등록 2001년 5월 7일 제201-10-2147호
종이 세종페이퍼 | 인쇄·제본 상지사 P&B

ISBN 978-89-6263-259-0 03900

책값은 뒤표지에 있습니다.   잘못된 책은 구입한 곳에서 바꿔드립니다.

자연의 악

천연자원의 문화사

알렉산드르 옛킨트 지음 | 김홍옥 옮김

에코리브르

일러두기

이 책은 저작권자의 허락을 받아 *Nature's Evil: A Cultural History of Natural Resources* (Polity, 2021)로 번역하였습니다.

감사의 글

《자연의 악》은 본래 내가 특별한 출판사 뉴 리터러리 리뷰(New Literary Review)와 함께 만든 여섯 번째 저서인 러시아어 원서의 영역본이다. 이를 비롯한 그 밖의 많은 점에 대해 이리나 프로호로바(Irina Prokhorova)에게 깊이 감사드린다. 그녀의 신뢰와 지원이 없었다면 나의 지적 여정은 상상도 할 수 없었을 것이다. 게다가 이 책은 폴리티 출판사(Polity Press)에서 출간된 내 세 번째 저서이기도 하다. 수년에 걸친 즐거운 협업이 가능하도록 이끌어준 존 톰슨(John Thompson)에게 진심 어린 사의를 표한다. 러시아어판의 편집자는 일리아 칼리닌(Ilya Kalinin)이었다. 그는 언제나 그렇듯 이번에도 빼어난 역량을 발휘해주었다. 앞으로도 우리 대화가 계속 이어질 수 있기를 희망한다. 지민 재단(Zimin Foundation)이 이 번역 프로젝트를 지원해주었다. 엄청난 규모로 국제 장학 사업에 기여하는 이 단체의 또다른 활동 분야가 이런 번역 프로젝트다. 용기를 내어 이 고생스러운 번역을 떠안은 이는 새라 졸리(Sara Jolly)였다. 그녀의 작업은 그저 번역에 그치는 게 아니었다. 진정한 공저라 할 만했다. 함께 배우고 가르치고 성장하는 뜻하지 않은 기회를 얻게 된 데 감사드린다. 마샤 브라티스체바(Masha Bratischeva)는 두 언어를 오가며 원고를 다루는 과정에서 몸을 사리지 않고 도와주었다.

이 책을 집필하면서 감당해야 할 다른 일이 많았음에도 끝내 완성할 수 있도록 친절을 베풀어준 모든 이들에게 감사드린다. 나는 피렌체 소재 유럽대학원(European University Institute, EUI)의 관대함에 큰 도움을 받았다. 이 책은 여러 차례의 대학원 세미나를 거쳐 발전했으며, 심도 있는 질문을 던진 수많은 박사과정 학생에게 빚지고 있다. 나의 아이디어를 지원하고 비판해준 동료들 Federico Romero, Regina Grafe, Pavel Kolar, Dirk Moses, Laura Downs, Ann Thompson, Giorgio Riello, Giancarlo Casale, Stephane van Damme, Glenda Sluga에게 감사드린다.

이 책은 친구 드미트리 판첸코(Dmitry Panchenko)한테 배운 이야기에서 시작한다. 그는 그 밖에도 다른 많은 이야기를 들려줌으로써 나를 거들었다. 그보다는 덜 분명하지만 역시나 중요한 것은 올레크 하르호르딘(Oleg Kharkhordin)과 오랫동안 나눈 대화였다. 유럽 각지에서 Leif Wenar, Mikhail Minakov, Kacper Szuletski, Sergey Medvedev는 피드백과 조언을 건네주었다. 표트르 대제 시대의 한 사건에 대해 도움을 준 Evgeny Anisimov, 그리고 이반 뇌제(雷帝) 시대에 대해 토론해준 Alexander Philippov에게도 고마움을 전한다. Anastasia Pilavsky와 Dina Guseinova는 제목을 포함한 온갖 것에 대해 조언함으로써 커다란 도움을 주었다. Anatoly Belogorsky와 Martin Malek는 러시아어판에 남아 있던 몇 가지 실수를 바로잡아주었다.

작고한 Mark Etkind, Moisei Kagan, Efim Etkind 그리고 Svetlana Boym에게 영원히 감사하고 있다. 어머니 Julia Kagan은 가장 큰 사랑과 지원의 원천이었다. Mikhail Kagan과 Masha Etkind는 숱한 기쁨

과 슬픔의 순간을 나와 공유했다. 영감의 원천인 Elizabeth R. Moore 는 현실 검증에도 도움을 주었다. 친구이자 롤모델 Leonid Gozman, Jay Winter, Simon Franklin, Ely Zaretsky, Nancy Fraser, Vadim Volkov, Timothy Mitchell, Maxine Berg, Aleida Assmann, Jane Burbank, Tony La Vopa, Stephen Kotkin, Katerina Clark는 이 책 곳곳에 저마다의 흔적을 남겨놓았다. 책 맨 뒤에는 나의 지적 부채 목록이 실려 있다. 그들의 소중한 기여에 진심으로 감사드린다.

수년 동안 집필 중인 원고에 대해 십대 아들들과 계속 논의해왔다. 그 내용이 그들 세대가 직면한 온갖 문제에 관한 것이기 때문이다. 이 책을 Mark와 Mika에게 바친다.

차례

머리말

당시에는 아무도 몰랐지만, 그때는 새로운 시대가 열린 지 33년째 되는 해였다. 제국 전역이 흉작이었으며, 제국 수도에는 금융 위기가 닥쳤고 식민지에는 사회 불안이 짙게 드리웠다. 로마 황제 티베리우스(Tiberius)는 은행들에 1억 세스테르티우스(sestertius: 고대 로마의 화폐 단위—옮긴이)를 제공해 지주에게 대출해주도록 조치했다. 물가는 시종 한층 빠른 속도로 상승했다. 타키투스(Tacitus)가 썼다. "수도에서는 높은 옥수수 가격 탓에 거의 반란이 일어날 뻔했다." 예루살렘에서 예수는 가난한 사람들이 지역 금융업자에 맞서 들고일어서도록 부추긴 뒤 처형당했다. 예수의 제자 가운데 하나인 마태는 세금 징수관이었다. 하지만 같은 해 에스파냐에 은 광산과 구리 광산을 소유한 제국 최고의 갑부 섹스투스 마리우스(Sextus Marius)는 재앙을 맞았다. "딸과 근친상간을 저질렀다는 이유로 기소되어 타르페이아 절벽에서 거꾸로 내던져진" 것이다. 타키투스에 따르면, "티베리우스는 국가가 마리우스의 금광들을 몰수했음에도 그것을 제 몫으로 챙겼다".[1] 몇 년 뒤 새로 황제 자리에 오른 칼리굴라(Caligula)는 또 한 차례의 식량 위기에 직면했다. 로마 황제의 근위군(Praetorian Guard)은 저장된 남은 옥수수를 두고 분노한 민중과 싸우느니

차라리 황제를 살해하는 편을 택했다. 수십 년이 흘렀고, 또 한 명의 황제 베스파시아누스(Vespasianus)는 변소에 세금을 부과하면서, "돈은 악취가 나지 않는다"고 말했다.

　이 책의 주인공은 토탄(peat, 土炭)과 대마, 설탕과 광석, 대구와 석유 같은 특이한 것들이다. 상이한 종류의 원자재는 자연의 요소이자 경제의 구성성분임과 동시에 문화의 엔진이기도 하다. 문명화된 삶을 주조한 것이 다름 아닌 이들이다. 이들의 독특한 특성이야말로 역사 전반에 걸친 숱한 사회의 경험이며 행위를 설명해준다. 각국은 이 원자재들과 특별한 관계를 맺고 있다. 이것이 이 책의 주요 주제다. 이들 상품에 관한 이야기에 귀 기울이다 보면 우리는 수많은 활황 및 그보다 훨씬 더 잦은 불황과 마주하게 된다. 사람들은 지상의 부싯돌에서부터 달의 흙에 이르기까지 원래는 전혀 몰랐던 많은 사물을 사용하는 방법에 대해 배웠다. 그리고 필요와 욕구에 따라 이런 제품들을 교환하면서 이 순환 관계 속에 점점 더 다양한 종류의 물질을 포함시켰다. 이는 일반적인 **상품화**(commodification) 과정이지만, 그것은 각 상품의 속성에 따라 서로 판이한 방식으로 작동했다. 원자재 공급과 관련해 위기가 닥칠 때마다 결국에 가서 일부는 부자가 되고 나머지는 파멸한다. 국가는 곡물을 축적한다. 기근이 닥치면 국민에게 나눠주기 위해서다. 사람들은 국가로부터 제 재산을 숨기려고 금을 사재기한다. 그리고 모두가 질서와 안정에 기댄다. 하지만 기근, 유행병, 또는 반란이 발생하면, 자원은 아무도 예측할 수 없었던 새로운 규칙에 따라 재분배된다. 티베리우스가 지주들에게 대출해주려고 광산 소유주를 살해했을 때, 그는 어떤 사람들의 재산권을 파괴함으로써 다른 사람들의 재산권을 지켰다. 통치자는 환전상이 미처 깨닫지 못한 사실을 익히 알고 있었다. 즉 서로 다른 유형의 자본은 설사 교환가치가 동일하다 해도 결코 동등하지 않다는 것을 말이다.

은광 소유주는 제국의 모든 지주가 가진 세스테르티우스를 다 합한 것보다 더 많은 액수를 거머쥐고 있을지도 모른다. 곡물 생산자들은 너무 수가 많아서 그들을 적으로 규정하는 일은 자멸 행위가 될 수도 있다. 하지만 개인 생산업자를 적으로 규정하고 그의 광산을 장악해 그 자본을 압류하는 일은 얼마든지 가능하다. 은은 지구의 특정 지점에서 상대적으로 적은 노동을 투입해 부를 창출하는 **국지형 자원**(topical resource)이다. 반면 곡물은 상당한 토지와 막대한 노동 투자를 요구하는 **확산형 자원**(diffused resource)이다.[2] 공간 및 노동 집약도에서 그 차이는 크지만, 화폐 단위로 계산한 둘의 관련 총액은 같을 수도 있다. 그러나 은은 공기와도 곡물과도 동일하지 않다. 은이 부족하면 부자들이 고통받는다. 곡물이 모자라면 가난한 이들이 고통받는다. 공기가 부족하면 모두가 고통받는다. 환전업자들은 화폐를 마치 보편적 등가물인 양 생각한다. 반면 통치자들은 상품 간의 질적 차이에 의존한다. 서로 다른 천연자원은 상이한 정치적 특성을 띠기 때문이다.* 은 세스테르티우스는 악취가 나지 않을 수도 있다. 하지만 꽃 향기를 맡듯 가까이 다가가 달러 지폐나 루블화(러시아의 화폐 단위—옮긴이) 냄새를 맡는다면, 거기

---

* '자원(resources)'은 라틴어 surgere(일어나다, 솟아오르다) 및 관련 단어 resurgere(다시 일어나다)에서 유래한다. 접두사 're'가 붙은 이 단어는 모든 'resources'가 재생 가능함을 낙관적으로 암시한다, 그러나 이는 사실이 아니다. '상품(commodities)'이라는 용어는 일반적으로 천연자원과 가공된 제품을 모두 아우르지만, 대규모로 유통되는 도매 제품을 뜻한다. '원자재(raw materials)'는 인간이 지표면이나 땅속 깊은 곳에서 추출하는 모든 것이라는 좀더 명확한 의미를 지닌다.

서 혹 끼쳐오는 석유 냄새를 느낄 수 있을지도 모른다.

곡물·테이블·스마트폰 등 모든 제품은 자연에서 추출한 원자재와 그 생산에 투입된 노동으로 이루어진다. 테이블은 목재나 플라스틱으로 만들어진다. 스마트폰에는 100개가 넘는 서로 다른 합금과 플라스틱이 포함되어 있다. 재화와 서비스를 생산하려면 인간 및 동물의 육체적 노력, 또는 석탄이나 천연가스의 연소를 거쳐 얻는 에너지가 필요하다. 규칙을 따르고 일반화하기에 적합한 노동과 달리, 원자재는 언제나 우연한 발견, 장거리 여행, 성공적 모험, 또는 그렇지 않으면 재난과 관련된 물질이었다. 통치자의 야망, 자연의 변덕, 과학자의 실수, 관리자의 탐욕, 이 모든 것은 중개자를 희생시키면서 광산·유전·시추공과 밀월 관계를 맺는 군주들에게서 절정을 이루었다.

금속을 다루는 경제는 섬유에 기반을 둔 경제와 다르고, 섬유 기반 경제 역시 석유 의존 경제와 다르다. 제국의 시대에 모든 경제 대국은 특정한 한 가지 천연자원에 치중했다. 당대 문화에 깊이 뿌리내린 이러한 **단일자원**(mono-resource)은 그 시대를 규정했다. 오늘날까지도 영국 상원의장은 '양털 채운 좌석(Woolsack: 이후 상원의장직의 상징으로 자리 잡았다—옮긴이)'에 앉아 있다. 이탈리아 르네상스기 예술가들은 모피와 비단(silk)에 빛의 유희를 표현하는 기술을 연마했다. 에스파냐의 초상화는 은빛으로 반짝이고, 네덜란드 화가의 회화는 검은 광목에 내려앉은 빛을 포착한다. 베네치아 화가들이 웅장한 창고와 운하를, 빅토리아 시대 예술가들이 석탄 경제의 상징인 증기기관과 스모그를 묘사한 것처럼, 러시아 거장들은 광대한 밀밭을 배경으로 왜소해 보이는 수염 난 농부들의 모습을 담아냈다. 비교우위의 경제 법칙에 따라 끊임없이 성장하는 이 같은 전문화(specialisation)는 민족국가와 제국이 무역 및 식민지화를 통해 자국에 부족한 것을 획득하도록 거들었다. 하지만 이어 **자원 이동**(resource shift)이 야기되었으며, 과거의 전문화가 배타적일수록 그에 이어지는 위기는 한층 심화되었다. 자본주의는 기나긴 발전 역사에 걸쳐 보면 '상품들의 도움으로 상품들이 생산되는 선형적 과정'이 아니다.[3] 그렇다기보다 세계 경제 조직이 다른 많은 상품을 희생시키면서 단 하나의 상품에 집중하고 그런 다음 뜻하지 않은 또 다른 주도적 상품의 선택이 뒤따르고 또 하나의 혁명적 전환이 이어진, 세계를 뒤흔드는 일련의 선택들이다.

선택된 상품의 전문화는 그 상품을 문화적 이미지에 짙게 배어들고 경제적 관행을 좌우하는 강박인 **물신화 대상**으로 만든다. 카를 마르크스(Karl Marx)는 상품 물신주의에 대한 글을 쓴 것으로 유명하지만, 그 기저를 이루는 과정은 캐나다의 사회학자 해럴드 이니스(Harold Innis)가 공식화한 '주요 산물 수출이론(staple thesis)'에 한층 더 가깝다.(3장과 7장 참조)[4] 단일자원 경제는 국민을 무시하고 주권자(군주)를 자연적 권력의 원천에 곧바로 연결시킴으로써 문화적·정치적 체제를 단순화한다. 나는 숱한 사례를 들어 지배적인 주요 산물이 어떻게 문화적 상상력을 좌지우지하고 그것의 상징과 물신화 대상에 영향을 끼치는지, 그리고 **그 왕국의 제2의 몸***을 형성하는지 증명해 보일 참이다. 철학자 브뤼노 라투르(Bruno Latour)는 **단일자연 상태**(mononatural condition)를 자연과의 관

---

* 에른스트 칸토로비치(Ernst Kantorowicz)의 《왕의 두 가지 몸(The King's Two Bodies)》을 참고로 한 이 개념은 페르난도 코로닐(Fernando Coronil)이 베네수엘라에 위치한 그의 서재에서 공식화한 것이다. 베네수엘라에서는 석유가 그 나라의 "제2의 몸"으로 자리 잡았다.(Coronil, *The Magical State*)

계를 단순화하려는 문명의 경향성이라고 기술한다.[5] 이러한 **단일자연주의**(mononaturalism)와 달리 **다중문화주의**(multiculturalism)는 내적 복잡성, 다양성 및 각성을 불러일으킨다.

경제학자들은 오래전부터 천연자원이 상품이라기보다 자산에 더 가깝다고 주장해왔다. 자산 가치가 은행 직원의 봉급에 달려 있는 게 아니듯, 석유 1배럴당 가격이나 금 1온스의 가격 역시 그 추출 비용에 좌우되지 않는다는 것이다. 금 가격을 결정하는 것은 인플레이션율, 인도에서의 축제, 전쟁 위협 등 다른 요인들이다. 그에 반해 상품 가격에는 엔지니어, 노동자, 소매업자 및 연구자의 노동이 반영된다. 노동은 법을 준수하지만 자연은 우발적이고 더러 반항을 일삼기도 한다. 노동 및 지식과 달리 천연자원은 고갈되는 경향이 있다. 추출은 바다에 물고기가 넘쳐나고, 힘들이지 않아도 곡물이 쑥쑥 자라며, 개울에 금이 반짝이고, 석유가 분수처럼 솟구치는 등 생산성이 최고조에 달할 때 시작된다. 어떤 자원이든 추출 주기가 시작되는 순간에는 엘도라도(Eldorado: 황금향)를 꿈꾼다. 하지만 세월이 가면 땅은 비옥함을 잃고 광산은 훨씬 더 위험해지며 시추공은 더한층 깊어진다. 바다의 물고기와 숲의 나무는 '공유지의 비극'에 따른 결과로 자취를 감춘다. 즉 사람들은 소중한 자원이 어떤 개인의 소유도 아니기에 무한하다고 여기면서 그것을 고갈시킨다.[6] 심지어 개인 소유자도 제 땅을 소모하는지라 윤작 같은 농업 기술이 요구된다. 개인이 소유하든 공공이 소유하든 유전이 마르면 석유를 더 깊은 곳에서 펌프로 퍼올려야 한다. 인접 유전들은 대체로 생산성이 그만 못하기 때문이다.

18세기 경제학자들은 이런 효과를 설명하기 위해 '수확체감 법칙(law of diminishing returns)'이라는 개념을 내놓았다. 그것은 자연의 선물에만 해당한다. 그에 반해 그 반대효과인 '규모의 경제(economy of scale)'는 노동의 산물과 관련해 작동한다. 즉 제조 규모가 커지면 생산성은 증가하는 것이다. 매번 곡물·은·석탄 1톤을 추출하는 것은 그 전의 1톤을 추출하는 것보다 더 어렵다. 하지만 하나의 못·부츠·자동차를 생산하는 것은 그 전의 해당 제품 하나를 생산하는 것보다 더 쉽다. 경작자가 자신의 논밭을 넓히거나 더 많은 비료를 사용하면, 그가 밀 1부셀(bushel: 곡물이나 과일의 중량 단위로 약 28킬로그램에 해당하는 양—옮긴이)당 소비한 금액 역시 늘어날 것이다. 하지만 제분업자가 밀가루 산출량을 늘리면 부셀당 드는 비용은 줄어든다.[7] 약 한 세기 전 존 메이너드 케인스(John Maynard Keynes)는 "이것은 우리 국가경제학 창시자들을 깊은 우울에 빠뜨린 세계관이었다"고 썼다.[8] 임박한 기후재앙 탓에 이 논의에는 우리의 가장 기본적 자원인 공기와 물이 더해졌다. 19세기에 1인당 에너지 소비량은 2배로 늘어났다. 20세기에는 그 수치가 자그마치 100배로 껑충 뛰었다. 하지만 우리는 석유가 동나기 전에 공기부터 바닥내고 말 것이다. 변화 속도가 가팔라질수록 비판론은 점점 더 급진적으로 바뀐다. 현재를 망가뜨리는 위기는 과거에 대한 이해마저 달라지게 만든다. 인류세 시대에 신자유주의적(neoliberal) 규범은 새롭지도(new) 자유주의적이지도(liberal) 않게 느껴진다.

나의 질문은 자원과 제도 가운데 어느 것이 우선이냐 하는 게 아니다. 둘은 인과관계에 놓인 게 아니라 공존관계, 심지어 공생관계를 기반으로 한다. 역사 전반에 걸쳐 비인간 행위체들은 일하고 고통당하고 희망을 품거나 환멸에 빠진 인간과 상호작용한다. 인간은 자연을 이용함으로써 자연현상에 독립적 행위주체성을 부여하고 제 스스로에게서는 이 같은 행위주체성을 박탈한다. 우리는 사탕수수와 영국 중상주의,

대마와 러시아 봉건제, 석유와 세계화 사이의 선택적 친화성을 서로 구분해볼 것이다. 모든 주요 상품은 하나의 사회적 제도이며, 각 제도는 저마다 다르다. 상이한 천연자원은 서로 다른 정치적 속성을 띠며, 그들의 문화적 반영 형태 또한 각기 다르다.

언어에 대한 과거의 매혹을 대체해준 인문학 연구, 거기서의 물질적 전환에 영향받은 나는 물질의 역사와 관념의 역사를 한데 결합하고자 한다.[9] 누구라도 당시 살아간 이들에게 더없이 친숙한 것들―비단과 곡물, 금과 석탄―에 대해 본격적으로 다루지 않고선 과거의 관념을 이해할 수 없다. 물질의 역사와 지성의 역사는 둘 다 도덕의 역사와 얽히고설켜 있다. 누구라도 정치적 악(惡)―그것의 다양성, 기원 및 변화―을 이해하지 않으면 혁명, 또는 지구온난화, 또는 국가의 기원을 파악할 수 없다. 정치적 악은 폭력, 경제적 불평등, 그리고 자유의 억압을 수반한다. 새로울 게 없는 이야기다. 새로운 거라면 우리 세계에서 생태적 피해 역시 정치적 악의 일부로 자리 잡았다는 자각이다. 역사의 네 가지 축―정치·경제·생태·도덕―의 총합이 근대적 삶의 특징이다. 그리고 이 역사의 4대 요소가 진척될수록, 생태학이 경제학을 대체하고 도덕적 판단이 정치적 선택보다 우선해야 한다는 것은 한층 자명해질 것이다.

최근에 탈식민주의 연구는 글로벌 사우스(Global South: 주로 남반구 및 북반구 저위도에 자리한 개발도상국들―옮긴이)에, 탈사회주의 연구는 글로벌 노스(Global North: 주로 북반구에 자리한 경제적으로 부유한 선진국들―옮긴이)에 집중해왔다. 그리고 이 두 가지 연구는 공히 우리가 악의 자연사를 이해하는 데 도움을 주었다. 이 책은 유럽을 중심으로 펼쳐지며 북유럽 관점에서 세계의 원자재 상품들을 파헤친다. 그리고 잉글랜드, 네덜란드에서 시베리아에 이르는 유라시아 북부의 역사적 경험에 초점을 맞춘다. 중국·아프리카·인도에서 일어난 사건에 대해서는 이따금씩만 언급한다. 북부(노스)는 남부(사우스)만큼이나 글로벌하다. 유라시아의 강과 소택지와 길 없는 황야는 남부의 외해(外海)와 사막 못지않게 낭만적이다. 기후재앙의 영향 아래 살아가는 우리는 안개에 뒤덮인 추운 북부의 이야기에서—오시안(Ossian)의 시에서, 바그너의 오페라에서, 톨킨(J. R. R. Tolkien)의 소설에서, 또는 최근 예를 들자면, 〈왕좌의 게임(Game of Thrones)〉에서—새로운 힘을 느낀다. 하지만 내 책은 허구적 역사가 아니라 실제적 역사에 관심을 둔다. 자원 의존 제국들의 흥망성쇠에 대한 세계 차원의 그림을 제시하고자 나는 더러 러시아의 역사적 경험에 기대 내 주장을 뒷받침하곤 한다. 중요성 면에서 다른 어떤 제국보다 더하지도 덜하지도 않은 러시아는 원자재 무역에 항구적으로 의존했으며 하나의 자원 플랫폼에서 다른 자원 플랫폼으로 옮아가면서 반복적으로 위기를 겪었다. 게다가 빈번한 좌절에도 불구하고 전형적으로 인간 세계의 내부 식민지화와 외부 식민지화에서 점점 더 많은 역할을 담당했다.

새로운 문제들은 고대의 주장을 해석하는 새로운 방법을 촉구한다. 또한 오늘날의 관념 일부는 쓸모가 없는 반면 오랫동안 잊힌 여타 이론들이 오늘에 이르러서도 유효함을 인정하도록 요구한다. 마르크스는 "국가경제학에서 원시적 축적은 신학에서의 원죄와 같은 역할을 한다"고 밝혔다.[10] 발터 벤야민(Walter Benjamin)은 유사한 아이러니를 담아 '역사적 유물론'에 대해, 신학을 주인으로 둔 "튀르크 복장을 한 꼭두각시"라고, "작고 못생기고 …… 멀리 떨어진 곳에 있는 존재"라고 표현했다.[11] 실제로 물질의 역사와 정신의 역사는 상호의존적이다. 마르틴 루터(Martin Luther)에서 에마누엘 스베덴보리(Emanuel Swedenborg: 스웨덴의 신비주의자·자연과학자·철학자—옮긴이), 그리고 중세의 연금술사에서 러시아의 고의식파(Old Believers: 17세기 중반 러시아 총대주교 니콘의 동방 정교회 개혁에 반대해 러시아 정교회로부터 떨어져나온 기독교 종파. 개혁 이전의 본래 예식과 의식을 고수한다—옮긴이)에 이르는 종교 사상가와 반대자들은 자연의 선물을 추출하고 가공하고 해석하는 일에 관여해왔다.(6장 참조) 비단에서 설탕, 화약에서 석유에 이르는 수많은 원자재 상품은 벤야민이 말한 꼭두각시처럼 동양에 기원을 두고 있었다.

역사가는 과거를 보는 예언자이지만,[12] 경제학자와 사회학자는 흔히 현재주의(presentism)를 믿는다. 현재란 그 고유한 맥락에 비추어서만 이해할 수 있다고 보는 것이다. 나는 이 믿음에 전적으로 동의하지는 않는다. 하지만 오늘의 뉴스는 과거의 추세가 발전한 결과라고 말하는 역사주의에도 동의하지 않는다. 가장 중요한 뉴스는 발전이 아니라 새로운 출발이다. 물질의 역사는 변화의 상황, 위험의 순간, 위급 상태에 초점을 맞춘다. 나는 벤야민과 마찬가지로, 도덕주의와 자연주의 철학을 결합하는 입장을 취한다. 악은 자연에 뿌리내리고 있으며, 자연은 또한 악에 제약을 가하기도 한다. 하지만 선택은 우리 몫이다. 즉 우리는 언제나 그래왔듯 지금 여기서도 선택의 기로에 서 있다. 우리는 오늘 우리 스스로가 취하는 선택이 내일 어떤 결과를 낳을지 모른다. 그러나 사람들이 과거에 내린 선택의 결과에 대해서는 알고 있다. 역설적으로 역사적 경험을 현재와 관련시키는 것은 다름 아닌 미래에 대한 불확실성 때문이다. 세상은 인간과 자연의 통합체다. 우리는 세계를 변화시키는 데 실패해왔다. 그러므로 지금이야말로 세계가 어떻게 작동하는지 이해해야 할 시점이다. 이것이 바로 암울한 우리 시대에 신계몽주의

(New Enlightenment)가 떠안아야 할 숙제다.

　계몽주의 시대는 결국 재앙으로 끝났다. 1755년 리스본 대지진은 세계를 뒤흔들었으며 악의 본질을 재평가하도록 내몰았다. 만약 신이 지진을 만들어냈다면 그는 전지전능하지도 선량하지도 않은 셈이다. 생존자 가운데는 볼테르(Voltaire)의 소설 《캉디드, 혹은 낙관주의(Candide, ou l'optimisme)》의 주인공도 들어 있었다. 다정한 성격의 청년 캉디드는 그의 가정교사인 철학자 팡글로스(Pangloss: 비상식적이며 과도한 낙관주의자로 묘사되는 인물－옮긴이)가 자신에게 들려준 말을 모두 곧이듣는다. "사물이 있는 그대로가 아닌 다른 것이 될 수 없음은 얼마든지 입증 가능하다. ……돌은 깎아서 다듬기 위해, 돼지는 잡아먹히기 위해 존재했다. ……개인의 불행은 결국 공공선으로 이어지므로, 그 같은 불행은 심할수록 더 좋다." 하지만 그래 놓고 그 스승은 매독에 걸리며, 리스본에서 3만 명이 목숨을 잃는 광경을 속절없이 지켜본다. 캉디드는 럼주가 흐르는 황금 분수를 둔 엘도라도로, 이어 네덜란드의 식민지 수리남으로 도망친다. 그리고 설탕 농장에서 맷돌에 으스러져 손을 잃은 흑인 노예를 만난다. 그는 도망치려 애쓰다 다리까지 절단당하고 만다. "이게 당신이 유럽에서 설탕을 먹는 데 따른 대가"라고 그 흑인이 말한다. '낙관주의'가 뭐냐고 묻는 그에게 캉디드가 답한다. "모든 것이 잘못일 때도 모든 것이 옳다고 우기는 광기"라고.[13]

1부
물질의 역사

좋은 역사 저술은 늘 다양한 민족과 분야를 한데 아울러왔다. 여기서는 자원과 제도의 관계가 가장 근저에 자리한다. 사회사는 '아래로부터의 역사'를 재구성하는 데 열성이지만, 가장 낮게 드리운 부분인 원자재는 대체로 무시해왔다. 고유한 생명을 지닌 이 원자재 상품들은 저마다 역사 연구에서 풍부하고 흥미로운 주제를 이룬다. 또한 인류와 함께 우리 공동의 역사를 이끌어온 주역이기도 했다. 데이비드 흄(David Hume)은 "인간과 상품이야말로 모든 공동체의 진정한 힘"이라고 썼다.[1] 행위주체성은 늘 불완전하다. 인간이든 자연이든 주권적 통치자든 그 어떤 단일 행위체도 완벽하게 자율적이지는 않다. 곡물 한 자루, 목화 한 가마니, 석유 한 배럴 등 모든 자원은 저만의 행위주체성을 띤다. 자원의 역사는 더 이상 내려갈 곳 없는 진정한 아래로부터의 역사다. 게다가 저만의 고유한 행위주체성으로 가득 차 있다. 이는 인간 경험에 대한 환원주의적 설명방식이 아니다. 나는 그보다 밀알 하나, 대마 섬유 한 가닥, 석탄 한 덩어리에서 파트너를 찾는 방법을 배우고 싶다.

나는 더없이 다양한 천연자원을 본격적으로 다루면서 지상에서부터 국가로, 즉 아래로부터 위로, 그것들의 경제적·문화적·정치적 삶을 탐구할 참이다. 각 장은 이 상향 이동에서 저마다 다음 4단계를 거친다. 첫째, 우리는 원자재의 고유한 특성에 대해 살펴본다. 둘째, 요구되는 노동의 세부사항을 규정하는 그것의 가공법을 확인한다. 셋째, 노동을 조직하고 이 원자재로부터 수익을 창출하는 제도에 관심을 기울인다. 넷째, 주어진 자원에 의존하는 국가의 정치적 특색을 다룬다.

불 다루기

인류의 조상은 약 7만 년 전 아프리카 사바나로부터 이주해왔다. 그들은 털 없는 피부와 몸 전체에서 땀을 흘릴 수 있는 능력 덕분에 아열대 지방의 삶에 적응할 수 있었다. 특별히 빠르지는 않지만 훌륭한 체력에 힘입어 장거리에서는 거의 모든 포유동물을 따라잡는 게 가능했다. 습지와 해안 지역에 정착한 인류는 나뭇가지와 돌을 이용하고 동물을 길들이는 법을 익혔다. 기후변화로 인해 사람들은 새로운 장소를 찾아 이주해야 했다. 그들은 이내 바다를 건너고 물고기를 잡고 더 나은 삶을 추구할 줄 알게 되었다.

베지 않고 태우다

인류가 북쪽으로 이주할 수 있었던 것은 혁명적 기술, 즉 불을 다룰 줄아는 능력 덕택이었다. 직립보행을 터득한 더없이 성공적인 이 영장류는 이제 손을 이용해 부싯돌로 불꽃을 일으키고 마른 풀에 불을 지필 수 있게 되었다. 인류는 최초의 비식용 자원인 땔나무와 갈대를 모으고 태움으로써 자신들이 기거하는 거주지와 동굴의 온도를 조절할 수 있었다. 그들은 불을 피워 음식을 조리할 줄 알게 되면서 날로는 소화하기 힘든 씨앗·콩·뼈를 섭취했다. 테라코타와 벽돌, 청동과 철, 소금과 설탕, 휘발유와 플라스틱 등 그 이후 인간이 만든 거의 모든 물건은 불에 힘입은 결과였다. 그리스신화에서 영웅 프로메테우스는 신들로부터 불을 훔친 다음 그것을 속 빈 갈대에 숨겨서 인류에게 가져다준다. 신들의 복수는 장기전이고 잔혹하다. 두 세계 사이의 경계에 선 영웅에서부터 전체 이야기의 출발점인 소박한 갈대에 이르기까지 그 신화를 이루는 세부사항은 하나같이 중요한 의미를 띤다.

불 다루기는 체력보다 두뇌가 더욱 중요해진 최초의 실용적 행위였다. 불타고 나면 숲은 더욱 생산적인 곳이 되었으며 사냥감은 한층 늘어나고 포식자들은 사라졌다. 난로의 불은 인류를 길들였다. 불로 무장한 인류는 자연을 다스릴 수 있었다. 곤봉이나 막대기가 유일한 무기였던 사냥꾼은 숲을 불태워 드넓은 천연 골프 코스를 조성했다. 미국의 대초원은 이렇게 해서 만들어졌으며, 유라시아의 스텝(초원) 지대도 마찬가지일 것이다. 인간은 신체적으로 생존하기 위해 각각 날마다 2000~4000킬로칼로리를 소모해야 한다. 육류가 풍부한 현대식 식단 1일치를 생산하는 데는 약 1만 킬로칼로리의 태양에너지가 쓰인다. 인간의 근육은 음식을 운동에너지로 전환하지만, 우리가 사용하는 에너지 대부분은 다른 곳에서 온다. 고대 로마에서 1일 비식량 에너지(그 대부분은 나무를 태워 얻는다) 소비는 1인당 2만 5000킬로칼로리에 달했다. 오늘날 세계에서는 1일 에너지 소비량이 1인당 5만 킬로칼로리이며, 선진국에서는 그 수치가 5배나 더 높다.[1] 1943년 인류학자 레슬리 화이트(Leslie White)는 문화란 기술의 도움을 받아 에너지를 사용하는 것이라고 정의했다.[2] 가장 가까운 별(항성)에서 우리의 사악한 세계에 곧바로 이르는 태양에너지는 바람·해류·장작·화석연료·식량 등 다양한 형태로 인간에게 제공된다. 에너지는 인간이 생산하는 게 아니라 모조리 태양에서 온다. 이 경험법칙의 유일한 예외가 바로 원자력인데, 아마 그래서 인간이 원자력을 활용하기가 그렇게나 어려운지도 모른다.

인간은 나무 손잡이에 뾰족한 돌을 부착하는 기술을 익히면서 나무를 자르고 땅을 가는 법을 터득했다. 나무는 풍부했지만 뾰족한 도구를 위해서는 희귀한 부싯돌이 필요했다. 도끼의 경우, 약 기원전 4000년경 부싯돌이 조잡한 돌을 대체했다. 유럽 전역에서 발견되는 부싯돌 도끼와 칼은 매년 약 50만 개씩 대량으로 생산되었다. 하지만 부싯돌 광산은 극히 드물었다. 알프스산맥의 어느 부싯돌 광산에서 유래한 도끼머리가 서유럽 전역에서 발견되었다. 폴란드 중부산 도끼가 그로부터 800킬로미터나 떨어진 곳에서 발견되기도 했다.[3] 따라서 인류 최초의 도구인 부싯돌 도끼는 이미 쉽게 교체할 수 있는 나무 막대기, 그리고 먼 거리를 이동한 뒤 대대로 전해내려온 소중한 부싯돌, 이렇게 두 가지 유형의 원자재를 결합했다. 땅 주인들은 부싯돌이 발견된 장소를 보호해야 했으며, 그에 따라 최초의 재산권이 발생했다. 다른 사람들은 예컨대 양 떼나 보존 가죽 등 교환할 만한 가치를 지닌 무언가를 생산해야 했다. 이렇게 해서 무역이 시작되었다.

인간은 거의 모든 역사를 통틀어 공동체나 부족 같은 자치 집단을 이루며 살아갔다. 그들은 자신들이 기거하는 땅에 기대어 먹고살았다.

그들은 그 땅을 다 소진한 뒤 다른 땅을 찾아 이동했으며 다시 숲을 불태웠다. 불은 풍성한 수확이 가능하도록 도왔다. 다 자란 나무들은 산불을 이기고 살아남았다. 사람들은 그 나무 주변에 곡물이며 채소의 씨앗을 뿌렸다. 들판과 숲이 나란히 자리했으며, 동물은 인간이 땅을 개간할 수 있도록 거들었다. 말과 소는 목재를 실어날랐고, 돼지와 양은 풀과 뿌리를 닥치는 대로 먹어치웠다. 한 사람을 먹여 살리려면 약 1에이커의 숲을 개간해야 했다. 인구가 증가함에 따라 불태우고 파종할 수 있는 땅은 늘어나야 했다. 모든 기술 혁신과 마찬가지로 불은 인간을 해방시켰으며, 자연에 대한 인간의 의존도를 낮춰주었다. 하지만 불과의 공생을 달성하자마자, 두 발로 서서 걷는 인류는 자원의 함정에 빠졌다. 즉 인간은 자유와 행복을 추구하면서, 저도 모르게 풍요를 구가하도록 도와준 바로 그 자원을 끊임없이 파괴하고 있었던 것이다.

여러 무리의 인간이 땔감을 구하고자 여기저기 이동했다. 이들은 지도도 없고 주변 환경에 대한 입소문 정보조차 가지고 있지 않았다. 그들은 이용할 만한 숲을 발견하면 태울 수 있는 물질이 모두 바닥날 때까지 그곳에 정착했다. 목재를 필요로 한 인류는 북쪽으로, 즉 숲이 우거진 유럽 지역으로 이동했다. 하지만 거기에는 이미 자신들과 유사한 생명체, 즉 네안데르탈인이 살아가고 있었다. 호모 사피엔스보다 키는 작지만 몸집이 더 다부진 네안데르탈인은 지적이고 공격적이었다. 그들은 작은 공동체를 이루며 살아갔고 집단행동을 취할 수 있었으며 불과 석기를 사용했다. 게다가 호모 사피엔스보다 더 쉽게 추운 기후에 적응했다. 그들은 뇌가 초기 현생인류보다 더 컸으며 시력이 더 좋았고 근육도 더욱 잘 발달했다. 호모 사피엔스와 네안데르탈인은 5000년 동안 유럽에서 짝짓기도 하고 서로를 통해 배우면서 나란히 공존했다. 그러다 네안데르탈인이 멸종했다. 고고학자들은 그들 뼈에서 호모 사피엔스의 이빨 자국을 발견했다. 이는 초기 인류가 네안데르탈인을 잡아먹었다는 증거다. 인류학자 팻 시프먼(Pat Shipman)은 네안데르탈인과 현생인류 조상 간의 가장 큰 차이점이 늑대와의 공생 여부였다고 주장했다. 호모 사피엔스와 늑대는 서로를 보완해주었다. 한 종은 사냥감을 추적하고, 다른 종은 그 사냥감을 살해할 수 있었다. 한 종은 발이 빠르고 후각이 뛰어났으며, 다른 종은 큰 뇌와 도구를 가졌다. 늑대와 사냥을 할 수 있게 되면서 초기 인류는 네안데르탈인보다 훨씬 더 큰 이점을 누렸다.[4]

미국 고고학자들은 조사를 통해 남부 캅카스산맥에서 인간의 정착촌과 네안데르탈인의 정착촌이 인접해 있었음을 확인했다. 그곳에서 가장 중요한 식량원은 캅카스 염소였다. 두 집단 공히 이 동물의 계절적 이동 경로를 알고 있었으며 그 근처에 정착했다. 그들은 사냥꾼보다는 사육자처럼 굴었다. 성년 동물만 잡아먹고 덜 자란 새끼는 더 성숙하도록 남겨두었던 것이다. 네안데르탈인은 인간보다 소규모 집단으로 살아갔다. 그들의 연장은 좀더 원시적이었는데, 그 이유는 현지에서 나는 돌로 만들었기 때문이다. 인간 정착촌에서 고고학자들은 흑요석으로 만든 칼을 발견했는데, 흑요석은 가장 가까운 공급지조차 그로부터 100킬로미터나 떨어져 있었다. 인간은 이 칼을 이용해 단단한 뼈를 쪼개 바늘을 만들 수 있었다.[5] 이 도구들은 더할 나위 없이 귀중하게 여겨졌으며 가죽을 벗겨내고 꿰매어 신발이며 의복을 짓는 데 되풀이해 사용되었다. 이러한 물품은 엄청난 노동을 필요로 했지만, 흑요석 같은 다른 물건과 교환할 수 있었다. 이것이 아마도 인류 역사상 최초의 장거리 무역 사례일 것이다. 하지만 멀리 존재하는 희귀 천연자원과 인간 노동으로 만든 제품을 교환하는 이 같은 패턴은 확실하게 뿌리내렸다.

아열대 지방의 에덴을 떠난 인간은 모피와 가죽으로 옷을 지어 입어야 했다. 네안데르탈인은 피하지방이 더 두껍고 체모도 한층 풍성했기에 온대 기후에서는 모피 옷을 걸칠 필요가 없었다. 그들은 가죽을 벗겨낼 수는 있었지만, 그것을 그저 침구로만 사용했다. 양과 가죽을 흑요석과 교환한 인간 무역업자와 달리, 네안데르탈인은 자급자족 농업에 기대 살아갔다. 늑대와 더불어 무역 역시 인류가 최초의 생존 투쟁에서 우위를 점할 수 있도록 거들었다. 아마 늑대와의 공생은 무역을 수행할 수 있는 인간의 능력과도 관계가 있었을 것이다. 늑대를 이용한 사냥은 상이한 욕구를 지닌 또 다른 생명체와 손잡을 수 있는 능력을 필요로 한다. 이는 무역의 토대이기도 하다.

로마에서의 불 사용

고대 로마에서 사용된 에너지 수준은 일시적으로 최고조에 달했다. 역사가 이언 모리스(Ian Morris)는 인구 1인당 1일 사용 킬로칼로리 수치를 '문명의 척도'로 활용했다.[6] 생명의 궁극적 원천으로서 태양을 숭배한 종교들—이집트 파라오 아케나톤(Akhenaton)과 페르시아 예언자 조로아스터(Zoroaster)의 종교들—은 이 점을 이해했다. 나무를 태우는 것은 인간을 따뜻하게 만들거나 일으켜 세울 수 있는 에너지를 제공하지만, 다른 한편 인간을 파괴할 수도 있다. 이 두 가지 가운데 어느 쪽을 택할지는 인간에게 달려 있다.

고대 로마에서의 건축 붐은 엄청난 양의 목재를 필요로 했다. 숲이 고갈되자 벽돌과 도자기로 만든 건축물이 목재 벽과 지붕을 대체했다. 하지만 가마에서 진흙을 굽는 데에도 연료가 필요했다. 1세제곱미터의 벽돌을 만들려면 150세제곱미터의 마른 장작이 요구되었다. 시멘트 1톤을 생산하는 데 드는 석회암을 태우려면 땔감 10톤이 필요했다. 바닥 난방, 거대한 목욕탕, 조리용 난로를 구비한 고대 로마를 데우기 위해서는 매년 30제곱킬로미터의 숲을 벌목해야 했다.[7] 목재를 베고 운반하고 가공하는 데 종사하는 사람들은 노예가 아니라 농민이나 야만인 등 고용된 일꾼들이었다. 청동·철·은을 제련(製鍊)하려면 광산에 쓰일 버팀목을 만들거나 제련용 가마솥을 가열할 숯을 얻기 위한 양질의 목재가 필요했다. 시간이 지남에 따라 당국은 숲을 국가 재산이라고 주장했지만, 그로 인해 공급이 개선되지는 않았다. 로마가 북부로, 즉 독일 및 심지어 영국의 숲까지 진출한 것은 목재와 에너지에 대한 갈증이 컸다는 사실과 관련이 있다.

숲에서 등장한 야만인들이 불을 꺼버렸다. 7세기에 사용된 1인당 에너지 수준은 반 토막으로 줄어들었다. 그로부터 많은 세기가 흐른 뒤에야 네덜란드의 토탄과 영국 석탄의 대량 소비가 여러 사회로 하여금 과거에 로마인이 도달한 에너지 소비 수준을 뛰어넘을 수 있도록 해주었다. 다른 모든 활동도 그렇지만, 연료 추출은 에너지를 필요로 한다. 1킬로그램의 땔감이나 석탄을 생산하려면 5메가줄(megajoule)의 에너지가 요구된다. 나무는 연소되면 그것을 생산하는 데 드는 에너지의 3배를 만들어낸다. 같은 수치가 석탄의 경우에는 최대 100배, 석유의 경우에는 최대 1000배까지 늘어난다. 상이한 형태로 저장된 에너지는 저마다 크게 다른 특성을 띠며, 그에 따라 상이한 사회를 형성했다. 로마처럼 목재를 연료로 삼는 도시는 암스테르담처럼 토탄으로 난방하는 도시와도, 런던처럼 석탄을 연료로 쓰는 도시와도 다르게 조직된다. 로마인은 황금, 기적의 기계, 그리고 다른 세계로의 항해를 꿈꾸었다. 그네들이 개척한 추운 식민지들에서 나온 토탄 슬러지와 검은 돌이 결국 신세계 최대의 기적으로 드러나게 되리라고는 누구도 짐작하지 못했을 것이다.

선박

인류의 최초 에너지원들은 재생 가능한 것이었다. 바람은 돛을 가득 채웠고, 원자재나 그 대체물인 금을 찾아 떠나는 모험가들을 배웅했다. 원자재 상품이 강 하류로 운반되었으며, 동물은 상류로 물건을 실어날랐다. 언제나 기술의 최전선에 놓인 조선업은 사람들을 다시 숲으로 돌려보냈다. 선박을 건조하려면 널빤지용으로는 곧은 참나무, 늑재용으로는 굽은 참나무, 돛대용으로는 소나무, 갑판용으로는 너도밤나무와 가문비나무, 이렇게 최고 품질을 지닌 다양한 종류의 목재가 필요했다. 그리고 선박에는 선체 판자들의 틈을 메우기 위한 타르, 밧줄용 대마, 돛을 위한 리넨 등 북부 지방에서 들여온 다른 제품들도 쓰였다. 그러나 남유럽에서 숲은 가장 접근하기 어려운 지역인 섬이나 산비탈에만 남아 있었다. 이 중요한 목재 공급을 놓고 전쟁이 불붙었으며, 그 결과 키프로스와 시칠리아, 이스트리아와 마케도니아, 그리고 나중에 티롤과 갈리시아가 식민지로 변했다. 강 하구에는 제재소와 부두를 건설해야 했다. 이 모든 활동은 강둑과 해안에서 살아가는 인구에 의존했다. 하지만 제국의 삼림 착취는 그것을 이용하는 원주민의 방식과 갈등을 빚었으며,

결국 더 멀고 한층 척박한 땅을 개척해야 하는 결과로 이어졌다.

로마의 트리레메(trireme: 노가 3단으로 된 고대 그리스·로마의 군용선—옮긴이)는 선체와 갑판이 목재로 되어 있었으며 약 200개의 노와 2개의 돛대로 이루어졌다. 이런 배를 건조하려면 희귀종 나무 수천 그루가 필요했다. 바이킹의 선박은 더 단순하고 가벼웠지만 타르를 이용했으므로 항해에 한층 적합했다. 소나무나 자작나무 목재를 건조 증류해 만든 이 끈적끈적한 불침투성 물질은 배가 누수되거나 썩지 않도록 막아주었다. 바이킹은 커다란 진흙 구덩이를 파고 소나무 덩어리로 채운 다음 잔디로 덮고 불을 지폈다. 몇 시간이 지나면 그 구덩이 바닥의 구멍을 통해 타르가 조금씩 흘러나왔다. 고대 선원들도 타르 만드는 법을 알고 있었지만, 타르를 만들려면 그들로서는 좀처럼 구할 수 없는 다량의 소나무가 필요했다. 바이킹은 한 번에 300리터씩 산업적 규모로 타르를 생산했다. 두 차례의 증류로 선박 한 척의 틈을 메우기에 충분한 양의 타르를 얻을 수 있었던 것이다. 바이킹은 돛을 양모로 만들었는데, 그 역시 타르에 적시면 검은색으로 변했다. 우리가 바이킹이 로마인이나 페니키아인보다 더 뛰어난 선원인 이유를 이해할 수 있게 된 것은 어디까지나이 타르 구덩이를 발견한 고고학자들 덕분이다.[8]

공화국과 제국 모두 선체용 참나무, 갑판용 너도밤나무, 돛대용 소나무의 부족에 시달렸다. 거대한 전함 한 척을 축조하기 위해서는 가급적 수백 년 된 나무에서 얻은 참나무 기둥이 최대 2000개가량 필요했다. 하지만 참나무는 농업에 적합한 비옥한 토양에서 자랐기 때문에 늘 공급이 부족했다. 베네치아인들은 아드리아해 연안의 숲에 나무를 심고 그 숲을 보호하는 데 투자했다.[9] 알프스의 베네딕토회, 발트해 연안의 튜턴(게르만) 등 강력한 종교 교단들은 유럽 변경의 숲을 개간하며 북쪽과 동쪽으로 그 경계를 밀어냈다. 도끼·멍에·바퀴·쟁기 등 목재와 금속을 결합한 새로운 도구들은 개간된 토지의 생산성을 높여주었다. 화기를 당해낼 재간이 없는 목재 말뚝과 울타리는 나중에 진흙과 돌로 대체되었다. 그러나 질 좋은 목재로 건조된 수상 요새를 대체할 수 있는 것은 없었다.

나무가 없는 네덜란드공화국은 노르웨이와 발트해 연안에서 목재를 수입했으며, 독일 공국에서부터 라인강을 따라 뗏목을 띄웠고 인도네시아 자바섬에서 희귀종을 조달했다. 잉글랜드에서는 엘리자베스 1세 여왕이 백성들에게 모든 연안과 강둑으로부터 14마일(약 22킬로미터―옮긴이) 이내에서 나무 베는 행위를 금지시켰다. 표트르 대제는 러시아에서 그와 유사한 법령을 통해 영국의 선례를 따랐다. 포르투갈은 브라질에서, 에스파냐는 이탈리아 남부에서 그리고 무적함대(Armada) 시대에는 발트해 연안에서 목재를 수입했다. 원자재의 경우 흔히 그렇듯이, 운송비가 생산비를 초과했다. 영국 항구에 운송된 목재 가격은 발트해 연안의 숲에서 구입한 가격보다 20배나 더 비쌌다. 18세기에 영국 전투함을 한 척 만드는 데에는 참나무 기둥 4000개, 즉 성숙한 숲 40헥타르가 필요했다. 중상주의적 사고와는 달리 식민지에서 선박을 건조하는 편이 해양을 가로질러 목재를 운송하는 쪽보다 싸게 먹히는 것으로 드러났다. 포르투갈 함대의 거의 절반가량이 브라질에서, 에스파냐 함대의 3분의 1이 쿠바에서, 영국 함대의 대부분이 인도에서 건조되었다.[10]

화기는 강대국의 삼림 의존도를 한층 심화시켰다. 총과 화약을 만드는 데는 막대한 양의 장작이 필요했다. 철 1톤을 제련하려면 장작 50세제곱미터, 즉 한 해 동안 자란 숲 10헥타르가량이 소요되었으며, 게다가 그것을 단조(forging, 鍛造: 금속을 두드리거나 눌러서 필요한 형체로 만드는 일-옮긴이)하는 공정에도 숯이 필요했다. 삼림파괴는 베네치아, 그리고 이어 오스만제국이 쇠퇴한 원인 가운데 하나였다. 풍부한 장작은 스웨덴과 러시아에서 야금학이 성공한 이유 중 하나였다. 범유럽에 걸친 지중해에서 북해로의 이동은 유럽 남부의 숲이 고갈된 데 따른 결과였다.

유럽의 삼림파괴

숲은 존재하는 동안에는 다중의 소유권, 특혜, 사용권의 적용을 받았다. 사냥할 권리는 귀족에게 있었지만, 지역 주민은 보통 숲을 통과할 수 있는 권리를 지녔고 땔감을 모을 수 있었으며 자신들이 키우는 돼지가 도토리를 주워 먹게 하거나 소를 숲에서 방목할 수 있었다.[11] 일단 숲이 베어지면, 그 땅은 사유재산으로서 저당잡히거나 매각할 수 있었다. 북유럽에 로마법이 전파된 것은 숲의 개간과 동시에 이루어진 일이었다. 지역 엘리트들의 사냥터로서 살아남은 나머지 숲은 폐쇄적인 공원으로 바뀌었다. 오랫동안 야생과 야만의 대명사로 여겨진 숲은, 역사가 키스 토머스(Keith Thomas)의 말마따나, "상류층 삶의 풍경과 떼려야 뗄 수 없는 부분으로 자리 잡았다".[12]

새로운 땅이 필요했던 군인·상인·수도사는 사람이 거주하지 않고 유망해 보이는 지역을 찾아 줄곧 동쪽으로 이동했다. 서쪽이나 남쪽에서 온 이주자들은 숲에서 살아가는 토착 슬라브 부족 및 핀란드 부족과 뒤섞이면서, 그들이 모피나 물고기 무역에 참여하거나 개간된 땅에서 농사를 짓도록 유인했다. 역사가 페르낭 브로델(Fernand Braudel)은 발트해 연안 지역이 유럽의 '내부 아메리카(internal Americas)'였다고 썼다.[13]

하지만 이들 유럽 북동부의 땅 대부분은 오직 곡물과 목재만을 생산했다. 프로이센, 러시아, 그리고 발트해 연안 국가들에서는 헛간 딸린 농가 단 한 채를 짓는 데 숲 1.5헥타르가 쓰였다. 그 농가는 불과 15년쯤밖에 버티지 못할 텐데, 이는 새로운 소나무가 자라는 데 필요한 시간보다 짧은 기간이다. 그 기간 동안 집은 장작으로 난방해야 했다. 곡물과 목재의 가격 상승은 새로운 농노제로 이어졌다. 지주들은 농민으로 하여금 여름에는 밭에서 일하고 겨울에는 나무를 베도록 강요했다. 운송비는 흔히 엄두도 못 낼 만큼 비쌌다. 지주들은 호밀과 목재를 가장 가까운 항구로 날랐다. 그런 다음 외국 선박들이 화물을 운송했다. 무역 수익의 대부분은 네덜란드와 영국의 상인들 호주머니로 들어갔다.[14] 발트해에서 활약하는 그들의 무역선 수천 척이 곡물과 목재, 그리고 대마·밀랍·타르·탄산칼륨 같은 다른 임산물을 철 제품, 사치품 및 화기와 교환했다. 1760년까지 발트해 항구들은 유럽 전역에 돛대를 수출했다. 나중에는 미국산 돛대가 시장 점유율을 넓혀갔다. 노동 집약적 확산형 상품을 보유한 발트해 연안 지역은 은·철 같은 국지형 자원과 전문화한 노동력을 지닌 이웃 국가들에게 지배받고 있었다. 이는 대리 식민지화였다. 무역은 수익성이 있었지만, 지주들은 지대를 챙겼으며 이들 땅의 인구는 자급자족 농업으로 남아 있었다면 가능했을 정도보다 더 느리게 증가했다.

남유럽은 로마인이 건설한 도로를 이용했지만, 북유럽에서는 여러 강의 지류들이 그와 비슷한 역할을 담당했다. 발트해 연안 국가들은 도로를 건설하고 세금을 징수하고 땅에 투자하는 대신 강 하구에서 관세를 거둬들였다. 발트해 연안 국가들의 수도는 이런 선택된 위치에서 성장했다. 곡물 창고, 제재소, 그리고 귀족의 대저택이 쾨니히스베르크(현재 러시아의 칼리닌그라드—옮긴이), 단치히(현재 폴란드의 그단스크—옮긴이), 리가 (현재 라트비아의 수도—옮긴이)의 부둣가에 들어섰다. 지주들은 상류에서 식민지 플랜테이션으로 기능하는 제 영지를 원격으로 관리했다. 농민의 노동을 강제하기 위해 그곳에서는 잔혹한 무력이 동원되었다.

우리가 화석연료를 사용하기 전에 유럽의 각 도시는 도시 자체 면적의 100배에 달하는 숲을 필요로 했다. 성장하는 도시들은 나무로 난방하고 흔히 목재로 건설하면서 숲을 점점 더 멀리 밀어냈다. 도시는 돌과 점토, 토탄과 석탄으로 나무를 대체할 수 있었다. 하지만 점토는 구워야 하고, 돌은 운반해야 하고, 강둑과 광산 갱도는 보강해야 했다. 이 모든 목적을 위해서는 여전히 목재가 필요했다. 그러나 농작물을 심기에 적합한 토지를 마련하고자 숲의 상당 부분이 불태워졌다. 17세기 이후부터 단위 무게당 장작보다 더 많은 열을 내는 숯으로 난방해온 탓에, 마드리드 주변에 숲이 사라졌다. 매년 더 많은 나무를 태워 수천 톤의 숯을 생산했으며, 최대 50킬로미터나 떨어진 지방에서 소를 이용해 숯을 운반했다. 영국제도의 7퍼센트 이하가 삼림으로 덮여 있었는데, 제1차 세계대전 중에는 그 수치가 최소한으로 떨어졌다. 프랑스 북부의 현(懸)들에서조차 영토의 15퍼센트만 숲으로 덮여 있었다. 장작은 최대 200킬로미터 떨어진 곳으로부터 운하와 센강을 따라 파리로 운반되었다. 파리 시민 1명당 연간 평균 2톤의 땔감이 필요했는데, 이는 1에이커의 삼림을 벌채하는 것과 맞먹는 양이었다. 숲을 벌채하되 다시 나무를 심지 않은 결과 운송 반경은 해마다 더욱 늘어났다. 런던에서는 석탄이 풍부했으므로 장작 가격이 안정세를 유지했다. 그러나 광산용 목재는 양질의 통나무를 필요로 했고 자주 교체되어야 했다. 광산에서는 몇몇 수종(특히 밤나무)만 바로 썩지 않았다. 금속 제련에는 더 많은 장작이 필요했다. 숯은 나무보다 화력이 좋지만 참나무 같은 고급 목재를 써야 했다. 제련 용광로는 광산 옆에 지어졌지만 광산은 흔히 산에 있었던지라 숯을 수레에 싣고 산 위로 올라가야 했다. 5~8킬로미터 사이의 거리 이동은 실행 가능했다. 하지만 일단 이 반경 내에 존재하는 목재를 몽땅 벌목하고 나면 채굴할 광석이 아직 남아 있더라도 광산은 문을 닫아야 했다. 아이러니하게도 철기 시대의 경제 지형을 좌우한 것은 광석이 아니라 목재였다.

　제국주의 시대에 유럽인은 새로운 숲을 발견한 기쁨만큼이나 오래된 숲이 사라지는 데 대한 우려가 컸다. 그들은 숲을 파괴하고 불태우면서 로마에서 상트페테르부르크, 아마존에서 시베리아에 이르는 광활한 영토를 이용했다. 유럽 서부에서 출발한 여행자는 더 멀리 갈수록 더 많은 숲을 발견할 수 있었다. 프로이센에서는 국토의 약 40퍼센트가 숲 지대였고, 폴란드와 유럽권 러시아의 숲은 여전히 끝없어 보였다. 새로운 섬과 대륙을 발견한 탐험가들은 황금이 아니라 숲을 찾아냈다. 하지만 누구라도 자신이 파괴한 것에 의존할 수는 없는 노릇이다. 케이크를 먹으면서 동시에 소유하기는 불가능하다. 휴식의 장소이자 향수의 장소인 우리 공원은 사라진 숲을 떠올리게 하는 훌륭한 기념물이다. 우리가 일하는 장소는 울창한 숲과 닮은 구석이 없지만, 우리가 휴식을 취하고자 선택한 장소들은 여전히 숲처럼 보인다.

곡물의 길

농업은 최근에서야 일부 사람들이 그 외 인구가 사용할 수 있는 잉여를 창출하기에 충분할 만큼 생산성이 증가했다. 메소포타미아에서 최초의 농경 국가가 탄생한 것은 인류 역사상 가장 최근 5퍼센트 이내 기간의 일이다. 석유농업(petrofarming) 시대는 인류 역사의 0.25퍼센트도 되지 않는 기간 동안만 지속되었을 뿐이다.

소택지 문명

최초의 농민은 습지 거주자였으며, 그들이 지닌 최고 기술은 쟁기질이나 관개가 아니라 배수 능력이었다. 인류학자 제임스 스콧(James C. Scott)은 유목민이 어떻게 약 6000년 전 메소포타미아의 범람원에 도착하게 되었는지 설명한다. 해수면은 지금보다 더 높았다. 크고 작은 강의 변화무쌍한 물줄기가 드넓은 습지대를 이리저리 수놓았다. 정기적 홍수로 잡초가 씻겨나가고 토사가 유입되어 그 위에 곡물과 대두를 파종할 수 있었다. 연례적 홍수 덕에 토양은 결코 고갈되지 않았다. 가축을 길들이고 갈대를 이용해 배를 만들거나 가옥을 짓고 식물의 선발 번식(selective breeding)을 시작한 것이 바로 이때였다. 사람들이 습지대에서 생존하는 데 더없이 중요한 기술인, 토탄을 파내고 건조하고 태우는 법을 익히게 된 것 역시 이때였으리라.(11장 참조) 이 사람들은 이용 가능한 땅에 씨앗을 뿌리고 그로부터 작물을 거둬들이기는 했으나, 사적 소유 경향성은 없었다. 이들에게는 달리 적(敵)이 없었던 것 같다. 습지대는 이 최초 소농들을 사막 유목민의 관심으로부터 보호해주었다.[1]

스콧이 설명한 바와 같이, 메소포타미아는 황금시대 직전의 네덜란드와 다르지 않았다. 여러 대륙에서 문명화는 습지대에서 첫발을 내디뎠다. 이게 바로 요르단강, 나일강, 니제르강, 인더스강, 아마존강 유역, 그리고 그 뒤 아프리카와 중국의 초기 벼농사 국가들에서 최초의 정착민 인구가 생겨난 경위다. 문명사에서 습지대가 맡은 중요한 역할은 그간 잊혀왔다. 기록된 유대-기독교 세계의 역사에서 사막은 막중한 역할을 담당했다. 하지만 습지대는 사막보다는 우리의 원시적 상태, 즉 잃어버린 에덴동산인 황금시대와 더 가깝다. 변변치 않은 습지는 역사가에게 거의 흔적을 남기지 않았다. 그럼에도 역사 기술의 출발점은 사람들이 그 습지대에서 추출한 다음 역사나 그 습지대에서 채집한 토탄으로 불을 지펴 구운 점토판에 처음으로 그 습지대에서 자라는 곡물에 대해 기록하기 시작했을 때다.

오랫동안 역사가들은 소농 농업이 야만적 사냥꾼과 호전적 유목민의 세계를 대체했다고 믿었다. 인류학자들은 초기 국가들에 대한 이 같은 내러티브를 수정했다. 그 내러티브의 상당수는 성서에서 비롯된 것으로 다른 이야기를 들려준다. 초기 농부들의 식생활은 사막 유목민보다 더 형편없었다. 그들은 키도 더 작았으며 더 일찍 숨졌다. 성벽과 성문과 탑이 그들 무역에 세금을 부과하는 데 기여함으로써 그 인구를 억제했다. 실제로 이 초기 도시들은 강제수용소와 흡사했다. 유목민은 그 도시들을 약탈하거나 공물을 요구했으며, 족장이나 왕이 되어 도시 안에 정착했다. 하지만 유행병이 더 잦은 사망 원인이었다. 인간과 동물은 한데 어울려 살았다. 양·쥐·이·모기·인간이 서로를 전염시켰다. 유행병은 굶주림·반란·탈출, 즉 한 마디로 붕괴로 이어졌다.

시간이 가면서 지역의 실력가나 이동 중이던 유목민이 나타나 지역민에게 세금을 부과하곤 했다.[2] 그 사람은 두 가지 문제에 직면했다. 첫째, 사람들은 끊임없이 재난 위기에 놓인 채 살아갔다. 그러잖아도 보잘것없는 수확량에서 십일조를 떼어가면 농부들은 종자를 빼앗기고 굶어죽게 되는데, 이는 그 지배자에게도 득 될 게 없는 결과다. 둘째, 곡물을 제외하곤 이 사람들이 생산한 다른 제품들을 계산에 넣을 수 없었다. 그들은 물고기, 사냥감, 혹은 산딸기류 열매, 심지어 땅속에 묻어둔 뿌리식물이나 덩이줄기 등 상하기 쉬운 제품에 의존했다. **정주형 도적**〔stationary bandit: 맨슈어 올슨(Mancur Olson)이 〈독재, 민주주의, 그리고 개발(Dictatorship, Democracy, and Development)〉이라는 논문에서 제시한 개념으로, 사회계약에 입각해 국가의 기원을 설명하는 데 반기를 들고 '도적' 개념을 통해 국가의 기원을 따진다. 도적을 '유랑형 도적(roving bandit)'과 '정주형 도적'으로 나누고, 정주형 도적의 출현이 국가의 기원이라고 설명한다─옮긴이〕은 지역의 영주가 되고 나서 자신의 마을을 곡물 재배지로 바꾸고 농민들이 다른 종류의 주요 작물을 재배하지 못하도록 금했다. 그는 자기 마을에 울타리를 치고 평민은 이용할 수 없는 금속 도구들을 사용함으로써 그들에게 새로운 형태의 권력을 휘둘렀다. 오직 그만이 쟁기·가옥·선박을 만들기 위해 백성이 필요로 하는 목재를 자를 수 있었던 것이다. 그는 현물로 지급받은 곡물을 기근 위험에 대비해 저장하거나 그 지역에서는 구할 수 없는 물건들과 교환했다. 포획 인구에 과세하는 이 같은 지배자로서는 곡물과는 다른, 그보다 더 '공간 집약적인' 독자적 권력 원천이 필요했다.[3] 그는 이 천연자원을 제 맘대로 착취하고 분배함으로써 자신의 **물질적 정당성**을 쌓아나갔다.

우리는 점토판에 보존된 초기 기록 역사에서 이러한 사실을 확인할 수 있다. 길가메시(Gilgamesh: 수메르와 바빌로니아 신화에 나오는 영웅—옮긴이)는 메소포타미아의 초기 도시 가운데 하나인 우루크의 왕이다. 백성과의 다툼에 신물이 난 길가메시는 그 도시를 떠나 '삼나무 숲(Cedar Forest)'을 점령한다. 그는 삼나무를 잘라 그 소중한 목재를 마을로 가져옴으로써 진정한 권력을 얻는다. 이것이 삼나무 같은 국지형 자원과 점토 및 곡물 같은 확산형 자원 간의 차이다. 그 이야기는 길가메시가 그의 삼나무를 이용해 아주 특별한 문과 멋진 배를 만드는 대목에서 끝난다. 그 배를 타고 홍수에서 살아남은 길가메시는 그의 마을로 돌아와 새로운 우화를 들려주고 새로운 보물을 내놓는다. 하지만 최근 발견된, 같은 서사시 주기에 속하는 점토판에는 이렇게 후회를 담은 말이 적혀 있다. "친구여, 우리는 숲을 황무지로 만들었어. ……친구여, 우리는 하늘과 맞닿아 있는 우뚝 솟은 삼나무를 베어버렸어."[4]

곡물 가설

제임스 스콧은 흥미로운 질문을 던진다. "곡물이 농업에서 가장 중요한 자리를 차지하게 된 까닭은 무엇이었을까?" 곡물은 건조하고 저장성이 좋지만, 그것은 렌틸콩도 마찬가지다. 곡물과 대두와 채소가 함께 뒤섞인 밭에서는 서로 다른 식물들이 저마다 상이한 시기에 무르익으며, 농부들은 그것들이 준비되면 수확한다. 이는 자급자족 농업에는 무리가 없지만, 과세 목적에는 상당히 불편하다. 따라서 곡물은 수많은 이삭이 동시에 익을 수 있도록 생물학적 시계를 설정하는 역사적 선택 과정을 거쳤다. 이미 고대 메소포타미아에서조차 무르익은 밀밭은 일주일 내로 수확해야 했다. 그러면 세금 징수인이 수확물을 점검하고 수량을 헤아려 그에 세금을 부과할 수 있었다. 그는 밭을 돌면서 작물 가치를 매긴 다음 제 몫(대체로 십일조지만 때로 그 2배에 달하기도 했다)을 국가 창고로 챙겨갔다. 인간을 수단으로 삼은 이 새로운 국가는 소농에게 땅을 쟁기질 하도록 강요했을 뿐 아니라 그들이 어떤 작물을 심어야 하는지까지 규정했다. 당국은 소농의 반대나 반란을 무시한 채 곡물을 재배하는 쪽으로 전환하도록 그들을 밀어붙였다.

기원전 3000년경 티그리스강과 유프라테스강 계곡에 방어용 성벽, 세금 징수, 그리고 내부 계층구조를 갖춘 우루크 및 다른 도시국가들이 들어섰다. 나일강, 그에 이어 인더스강, 그리고 안데스산맥에도 그와 비슷한 국가들이 출현했다. 인류학자 로버트 카네이로(Robert Carneiro)는 이 국가들이 하나같이 비옥했지만 자연적으로 고립된 영토들이었다고, 이 장소들은 우연하게도 다른 곳보다 농업 생산성이 더 높았다고 말한다.[5] 사람들은 이처럼 유리한 장소들을 서로 차지하기 위해 다퉜고, 결국 그 장소의 임자는 수시로 바뀌었다. 지리적 차이는 국가의 형성 및 생존에 영향을 끼쳤다.

메소포타미아에서 가장 선호되는 곡물은 밀이었다. 수세기에 걸친 관개로 그곳 토양은 점차 염분이 많아졌고, 그로 인해 길가메시 후계자들은 기장으로 갈아탔다. 고대 아테네는 이집트와 시칠리아에서 바다를 통해 공급되는 곡물에 의존했다. 중국의 도시들은 쌀을 필요로 했다. 6세기에 그 도시들은 이미 운하를 통해 쌀을 공급받았는데, 운하는 최대 2000킬로미터 거리에 걸쳐 운송을 담당했다. 유럽에서는 늘 밀로 만든 빵을 소중하게 여겼지만, 유럽 북부 지역에서 주류를 이룬 것은 호밀이었다. 발트해 연안의 호밀 무역으로 네덜란드와 잉글랜드는 수백 년 동안 호밀을 공급받을 수 있었다. 이 무역에 발맞추고자 운하·항구·곡물 창고가 건설되었다. 이것들은 교회나 궁전에 필적하는, 당시 인간이 축조할 수 있었던 가장 복잡한 구조물이다. 국가는 세금을 거둬들이고 곡물의 저장을 보장함으로써 전쟁이나 흉년이 닥쳤을 때 국민을 부양할 책임을 떠안았다. 프랑스혁명과 러시아혁명을 포함한 숱한 혁명은 국가의 곡물 창고가 바닥났다는 사실에 따른 반응으로 시작되었다.

오늘날에도 밀·쌀·보리·옥수수, 이 네 가지 곡물은 인류가 소비하는 칼로리의 절반 이상을 감당하고 있다. 이 곡물들은 하나같이 동시에 무르익는 작물이며, 다들 유통기한이 길어 무역과 과세 목적에 적합하다. 하지만 이 곡물들은 저마다 무척이나 상이하다. 밀이나 호밀과 달리 쌀알은 쉽게 익지만 쌀가루는 보관이 용이하지 않다. 중국을 비롯한 여러 쌀 의존 국가에서 쌀가루가 필요한 이따금의 식사를 준비하는 데는 대체로 손절구만으로도 충분했다.[6] 유럽인에게 곡물을 가루로 빵기 위한 풍차나 물레방아는 기술적 숙달과 역사적 변화의 구현체였다.

윤작

벌거벗은 유인원이 아프리카 사바나에서 유라시아의 숲 지대와 습지로
연신 이동함에 따라 문명은 북쪽으로 옮아갔다. 수천 년 동안 지중해는
무역의 중심지였다. 위기로 점철된 17세기에는 북해가 이 역할을 떠안
았다. 동양에서 온 사치품—비단·설탕·면화—은 계속해서 저만의 매
력을 뿜냈다. 하지만 타르·대마·초석(saltpetre) 등 북쪽 지역의 산물은
다가오는 세계에 영향을 끼쳤다. 프로테스탄트 종교개혁과 30년전쟁은
북유럽과 남유럽 사이에 맞붙은 범유럽 분쟁이었다. 이때 이후에는 북
유럽이 대체로 승리를 거두었다. 빈은 튀르크인을 격퇴했지만 프라하
는 스웨덴인에게 점령당했다. 최초의 해양 제국인 포르투갈과 에스파냐
는 남쪽 바다에서 식민지를 구했다. 네덜란드와 잉글랜드는 아르한겔스
크(러시아 북부 항구도시—옮긴이)에서 뉴펀들랜드(캐나다 동쪽 섬—옮긴이), 단
치히에서 베르겐(노르웨이 남서부 항구도시—옮긴이)에 이르는 광활한 북유럽
지역과의 무역에 집중했다. 곡물·목재·모피·리넨·대마·철 등 북쪽에
서 생산된 원자재와 관련한 한자동맹(Hanseatic League: 14~17세기 독일 북부
도시를 중심으로 한 무역 공동체—옮긴이), 그리고 그에 뒤이은 네덜란드와 영
국의 무역은 설탕·차(茶)·면화를 비롯한 기타 남부 산물들과 관련한 식
민지 무역보다 규모가 더 컸다.[7]
    숲을 불 지르고 땅을 개간하는 것은 즉각적인 결과를 낳았다. 재
를 쟁기질로 뒤엎고 나면 땅은 결코 과거의 비옥한 상태로 돌아가지 않

왔다. 18세기에 이런 현상을 두고 농학자들은 '비옥도 감소 법칙'이라고, 경제학자들은 '수확체감 법칙'이라고 불렀다. 만약 당신 땅의 비옥도가 떨어지면 당신에게는 더 많은 땅이 필요하다. 유럽의 삼림파괴는 곡물 경작지 확대가 낳은 직접적 결과였다. 하지만 숲과 논밭 사이에는 늘 초원·목초지·습지 같은 제3의 장소가 펼쳐져 있었다. 고대 로마의 경우 땅의 3분의 1이 경작되지 않는 휴경 상태였다. 수세기 동안 알프스 북부의 소농들은 이른바 화전농법을 시행해왔다. 농작물을 파종하고 수확한 다음 그 땅에서 가축을 기르고, 몇 년 뒤 그 땅을 버리고 숲으로 더 깊이 들어가는 방식이다. 19세기 초에는 독일 땅의 4분의 1이 휴경지였다. 농업의 역사는 농민들이 휴경지로 무엇을 해야 하는지, 그리고 어떻게 하면 그것을 생산적으로 이용할 수 있는지 터득해가는 과정이었다.

전형적인 북유럽 체제에서는 땅이 세 부분으로 나뉘었다. 가을에 밭에는 밀과 호밀을 파종했다. 봄에는 그 작물을 수확했으며, 다시 그 밭에 보리, 귀리, 또는 가축 사료로 쓰인 대두의 씨를 뿌렸다. 그런 다음 그 밭은 1년 동안 휴경했다. 이런 식으로 땅의 3분의 1에서는 농작물 생산이 이루어지지 않았고, 경작지는 4:1 비율로 생산했다. 다시 말해 파종한 알갱이 하나에서 각각 4개의 새로운 알갱이가 생겨난 것이다. 이는 이탈리아부터 스칸디나비아에 이르는 유럽 전역에서의 평균 경작지 생산성이었다. 엄청난 풍작은 오로지 도시에서 거둬온 분뇨나 동물 거름 같은 비료를 추가해야 달성할 수 있었다. 집약 농업은 시장과 가까운 도시 외곽에서만 발달했다.

농업 생산성 증가의 주된 이유는 윤작(輪作)이었다. 윤작은 농업이 곡물에서 양모·리넨·대마 등의 섬유로 방향을 트는 데 도움을 주기도 했다. 소작농은 수확할 때마다 제 가족을 부양함과 동시에 지주 및 국가에 토지와 보호에 대한 비용을 지불해야 했다. 따라서 그는 생존을 위해 기르는, 날것이어서 쉽게 상하는 농산품 비중은 줄이고, 무역을 위해 재배하는 건조 상태의 환금작물 비중은 늘리는 식으로 현금을 벌어들여야 했다. 이게 바로 부자가 되는 길이었다. 가내수공업은 다른 상황이었다면 상인이나 지주에게 돌아갔을 이익 일부를 소작농 가족에게 남겨주었다.(5장과 7장 참조) 하지만 이 새로운 경제는 프로이센, 폴란드, 그리고 발트해 연안 국가로부터의 막대한 곡물 공급에 내내 의존했다.[8]

동유럽의 지주들은 수천 년 전 메소포타미아 당국이 맞닥뜨린 것과 동일한 곡물 경제의 문제점—낮은 생산성, 늘어난 운송 거리, 그리고 일에 대한 동기가 거의 없고 저축 의욕도 낮은 '게으른' 인구—과 씨름해야 했다. 하지만 곡물에는 많은 노동력이 필요치 않았다. 노예 주인은 자신이 이해한 노예들의 욕구 전체—식량과 의복과 연장—를 충족시켰는데, 그들과 달리 지주는 본인의 소작농들이 자급자족 농업을 통해 살아갈 수 있도록 해주었다. 곡물은 같은 시기에 여물었으므로 한꺼번에 수확하고 가공할 수 있었다. 그해의 나머지 기간에는 소작농이 지주 밭에서 일하지 않았다. 그들은 채소밭을 일구고 목초지에서 가축을 기르고 수공예품을 만들었다. 지주가 이런 활동에 관여하지 않았으므로 소작농은 그것들을 더욱 잘, 더욱 빨리 발전시킬 수 있었다. 지주는 생산성을 증가시키는 데 필요한 복잡하기 이를 데 없는 윤작 체제에도 관심이 없었다. 오직 지대 징수 과정을 한층 복잡하게 만들 따름이었으니까. 특히 귀족 부재지주는 한층 더 그렇게 생각했다. 지주에게 무역의 기회는 그의 농장이 강변과 얼마나 가까이 위치하느냐에 따라 달라졌다. 만약 농장이 강에서 15~30킬로미터 떨어진 곳에 있다면 무역으로 얻을 수 있는 이익은 그리 크지 않았다. 지주의 소득은 그가 소유한 땅의 생산성이 아니라 그 땅이 강이나 바다와 얼마나 가까이 위치하느냐에 달려 있었다. 외국 선주들은 수익 가운데 가장 큰 몫을 거둬갔으며 그것을 다시 그들 본국에 투자했다. 마을에서는 이러한 수익을 구경조차 못했다.[9]

농업에서 고용은 일반적인(general) 성격을 띠지만, 전일제나 연중 내내 일하는 식은 아니었다. 지주는 농민을 물리적으로 지배해야만 (농민이 말에게 강제로 일을 시키는 것처럼) 그들에게 강제로 일을 떠안길 수 있었다. 그러나 농사일은 계절을 탔다. 사람들은 토양 준비, 파종, 수확 및 작물 가공으로 이어지는 연간 리듬에 맞춰 일했다. 심지어 20세기 초에도 러시아 마을의 남성은 자기 시간의 오직 절반만을, 여성과 청소년은 본인 시간의 단지 3분의 1만을 일하는 데 썼다. 하지만 작물을 한꺼번에 거둬들여야 하는 추수철에는 남녀노소 할 것 없이 다들 농사일에 뛰어들었다. 기술 혁신은 이 주기의 중요한 순간들을 느리디느리게 변화시켰다. 서서히 소를 말로 대체한 것은 중대한 조치였다. 잉글랜드에서는 이 일이 이미 16세기 초에, 유럽에서는 그보다 훨씬 늦게 일어났다. 이 같은 변화는 다른 많은 유사한 '개선사항'과 마찬가지로 서쪽에서 동쪽으로 퍼져나갔다. 농민은 이러한 대체에 반대했다. 전쟁이 터지면 말이 징발되리라는 것을 알았기 때문이다. 소로 쟁기질하는 편이 더 느리긴 했으나 한층 믿을 만한 선택지였다. 나무 말발굽을 댄 발육이 부진한 말은 쟁기를 끌 수 없었다. 말의 무게와 힘은 수세기에 걸쳐 증가했지만, 이는 농부의 농장 안마당이 아니라 기병대 마구간에서 이루어진 선발 번식의 결과였다. 나무를 대체한 철은 노력을 절약하고 생산성을 높이고 농민이 규정을 준수하도록 이끄는 데 기여했다. 철제 말발굽, 철제 쟁기날, 철제 괭이는 농부로 하여금 깊은 고랑을 뒤집고 도랑으로 논밭을 배수할 수 있게 해주었다. 군사 기술을 민간용으로 전환한 조치는 승전국이 자국 민간인에게 부과한 끊임없는 세금·징발·징용에 따른 보상이었다.

윤작은 수세기를 지나는 동안 한층 복잡해졌다. 네덜란드에서 처음 시험해본 4필드 시스템(four-field system)은 18세기에 잉글랜드·스웨덴·프로이센으로 퍼져나갔다. 어느 시점에서든 휴경 상태인 농경지 양이 절반에 달했다. 윤작 중인 밭에서 재배된 순무와 콩은 현지에서 농부와 그 가축들에 의해 소비됨으로써 밀을 해방시켰으며, 밀이 환금작물로 팔려나갈 수 있도록 거들었다. 수요 증가는 이러한 변화를 재촉하는 강력한 자극제였다. 성장일로의 도시는 늘 더 많은 식량을 필요로 했기 때문이다. 이후 다(多)필드 시스템은 한층 더 복잡해졌다. 일부 농학자들은 7필드, 심지어 11필드 윤작을 장려했지만, 이런 조치가 생산성의 비약적 향상으로 이어진 것은 아니었다.

현대인에게 장기 계획 수립은 분명 어려운 일이다. 1742년 러시아 남부 아스트라한(러시아 볼가강 하구의 도시—옮긴이)의 총독 바실리 타티슈체프(Vasily Tatishchev)는 지역 지주들에게 영지를 네 부분으로 나누라고 압력을 가했다. "첫 번째 부분은 호밀, 두 번째 부분은 봄밀을 심고, 세 번째 부분은 휴경지로 놀려라. 네 번째는 가축을 위한 목초지로 삼으라. 그렇게 되면 아주 짧은 기간에 모든 땅이 거름으로 비옥해지고 수익성도 커질 것이다."[10] 타티슈체프는 4년 윤작을 호소하는 글을 쓴 지 3년 뒤인 1745년 아스트라한 총독 자리에서 해임되었다. 또 한 명의 러시아 윤작 전문가 안드레이 볼로토프(Andrey Bolotov)는 모스크바 근교의 왕실 영지를 관리했다. 자신이 7년전쟁에 참전했던 곳인 프로이센 동부에서 선진적인 경작 시스템을 경험한 볼로토프는 왕실 영지에서 7개의 밭을 표시한 다음 농민들에게 도랑으로 그 각각을 구분하도록 시켰다. 2년 뒤 볼로토프가 더 이문 좋은 보직으로 옮겨가자 그 밭들은 원래 상태로 돌아갔다. 지주와 그 마름들은 농민이 게으르다고 투덜댔다. 개선은 제대로 이루어지지 않았고 땅은 휴경 상태로 남았으며 농작물은 들판에서 속절없이 썩어갔고 도로도 건설되지 않았다. 운송로가 없다면 곡물 생산량을 늘린다 한들 아무런 의미가 없었다. 남아도는 곡물은 주로 증류해 술을 빚는 데 쓰였다. 농민의 생산성을 높이려는 마름의 노력은 마을 선술집의 보드카 가격을 낮추는 데만 기여했을 따름이다.

개선과 게으름

설사 시장이 접근 가능하다 하더라도 군사적 징집, 말의 징발, 군대의 경유 또는 숙박, 국가의 근대화 계획이 하나같이 윤작을 방해했다. 십자군 전쟁과 종교 전쟁의 후예인 공격적인 신생 유럽국들은 도시 폭동, 수도에서의 혁명, 시골 농민의 사보타주 등 다채로운 위험에 골고루 시달렸다. 농업 혁신은 네덜란드에서 잉글랜드로 도입되었으며 다시 동쪽으로 방향을 틀었다. 농경지를 배수하기 위한 운하와 댐, 동물 사료와 대규모 분뇨 사용을 수반하는 윤작 체제는 온통 네덜란드에서 수입되었다. 농업 생산성은 지역을 막론하고 내륙보다 해안지대가 훨씬 더 높았다. 시골지역에서 유입되는 상품과 식민지에서 들여오는 상품의 교차지점에 위치한 항구도시는 규모가 점차 커졌다. 1700년경 암스테르담과 런던에는 각각 그들 국가 인구의 10퍼센트가 모여 살았다. 이 무역 도시들의 생존 비결은 그들 국경 밖에 존재하지만 무역 덕에 이용 가능한 천연자원 '유령 에이커(ghost acres)'였다.* 윤작을 하려면 농민은 다양한 기술·수공예·무역을 결합해야 했다. 유럽 소작농의 경제생활과 19세기 및 20세기 노동자(예컨대 광부 및 공장 노동자)의 경제생활을 비교하면 우리는 놀라운 결론에 이르게 된다. 소작농 경제가 프롤레타리아 경제에 비해 한층 복잡했고, 소작농의 일이 더 다양했으며, 식생활도 한결 더 나았던 것이다. 계절 변화는 소작농의 일에 다양성을 부여했다. 게다가 윤작이라는 패치워크 유형은 감독에서 벗어날 수 있는 기회를 제공했다.

도시에서는 고도로 전문화한 노동력이 흔히 먼 곳에서 들여온 소중한 국지형 자원들을 가공했다. 도시에서는 인쇄기가 발명되었고 은행이 영업을 해나갔으며 배가 건조되었다. 소작농은 그들 땅을 묵혀두었으며 드넓은 땅을 휴경지로 놀렸다. 인간 근육은 오직 가축 근력으로만 보충할 수 있었는데, 동물이 상당량의 경작지를 차지했다. 19세기 초, 밀 재배지 20에이커를 둔 영국 농장은 수소 네 마리를 방목하기 위해 8에이커를 더 필요로 했다. 그들이 있어야 수확물 운반이 가능했기 때문이다. 20세기 초, 북미에는 말과 노새가 2500만 마리 존재했는데, 이는 인간 세 명당 한 마리 꼴이었다. 이들을 먹여 살리는 데는 전체 농경지의 4분의 1이 소요되었다.

---

* '유령 에이커'는 케네스 포메란츠(Kenneth Pomeranz)가 《대분기(The Great Divergence)》에서 만들어낸 용어다. 모국이 수입한 것과 동일한 양의 원자재를 국내에서 생산할 경우 필요할 법한 가외의 땅을 지칭한다.

역사가 로버트 브레너(Robert Brenner)에 따르면, 유럽 농업은 두 번의 계급 전쟁을 겪었다고 한다. 중세 말엽, 전염병으로 인해 시골의 일손이 부족해지자 서유럽 소농은 첫 번째 계급 전쟁에서 승리했으며, 도시민처럼 주인을 바꾸고 돈을 벌러 나갈 권리를 확립했다. 이 전쟁에서 패배한 동유럽 소농은 농노로서 여전히 의존 상태에 머물러 있었다. 그에 따라 서유럽 지주들은 토지의 생산성을 향상시킴으로써 노동력을 절감하고자 노력했다. 이에 실패한 그들은 두 번째 계급 전쟁에 착수했다. 이제 지주인 귀족계급은 계약의 자유가 양자 모두에게 주어지길 바랐다. 소농이 원할 경우 떠날 권리가 있는 것처럼, 지주 역시 그들을 해고하고 토지를 용도 변경하거나 매각할 수 있는 권리를 누리고 싶었던 것이다. 잉글랜드에서는 이 전쟁에서 엘리트 계급이 승리했다. 귀족들은 자신의 땅에 '울타리를 칠(enclose)' 권리, '개량'을 실시할 권리, 잉여 소농을 제거할 권리(그렇게 되자 그들은 도시로 떠났다)를 얻었다. 한편 프랑스에서는 이 두 번째 계급 전쟁에서 소농이 승리했다. 그 나라는 계속해서 수백만 명의 소규모 지주에 의존해왔는데, 이들은 개량된 토지조차 매매하기 어려웠으므로 혁신을 도입하려는 동기가 없었다.[11] 동유럽에서는 지주들이 토지 시장을 확보했지만 거기에는 한계가 있었다. 토지는 오직 농노와 묶어서만 팔 수 있었으며, 나중에는 농민도 토지와 묶어서만 매도할 수 있었다. 토지를 임대하거나 저당잡히기는 어려웠다.

근대적 효율성에 대한 소농의 저항은 "약자들의 무기"(제임스 스콧)인 교활하고 고의적인 사보타주의 결과였을까, 아니면 소농 계급의 타고난 특성인 "농촌 생활의 어리석음"(카를 마르크스) 때문이었을까? 지주와 개혁가들은 보통 시골지역 고유의 특성인 양 게으름을 비난했다. 영국 귀족들은 아일랜드 소농이 게으르다고 생각했지만, 로버트 맬서스(Robert

Malthus)는 아일랜드인의 게으름을 곡물보다 생산성이 높지만 무역에 적합하지 않은 감자와 연관지었다. 미국 농장주들은 제가 부리는 흑인 노예들이 선천적으로 게으르다고 믿었다. 애덤 스미스(Adam Smith)는 소농의 게으름은 전문성 부족 탓이라는 설을 내놓았다. "30분마다 작업과 연장을 바꾸고 거의 매일 서로 다른 20가지 방식으로 작업해야 하는 모든 시골 노동자는 한가로이 걷는 습성을 지녔는데, 이는 거의 항상 그를 느려터지고 게으르게 만든다."[12]

1920년대에 러시아의 경제학자 알렉산드르 차야노프(Alexander Chayanov)는 소농 가계를 "도덕경제(moral economy)"라고 기술했다. 소농은 자신이 필요하다고 여기는 만큼만 벌어야 한다는 생각에 익숙했다. 그래서 그보다 더 적게 버는 상황은 우려했지만 그보다 더 많이 버는 데는 관심이 없었다. 이러한 태도는 러시아 소농에게만 해당되는 게 아니었다. 차야노프는 스위스와 독일의 농부 역시 수익에 대한 유인이 부족하고 위험회피 성향이 있다는 것을 보여주었다. 이를테면 차야노프는 농부가 쾌히 소 두어 마리를 기르는데, 그에 따른 유지비가 "거의 없다시피하다"는 것을 확인했다. 하지만 더 많은 소를 키우려면 소농으로서 감당 가능한 정도보다 더 많은 노동이 필요했다. 일 년의 거의 대부분 기간에 소농은 고용되어 있지 않았다. 러시아 중부의 들판에서 일하는 기간은 그들 시간의 25퍼센트밖에 되지 않았다. 소농은 그들의 자유 시간을 써서 수출용 리넨 같은 상품 생산에 능숙해졌다. 하지만 부유해졌을 때조차 온도조절기 비슷하게 작동하는 자율조절장치처럼 자급자족 농업을 포기하지는 않았다. 무역을 하려면 잉여가 필요하고, 그 반대도 마찬가지다. 즉 잉여가 없다면 무역도 없다. 이것이 자연의 방식이다. 농부의 주요 관심사는 잉여로 무엇을 할 것인가가 아니라 어떻게 하면 적자를 피할 것인가다. 소농이 피땀 흘려 일하는 것은 돈을 벌기 위해서가 아니라 생존하기 위해서, 즉 이윤을 극대화하기 위해서가 아니라 생활하기에 충분한 만큼 벌기 위해서다.[13] 전문화가 항상 가장 효율적인 해결책이었지만, 소농의 농장은 다채로운 상태를 유지했다. 가령 곡물이나 양모 같은 그들의 주요 산물이 시장에서 성공적으로 거래된다 하더라도 말이다. 그들은 계속해서 스스로 소비하는 채소·육류·건초 등 다른 많은 것을 제 손으로 생산했다. 이러한 상품들의 생산은 회계에 드러나지 않고 따라서 세금도 부과되지 않았다. 국가와 지주들은 자급자족 농업에 중요성을 부여하지 않았지만, 자급자족 농업은 소농 계급의 생존에 필수적이었다. 많은 중요한 작업이 계절적 특성을 띠었던지라 값비싼 기계에 투자하는 것은 별반 실용적이지 않았다. 자연의 주기에 맞춰 사는 삶은 안정성과 확장에 사로잡혀 있는 도시에는 맞지 않았다. 그럼에도 도시 생활을 위해서는 오직 소농만이 확보할 수 있는 곡물, 땔감, 기타 많은 것이 공급되어야 했다.

수도에 공급하기

무역의 중심지이자 권력의 심장부인 수도는 주변 토지의 제한적 식량 공급 능력을 훌쩍 뛰어넘을 정도로 빠르게 성장했다. 대다수 수도에서는 섬유·금속·완제품의 무역이 발전의 추동력이었으며, 곡물과 목재의 부족이 발전의 견인력이었다. 베네치아에서도 상트페테르부르크에서도 가득 찬 곡물 창고는, 수천 년 전 메소포타미아 도시들에서 그랬던 것처럼, 안정된 권력을 상징했다.

17세기 중반, 연간 파리는 300만 부셸, 암스테르담은 150만 부셸, 로마는 100만 부셸의 곡물을 소비했다. 이처럼 많은 양의 곡물을 수레로 운반하기란 불가능했기에, 성장하는 도시는 하나같이 바다 가까이나 항해가 가능한 강가에 위치해 있었다. 곡물 부족은 지중해 연안 도시들을 끊임없이 괴롭힌 문제였다. 일찍이 16세기에 네덜란드 선박들은 발트해 연안에서부터 유럽 전역을 항해하며 곡물을 실어날랐다. 암스테르담은 단치히 주변의 폴란드 땅에서 곡물을 공급받았으며, 스톡홀름은 리보니아와 에스토니아의 들판에 의존했다. 런던의 식량 공급은 이스트앵글리아 지역 소택지들을 배수하고 매립한 늪지대에 들어선 대규모 농장의 도움을 받았다. 파리는 콜베르(J. B. Colbert: 루이 14세 시대의 재무장관—옮긴이)가 건설한 운하와 센강을 통해 식량을 줄곧 공급받았다. 1734년 완공된 이 네트워크 때문에 프랑스의 지방은 물자를 빼앗겼다. 수도가 성장함에 따라 지방에서는 폭동이 발생했다.[14]

새로운 수도 상트페테르부르크로 곡물을 운송하는 작업은 러시아제국을 괴롭히는 고질적 문제로 떠올랐다. 1703년 네바강 삼각주를 점령한 표트르 1세는 그곳이 그가 젊은 시절 최고 시간을 보낸 암스테르담의 상황과 유사하다는 것을 알아차렸다. 유럽으로 향하는 발트해 항로의 길이는 스칸디나비아반도를 돌아가야 하는 백해 항로의 3분의 1에 불과했다. 북방 무역에 참여하고 싶어 안달이 난 신생 제국은 막 점령한 이 스웨덴 식민지를 제국의 수도로 삼았으며, 그곳에 수천 명을 재정착시켰다. 러시아제국은 이들에게 곡물 및 기타 생필품을 공급해야 했다.

비옥한 땅은 멀리 떨어져 있었다. 낮지만(200미터) 넓은(500킬로미터) 러시아 중부 고지대는 발트해 및 백해 유역과 흑해 및 카스피해 유역을 가른다. 그곳 언덕들은 모스크바 대공국의 심장부를 형성했는데, 페테르부르크제국에게는 골칫거리였다. 그 제국 남쪽은 우수한 작물을 생산하는 검은 토양을 갖추고 있었다. 2.8킬로미터에 불과한 짧은 연결 운하를 건설하면 무역 수도와 자원 기지, 발트해와 카스피해, 유럽 시장과 아시아 귀중품을 연결하는 약 1000킬로미터 길이의 끊기지 않는 수로가 조성될 판이었다. 외국 모험가들의 입찰을 거부한 표트르 1세는 비시니볼로초크(Vishny Volochok) 운하를 건설할 수 있는 특권을 미하일 세르디우코프(Mikhail Serdyukov, 1678~1754년)에게 제공했다. 시베리아 심장부 출신인 몽골인 포로 세르디우코프(다른 성공한 수많은 러시아 기업가처럼 고의식파 이단으로 의심받았다)는 프랑스 서적을 연구함으로써 운하에 대해 독학했다. 그의 비시니볼로초크 운하는 성공작이었다.* 이 운하는 철도가 도래할 때까지 거의 200년간 곡물을 수도로 운송하는 데 기여했다. 그러나 화물은 물살을 거슬러 반대 방향으로 갈 수 없었으므로, 러시아 지방에서는 수입된 섬유 가격이 상트페테르부르크보다 대여섯 배나 비쌌다.

표트르 1세는 운하를 건설한 후 아르한겔스크에서 수출하는 대마와 생가죽에 엄청난 관세를 부과했다.[15] 상트페테르부르크 인구는 빠르게 증가해 1790년에 이르자 모스크바 인구를 앞질렀다. 도시 건설에 필요한 군인과 소농의 지속적인 대량 유입은 빵 부족을 더욱 악화시킬 따름이었다. 그러나 수도 주변 농장들은 호밀 재배로 전환하지 않았

---

* 세르디우코프의 아들 이반(Ivan)은 우랄산맥 지역의 기업가 아킨피 데미도프(Akinfy Demodov)의 딸과 결혼했다. 그 운하 시스템의 상속자 이반은 1761년 자신 소유의 연못에 빠져 죽었다.

다. 핀란드의 소농은 도시에서 고기·우유·건초·장작을 팔고 빵을 사먹었다. 평민을 위한 호밀, 부자를 위한 밀, 말을 위한 귀리, 선박 밧줄을 위한 대마는 모두 남쪽에서 가져왔다. 운송비가 소비자 가격을 결정했다. 표트르 대제 시대에 상트페테르부르크에서 호밀가루는 모스크바보다 4배나 비쌌다. 상트페테르부르크는 러시아 고전문학에 묘사된 바와 같이 불명예스러운 불평등의 도시로 빠르게 전락했다. 하지만 20세기 직전까지는 상트페테르부르크에서 파리나 런던을 휘저은 빵 폭동이 일어나지 않았다.

새로운 수도로 운반되는 곡물의 길은 2000킬로미터나 될 정도로 길었다. 배 끄는 인부나 말들이 볼가강을 따라 남쪽 대초원과 카잔으로부터 곡물 바지선을 끌고 올라왔다. 운이 좋으면 곡물은 6개월 안에 수도에 도착했지만, 일이 잘못될 경우 1년으로 늘어나기도 했다. 화물이 운송 도중 썩거나 화물을 실은 선박이 침몰할 가능성도 없지 않았다. 밀가루는 곡물보다 실어나르기 쉬웠다. 현지에서 제분한 밀가루는 자작나무 껍질로 만든 바구니에 채웠는데, 각 바구니에는 밀가루가 120~160킬로그램씩 담겼다. 가을이나 겨울에는 이 밀가루 바구니를 수레 및 썰매에 실어 제분소에서 곡물 부두로 운반했다. 배 끄는 인부들은 바지선을 상류로 끌고갔는데, 2000개의 바구니를 실은 바지선을 끌려면 남성 60명이 필요했다. 리빈스크의 얕은 물에서는 그 바구니를 작은 배에 옮겨실어야 했다. 바구니와 마찬가지로 이 바크형 범선도 상트페테르부르크에서 땔감으로 팔렸다. 세계에서 가장 분주한 무역로 가운데 하나인 이 짧은 운하는 전체 시스템의 병목 구간이었다. 둑에 갇힌 바크형 범선 한 척이 일주일 동안 통행을 막는 경우도 있었다. 새로운 우회수로는 19세기가 되어서야 건설되었다.[16] 그사이 새로 식민지가 된 우크라이나와 러시아 남부 지역에서는 경작지 면적이 2배로 불어났다. 제국이 직면한 문제는 남쪽에는 곡물을 팔 대상이 없고, 북쪽에는 곡물을 살 곳이 없다는 것이었다. 우크라이나의 곡물에 다가갈 수 없었던 러시아 정부는 '산을 무함마드에게 보냈으며'('산이 무함마드에게 오지 않으면 무함마드가 산으로 가야 한다', 이슬람 예언자 무함마드가 산을 자기 앞으로 오라고 불렀으나 꿈쩍도 않자 결국 이런 말을 했다고 전해진다. '목마른 사람이 샘을 판다', 즉 '상황에 나를 맞춘다'는 의미다. 거기서 유래한 이 언어유희, 즉 '(무함마드가 산으로 갈 수 없다면) 산을 무함마드에게 보내자'는 '상황을 내게 맞도록 바꾼다'는 의미가 된다—옮긴이) 러시아 군대의 4분의 1을 그곳에 배치했다.

1850년 이후 상트페테르부르크는 유럽에서 파리 다음으로 인구가 많았다. 흑해 항구들이 발달하면서 우크라이나 곡물이 유럽으로 운송되었다. 하지만 전국적인 곡물 시장 형성은 철도로만 가능했으며, 러시아 곡물 수출의 상당 부분이 상트페테르부르크를 경유했다. 이러한 성공에는 국가의 개입이 결정적 역할을 했다. 곡물은 대부분 민간 생산자가 재배했고 빵 가격은 대개 제멋대로 요동쳤지만, 오직 국가만이 인프라를 개발할 수 있었다. 상품 가격이 생산비가 아니라 운송비에 의해 결정될 때 국가는 시장을 창출하는 데 결정적 힘을 발휘한다.

전쟁과 감자

유럽의 농업혁명은 아메리카와 그곳의 가장 중요한 보물인 감자가 발견되었을 때에야 비로소 꽃피었다. 에스파냐인들은 잉카인의 사례에 따라 포토시(볼리비아 남부 도시—옮긴이) 은광에서 일하는 노동자에게 감자를 제공했다. 그들의 선박은 감자를 유럽으로 실어날랐다. 깨끗한 곡물에 익숙해 있던 유럽 농부들은 더러운 데다 이상하게 생긴 감자를 보고 경악했다. 프랑스인들은 감자가 나병을 일으킨다고 믿었으며, 다른 곳에서는 그것을 최음제로 여겼다. 아일랜드에서는 영국이 이 나라를 식민지화한 16세기에 감자가 등장했다. 월터 롤리(Walter Raleigh: 영국의 군인이자 탐험가로, 신세계 최초의 잉글랜드 식민지 '버지니아'를 건설했다―옮긴이)가 직접 그곳에 감자를 들여왔을 가능성도 있다. 1594년 롤리는 남아메리카에서 금을 찾고 있었는데, 그 계획이 실패로 돌아가자 엘도라도에 관한 책을 썼다. 엘리자베스 여왕은 그에게 버지니아의 담배 플랜테이션, 그리고 역시 플랜테이션이라 불린 아일랜드의 영지를 하사했다. 1602년 롤리는 자신의 아일랜드 플랜테이션을 유명한 화학자['보일의 법칙'으로 잘 알려진 로버트 보일(Robert Boyle)―옮긴이]의 아버지 리처드 보일(Richard Boyle)에게 팔았다. 그곳에서는 이미 감자가 대규모로 재배되고 있었다. 가톨릭 신자들이 들고일어섰고 영국군이 그 반란을 진압했다. 아일랜드인은 감자의 전략적 우월성을 발견했다. 적은 농작물을 짓밟고 헛간에서 곡식을 훔쳐갔지만 초라하게 생긴 감자는 정당한 임자를 기다리며 내내 땅속에 웅크리고 있었던 것이다.

감자는 밀보다 7배나 많은 수분을 함유하고 있어서 썩기 쉽다. 그덕분에 영국 재무부의 감시를 피해갈 수 있었으며, 수백만 명의 소농이 위기에서 벗어났다. 1에이커의 감자는 1에이커의 밀보다 5배나 많은 10명을 먹여 살릴 수 있었다. 그 자신의 땅에서 감자를 발견한 프리드리히 2세(프리드리히 대왕. 1740~1786년 프로이센 왕으로 재임했다―옮긴이)는 농부들에게 휴경지에 감자를 심도록 강요했다. 그 결과 소농들은 곡물을 덜 소비하고 더 많은 세금을 납부했다. 감자 덕분에 인구가 증가했는데, 이는 프로이센 왕실의 오랜 염원이었다. 감자는 프로이센이 수차례의 전쟁에서 살아남는 데 도움을 주었다.[17] 프리드리히 2세를 본보기 삼아 북유럽 전역에서 여러 군주국이 감자를 도입했다. 감자와 윤작은 19세기에 유럽에서 인구가 폭발적으로 증가하도록 이끈 주요 원인이었다. 곡물의 질병은 감자의 질병과 크게 달랐는데, 이 사실은 수확량을 안정화하는 데 기여했다. 감자가 없었다면 도시화도 요원했을 테고 산업혁명도 가능하지 않았을 것이다. 1830년대에 중부 러시아 주들에서는 지주들이 '빈 땅'에서 더 많은 수익을 얻기 위해 감자를 심으라고 강요하자 소농들이 반발해 폭동을 일으켰다. 반면 아일랜드에서는 지주들이 '소농의 게으름'에 대해 불평하면서 그게 다 감자 생산이 쉬운 탓이라고 밝혔다. 의심할 여지 없이 땅속의 감자는 소농이 흉년에 굶지 않게끔 도와주었다. 이게 바로 소비에트 집산화가 채소 작물을 더 많이 재배하는 러시아 북부보다 곡물을 재배하는 우크라이나의 검은 토양 지역에서 더 심한 기근을 초래한 이유였을 것이다. 유럽 전역에서 감자 재배 덕에 경작 면적이 25퍼센트나 증가했다. 그 후 트랙터와 자동차가 도입되면서 말을 먹이는 데 쓰이던 토지의 25퍼센트가 풀렸다. 농업의 확대는 산업의 확대와 궤를 같이했다.

공간과 권력

근대가 시작되기 직전, 유럽 경제는 그린벨트로 둘러싸인 수백 개의 도시에 의존했다. 무역을 위한 주요 경로는 수로였다. 저지대국(Low Countries: 유럽 북해 연안의 벨기에·네덜란드·룩셈부르크로 구성된 지역―옮긴이)에 건설된 운하에서는 바지선을 끄는 말 한 마리가 잘 닦인 도로에서 50마리 말이 감당할 만한 분량의 곡물을 실어나를 수 있었다. 폴란드는 강과 해안에 힘입어 네덜란드의 주요 곡물 공급국으로 자리 잡았다. 폴란드는 네덜란드에 생산성은 낮았지만 엄청난 규모의 '유령 에이커'—즉 역사가 얀 더 프리스(Jan de Vries)에 따르면, 오늘날 네덜란드 면적의 절반에 해당하는 약 250만 헥타르의 경작지—를 제공했다. 그럼에도 폴란드에서 재배된 곡물 가운데 밀의 5퍼센트, 호밀의 12퍼센트만이 수출되었다. 나머지는 모두 현지에서 소비되거나 종자로 보관되었다. 지주들은 수입을 늘리기 위해 자기 소작농의 소비를 훨씬 더 줄여야 했음에도, 그들은 그저 근근이 생계를 이어가는 수준이었다. 곡물 수출은 네덜란드에서는 문화가 꽃피도록 거들어주었으나, 폴란드에서는 농노제로 귀결되었다.[18]

대도시는 점차 대외무역에 의존했지만, 시골지역은 가장 가까이 있는 소도시에 기댔다. 1826년 메클렌부르크의 지주 요한 하인리히 폰 튀넨(Johann Heinrich von Thünen)은 농업 수익이 토양이나 농부의 기술이 아니라, 농장이 가장 가까운 도시와 얼마나 떨어져 있느냐에 따라 달라진다는 사실을 실증적으로 보여주었다. 폰 튀넨은 자신의 저서 《고립국가(The Isolated State)》에서 도시와 시골의 관계에 관한 공식적 모델을 구축했다. 이 모델에서는 농업 활동의 동심원 고리들이 각 도시를 둘러싸고 있다. 안쪽 고리는 도시 시장에 공급할 채소·우유·육류를 생산하는 인근 농장들로 구성된다. 이들 농산품은 도시에서 고가에 팔리지만, 오직 가장 가까이 자리한 농장들만이 부패하기 쉬운 이러한 상품으로 수익을 얻을 수 있다. 그들은 도시에서 거둬들인 분뇨로 땅을 기름지게 만들기에 따로 윤작을 하지는 않는다. 그 바깥쪽 고리는 도시에 밀과 호밀을 공급하는 경작용 농장으로 이루어진다. 농장이 도시와 가까울수록 운송비는 저렴해진다. 폰 튀넨의 사유지는 로스토크에서 8킬로미터가량 떨어진 곳에 자리했으므로, 그는 이 말이 무슨 뜻인지 잘 알고 있었다. 농장이 도시 시장에서 75킬로미터 정도 떨어져 있으면 말과 수레는 나흘에 걸쳐 도로를 오가야 한다. 그사이 말들은 먹이를 축낸다. 폰 튀넨의 계산에 따르면, 이런 여정을 감당하려면 말들은 제가 실어나른 곡물의 8분의 1을 먹어치우게 된다. 도시로부터 375킬로미터 넘게 떨어진 농장에서 곡물을 배달하는 말들은 그 여정에서 자기가 지고 가는 곡물을 모조리 먹이로 소비해야 한다. 삼림지대는 가장 외곽인 세 번째 고리에 위치한다. 도시에서의 가격에 따라 농업지대 경계는 달라진다. 가령 곡물 가격이 높아지면 경작지 면적은 넓어지지만, 그렇게 되면 땔감과의 거리는 너무 멀어진다.[19] 따라서 폰 튀넨은 지대 이론을 재정립했다. 즉 지대는 데이비드 리카도(David Ricardo: 애덤 스미스와 함께 영국 고전파의 이론 체계를 완성한 영국 경제학자―옮긴이)가 생각한 것처럼 토지의 생산성에 의해 결정되는 게 아니라, 시장과의 거리에 따라 정해진다는 것이다.

곡물은 모든 주요 자원 가운데 공기와 물 다음으로 가장 널리 퍼져 있다. 그러나 점차 안보를 위해 자유무역을 제한하는 보호주의 법의 대상으로 떠올랐다. 가격을 올리려는 곡물 생산자의 이해는 굶주림에 직면한 소비자의 이해와 충돌했다. 나폴레옹 전쟁이 끝나고 유럽 전역에서 군대가 해산하자 곡물 수요는 곧바로 감소했다. 잉글랜드에서는 지주들로 이루어진 의회가 시장을 보호하기로 결정하고 곡물 수입을 제한하는 곡물법(Corn Laws: 곡물 수입에 중과한 법률로 1846년 폐지되었다―옮긴이)을 통과시켰다. 공산품 가격은 하락했지만 곡물과 밀가루 가격은 안정세를 유지했다. 런던에서는 식량을 사기에 충분할 만큼 돈을 벌 수 없었던 면직 공장 노동자들이 빵 폭동을 일으켰다. 1815년 네덜란드령 동인도 제도(현재의 인도네시아 제도―옮긴이)의 외딴섬 숨바와섬에서 탐보라 화산이 폭발했다. 그 결과 재앙이라 할 만한 흉작을 낳은 '여름 없는 해(the year without a summer)'가 이어졌다. '곡물 이권'에 맞서 '면화 이권'을 지키기 위해 면화 가공 도시 맨체스터 출신인 일군의 언론인과 지식인이 자유시장을 요구했다. 이 운동을 이끈 지도자는 수익성 높은 옥양목 공장의 소유주 리처드 콥든(Richard Cobden)이었다. 그의 주장에 따르면, 모든 국가는 자국의 번영만큼이나 타국의 번영에도 지대한 관심을 가질 것이기에 자유무역은 영구적 평화의 비결이었다. 나폴레옹 전쟁과 대륙봉쇄(1806년 나폴레옹 1세가 영국에 행한 조치―옮긴이)를 겪은 세대에게 이 의견은 설득력이 있었다. 1841년 애덤 스미스의 애독자이자 자유무역의 지지자 로버트 필(Robert Peel)이 총리 자리에 올랐다. 그는 섬유업계 거물의 아들로, 곡물이나 설탕이 아닌 목화에서 부를 얻은 최초의 정부 지도자였다. 1846년 아일랜드에서는 병충해로 감자 작황을 망치면서 대기근(Great Famine)이 시작되었다. 단일 재배를 위해 동일 품종의 감자를 심은 섬 전역에서 병충해가 들불처럼 번져나갔다. 영국산 곡물 일부가 아일랜드로 들어갔고, 이는 필이 곡물법을 폐지하는 데 도움을 주었다. 중상주의를 넘어서는 자유무역의 이점에 대한 논쟁은 자유무역 로비 집단의 승리로 귀결되었다.

1849년 런던으로 이주한 카를 마르크스는 곡물법 논쟁을 통해 계급 투쟁에 대한 생각을 정립하는 데 도움을 받았다. 곡물 가격 하락은 소작농의 몰락을 낳았다. 그에 따른 결과는 과거의 토지 인클로저(enclosure)가 초래한 결과와 유사했다. 농지 없는 소농은 산업 도시로 향하거나 이민을 떠난 것이다. 시골지역에서는 '규모의 경제'가 대규모 농장이 살아남도록 거들었다. 정부는 토지 매매와 합병을 촉진하고자 상속권과 세습재산을 폐지하고 토지 자유시장을 창출해야 했다. 제러미 벤담(Jeremy Bentham)과 콥든의 급진적인 추종자들은 오랫동안 이를 촉구해 왔다. 이것은 산업 이해집단이 농업 이해집단을 상대로, 금속과 섬유가 곡물과 설탕을 상대로 일군 승리였다.

잉글랜드에서 곡물 관세가 폐지되자 유럽 대륙에서 곡물 가격이 치솟았다. 철도와 증기선 덕분에 미국과 러시아의 곡물 수출이 몰라보게 증가했고 곡물 가격은 하락했다. 19세기 말에는 사실상 유럽 전역이 식량 보호주의를 실시했는데, 이는 주로 곡물 수입 관세를 의미했다. 최대 산업국인 영국과 벨기에만이 이를 실시하지 않았다. 1880년대에 영국은 밀의 65퍼센트를 수입하고 자국이 생산한 공산품으로 그 대금을 치렀다. 제1차 세계대전이 발발하기 직전 러시아에서 소농의 에이커당 밀 수확량은 잉글랜드 농민의 3분의 1에 지나지 않았지만, 경작지 면적은 인구 증가와 철도 확장에 발맞춰 계속 늘어났다.[20] 철도 관료 출신인 러시아 총리 세르게이 비테(Sergey Witte)는 영국의 중상주의를 바다에서 육지로 가져왔다. 그의 계획은 성공적이었다. 철도와 낮은 관세 덕에 곡물 무역 성장이 전체 경제성장의 절반 이상을 차지했다. 그러나 전쟁이 끝난 뒤 세계 밀 가격은 재차 폭락했다. 경제사학자 데이비드 앨런(David Allen)은 러시아제국 말기를 단 한 번에 불과한 원자재 호황기라고 표현한다.

소련 당국의 농업 실험은 대량 기아로 이어졌다. 농업의 집산화는 흉작, 생태계 파괴, 대량 기근을 낳았다. 상황이 너무 나빠지자 1982년 공산당은 매년 석유와 교환함으로써 막대한 양의 곡물을 구매하는 식량계획(Food Programme)을 찬성했다. 소련이 붕괴하고 그 뒤를 이은 러시아연방(Russian Federation)은 곡물의 주요 수출국으로 떠올랐다. 하지만 **석유농업**은 석유를 식량으로 전환하는 또 한 가지 방법에 불과했다.(13장 참조) 21세기 초 농업 보조금과 에너지 집약 기술, 이 두 가지 조치는 소비에트의 식량계획이 선진국 전역에서 재현되도록 해주었다.

육류, 어류 및 각종 가죽

인류학자들은 우리의 고대 선조가 잡식성이었는지, 시체를 먹었는지, 또는 조개류를 선호했는지에 대해 의견 일치를 보지 못하고 있다. 육류와 우유에 대한 사람들의 미각이 발달한 것은 나중 일이었다. 한 마리의 동물을 먹이기 위해서는 인간 한 명을 부양하는 경우보다 더 많은 땅이 필요하다. 하지만 가축 사육은 농경보다는 노동 집약적이다. 몽골 대초원에서는 말을 탄 2명의 목동이 양 떼 2000마리를 돌볼 수 있다. 튀르크 목동은 조수와 함께 800마리로 이루어진 황소와 젖소 무리를 방목할 수 있다. 사냥에는 훨씬 적은 노동력과 그에 상응하는 더 넓은 토지가 필요하다. 유럽에서 사냥은 귀족계급의 특권으로 남아 있었다. 오스트리아 합스부르크 왕가는 마지막까지 이 기이한 취미에 유달리 애착을 보였다. 제1차 세계대전 중에도 그들의 수렵 기념물 수가 수천 개에 달했던 것이다. 정치권력이 필요를 넘어서는 과잉에 의해 정의되는 게 사실이라면, 수렵 기념물 수집은 동양 술탄의 하렘(harem: 본래 번식을 위해 수컷 한 마리를 공유하는 암컷들을 지칭하는 것으로, 일부 이슬람 국가의 왕들이 거느린 첩들을 일컫는다—옮긴이)과 마찬가지로 이 논제를 실증적으로 보여준다.

육류

동물은 먹이사슬의 상단을 차지하며, 육류의 칼로리는 늘 식물성 식품의 칼로리보다 더 비쌌다. 많은 문화권에서 육류 소비는 엘리트 계층의 특권이었다. 육류를 대량 소비할 수 있는 경우는 드물었는데, 그게 바로 선물경제(gift economy: 재화나 용역이 금전적 이득이 아닌 공동체나 열망을 위해 소비되는 경제체제—옮긴이)가 작동하는 상황이었다. 육류에 술을 곁들인 전체 행사는 육체적·성적 에너지를 방출하는 축제의 장이었다.

조로아스터교를 제외한 모든 세계 종교는 육식과 관련해 여러 금지 규정을 두고 있다. 인도에서는 소를, 중동에서는 돼지를 먹는 행위가 금지되어 있으며, 영국제도에서는 개와 말이 메뉴에 들어 있지 않다. 인류학자들은 이러한 금기사항이 "식용은 인류와 반비례 관계에 있다"는 법칙에 따른 것이라고 설명한다.[1] 일부 문화권에서는 말을 인간과 가까운 동물로 여겨 먹지 않는 반면, 다른 문화권에서는 소가 이와 동일한 위상을 차지하고 있다. 가톨릭과 정교회에서는 육류와 유제품의 섭취를 정기적으로 자제하는 장기 단식을 수용했다. 이 같은 종교적 관행은 수천 년에 걸쳐 식물성 식단이 신체 건강에 이롭다는 것을 입증해왔다.

육류는 금방 상하는지라 장거리 무역에 적합지 않다. 고기를 상품화하려면 말리거나 훈제하거나 아니면 얼려야 했다. 영국 해군은 수세기 동안 염장한 소고기와 럼주를 먹고 살았다. 이러한 식단은 괴혈병을 낳았는데, 선원들은 이를 심한 형태의 뱃멀미라고 생각했다. 농부들은 가죽과 양모에 집중했는데, 그것들은 보존해서 무역을 통해 거래할 수 있었으며, 고기는 가정 내에서 소비했다. 이번에도 역시 도시와의 거리가 중요한 요소였다. 농장이 도시와 가까우면 고기를 판매할 수 있었다. 하지만 특히 육로로 실어날라야 하는 경우, 운송 거리가 늘수록 수익은 떨어졌다. 수로로, 가급적이면 운하를 따라 운송할 수 있는 곳에서는 소시지와 치즈를 판매하는 게 경제적으로 타당한 일이었다. 살아 있는 가축을 시장으로 싣고가는 대안도 있었지만, 이 역시 거리에 비례해 손실이 발생했다.

유럽에서는 15세기까지 고급 요리가 알려져 있지 않았다. 아시아는 다른 사치품의 경우와 마찬가지로 고급 요리에서도 한발 앞서갔다. 그러나 서유럽은 육류를 동유럽보다 더 많이 먹었고, 중국보다는 훨씬 더 많이 섭취했다. 페스트로 인구가 감소한 중세 유럽에서는 육류가 풍부했다. 뿔 달린 소 떼는 달마티아(현재 크로아티아의 아드리아해 연안 지방—옮긴이)에서 배에 실려 베네치아로 옮겨지거나 헝가리에서 육로를 통해 독일로 운송되었다. 한 무리에는 2만 마리나 되는 소가 포함되기도 했다. 당연히 오직 대도시만이 이렇게나 많은 양의 썩기 쉬운 식량을 감당할 수 있었다. 상류층이 하류층보다 고기를 더 많이 먹었으며, 육류 소비량은 지방보다 수도에서 더 많았다. 16세기 파리에서는 돼지고기가 가난한 사람들의 음식으로 간주되었으며, 상인과 귀족은 사슴고기를 선호했다. 위기로 점철된 17세기에는 육류 소비량이 줄었지만 그럼에도 연평균 20킬로그램 수준을 유지했다. 프랑스혁명 직전 평균적인 파리 거주민의 육류 소비량은 지방에 사는 평균적인 시골 사람보다 3배나 많

왔다.[2]

많은 국가가 곡물 공급의 통제를 전략적 목표로 삼았지만, 육류에 비슷한 관심을 기울이는 경우는 흔치 않았다. 로버트 맬서스는 낙농 가축과 소 떼를 사치품이라 여겼다. 그는 소에게 토지를 넘겨주면 식량이 더 많이 생산되는 게 아니라 더 적게 생산된다고 보았다. 그의 주장에 따라 채식주의 활동가들은 사람들이 육식 식단에서 채식 식단으로 전환하면 1에이커에서 생산되는 식량의 양이 10배 증가할 거라고 추산했다. 그리고 목초지를 경작지로 전환하자고 촉구했다.[3] 그러나 인구가 드문 신대륙 땅은 소를 방목할 수 있는 전례 없는 기회를 제공했다. 19세기 말, 아르헨티나 평원에는 반야생 상태의 젖소와 황소 수백만 마리가 이리저리 쏘다니고 있었다. 무역이 가능한 유일한 부위는 손질된 가죽이었다. 가우초(gaucho: 남미의 카우보이−옮긴이)는 소의 혀를 먹고 가죽을 벗긴 다음 시체는 코요테에게 던져주었다. 이 모든 상황은 유스투스 폰 리비히(Justus von Liebig)의 발견 덕분에 크게 달라졌다.

유기화학의 창시자 리비히는 끔찍한 해인 1816년을 기억하고 있었다. 그해는 멀리 떨어진 아시아 섬에서 화산이 폭발하는 바람에 유럽이 해를 보지 못했으며 자신이 태어난 다름슈타트에서는 사람들이 굶주림에 허덕이던 때였다. 그가 장차 뛰어들게 되는 연구는 온통 식량과 비료에 관한 것들이다. 1847년 리비히는 육류 추출물을 만들어 유리병에 담는 법을 발명했다. 즉 30킬로그램의 고기로 시럽처럼 걸쭉하고 보관이 용이한 1킬로그램의 추출물을 얻은 것이다.[4] 최초의 공장은 우루과이에 들어섰는데, 유럽에서 판매된 양은 상당했다. 그 후 리비히는 고형 육수와 육류를 통조림으로 만드는 방법을 고안했다. 아르헨티나와 우루과이는 유례없는 호황을 누렸으며 유럽의 병원·군대·빈민층은 새로운 식량 공급원을 얻었다. 그런 다음 시카고 도축장들은 육류를 냉동하는 법을 알아냈다. 냉동 장치가 기차나 선박 화물칸에 장착되었다. 나중에는 일반 가정에서 사용할 수 있는 소형 냉장고가 생산되었다. 냉동육은 수십억 명에 이르는 사람들 삶을 몰라보게 바꿔놓았다. 이전에는 엘리트층만 이용할 수 있었던 희소하고 값비싼 자원이 대량 소비 품목으로 떠오른 것이다. 이러한 발명들은 성장하는 도시를 먹여 살렸고, 새로운 상품 흐름을 일으켰으며, 전에 없던 부를 창출했다. 장거리 무역이 현지 무역과 경쟁하기 시작한 때가 바로 이 시점이었다. 1930년대에 스웨덴의 경제학자 엘리 헥셰르(Eli Heckscher)와 베르틸 올린(Bertil Ohlin)은 이 효과에 대해 기술했다. 그들이 구축한 모델은 토지·노동·자본이라는 기존의 생산요소를 사용한 데다 장거리 무역도 고려에 넣었다.[5] 그러나 이 모델에는 석탄 연소로 인한 이산화탄소 배출과 포장 폐기물로 인한 오염 등 경이적인 새로운 무역에 수반되는 비용은 포함되지 않았다.

채식주의

육류에 관한 이야기에서 한 가지 특별한 대목은 절제다. 유대인은 돼지고기를 먹는 것만 피했지만, 사도 바울은 로마인에게 예수님께서는 어떤 육류도 먹지 말라고 권고하셨다고 밝혔다. 성 제롬(St. Jerome)은 노아의 홍수 전에는 사람들이 고기를 먹지도 포도주를 마시지도 않았다고 생각했다. 르네상스 시기에 채식주의는 자연에 대한 지배와 육체의 불멸을 약속하는 피타고라스식 전통과 관련되어 있었다. 이에 따라 많은 프리메이슨 단원은 육식을 삼갔다. 18세기에 육식 절제 지지자 가운데 가장 성공적인 인물은 왕립협회 회원이자 피렌체 최초의 프리메이슨 집회소를 설립한 이탈리아인 의사 안토니오 코키(Antonio Cocchi)였다. 그는 의사와 여행자로서의 경험을 바탕으로 괴혈병이 염장육으로 구성된 선원들의 휴대용 식량 탓에 발생했다는 사실을 최초로 밝혀냈다. 괴혈병 정복은 계몽주의 시대의 가장 큰 업적 가운데 하나였다.

대영제국에서 채식주의는 식민지에서 돌아온 이들이 더러 장려하곤 했던 힌두교와 관련되어 있었다. 벵골 총독 존 홀웰(John Holwell)은 채식주의자였다. 그는 은퇴 후 채식주의를 증진하고 힌두교가 기독교의 뿌리임을 증명하고자 노력했다.[6] 이러한 채식주의는 런던과 맨체스터 같은 중심부가 주변부인 인도를 모방하는 긍정적 오리엔탈리즘의 한 가지 표식이었다. 유럽에서 채식주의는 영국식 유행으로 간주되었다. 최초의 생활양식 운동인 채식주의는 엘리트층에서부터 전해져 중산층을 사로잡았으며 다른 새로운 아이디어들을 흡수했다. 1878년 런던의 한 신문은 이렇게 썼다. "사실 채식주의는 온갖 이상한 '······주의'와 어떤 식으로든 상관관계를 보이는 듯하다. ······그들은 국가 경제에 대해 새롭고 기이한 견해를 내놓으며, 초능력연구회의 회원이고 온통 양모 옷을 입는 데다 면도기를 사용하지 않으며 부드럽고 보기 흉한 모자를 쓰는 게 확실하다."[7] 러시아인과 미국인은 채식주의를 단순한 삶, 사치 거부, 자연 사랑과 결부시켰다. 인기 있는 종파인 러시아의 고행(苦行)교도(Khlyst: 17세기에 러시아에서 생겨나 19세기 초까지 이어진 그리스도 교파—옮긴이)와 미국의 셰이커교도(Shakers)는 고기를 먹지 않았다. 헨리 소로(Henry Thoreau)와 레프 톨스토이(Lev Tolstoy)도 채식주의를 지지하는 비슷한 논지를 펼쳤다. 즉 육식은 사치, 욕망, 사람들 간의 불평등을 상징한다는 것이었다. 채식주의는 이념적 투쟁의 대상임과 동시에 개인적 선택의 문제였다. 셸리와 바그너, 간디와 히틀러 등 선과 악 양편 모두에 주목할 만한 채식주의자가 포함되어 있었다.

　이 논쟁은 21세기 들어서면서 또 다른 차원으로 전개되었다. 육류와 유제품은 전 세계 식품 칼로리 소비량의 18퍼센트에 불과하지만, 그것의 생산은 농업에서 비롯되는 탄소 배출량의 60퍼센트를 발생시킨다. 결국 농장 동물은 온갖 종류의 운송 수단을 모두 합한 것보다 더 많은 양의 이산화탄소를 배출한다. 예컨대 소고기는 미국인 식단에서 비롯된 칼로리의 3퍼센트에 그치지만, 소의 탄소 배출량은 미국 농업 전체 배출량의 절반에 이른다. 다량의 석유와 토지를 소모하는 소고기는 당연히 비싸야 한다. 그러나 농업 보조금으로 인해 소비자 시장에서는 가격이 절반으로 떨어진다. 각국 정부는 지구의 주요 오염원 가운데 하나에 직접 자금을 대주고 있다. 인류가 육류와 우유를 포기하면 현재 농업이 차지하는 토지의 4분의 3이 해방될 수 있다. 물도 더 많이 사용할 수 있게 될 것이다. 가축은 전 세계적으로 물의 3분의 1을 소비하고 있다. 게다가 수질 오염의 절반 이상은 가축 탓이다.[8] 늘어나는 세계 인구를 먹여 살림과 동시에 탄소 배출량을 줄일 수 있는 유일한 방법은 글로벌 노스의 가축 사육을 과감하게(최대 40퍼센트까지) 줄이는 것이다. 이는 실현 가능한 목표다. 지난 50년 동안 채식주의자 '괴짜들'이 펼친 선전 덕에 소고기 소비량은 이미 3분의 1가량 줄어들었다.

　과학자들은 동물성 단백질이 식물성 단백질에 비해 장점이 있다고 생각지 않는다. 게다가 동물성 단백질은 단점이 많다. 가령 소에서 단백질 1킬로그램을 생산하면 완두콩에서 동일 양의 단백질을 얻는 경우보다 토지는 50배나 필요하고 탄소는 12배나 배출하는 것이다. 채식주의자가 되는 것은 비행기 여행을 관두거나 디젤 자동차를 전기차로 바꾸는 편보다 개인적인 지구 오염 기여도를 더 낮출 수 있다. 전 인류가 비건(vegan) 식단으로 전환하는 것은 녹록지 않은 일이다. 하지만 전 세계가 연간 5000달러를 농업 보조금으로 쏟아붓고 있으므로, 정치적 의지만 있다면 이 돈을 농업 재건을 위해 사용할 수는 있다. 과학자들은 농업 보조금을 다른 데 쓰고 탄소 배출에 세금을 도입함으로써 차차 그 목표를 달성하자고 제안한다. 육류와 우유는 유독 높은 세율이 부과되는 담배나 술처럼 대접받게 될 것이다. 슈퍼마켓 진열대는 우유를 대체하는 식물성 식품으로 가득 차 있다. 비건은 대부분 대학 학위를 가진 젊은이들인데, 비건 채식이 어떻게 대중운동으로 전환할 수 있는지는 분명치 않다. 설탕, 차 또는 아편에 중독시키는 것은 그들을 식물성 우유와 신선한 야채에 익숙해지게끔 이끄는 것보다 더 손쉬웠다.(4장 참조)

어류

1784년 매사추세츠주 하원은 "대구 어업이 이 코먼웰스(commonwealth: 캔터키·매사추세츠·펜실베이니아·버지니아 주에서 '주'를 지칭하는 공식 명칭—옮긴이)의 복지에 얼마나 중요한지 기념하기 위해" 회의장 위쪽에 대구를 새긴 나무 조상(彫像)을 설치하도록 하는 결의안을 통과시켰다. 식민지 미국에서 가장 중요한 단백질 공급원이던 대구는 설탕 섬(sugar islands)의 노예들, 그리고 금식 기간의 가톨릭 신자에게 소중한 식량 공급원이었다. 대구는 그 생물학적 특성 덕분에 대량으로 잡아들이고 보존하고 소비할 수 있었다. 대구 한 마리는 무게가 10~12킬로그램, 혹은 그 이상에 달했다. 대구는 근육질인 데다 기름기가 없어서 건조하기 쉬웠으며, 단백질 함량이 말린 소고기보다 훨씬 높은 비율인 80퍼센트나 되었다. 건대구는 배의 선반에 수년 동안 보관하고 전 세계 어디든 운송할 수 있었다. 청어 같은 기름진 생선은 건조하기에 적합지 않았다. 훈제하거나 소금물에 절여야 했는지라 운반하기에 무거웠을뿐더러 보관도 용이하지 않았다.

어획 기술은 간단했다. 대구는 손수 만든 낚시용 도구와 이전에 잡은 생선의 내장으로 구성된 미끼를 써서 어획했다. 기절시킨 대구는 배를 갈라 소금을 넉넉히 뿌린 뒤 집게에 고정해 햇볕과 바람에 말렸다. 이 작업은 갑판에서 바로 할 수 있었지만, 어획량이 많을 경우에는 해안에 내려 건조시켜야 했다. 따로 처리된 대구 간에서 얻은 기름은 닻의 녹을 예방하는 데, 그리고 나중에 증기기관용 윤활유로 쓰였다. 이탈리아와 에스파냐에서는 소금에 절인 대구 바깔라(baccala)가 지금도 전통 요리로 손꼽힌다. 대구 산업은 암컷 한 마리가 평균 300만 개의 알을 낳을 만큼 놀라운 번식력에 힘입어 크게 번성했다. 바다는 모두의 것이었지만 어획한 물고기는 해당 어부 소유였다. 어부는 돈을 받기 위해 자신이 잡은 모든 물고기의 혀를 잘라 갑판 위 상자에 모았다.

유럽인은 이미 13세기 초부터 스칸디나비아 북부 해안에서 들여온 말린 대구를 즐기기 시작했다. 건대구는 머잖아 한자동맹의 주요 상품 가운데 하나로 떠올랐다. 북유럽 사람들은 소금물에 절인 청어를 선호했지만, 남유럽, 이어 미국에서는 말린 대구가 더 인기를 누렸다. 16세기부터 바스크인(Basques: 에스파냐 피레네산맥 지역에 거주하는 민족—옮긴이)은 뉴펀들랜드 부근에서 정기적으로 대구를 잡았다. 그들은 에스파냐 양모를 잉글랜드로 실어가고, 잉글랜드의 모직물과 공산품을 미국 식민지로 가져간 다음, 돌아오는 길에 염장 대구를 에스파냐 북부로 운송하는 삼각무역을 조직했다. 그 같은 여행에는 대략 1년이 소요되었다.[9] 그에 따른 이윤 가운데 가장 큰 몫은 선주들이 차지했다. 보스턴, 세일럼(보스턴 위쪽에 위치한 매사추세츠주 북부 항구도시—옮긴이) 등의 항구도시에 들어선 큰 집은 모두 그들 소유였다. 1640년대에는 이 혼합체에 영국 자본이 더해졌고 새로운 삼각관계가 발달했다. 즉 영국 선박은 완제품과 소금을 보스턴에 하역하고, 그곳에서 대구 화물을 실어 자메이카를 비롯한 여러 대서양 섬으로 운송한 다음, 설탕을 적재해 잉글랜드로 가져온 것이다. 그러던 중 대구가 연안 해역에서 자취를 감추었다. 공유자원과 관련해 으레 일어나는 일이었다. 보스턴의 고기잡이배들은 뉴펀들랜드까지 더 먼 바다로 나갔다. 위험이 빠르게 증가함에 따라 보험료도 인상되었다. 이는 어부들이 신용이나 식량을 제공하는 상인에게 한층 더 의존하게 되었음을 뜻했다. 어부들은 바다 한가운데서 배에 승선한 채로 대구를 말렸다. 그 결과 설탕 섬의 노예에게나 적합한 질 낮은 건조 대구가 대량으로 생산되었다. 미국 선박들은 서인도제도에 공급하는 영국 선박을 강제로 몰아내고, 중상주의적 항해조례(Navigation Acts: 영국이 1651년에서 1849년까지 실시했다—옮긴이)를 위반하면서 많은 양의 당밀을 보스턴으로 가져가 럼주를 증류했다. 설상가상으로 미국 어부들은 생도맹그섬(아이티)을 비롯한 여러 프랑스 식민지에 대구를 팔고 그곳에서 당밀을 저렴하게 구입했다. 영국 함대는 이에 대한 보복으로 미국 선박을 나포하기 시작했다.

중상주의적 법은 어업 산업의 이익과는 상충하는 대농장 소유주와 설탕 무역업자의 이익을 주로 옹호했다. 7년전쟁이 끝난 뒤 의회는 본질적으로 노동에 대한 세금인 인지세(stamp duty)를 도입했다. 미국 식민지 내에서 이 세금은 모든 거래, 계약 및 유산에 대해 부과되었다. 런던은 밀수를 막기 위한 조치로 대서양에 선박을 추가로 보냈다. 이는 '대표 없이 과세 없다(no taxation without representation)'는 유명 구호와 함께 시위를 촉발했다. 시위대는 보스턴 항구에 정박한 상선을 점거하고 차 상자를 배 밖으로 내던졌다. 차는 미국 식민지에는 없는 유일한 영국 상품이었기에 이 선택은 더없이 상징적이었다. 독립전쟁 기간에 뉴잉글랜드 어선단은 혁명군에게 서인도제도에서 가져온 식량과 럼주, 화약은 물론 흔히 볼 수 있는 말린 대구까지 제공했다. 평화회담이 진행되는 동안 뉴펀들랜드 연안의 어업권은 협상에서 가장 열띤 논쟁거리 중 하나였다. 결국 미국인은 1783년 파리 조약에서 자신들의 권리를 주장했다. 캐나다 정부가 뉴펀들랜드 연안에서 대구 조업에 대한 모라토리엄을 도입한 것은 그로부터 200년이 지난 뒤의 일이었다.

생선과 육류는 역설적 특성을 한 가지 공유한다. 어느 시장에서든 신선육은 냉동육보다 비싸다. 하지만 냉동육을 생산하려면 더 많은 자본과 노동력이 필요하다. 생선을 비롯한 여타 부패하기 쉬운 상품도 마찬가지다. 신선한 제품이 보존된 것보다 비싸고, 현지에서 생산된 제품이 원거리에서 운송된 것보다 고가다. 경제학자는 신선한 육류나 생선한 조각에 비용을 지불할 때, 우리는 실상 그 자체뿐 아니라 폐기되는 모든 조각에 대한 비용까지 치르는 꼴이라고 말한다. 이 같은 역설은 현대 생활의 특징 중 하나다. 상하기 쉬운 현지 제품에 대해 비용을 지불할 때 우리는 구매자가 보지 못하거나 듣고 싶어 하지 않는 유사 제품들의 어획(도축) 및 가공에 드는 비용까지 치르고 있는 셈이다.

모피

모피는 기후가 쌀쌀한 유럽에서 불과 돌에 이어 초기 인류의 생존에 꼭 필요한 세 번째 품목이었다. 늑대·들소·사슴·양의 따뜻한 생가죽은 보존 처리하지 않고도 침구, 담요 또는 주거지의 일부로 쓰였다. 흑요석 칼날로 가죽을 자르고 말린 힘줄을 뼈바늘에 꿰어 이어붙임으로써 의복과 신발을 지을 수 있었다. 이런 품목 덕분에 사람들은 북쪽 숲으로 더 깊숙이 들어갈 수 있었고, 거기서 털이 더 많이 달린 동물을 발견했다. 수세기가 지난 뒤 로마 병사들은 게르만 야만 민족의 모피 의상을 보고 감탄했다. 하지만 로마인 역시 북쪽으로 이동하면서 모피를 걸치기 시작했다. 점차 모피는 북쪽 땅에서 하나의 상품으로 자리 잡았다. 수입원이자 전환 가능한 화폐로 떠오른 것이다.

다람쥐

동슬라브어에서 화폐 단위를 나타내는 최초 단어는 '쿠나(kuna)', 즉 담비였다. 바이킹이 세운 도시 노브고로드는 오늘날의 러시아 영토에 최초로 들어선 조직화 세력으로, 의복을 만들고 교역을 하기 위해 수백만 마리의 다람쥐 가죽을 사용했다. 지역 실력자들은 제 영지에 속한 소농에게 소작료 형태로 다람쥐 가죽을 공급해달라고 요청했다. 나중에 그들은 다람쥐를 구하기 위해 우랄에 이르는 북동부 유럽 전역을 식민지로 삼았다. 러시아 모피 상인들은 풍부한 캐나다 모피를 활용했던 프랑스 기업가보다 훨씬 일찍 북방 부족의 경험과 기술 사용법을 익혔다. 흥미롭게도 《러시아 원초 연대기(The Russian Primary Chronicle)》에서는 북방 모피의 발견을 마케도니아의 알렉산드로스 왕 덕분이라고 보고 있다. "우리는 성스럽고 경이로운 존재들을 만났다. ······그들이 쓰는 언어는 이해할 수 없다. 그들은 철제 물체를 가리키며 그것을 달라는 듯한 제스처를 취한다. 그리고 칼이나 도끼를 받으면 그 대가로 모피를 건넨다."[10] 이 사람들, 즉 유그라인(Yugras)은 '부정한' 자들이었으므로 알렉산드로스는 그들을 북부 우랄산맥에 가두었다. 심판의 날에 해방되겠지만, 그때까지는 모피를 철 제품과 교환하는 게 그들의 운명이다. 무언의 몸짓을 통한 이 같은 교환은 이어지는 숱한 사건이 어떤 패턴을 띠게 될지에 영향을 미쳤다.

유라시아 숲에서 다람쥐 서식지는 인간 서식지와 대체로 일치했다. 물기 없고 가벼우며 조건만 맞으면 쉽게 보존되는 다람쥐 가죽은 이상적인 상품이었다. 다람쥐 가죽은 3세기 동안 노브고로드의 수출에서 주축을 이루었다. 얇고 가볍고 유연한 가죽은 따뜻한 의복, 긴 양말, 모자 등으로 재탄생했다. 운송비를 고려하더라도 이러한 상품들은 저렴했다. 널리 확산한 대량 소비용 자원은 번영과 상대적 평등을 가져왔다. 노브고로드는 다람쥐 가죽 무역을 통해 부, 지배 대공으로부터의 독립, 민주주의 비슷한 것을 누렸다. 다람쥐 털이 두꺼워지는 겨울철이 되면 털의 손상을 막고자 끝이 뭉툭한 화살을 다람쥐에게 쏘았다. 모든 소농은 이 작업에 뛰어들 수 있었다. 그들은 가죽을 벗겨 세척한 다음 건조했다. 가죽의 보존 처리는 시간을 많이 잡아먹고 숙련을 요하는 작업으로 주로 여성들 몫이었다. 썰매에 실어 노브고로드까지 운반한 다람쥐 가죽은 수출용으로 포장되거나 현지 사용을 위해 준비되었다. 다람쥐 가죽 무역은 노브고로드를 포함한 한자동맹의 주요 사업 중 하나였다. 14세기에 '독일 코트(German Court)'라고 알려진 거대 교역소가 그 도시에 건설되었다. 독일인은 다람쥐 가죽을 구입하고 분류한 뒤 그것을 묶음으로 만든 다음 동일 품질의 묶음을 배럴에 채웠다. 이 작업을 수행하고자 노브고로드에는 수십 명의 독일인이 배치되었다. 공유자원의 독점적 구매자로서 이 한자동맹 교역소는 비용을 낮추고 초과 수익을 올릴 수 있었다. 중상주의 논리에 따라 그 독일인들은 오로지 가죽에만 관심을 쏟았으며, 재봉 및 재단 같은 수익성 있는 작업은 고국의 사업 파트너들에게 넘겼다. 노브고로드 모피 상인들은 오직 현지 시장을 위해서만 일했다.

봄이 되면 가죽을 채운 배럴이 볼호프강을 따라 북부 호수를 건너 네바강으로, 발트해를 건너 뤼베크와 브레멘으로 보내졌다. 러시아 모피는 그곳에서부터 런던·파리·피렌체로 여정을 이어갔다. 그 대가로 노브고로드 상인들은 은·무기류·직물·청어 및 비철금속을 받았다. 도시가 기아에 시달릴 때면 그들은 곡물도 수입했다. 모피 무역은 이 무역 공화국이 용병을 쓰기 위해 필요한 상당량의 은을 보장해주었다. 노브고로드 공화국 말기에는 모피의 수출 규모가 엄청났다. 1만 2000마리의 다람쥐 가죽이 동쪽에서 수천 킬로미터를 이동했고, 런던의 모피 제작자들은 헨리 4세를 위해 특별한 가운을 한 벌 지을 수 있었다. 하지만 수입의 대부분은 대량 소비를 위한 것이었다. 수출된 다람쥐 가죽은 연간 총 50만 개에 달했다.[11]

다람쥐 개체수가 급감하자 노브고로드 상인들은 미지의 동쪽 영토로 진출해 현지 부족들에게 가죽을 구해오도록 다그쳐야 했다. 1445년 유그라 부족이 노브고로드에서 파견된 3000명의 부대를 격파하는 등 무역은 위험에 빠졌다. 게다가 15세기에 런던은 모피 수입 물량을 줄였다. 다람쥐 가죽은 잉글랜드가 점점 더 많은 양을 생산하기 시작한 모직물의 상대가 되지 않았기 때문이다. 한자동맹은 곡물·목재·대구 등 많은 상품을 거래했음에도 모피 무역이 무너지자 쇠퇴하기 시작했다. 수익 감소는 러시아 공국들 간의 충돌로 이어졌다. 자원 의존 국가들은 원자재가 바닥나는 사태에 전전긍긍하게 마련이다. 실제로 그런 나라들은 자국 자원을 쓸모없게 만드는 새로운 기술의 도래로 인해 더욱 큰 위험에 처한다.

흑담비

1478년 모스크바 대공국 군대가 노브고로드를 점령한 후 모피 가격이 하락하고 모피 시장이 축소되었다. 러시아인은 모피를 찾아 계속 동쪽으로 이동해 북아시아, 그리고 나중에 북아메리카의 광대한 지역을 식민지로 삼았다. 우리는 역사화(歷史畵)를 통해 모스크바 대공국의 귀족들이 흑단비·비버·어민(ermine: 북방족제비─옮긴이)으로 가장자리를 장식한 모피 코트와 모자를 쓰고 있는 모습을 볼 수 있다. 모노마흐 모자(Monomakh's Cap)는 흑담비로 테를 두른 러시아 차르의 최고 권력 상징물이었다. 그와 비슷하게 스코틀랜드 왕관은 어민으로 테를 둘렀다. 비버 모피 펠트(felt: 모직이나 털을 압축해 만든 부드럽고 두꺼운 천─옮긴이)로 만든 정장용 모자는 유럽 엘리트의 지위를 상징했다.

사치품인 흑담비는 양모와 경쟁하지 않았고 유럽에서 수요가 꾸준했다. 흑담비라는 뜻을 지닌 단어 sable(sobol)은 러시아어에서 영어로 유입된 몇 안 되는 차용어 중 하나다. 흑담비의 고향인 시베리아로 가는 길은 카잔(현재 타타르스탄의 수도─옮긴이)을 경유했다. 1552년 모스크바 대공국 군대가 카잔을 점령했는데, 이는 러시아의 식민지 개척사에서 결정적인 순간이었다. 1581년 예르마크 티모페예비치(Yermak Timofeyevich)는 800명의 코사크인 중대와 함께 시베리아 칸국(시비르한

국)에 도착했다. 오래전의 바이킹처럼 코사크인은 나무기둥의 속을 파서 만든 배를 끌고 시베리아의 드넓은 강을 누비면서 떠내려가거나 노를 힘껏 저어 올랐다. 예르마크는 3년 동안 시베리아에서 무역과 전투를 이어간 뒤 숨졌다. 하지만 2만 4000마리의 흑담비 가죽, 2000마리의 비버 가죽, 800마리의 검은여우 가죽이 모스크바로 전달되었다.[12]

러시아인은 소규모 집단으로만 존재했으며 직접 사냥에 나서는 일은 드물었다. 그들은 동물을 잡아 가죽을 벗기고 그것을 보존 처리하는 일을 원주민에게 맡겼다. 원주민들은 전통적으로 모피를 따뜻한 의복과 주거용 단열재로 사용해왔다. 하지만 그들은 공정한 가격이나 이윤 및 축적에 대한 개념이 없었을 뿐 아니라 모피 동물을 대규모로 사냥하는 데에도 관심이 전무했다. 어민과 순록 목축업자들을 덫을 놓거나 사냥하는 자들로 변모시키려면 무력을 동원해야 했다. 공식적으로 튀르크어 야삭(yasak)이라 알려져 있던 모피 공물은 비러시아 민족과 비정교도 민족에게만 부과되었다. 야삭 모피는 시베리아 남서부 도시 토볼스크로 운반되었다. 그곳은 모피와 물자를 보관하는 요새화한 창고인 자체적 특색이 있는 성채(Kremlin)를 두고 있었다. 가죽은 거기서 등급을 매기고 가격을 책정한 뒤 썰매 호송대에 실어 겨울 도로를 달려 모스크바 크렘린궁으로 보냈다. 야삭은 곧장 국가로 보내졌다. 하지만 민간 무역도 번성했는데 이 경우에는 약 10퍼센트의 세금을 부과했다. 관리들이 시베리아에서 모스크바로 돌아갈 때면 그들이 탄 썰매를 면밀히 수색했으며 여분의 모피를 발견하면 그 즉시 압수했다. 모스크바에서는 시베리아 사무소가 그 무역을 통제했으며, 최상의 가죽은 재무부에 보관되었다. 러시아인은 모피와 교환하는 대가로 시베리아에 금속 수공예품, 술, 담배를 공급했는데, 이는 북부 부족들에게 재빨리 습관으로 자리 잡았다. 15세기 초, 모스크바 대공국의 수도사 에피파니 프레무드리(Epiphany Premudry)는 우랄 출신인 어느 샤먼의 말을 이렇게 기록했다. "당신네 기독교인은 유일신을 모시지만 우리에게는 신이 많습니다. ……그래서 신들이 우리에게 다람쥐·흑담비·담비·스라소니를 주십니다. ……당신네 대공과 귀족과 고위층은 우리가 잡은 것으로 배를 불리지 않습니까? ……당신네는 우리가 잡은 것을 오르다[타타르족], …… 심지어 차르그라드[콘스탄티노플], 그리고 독일인과 리투아니아인들에게까지 보내지 않습니까?"13

1557년에는 모든 유그라인이 흑담비 가죽을 1년에 한 마리씩만 넘겨주면 됐지만, 1609년에는 이미 그 수요가 일곱 마리로 불어났다. 1621년에서 1690년 사이 덫에 잡힌 흑담비 숫자는 700만 마리를 넘었다.14 러시아 자료에 따르면, 모피 무역 수입은 모스크바 대공국이 거둔 총수입의 25퍼센트에 달했다. 자급자족 농업이 주를 이루는 중세 경제에서는 총수입이 큰 의미가 없었다. 국가에 중요한 것은 가처분소득이었는데, 모피 무역은 거기에 크게 기여했다. 은이 부족하던 시절, 가죽은 모스크바 대공국에서 화폐 역할을 담당했다. 크렘린의 관리·용병·의사가 모피로 보수의 일부를 지급받던 시절도 있었다.

정복자들은 추크치족(Chukchi)·캄차달족(Kamchadals)·코랴크족(Koryaks)을 포함한 많은 부족의 반대에 부딪혔다. 저항에 봉착한 러시아인은 공개적 태형에서부터 대량학살에 이르기까지 한층 잔혹한 방법으로 보복했다. 지역 주민들로부터 가죽을 빼앗는 일반적 방법은 인질극[아마나트(amanat)]이었다.* 러시아는 남성들이 야삭을 지불할 때까지 지역의 여성과 어린이들을 상대로 인질극을 벌였다. 납치된 아이들은 어른이 될 때까지 살아남을 경우 러시아어를 배웠다. 그들은 세례를 받으면 러시아인과 결혼함으로써 지역 인구가 혼혈화하는 데 일정한 역할을 했다. 예컨대 1788년 코사크인들은 북태평양에 사는 알류트족(Aleut)의 어린이 500명을 인질로 삼았다. 계몽주의자인 예카테리나 2세 등 러시아 통치자들은 이 방법을 승인했으며, 공식 문서는 이에 대해 "원주민을 달래고" 야삭을 거두는 올바른 방법이라고 기술했다. 1882년 시베리아의 역사가 니콜라이 야드린체프(Nikolay Yadrintsev)는 이미 사라졌지만 현존하는 사람들의 기억 속에 살아 있는 시베리아 민족의 수를 헤아렸다. 캄차달족은 인구의 90퍼센트, 보굴족은 인구의 50퍼센트를 잃었다, 기타 등등……[15] 흑담비도 자취를 감추었다. 17세기 초에는 훌륭한 덫 사냥꾼이 연간 흑담비 200마리를 잡았으나, 그 세기 말에 이르자 그 수치는 고작 15~20마리로 곤두박질쳤다.

코사크인과 상인들은 서서히 원주민을 '위대한 차르의 고압적 권위' 아래 두는 법을 익혔다. 지역 부족 지도자들은 소총과 대포로 예포를 쏘아올리는 의식에서 러시아 차르를 섬기겠다고 맹세했다. 부족민들은 마치 러시아제국 근위대의 일원이라도 되는 양 도열해 있었다. 러시아의 유라시아 북부 영토는 여러 면에서 유럽인이 식민지로 삼은 다른 지역들과 비슷했다. 통치는 간접적이었으며 식민지 개척자 수는 적었다. 그러나 현지 부족들은 인도에서는 상상할 수 없을 만큼 대규모로 학살당했다. 토착 민족의 상실은 북아메리카에서 벌어진 일에 더 가까

---

*   인질극(즉 아마나트)은 러시아의 시베리아 및 알래스카 식민지에서 널리 활용되었다. 하지만 영국·프랑스·에스파냐의 아메리카 식민지에서는 알려지지 않았다. 아마나트는 야삭(공물), 카프칸(kapkan: 덫)과 마찬가지로 튀르크어에서 유래한 단어다. 폭력의 이론과 실천이 서쪽에서 동쪽으로 이동하면서 러시아제국에 스며들었다.

웠다.

16세기 초, 폴란드인 관찰자 얀 라스키(Jan Lasky) 주교는 모스크바 대공국의 모피 무역이 창출한 부를 영국이 인도 향신료 무역에서 거둔 성공과 비교했다. 하지만 1560년대와 1570년대에 모피 무역량은 급락했다. 이번에는 흑담비가 크게 감소한 사실에 대한 설명이 이루어졌다. 이에 대응해 차르는 모든 종류의 모피 수출 무역과 흑담비의 국내 무역을 독점했다. 이는 별 효과가 없었다. 크렘린 재무부에서 토끼가 흑담비를 대체하자, 러시아 역사에서 모스크바 대공국의 시대는 종말을 고했다. 곧 그 나라의 주요 위기인 내전과 외세 개입의 혼란시대(Time of Troubles: 1598년 루스 차르국 류리크 왕조의 차르 표도르 1세가 사망하고 1613년 미하일 1세가 새로운 차르가 되면서 로마노프 왕조가 시작되는 시기까지의 혼란기―옮긴이)가 펼쳐졌다. 볼가 상인 쿠즈마 미닌(Kuzma Minin)은 소금 채취에서 얻은 수익으로 전쟁 자금을 조달해 러시아를 패배에서 구해냈다. 마침내 혼란시대가 수습되자 러시아의 야망은 북동쪽에서 남서쪽으로 방향을 틀었다. 남부 스텝지역을 향한 모스크바 대공국의 신중한 정책이 확장주의 전략으로 달라졌다. 대마, 철, 그리고 마침내 밀이 러시아 수출품으로서 모피를 대체했다. 미래의 대량 상품인 곡물은 모피 무역보다 훨씬 더 많은 노동력, 그리고 특성이 전혀 다른 노동력을 요구했다.

비버

프랑스 브르타뉴 출신의 항해사 자크 카르티에(Jacques Cartier)가 1534년 뉴펀들랜드를 발견했을 때, 그는 자신이 분명 아시아에, 중국 근처 어딘가에 도착한 줄 알았다. 뉴펀들랜드에서 그는 이로쿼이족(Iroquois)을 만났고 보존 처리한 가죽을 프랑스로 가져갔다. 그들 지도자의 두 아들도 함께 데려갔다. 작고 사냥하기 쉬운 비버는 결국 서로 각축을 벌이는 세 강국 네덜란드·프랑스·영국에게 무척이나 매력적인 존재인 것으로 드러났다. 뉴욕은 비버 무역 덕에 발견되었다. 1609년 이 편리한 항구를 발견한 헨리 허드슨(Henry Hudson)은 처음에는 잉글랜드의 머스코비 회사(Muscovy Company)를 위해, 그다음에는 네덜란드 동인도 회사(Dutch East India Company)를 위해 원주민과 모피를 거래했다.[16] 스웨덴이 30년전쟁(1618~1648년)에서 승리한 후에는 유럽 전역에서 보통보다 긴 스웨덴 모자가 유행했다. 챙이 넓고 잘 구부러지지 않아 날씨에 상관없이 제 모양을 유지하는 이 모자는 비버 펠트로 만들었다. 군용 모자를 제작하는 데도 같은 재료가 쓰였다. 프리드리히 대왕의 3각모자와 나폴레옹의 2각모자 역시 비버 펠트로 만들었다. 군인과 민간인, 가톨릭교도와 개신교도 등 그것을 장만할 경제력이 있는 사람은 누구나 비버 펠트 모자를 썼다. 오직 퀘이커교도들만이 양모 펠트로 아무에게도 인사하기 위해 벗지 않을 소박한 모자를 만들어 썼다.

사실 사람들이 관심을 보인 것은 비버의 모피가 아니라 그 모피 아래 깔린 속털 '비버 모직(beaver wool)'이었다. 비버 모직을 빗질하고 가공하면 가죽보다 따뜻하고 양모보다 강한 빼어난 물질인 튼튼한 방수 펠트를 만들 수 있었다. 비버 연못은 중세에는 유럽 전역에 분포했지만 16세기에는 스칸디나비아와 러시아 북부에서만 발견되었다. 비버는 시베리아에서 거의 멸종되다시피 했고, 비버 가죽은 흑담비보다 더 가치가 있었다.[17]

비버 가죽은 지극히 위험한 물질인 수은을 사용해 가공했다. 모피 제조는 역사나 수은을 사용하는 야금술이나 광업에 필적할 만큼 몹시 위험한 직업 중 하나였다. 가장 값비싼 모자는 여전히 박물관에 안전하게 전시할 수 없을 정도로 다량의 수은을 함유하고 있다. 모자 제조업자들은 과학적으로 규명되지 않은 신경계 질환에 걸리거나 미치거나 조기에 사망했다. 먼 캐나다에서 비버가 점차 희귀해지자 모자 제조업자들은 비버 털을 50분의 1 가격밖에 안 되는 토끼 털과 섞어 사용하기 시작했다. 그랬는데도 이 무역은 엄청난 양의 비버 가죽을 소비했다. 프랑스가 수입한 비버 가죽은 수십만 개에 달했다. 캐나다에서 프랑스인은 그들이 내놓은 조건에 따라 물물교환하도록 아메리카 원주민을 꼬드기는 교묘한 기술을 터득했다. 이 광활한 영토에 거주할 생각이 없는 프랑스인은 비버 가죽을 무기·술·가마솥과 교환할 수 있는 교역소를 설치했다. 가장 중요한 무역 파트너는 휴런족(Huron)이었다. 교역소 주변에 무리 지어 살면서 총기를 취한 휴런족은 정착한 상인이 되었다. 자작나무 껍질로 가벼운 프레임을 덮어 카누를 만드는 것 같은 그들의 전통 기술도 유용하게 쓰였다. 유럽인은 카누 외에 다른 운송 수단을 가지고 있지 않았다.

프랑스는 휴런족과 동맹을 맺고 이로쿼이족과 협력하는 네덜란드가 해안에 침투하지 못하도록 막았다. 1670년 영국인들은 허드슨베이 회사(Hudson Bay Company)를 설립해 오대호 남쪽에 자리한 프랑스 교역소들과 경쟁을 벌였다. 원주민 부족들 간의 전통적 적대감은 제국주의 영향력의 전형적 도구인 대리전 양상으로 달라졌다. 1675년에서 1687년 사이 유럽으로 공급되는 연간 비버 가죽 규모는 갑절로 늘어났다. 하지만 18세기에 접어들 무렵 모피 공급업자들은 비버 가격이 하락하고 비단 모자가 유행하는 새로운 현상에 직면했다. 그러나 독일·폴란드·러시아의 새로운 시장에서는 비버 가죽을 모피 코트 제작에 사용하기 시작했다. 시장은 전문화·세계화되었다. 흰색 비버 모피는 흰 모자가 유행하던 잉글랜드로 건너갔다. 네덜란드 회사들은 처음에는 현지 소비용 모자를 만들기 위해 털을 빗질했으며, 나중에는 모피 코트를 제작하기 위해 겉털이 달린 가죽을 러시아로 보냈다. 일부 비버 가죽은 특수 가공 처리를 위해 암스테르담을 거쳐 아르한겔스크로 수출되었다. 북방 민족인 러시아 포모르족(Pomors)은 서유럽인에게는 생소한 속털 빗질 기술을 보유하고 있었다.[18]

영국·프랑스·네덜란드령 아메리카 식민지들은 가죽 공급을 제한함으로써 가격 하락을 막고자 애썼다. 1720년 뉴욕은 프랑스 식민지들과의 무역을 금지했다. 이에 맞서 이로쿼이족은 영국 선박에 비버 가죽을 밀반입함으로써 세관을 피하고 가격을 낮추기 시작했다. 7년전쟁에서 프랑스는 자국 영토를 영국에 빼앗겼다. 볼테르는 《캉디드, 혹은 낙관주의》에서 이렇게 썼다. "두 나라가 캐나다 인근의 척박한 땅 몇 에이커를 놓고 전쟁을 벌이는 중이며, 캐나다 전체 가치보다 훨씬 더 큰 금액을 그 전쟁에 쏟아부었음을 당신은 알고 있습니다." 잉글랜드는 그 전쟁에서 승리한 결과 비버 모피에 대한 독점권을 획득했다. 하지만 미국 독립혁명 이후 캐나다 소재 교역소들은 유지했으나 미국 영토에 있는 교역소들은 잃고 말았다. 1821년 영국의 허드슨베이 회사는 캐나다의 노스웨스트 회사(North West Company)와 합병했다. 그 경쟁사인 아메리카 모피 회사(American Fur Company)는 한층 더 큰 성공을 거두었다. 그 소유주 존 제이콥 애스터(John Jacob Astor)는 중국으로 아편을 밀수하고 뉴욕의 부동산 사업에 뛰어드는 식으로 사업을 다각화했다. 한동안 그는 미국 최대의 부호였지만 모피 무역은 서서히 쇠퇴의 길을 걸었다.

캐나다 사회학자 해럴드 이니스는 자신의 선도적 저서 《캐나다에서의 모피 무역: 캐나다 경제사의 서막(The Fur Trade in Canada: An Introduction to Canadian Economic History》(1930년)에서 오늘날 캐나다 국경이 비버의 활동 영역과 일치한다는 것을 보여주었다. 현재와 같은 형태의 시베리아가 흑담비에 의해 주조된 것과 마찬가지로, 캐나다는 비버에 의해 빚어졌다. 모피 무역이 성행함에 따라 식민지 개척자의 수가 불어났으며, 덫 사냥꾼의 수는 한층 더 빠르게 증가했다. 그러나 비버는 인간이 정착한 곳에서는 멸종했다. 캐나다에서 백인 인구는 미국이나 러시아에서보다 원주민과 더 평화로운 관계를 일구었다. 이 관계는 토지를 두고 벌이는 경쟁이 아니라 물물교환과 협력에 기반을 두었다. 이니스는 원자재 무역이 북아메리카를 3개 지역으로, 즉 모피를 생산하는 북부, 면화를 생산하는 남부, 현지 자원에 의존하기도 하지만 주로 거주민의 노동력에 기대는 중부 지역으로 나눴다고 설명한다. 그는 '주요 산물 수출이론'에서 어떻게 목재 산업이 비버 무역을 대체하는지 추적했다. 증기선이 카누를 대체하자, 농업이 완전히 실행 가능해지고 목재와 종이 수출 역시 증가했다. 제재소와 제지 공장은 비버 교역소와 같은 수로를 이용했으며, 같은 농경지가 그들에게 식량을 제공했다. 그러나 주요 산물을 둘러싼 온갖 변화는 새로운 생태적·경제적 문제를 야기했다. 나무 벌목과 래프팅은 강을 습지로 바꿔놓았다. 벌목 활동과 제재소는 점점 더 상류로 이동해야 했다. 교역소가 있던 자리에는 대도시가 발달했으며, 비버 연못이 있던 곳에는 이제 발전소가 들어섰다. 운하, 그리고 뒤이어 철도의 건설로 이전에는 굴곡진 강을 따라 이동하던 원자재 운송 경로가 간소화되었다. 처음에 어업, 그다음에 모피 무역을 위해 건설한 대서양 항구들은 이제 목재·종이·곡물을 유럽과 미국으로 수출한다. 이니스가 적은 바와 같이 캐나다는 지리적 특성에도 불구하고 출현한 게 아니라 바로 지리적 특성 때문에 출현했다.[19] 이것은 러시아를 비롯해 자원 의존도가 높은 기타 국가들에도 고스란히 해당하는 말이다. 러시아와 캐나다의 광활한 영토 역시 그와 동일하게 모피 무역으로 형성되었다.

해달

18세기 중반에도 모피는 여전히 러시아의 주요 대중국 수출품이었다. 당시 중국은 온갖 종류의 가죽을 사들였는데, 심지어 고양이 가죽조차 연간 수십만 개를 수입하고 있었다. 예카테리나 대제는 모피에 대한 국가 독점 체제를 민간 독점 체제로 바꾸고, 모피 무역을 시베리아 사무소에서 자신의 개인 내각으로 이관했다. 하지만 흑담비는 거의 멸종했으며 다람쥐는 유행이 지났다. 7년전쟁이 끝난 후 예카테리나는 자신이 거느린 최고 선원으로 영국에서 훈련받은 바실리 치차고프(Vasily Chichagov) 선장을 파견해 시베리아 북단의 지도를 제작하도록 의뢰했다. 그는 태평양으로 가는 북방 항로를 찾는 데는 실패했지만, 잡으면 큰돈을 거머쥘 수 있는 놀라운 동물에 대한 소문을 들었다. 1774년 시베리아 상인 그리고리 셸리호프(Grigory Shelikhov)는 북태평양으로 항해를 떠났다. 그는 동물이 풍부하고 가문비나무 숲이 울창한 코디액섬(알래스카만의 섬—옮긴이)에 식민지를 건설했다. 이 섬은 선박을 수리하거나 동쪽으로 새로운 탐험을 떠나기 위한 훌륭한 기지였다. 셸리호프 일행은 대포 사격으로 토착 알류트족을 해산시켰다. 그 과정에서 수백 명이 목숨을 잃었지만, 생존자들은 가죽을 구슬 및 보드카와 교환하는 데 동의했다. 알류트족은 항상 포로를 노예 노동력으로 사용해왔는데, 이제는 러시아인이 스스로를 이 계층구조의 최상위에 올려놓았다. 1786년 셸리호프는 해달(그는 '바다 비버'라고 불렀다) 가죽을 가지고 돌아왔는데, 그 화물은 30만 루블이라는 천문학적 금액으로 평가되었다. 그는 식민지를 개발하기 위해 그 금액을 갑절로 늘리길 바랐으며, 미국 해안에서 이루어지는 모든 러시아 무역에 대한 독점권을 요청했다. 줄곧 애덤 스미스의 저서를 읽어온 데다 자유시장을 믿는 예카테리나는 그의 요청을 거절했다. 하지만 전함 4척을 알래스카에 파견했고, 영국에서 교육받은 또 다른 뱃사람 그리고리 물롭스키(Grigory Mulovsky) 선장에게 전 세계를 항해하도록 명령했다. 쿡 선장(Captain James Cook)의 동료 중 하나인 조지 포스터(George Forster)는 과학자 자격으로 그 항해에 동참하는 데 동의했다. 하지만 스웨덴과 또 한 차례 전쟁이 발발했고 물롭스키는 그 전투에서 전사했다. 그의 야심 찬 탐험은 끝내 수포로 돌아갔다.

영국과 프랑스 선박들은 진즉부터 캄차카반도와 알래스카 사이를 오가고 있었다. 유럽 전역에서 사람들은 쿡의 마지막 탐험대 일원인 미국인 존 레디야드(John Ledyard)의 회고록을 읽고 있었다. 쿡의 선원들은 유리구슬과 해달 가죽 몇 개를 맞바꾸고, 그것을 마카오에서 각각 2000파운드에 팔았다. 유난히 두꺼운 이 해달 모피는 중국에서 특히나 귀하게 여겨졌다. 중국은 그 가죽을 황실 예복을 짓는 데 썼다. 해달에 매료된 레디야드는 홀로 상트페테르부르크에서 출발해 시베리아를 가로질러 육로로 알래스카에 도착하려고 시도했다. 그는 썰매를 타고 수천 킬로미터를 여행했지만, 1788년 야쿠츠크(시베리아 레나강 유역에 들어선 도시―옮긴이)에서 체포되었다. 노련한 셸리호프는 다른 전술들을 동원했다. 그가 모피 사업으로 챙긴 총매출액은 러시아 예산의 10퍼센트 규모였는데, 그는 상트페테르부르크 주식시장에 여러 회사를 등록한 후 더 많은 자본을 거둬들였다. 그리고 새로운 항해를 준비하면서 영국 선원들을 고용했다. 심지어 제러미 벤담의 남동생 새뮤얼 벤담(Samuel Bentham)을 합류시키기까지 했다. 1783년부터 러시아 정부를 위해 복무한 새뮤얼은 올로네츠의 광산들을 감독하고 데미도프(Demidov) 가문의 우랄 공장을 시찰했으며(6장 참조), 그리고리 포툠킨(Grigory Potemkin) 대공을 위해 선박을 건조했고, 심지어 시베리아에 학교도 설립했다. 또한 미국을 함락하기 위한 비밀 계획을 꾀하고 있었다. 1790년 새뮤얼은 캘리포니아로 건너가 자신이 모신 포툠킨 대공에게 바치기 위해 그곳을 점령할 의도를 품은 채 제가 거느린 코사크인들과 함께 시베리아를 통과했다. 이 계획은 대공의 사망으로 돌연 중단되었으며, 그는 유럽으로 돌아갔다.[20] 셸리호프는 사정이 더 나았다. 그는 태평양 연안에 도착했으며 오호츠크에서 소형 구축함을 건조했다. 그러나 영국 선박들은 이미 알래스카만에 정박하고 있었으며, 1790년에는 에스파냐 선박을 몰아냈다. 나쁜 소식이었다. 셸리호프는 해달 가죽을 벗기려면 그에 앞서 영국 함대부터 격퇴해야 했던 것이다.

1794년 시베리아 출신의 젊은 장교 니콜라이 레자노프(Nikolay Rezanov)가 셸리호프의 딸과 결혼했다. 레자노프는 러시아 역사상 가장 걸출한 인물 중 하나였으나, 열네 살 난 신부는 이런 사실을 전혀 눈치채지 못했다. 제국 최대의 부유한 상속녀 가운데 한 명이었던 그녀는 혼례를 치르고 몇 년도 되지 않아 사망했다. 셸리호프와 레자노프는 이제 함께 손잡고 중국과 러시아 간의 모피와 차 무역 대부분을 장악했다.[21] 이 방대한 규모의 무역은 모두 바이칼호 남쪽에 위치한 캬흐타를 경유했다. 옛 비단길의 경유지이던 이 도시는 세계 최장의 중국-러시아 국경에 놓인 유일한 합법적 세관이었다. 무역은 대부분 물물교환으로 이루어졌다. 예카테리나 대제는 1762년이 되어서야 캬흐타에서 민간 무역을 허용했다. 매년 화약·종이·비단과 더불어 100만 개도 넘는 차 상자가 중국에서 시베리아로 들어왔다. 러시아 상인들은 주로 모피를 거래했지만 가죽과 말도 취급했다. 이미 미국산 모피를 광둥(광저우)으로 들여오고 있던 영국인들은 이 무역에 위협을 가했다.

에카테리나가 숨진 뒤 왕위를 계승한 젊은 황제 파벨 1세는 상당한 계책을 부린 끝에 러시아-아메리카 회사(Russian-American Company)를 창설하기 위한 법령에 서명했다. 이 문서의 초안은 영향력 있는 시인으로 더 잘 기억되고 있는 상업협의회(Collegium of Commerce) 회장 가브리일 데르자빈(Gavriil Derzhavin)이 작성했다. 레자노프는 데르자빈의 제자였으며 그의 사무실에서 근무한 적도 있었다. 데르자빈, 셸리호프, 레자노프의 협력으로 러시아제국 역사상 가장 야심 찬 글로벌 프로젝트가 탄생했다. 러시아-아메리카 회사는 알래스카뿐 아니라 시베리아의 동쪽과 일본의 북쪽에 이르는 광활한 영토에 대한 독점권을 획득했다. 레자노프의 계획에는 이 땅을 식민지화하고 거기에 소농과 코사크인을 정착시키고, 항구·부두·도시를 건설하고 광물과 모피를 획득하고 두 해양을 가로지르며 교역하는 것 등이 총망라되어 있었다. 그는 러시아-아메리카 회사를 남쪽으로는 캘리포니아와 사할린까지 확장하고 아무르강(시베리아 동남부와 중국 동북부의 경계를 지나 오호츠크해로 흘러간다―옮긴이) 하구에 해군 기지를 건설할 계획을 세웠다. 만약 그의 계획이 실현되었다면 태평양은 러시아제국 안의 호수가 되었을 것이다. 한편 열악하기 그지없는 러시아의 도로들은 시베리아의 중앙인 이르쿠츠크에서 끊겼다. 그곳에서 태평양 연안까지의 겨울철 노선은 7개월이 걸렸는데, 많은 시간을 들여도 여름에 그 노선을 이용할 수 있도록 준비하기에는 충분치 않을 터였다. 알래스카에 건설한 식민지로 식량을 보내기 위해 러시아제국은 오데사(우크라이나 남부 흑해 연안의 항구도시―옮긴이)에서 배를 띄워 아프리카를 돌아 이동하도록 했다. 세 개의 대양을 건너는 이 여정은 러시아 영토를 통과하는 육상 노선보다 더욱 빠르고 저렴하며 안전한 것으로 판명났다. 1805년 밀가루 값이 한 푸드(pud: 16킬로그램)에 이르쿠츠크에서는 50코펙(Kopeck: 러시아의 화폐 단위로 코펙 100개가 1루블이다―옮긴이), 오호츠크에서는 10루블, 캄차카에서는 40루블이었으며, 알래스카에서는 그보다 훨씬 더 비쌌다.

러시아-아메리카 회사의 설립으로 기업 자본주의 정신에 따라 세계 제국들의 계획을 성문화한 대규모 체계가 완성되었다. 1533년 세바스티아노 카보토(Sebastiano Caboto)와 존 디(John Dee)가 세운 머스코비 회사는 대마와 목재의 장거리 무역을 위해 설립된 최초의 주식회사 가운데 하나였다. 이후 영국 동인도 회사(차와 아편), 네덜란드 동인도 회사(차와 향신료), 허드슨베이 회사(모피), 그리고 프로이센, 덴마크, 심지어 라트비아 프로젝트까지 등장했다. 러시아-아메리카 회사는 국가와 민간 파트너십을 기반으로 하는 또 하나의 자원 지향적 팽창 기관이었다. 대서양에서의 삼각무역은 상인과 국고에 전례 없는 부를 안겨주었다. 러시아-아메리카 회사는 태평양에서도 그에 필적하는 막대한 규모의 무역을 창출할 터였다. 아메리카산 제품은 알래스카 모피와 교환되고, 모피는 중국산 차와 물물교환되며, 그 차는 러시아제국과 아메리카 대륙에서 판매될 예정이었다.

러시아-아메리카 회사는 차르에게서 얻은 신용으로 영국의 낡은 소형 구축함 두 척을 구입하고 영국인 선원을 고용했다. 레자노프는 러시아령 아메리카(주로 알래스카―옮긴이)에서 탐험대 사령관이자 차르의 대리인으로 임명되었다. 함장은 이반 크루센스테른(Ivan Krusenstern)이었다. 이 두 강력한 인물은 곧바로 경쟁관계에 놓였다.[22] 탐험선이 러시아령 아메리카에 도착했을 때 탐험대 소속 의사 게오르크 랑스도르프(Georg Langsdorf)는 경악을 금치 못했다. 그가 썼다. "러시아인은 눈앞의 이익을 위해 움직이는 모든 것을 살해한다. 그들은 자기네가 잠재적 부의 원천을 영구히 파괴하고 있음을 깨닫지 못한다." 무력한 육류 공급원 처지이던 베링해산 스텔러바다소(Steller's sea cow)는 멸종했다. 인간은 자신을 두려워하지 않는 물개를 막대기로 때려죽였다. 러시아-아메리카 회사는 100만 마리가 넘는 물개를 살해했다. 물개들의 썩어가는 시체와 해골이 해안지대에 널브러져 있었다. 더 조심스럽지만 한층 더 귀중한 해달은 수천 마리씩 떼죽음을 당했다. 본질적으로 이 식민지는 전통적인 카약과 투창을 써서 해달을 사냥하던 알류트족과 모피를 거래하는 교역소였다. 러시아-아메리카 회사는 알류트족에게 동기를 부여하고자 그들의 재래식 어업을 금지시켰다. 그들은 러시아-아메리카 회사에서 말린 생선을 샀고 그로 인해 진 빚을 갚으려면 일을 하지 않을 수 없었다. 러시아 선박들은 보급품을 거의 싣고가지 않았으므로 아메리카 선박과 무역을 해야 선원들이 굶주림을 면할 수 있었다. 러시아가 아메리카에 식민지를 두고 있던 약 한 세기 동안(1799~1867년—옮긴이), 당국은 법원을 세우지도 감옥을 짓지도 않았다. 행정부는 태형을 가하기도 하고 비협조적인 원주민을 외딴섬으로 추방하기도 했다. 알류트족 사이에서는 알 수 없는 여러 유행병이 창궐했다. 그들 인구는 해달의 개체수만큼이나 빠르게 줄었다. 1805년 코디액섬에는 1791년의 10퍼센트에 불과한 소수의 알류트족만이 살아갔다. 하지만 수도사들은 원주민을 위해 교회 학교를 열었다.

식민지 개척자들은 괴혈병에 시달렸다. 수도사들은 수박과 담배를 재배하려고 시도했지만 감자·무·보리에서만 성공을 거두었다. 알류트족 아내, 크레올인 자녀들과 함께 살던 식민지 개척자들은 러시아로 돌아가고 싶은 마음이 없었다. 식민지에는 러시아 화폐가 없었다. 러시아 화폐는 전면 금지되었으며 그 대용물로 물개 가죽에 인쇄된 지폐가 쓰였다. 토지 소유권은 따로 없었다. 식민지에서는 식량을 얻기 위한 모피 무역에 전적으로 의존했으므로 토지는 가치가 없었던 것이다. 실제 교환 단위는 미국산 럼주 배럴이었다. 해군 장교에서부터 탄압받는 알류트족까지 사실상 모든 이들이 끊임없이 술에 절어 지냈다.

1802년 러시아인 식민지 개척자들과 틀링깃(Tlingits) 전사 부족 사이에 국지전이 벌어졌다. 틀링깃족은 아메리카인들과 모피를 거래했으며 총기를 소지하고 있었다. 해달 가죽 하나는 머스킷총 하나의 값어치를 지녔다. 2년간의 전쟁 끝에 틀링깃족은 산속으로 퇴각했고, 러시아인은 성채 도시 싯카를 점령했다.[23] 이곳은 이제 러시아령 아메리카의 수도인 노보(Novo, 새로운)-아르한겔스크가 되었다. 이 만은 아메리카 선원들에게 편리한 정박지를 제공했으며, 그들은 기꺼이 식량을 모피와 교환했다. 더군다나 그들은 알류트족을 고용하고 그들의 카약을 이용해 캘리포니아에서 해달을 사냥할 수 있었다. 미국인 함장 존 드울프(John DeWolf)는 레자노프에게 담배와 럼주를 실은, 대포 8문이 장착된 선박을 팔았다. 레자노프는 러시아-아메리카 회사의 약속어음과 해달 가죽 572개로 대금을 치렀다. 거래는 유지되었다. 드울프는 해달 가죽을 광둥으로 보낸 뒤 육로로 시베리아를 건너 상트페테르부르크에서 돈을 받아 챙긴 다음 코네티컷으로 돌아왔다. 러시아어를 구사하는 이 양키는 흥미로운 조카를 두었다. 바로 작가 허먼 멜빌(Herman Melville)이다. 드울프는 조카에게서 고래, 여행 및 결단력에 대해 배웠다. 레자노프는 러시아-아메리카 회사에 보낸 공식 서한에서 모피 무역이 멸종을 재촉할 수 있다고 경고하면서 다각화 방안을 제안했다. 그는 알래스카에 있는 자신의 기지에서 목재를 수출하고 사할린섬을 개발하고 캘리포니아에서 에스파냐인을 내쫓을 계획을 세웠다. 그리고 마침내 러시아령 아메리카에 식량을 공급하는 문제를 해결할 수 있도록 밀의 파종 계획도 구상했다. 레자노프는 영국 모델에 따라 러시아 중부에서 알래스카로 범죄자를 수출하자고, 그뿐 아니라 남성 농노를 사들이자고 제안했다. 여성은 알류트족 인구에서 데려올 참이었다.

1803년 미국 토머스 제퍼슨(Thomas Jefferson) 대통령은 프랑스로부터 에이커당 3센트에 루이지애나를 매입했다. 이로써 미국 영토는 거의 2배로 늘었고, 나폴레옹은 유럽 전쟁에 필요한 자금을 손에 넣을 수 있었다. 레자노프는 세상이 크게 달라지리라는 점을 간파했으며 그 새로운 세상의 일부가 되고자 했다. 1806년 그는 에스파냐 식민지 캘리포니아로 떠났다. 샌프란시스코에서 레자노프는 에스파냐 총독의 딸과 사랑에 빠졌다. 열다섯 살의 콘치타 아르궤요(Conchita Argüello)는 그의 청혼을 받아들였다. 약혼 후 그의 배는 곡물을 취급했는데, 행복에 들뜬 레자노프는 새로운 프로젝트를 계획하기 시작했다. 러시아·에스파냐령 아메리카는 알래스카에서 캘리포니아까지 뻗어나갈 터였다. 대초원 농업, 목재 무역 및 새로운 산업은 모피 고갈을 보상해줄 것이다. 그러나 그는 콘치타와 결혼하려면 우선 황제의 축복과 교황의 허가를 받아야 했다.

레자노프는 상트페테르부르크를 향해 전속력으로 질주하던 중 말에서 떨어졌고, 1807년 시베리아 한가운데인 크라스노야르스크에서 사망했다. 콘치타는 끝까지 결혼하지 않았다. 그녀는 오랜 생애 내내 죽은 러시아 약혼자를 향한 사랑에 대해 친구들에게 들려주곤 했다. 러시아-아메리카 회사가 지급하는 배당금은 점점 줄어들었다. 주요 투자자였던 러시아 황제 알렉산드르 1세가 1825년 갑작스럽게 사망했다. 그로 인해 상트페테르부르크에서 자유주의 성향의 장교 및 지식인들이 반란을 일으켰다. 이른바 '데카브리스트(Dekabrist: 12월을 뜻하는 러시아어 '데카브리'에서 유래한 말로, 1825년 12월 니콜라이 1세의 즉위에 반대해 들고 일어난 젊은 장교들을 일컫는다—옮긴이) 반란'이었다. 이 반란은 포병 사격으로 진압되었는데, 조사 결과 러시아-아메리카 회사의 관리들이 거기에 대거 연루된 것으로 밝혀졌다. 반란군은 이 회사의 대저택에서 회의를 열고 미국 선례에 따라 헌법을 제정할 계획이었다. 새로운 차르는 투자를 철회했다. 해달 7만 3000마리, 비버 약 3만 마리, 흑담비 3만 마리, 100만 마리가 넘는 여우, 그리고 헤아릴 수 없이 많은 수의 물개를 죽였음에도 러시아-아메리카 회사는 끝내 파산했다. 알래스카는 1867년 에이커당 2센트에 미국 손으로 넘어갔다.[24]

마르크스는 식민지 약탈을 통한 유럽 자본의 원시적 축적을 설명하면서, "국가 경제의 부드러운 연대기에서 목가적 지배는 태곳적부터 존재한다"고 썼다.[25] 제국 부의 원천은 눈에 잘 띄지 않도록 숨겨져 있다. 그 원천은 노예나 원주민이 채취해 유럽에서 독점 가격에 판매되는 은과 모피, 설탕, 아편 따위의 원자재다. 제국, 그리고 나중에 등장하는 민족국가는 종종 이러한 위대함의 소박한 출처를 기억하지 못하곤 한다. 그들은 통치자의 지혜와 국민의 노동을 찬양한다. 하지만 이단자들도 있었다. 19세기 중엽, 세계는 선교사 인노켄티 베니아미노프(Innokenty Venyaminov)의 증언 덕에 알류트족의 재앙에 대해 알게 되었다. 알래스카, 그리고 뒤이어 본국 모스크바의 주교였던 인노켄티는, 1766년 이반 솔로비예프(Ivan Solovyev)와 그의 선원들이 반란을 일으킨 부족의 절반 이상인 약 3000명의 알류트족을 살해했다고 폭로했다. 러시아 역사가 아파나시 샤포프(Afanasy Shchapov)는 러시아가 발전하는 데서 모피 무역이 핵심 역할을 맡았다고 설명했다. 시베리아 출신인 그는 제국주의적 팽창의 최전선에서 벌어진 비극에 대해 잘 알고 있었다. 샤포프가 늘 써먹는 '동물 식민지화' 사례는 알류샨열도에서 찾아볼 수 있다. 러시아인들은 그곳에서 해달을 사냥하도록 지역 주민에게 강요함으로써, 결국 해달과 지역 거주민 양쪽 모두 자취를 감추도록 내몬 것이다.[26]

그러나 심지어 19세기 말에도 시베리아 민족들로부터 징수한 모피세는 제정러시아 내각 세입의 10퍼센트를 웃돌았다. 모피 동물과 멀리 동떨어진 곳에서 살아가는 북방 민족들로부터 거둔 돈은 에르미타주 미술관(상트페테르부르크 소재—옮긴이)에 전시할 보물을 구입하는 데, 그리고 궁정에 대한 충성심을 함양하는 데 쓰였다. 20세기 초에도 시베리아의 모피 무역은 여전히 활발하게 이루어지고 있었다. 젊은 레온 트로츠키(Leon Trotsky)는 1900년부터 1902년까지 시베리아에서 망명하는 동안 상인 야코프 체르니흐(Yakov Chernykh) 밑에서 일했다. 체르니흐는 레나강 상류지역에서 퉁구스족(Tungus)과 거래하며 보드카 및 면직물을 모피와 교환했다. 체르니흐는 까막눈이었음에도 수백만 루블을 벌어들였고 수천 명의 노동자를 거느렸다. 트로츠키는 "그는 절대 독재자였다"고 썼다. 이러한 젊은 시절의 단상들은 그 자신의 시각에 영향을 미쳤다.*

---

* 소련 집권 초기 10년 동안 볼셰비키는 여전히 모피 무역에 의존했다. 그 최고 관리자 가운데 한 명이 아르투르 스타솁스키(Artur Stashevsky)로, 그는 베를린에서 활동

예카테리나 대제는 볼테르의 조언에 따라 면적이 이례적으로 넓다는 점을 근거로 러시아에서의 군주제 실시를 정당화했다. 사실 이 땅들은 모피 때문에 점령당했다. 하지만 그 제국은 모피 무역이 막을 내리고 한참 뒤까지도 그곳들을 계속 유지했다. 19세기에 시베리아는 망명지와 고된 노동의 장소로 사용되었다. 소비에트 시대에는 그곳에 군산복합단지가 건설되었으며, 나중에 거기서 막대한 석유 및 천연가스 매장지가 발견되었다. 자원 흐름의 역사와 지리학은 악마적 아이러니로 가득 차 있다. 이를테면 서부 시베리아에서 발트해와 독일로 이어지는 석유 및 천연가스 수송로는 시베리아 모피를 유럽 구매자에게 전달하던 고대의 썰맷길을 따르고 있다.

해달 모피 거래는 1911년 금지되었다. 알류샨열도에서는 해달 개체수가 복구되지 않았다. 그러나 이 유쾌한 동물은 캘리포니아 해변에서 흔히 볼 수 있게 되었다. 비버는 거의 멸종된 것으로 여겨졌지만, 스칸디나비아·캐나다·러시아에서 사냥이 금지된 데 힘입어 개체수가 복구되었다. 2020년 우리는 덴마크가 밍크 1700만 마리를 사육하고 있다는 사실을 알게 되었다. 이는 국민 1인당 세 마리꼴이었다. 이들 개체군은 더 치명적일 가능성이 있는 새로운 코로나19 바이러스 돌연변이의 온상이었다. 흑담비도 농장에서 사육되고 있으며, 흑담비 가죽 경매

한 소련 요원이었으며 나중에 소련 전역에 국영 전당포〔토륵신(Torgsin)〕를 조직한 장본인이기도 하다. 예이틴곤(Eitingon) 가문의 구성원들은 소련의 대미 모피 수출을 쥐락펴락했다. 그 일원인 마트베이(Matvey)는 뉴욕에서 러시아 모피에 대해 독점권을 행사했다. 또 다른 일원 레오니드(Leonid)는 소련 비밀경찰 NKVD에 소속된 장군으로 트로츠키 암살을 조직했다. 세 번째 일원인 막스(Max)는 베를린에서 활약한 저명 정신분석가였다.(Etkind, Eros of the Impossible; Wilmers, The Eitingons.)

역시 줄곧 이어지고 있다. 다람쥐는 여전히 가장 널리 분포하는 포유류 중 하나다. 하지만 다행히 다람쥐 가죽이나 고양이 가죽을 이용하는 이는 더 이상 없다. 모피는 화석연료로 만든 대체 소재들과 동물 권리 단체 및 활동가들이 펼친 운동 덕에 가격이 내내 하락했다. 게다가 이상하게도 과거에는 전혀 문제되지 않던 모피 알레르기에 대해 사람들이 우려하기 시작했다. 2018년에는 구찌, 베르사체 등 몇몇 패션 브랜드가 공개적으로 진짜 모피는 사용하지 않겠다고 선언했다. 잉글랜드, 오스트리아를 비롯한 몇몇 유럽 국가에서는 모피 동물 사육이 불법화되었다. 어류를 비롯한 바다 생산물을 사용하지 않는 것은 그보다 더 어렵다. 하지만 어류 양식장은 심각한 오염을 일으키며 어업은 글로벌 비즈니스에서 가장 타락한 분야 중 하나다. 게다가 세계적으로 채식주의자 수는 계속 증가일로다. 우리는 어느 시점이 되면 육식을 모피 착용에 버금가는 일탈적 행동으로 보게 될지도 모른다.

설탕, 향신료, 그리고 온갖 좋은 것들

소금과 설탕은 모두 흰색 결정체지만, 그 맛은 둘의 역사적 소임만큼이나 다르다. 소금은 항상 인간 식생활의 일부를 이뤄왔으며, 우리는 소금 없이 생존할 수 없다. 설탕은 비교적 최근에 등장한 존재다. 수백 개의 소규모 기업이 생산하고 대부분 현지에서 거래되는 소금은 대체로 개인 기업의 산물이었다. 그에 반해 설탕은 장거리 무역, 노예 플랜테이션, 식민지 전쟁, 중상주의 제국의 물질적 토대였다.

사람들은 소금을 포만(satiety) 수준까지만 소비한다. 즉 소금을 소비하는 데는 한계가 있다. 우리 몸은 소금이 어느 정도 필요한지 알고 있으며, 너무 적거나 많은 양의 소금은 불편함을 유발한다. 모든 인구에게는 그러한 자원의 최적 가격을 정의하는 균형점이 존재한다. 이러한 종류의 자원은 1인당 소비량이 안정적이라 인구가 증가해야만 소비량이 늘어난다. 이 경우에는 수요와 공급의 균형(equilibrium)에 초점을 맞춘 경제학이 작동한다. 하지만 설탕은 그와는 다른 종류의 자원이다.

개인이나 국가는 설탕을 무한정 소비할 수 있는 것이다. 소비자는 더 많은 양의 설탕을 이용할 수 있으면 그것을 더 많이 원하게 된다. 공급 증가는 한층 더 큰 수요를 불러일으킨다. 나는 이런 종류의 상품을 '중독성(addictive)' 상품이라 부르려 한다. 이와 같은 경우에는 수요가 공급을 좌우하는 게 아니라 그 반대다. 즉 **생산이 소비를 자극한다.** '포만', 즉 수요와 공급 사이의 '균형'은 이루어지지 않거나 항상 미래로 유예된다. 대신 의존성이 증가할 뿐 아니라 채울 수 없고 채워지지 않는 욕구, 즉 중독이 발생한다. 그러한 예로는 설탕과 설탕으로 생산하는 알코올뿐 아니라 향신료·담배·커피·차·초콜릿·아편 등을 들 수 있다. 이러한 물질은 하나같이 소비자에게 중독적 의존성을 불러일으킨다. 그 정도는 심각할 수도 경미할 수도 있는데, 그에 따라 소비자는 크고 작은 피해를 입는다. 경제학자들은 생산과 소비의 연관성을 설명할 때면 **공급의 탄력성**에 대해 언급한다. 만약 수요가 늘어남에 따라 상품 생산이 **빠르게** 증가하면, 그 생산은 탄력적이라고 볼 수 있다. 그와 반대로 공급이 증가함에 따라 소비가 빠르게든 느리게든 늘어나면, 우리는 **수요**가 다양한 정도의 중독성과 유독성을 띠게 되는 현상을 볼 수 있다. 나는 이러한 경우들과 관련해 수요의 **유독성**에 관해 이야기해볼 것을 제안한다. 후추에서 차, 설탕, 담배, 아편, 그리고 훗날의 석유에 이르기까지 여러 물질은 저마다 유독성의 정도가 다르다. 중요한 것은 경제적 의미에서의 소비라는 개념 자체가 '취하게 하는 물질(intoxicants)'에 대한 과세 논쟁에서 비롯되었다는 점이다. 17세기 중반 영국에서 이러한 논쟁이 일어나기 전에는 소비가 소모성 질환으로 여겨졌다.[1] '취하게 하는 물질'이란 와인·담배·커피로서, 설탕은 이러한 논쟁에 포함되지 않았으며 필시 차, 초콜릿과 더불어 특수 범주에 속해 있었다. 인류학자 마셜 살린스(Marshall Sahlins)의 주장에 따라 나는 설탕에서 아편에 이르는 이러한 소모품을 '소프트 드러그〔soft drugs: 코카인·헤로인 같은 하드 드러그(hard drugs)보다 금단 증상과 정신적 의존도, 신체에 가하는 폐해가 비교적 경미한 마약류—옮긴이〕'라고 부른다.

오랜 제국 시대에 걸쳐 유럽인은 두 인도(two Indias: 서인도제도와 동인도를 아우르는 표현. 동인도는 서인도제도와 구분하기 위해 진짜 인도 본국을 지칭하는 용어다—옮긴이)에서 들여온 여러 이국적 식물의 말린 결과물을 즐겼다. '소프트 드러그'는 모든 문명인의 일상적 습관으로 자리 잡았다. 더나아가 그 습관은 문명화한 행동의 본질로 떠올랐다. 18세기와 19세기에는 차에서 아편에 이르는 이 같은 중독성 물질이 국제 무역에서 가장 큰 상품 집단을 구성했다. 이러한 중독에는 생물학적 요소도 영향을 끼치지만, 전통·유행·가격·정치상황 등도 입김을 불어넣는다. 이를테면 담배의 경우 씹든 코담배 형태로 흡입하든 피우든, 합법적 담배를 소비하든 밀반입한 담배를 피우든, 혼자 태우든 흡연실에서 소비하든, 즉어떤 형태로든 간에 중독성을 낳는다. 흡연 습관은 후천적으로 습득되며, 전염성을 띠어 마치 감염병처럼 한 사람에게서 다른 사람에게로 퍼져나간다. 특정 형태의 담배가 저렴하거나 광고가 잘되면 한층 빨리 확산한다. 세금과 높은 가격은 제품의 유독성을 줄여주지만, 유행이나 광고는 그와 반대 효과를 가져올 수 있다. 가령 형사처벌 같은 행정 조치는 영향력이 더 적다. 흡연 습관은 모방의 결과로서, 그리고 소비의 사회적 특성 때문에 인구 사이에 전파된다. 중독은 개인적 문제임과 동시에 사회적 문제이기도 하다. 해당 상품의 소비는 개인의 복용량이 안정됨에도 불구하고 증가할 수 있다.

자본은 끊임없이 성장하며 이는 자본주의에 필수적인 요소다. 가장 빠른 자본 성장은 소비가 생산을 주도할 때가 아니라 그와 반대로 공급이 수요를 북돋울 때 발생한다. 중독성 물질은 항상 에너지와 연결되어 있다. 설탕이 우리 몸에 주는 에너지, 휘발유가 운전자에게 제공하는 에너지, 일·생식·여가활동에서 소비되는 에너지, 지방 형태로 저장되는 에너지가 바로 그것이다. 집적은 독점적 개발과 독단적 가격 책정을 장려하며, 중독은 무한한 무역 성장을 보장해준다. 기술 진보조차 중독 패턴을 바꾸지는 못한다. 1865년 경제학자 윌리엄 스탠리 제번스(William Stanley Jevons)는 놀라운 역설을 공식화했다. 특정 자원의 효율성 증가는 그것의 소비를 감소시키는 게 아니라 외려 증가시킨다는 것이다. 정확히 효율이 높아지면 더 저렴한 제품을 생산할 수 있기에 더 많은 고객이 제품을 사용하게 되고, 그에 대한 수요가 증가하며, 제품을 만드는 데 더 많은 원자재가 소비된다. 집단적 중독은 단일자원에 대한 의존의 극단적 사례인 물신숭배(fetishism)로 번진다. 유행 변화는 이러한 숭배 대상에 다양성을 부여하고 그에 대한 소비를 촉진한다.

소금

어느 시장에나 있는 소금은 바다와 육지 모두에서 구할 수 있는 유일한 원자재다. 소금은 소금 광산이나 석호에서 얻어 염전에서 가공한다. 그렇지만 소금이 없는 곳도 있다. 이 때문에 소금 무역은 대규모이긴 하나 지역적으로 이루어진다. 소금은 건조 상태로 보관하면 썩지도 불에 타지도 해충이 들끓지도 않는다. 소금 무역은 지역 시장을 발전시켰다. 초기 근대국가들은 소금을 운송하고 그에 세금을 부과함으로써 국고를 채우는 데 도움을 받았다. 그들은 세금을 징수하기 위해 운송망의 병목지점—즉 항구도시, 짐꾼의 이동로, 드물게 놓인 강 위의 교차, 산길 등—에 통관 구역을 설치했다. 이 국가들은 소농의 농장에 세금 징수원을 보내는 대신, 썩지 않고 이동하는 모든 것에 세금을 부과하는 방식으로 전환했다. 썩지 않고 이동하는 것의 대표격이 바로 소금이다.

식용 소금은 바닷물에서 얼마든지 얻을 수 있지만 바닷물을 끓이는 것은 소금을 얻는 효율적인 방법이 아니다. 한 숟가락의 소금을 생산하려면 많은 장작이 필요하기 때문이다. 로마 근처 해안에서는 납으로 만든 얕은 소금가마에 바닷물을 붓고 햇볕에 증발시켰다. 베네치아는 '계단' 방식으로 소금 결정체를 얻는 한층 저렴하고 안전한 방법, 즉 해안 염전을 채택했다. 작은 만을 분할해 각각 둑으로 분리되어 있되 수문으로 이어진 일련의 웅덩이를 만든 것이다. 풍차가 바닷물을 위쪽 웅덩이로 보낸다. 태양에 의해 증발된 소금물은 열린 수문을 통해 아래 단계 웅덩이로 내려간다. 가장 아래쪽 웅덩이에서 채취한 소금을 건조하고 제분하면 제품으로 완성된다. 이 방법은 간단하지만 다른 많은 장소에서는 효과적이지 않았다. 베네치아는 콘스탄티노플(이곳에 바닷물이 부족하지 않았음에도)로 엄청난 양의 소금을 수출했다. 프랑스 북부의 감조 습지에서는 최고급 바다소금 '플뢰르 드 셀(fluer de sel: '소금의 꽃'이라는 의미—옮긴이)'이 물 위에 떠다니는 얇은 껍질층을 이루고 있다. 이 소금은 수작업으로 수확해야 하며 전통적으로 여성들 몫이었지만 양이 많지는 않았다. 베네치아와 같은 '계단' 방식이 가능하려면 폭풍과 홍수로부터 보호받되 (물이 담수인) 강어귀가 아니라 바다와 이어진 만이 필요하다. 지중해에 널리 퍼진 이 방식은 아시아에는 흔치 않았다. 베네치아 같은 석호를 둔 지역은 전 세계에 몇 군데 없기 때문이다.

13세기에 베네치아는 소금 무역을 독점했다. 중상주의를 그 개념이 등장하기도 전부터 구현해온 베네치아공화국은 자체 창고를 통해서만 소금 거래를 할 수 있도록 허용했다. 소금은 자루에 담아 계단식 염전에서 베네치아 주변 시골마을의 육지(terra firma)로, 볼로냐, 심지어 토스카나로 옮겨졌다. 또한 소금은 해상으로 수출되었으며 아드리아해 전역에서 거래되었다. 소금 독점은 로마의 유산이 없는 유일한 이 이탈리아 국가의 경제적 기반으로 자리 잡았다. 지중해 섬들은 자체적으로 계단식 염전을 개발했다. 상선은 이들 초기 식민지에서 돌아올 때 소금을 베네치아로 실어왔으며 그것을 바닥짐으로 사용했다. 베네치아로 소금을 수입하고 등급을 매기고 저장하고 현지인에게 판매하거나 재수출하는 작업은 그 공화국 행정부의 핵심 업무가 되었다. 소금 독점은 잉글랜드가 나중에 도입한 항해조례처럼 상품을 국유화하지는 않았지만 그것의 이동을 통제했다. 소금과 관련한 해상 무역은 빠짐없이 베네치아를 경유해야 했으며, 오로지 베네치아 선박만이 소금을 운반할 수 있었다. 함대는 수입을 챙겼고 베네치아공화국은 자국 영토에서 징수하기 쉬운 세금을 손에 넣었다. 이러한 규칙을 어긴 소금 생산자는 무력에 의해 살해되었다. 베네치아의 한 구역 전체, 즉 푼타 델라 도가나(Punta della Dogana: 베네치아 남쪽 뾰족한 끝에 자리 잡은 세관 건물. 오늘날에는 박물관으로 바뀌었다—옮긴이)는 소금 창고로 개조되었다. 놀라울 정도로 현대화된 그 소금 관청(Salt Administration)은 콜레조(Collegio)·사무소(Ufficio)·카메라(Camera), 이렇게 세 부분으로 구성된 일종의 특별 부처였다. 소금 '콜레조'는 전략적 결정을 내리고 10인 평의회에 종속되어 있었다. 소금 '사무소'는 독점 무역, 보조금 및 세금을 관리했다. 마지막으로 소금 회의체인 '카메라'는 미래의 소금 생산을 보장하는 약속어음과 무역 신용

장을 발행하는 은행 노릇을 했다. 소금 무역은 수세기 동안 베네치아의 주요 수입원이었다. 소금 독점은 그들이 군사적으로 패배한 1509년까지 줄곧 이어졌다. 그에 따른 수익은 운하, 궁전, 해군 및 기타 국가 지출에 쓰였다. 그러나 운하처럼 염전 역시 토사가 밀려와 쌓이기 쉬웠기에 여느 채굴 산업들과 마찬가지로 수확체감 법칙에 영향을 받았다.

육지 심장부는 다른 소금 공급원을 구해야 했다. 광산과 터널이 빼곡한 알프스산맥은 북쪽 지역에 필요한 암염을 생산했다. 17세기부터 잉글랜드는 체셔 광산에서 소금을 추출하기 시작했다. 그로 인해 체셔 지역 전체가 내려앉고 습지로 변했으며, 마치 '체셔 고양이처럼 미소 지으며'〔Cheshire Cat's smile: 루이스 캐럴(Lewis Carroll)의 《이상한 나라의 앨리스(Alice in Wonderland)》에 나오는 체셔 고양이가 미소 지으며 사라지는 장면에 빗댄 표현이다. 상대방은 영문을 모르지만 본인은 적이 만족한 듯 미소 짓는다는 뉘앙스를 풍긴다—옮긴이〕 사라졌다. 중동과 페르시아는 고대 바다의 유적인 염수호에서 소금을 얻었다. 생산비가 상대적으로 저렴한 소금은 무게가 많이 나가는 상품이었으며, 프랑스와 러시아 같은 대국에서는 소금 무역이 지역 차원에 머물러 있었다. 곡물, 장작, 건축 자재의 경우와 마찬가지로 소금 역시 전국 차원의 시장은 철도가 도래하기 전까지는 발달하지 않았다.

리슐리외(Richelieu) 추기경은 염세(鹽稅)에 대해, 에스파냐에서 은광이 차지하는 위상만큼이나 프랑스에 중요한 요소라고 밝혔다. 해안 연못에서 소금을 얻는 브르타뉴에서는 소금이 저렴했지만 그 나라 내륙에서는 소금이 나지 않았다. 프랑스 왕국은 자국 영토를 6개 지역으로 나누고 각 지역마다 서로 다른 수준의 염세, 즉 가벨(gabelle: 1790년까지 실시한 제도—옮긴이)을 부과했다. 이는 슬픈 이야기다. 파리는 중앙집권화하기 위해 자금을 모으고 있었지만, 이러한 조치가 국가를 더한층 큰 분열로 몰아넣었기 때문이다. 루이 14세는 해안 지역인 브르타뉴와 소금 없는 앙주 지방을 가르는 루아르강변에 군인 수천 명을 주둔시켰다. 그들은 강을 건너는 모든 이들을 수색했다. 이들 염세리(gabeleur, 鹽稅吏)는 상스럽기로 이름이 높았지만 달리 도리가 없었다. 여인네들이 치마 속에 소금을 숨겨다녔으니 말이다. 프랑스혁명의 핵심 요구 중 하나가 염세의 폐지였을 만큼 가벨은 가장 눈총받는 세금이었다.[2] 그러나 염세는 나폴레옹이 다시 부활시켰으며, 20세기 중엽까지 다양한 형태로 지속되었다. 1930년 소금과 혁명의 연관성은 영국령 인도에서 재출현했다. 마하트마 간디는 영국의 소금 무역 독점에 항의하고자 그 유명한 소금 행진(Salt March: 1930년 3월 12일에서 4월 6일까지 이어졌다—옮긴이)을 이끌었다. 간디는 380여 킬로미터를 걸은 뒤 계단식 염전에서 소금 알갱이를 모음으로써 고의로 영국령 인도의 법을 어겼다. 인도의 초대 독립 정부는 소금 독점을 폐지했으나, 그 제도는 이내 재도입되었다. 거국 내각도 제국 못지않게 세수가 절실했던 것이다.

설탕

사탕수수는 열대 지방에서만 자라며 충분한 토양·햇빛·물을 필요로 한다. 키가 크고 튼튼한 이 식물은 광합성 효율이 무척이나 높다. 조건만 맞아떨어진다면 사탕수수는 평방미터당 20킬로그램에 달하는 다량의 바이오매스를 생산한다. 반면 제아무리 기름진 토양도 이내 고갈시킨다. 식민지 플랜테이션에서 설탕을 생산하는 데는 타이밍이 관건이었다. 사탕수수는 반드시 일 년 중 딱 적절한 시기에 심어야 했다. 그리고 1년 남짓 동안 자라면 사람 키의 2배에 달할 수 있었다. 그 식물은 성숙하면 수액에서 당분이 일부 손실되므로 개화하기 전에 잘라야 했다. 그런 다음 수액의 손상을 막기 위해 즉시 가공해야 했다. 한 노예 작업조는 사탕수수 줄기를 마체테(machete: 날이 넓고 무거운 칼―옮긴이)로 자르거나 공장에서 바수었다. 그러면 또 다른 노예 작업조가 햇볕에 말린 사탕수수 폐기물을 연료 삼아 대형 통에 그 수액을 끓였다. 이 과정을 거치면 설탕이 결정체로 바뀐다. 그렇게 되면 또 하나의 노예 작업조가 당밀로부터 결정체를 분리할 수 있었다. 한 팀은 불순물을 제거한 뒤 설탕을 포장하고, 또 다른 팀은 당밀을 증류해 럼주로 만들었다. 공정 전반은 지독히 노동 집약적이지만 끝없이 반복되는 작업이었다. 이는 그 일이 처음에는 노예에 의해 수행되었지만 나중에는 기계화될 수 있다는 것을 의미했다. 설탕이나 면화 같은 열대 상품을 대량생산하는 경우, 자유 노동력은 노예 작업조의 상대가 되지 못했다. 사탕수수를 신속하게 가공하려면 한 번에 많은 일손이 필요했으므로 소규모 농장은 명함도 내밀기 어려웠다.

뉴기니에서 유래한 사탕수수는 기원전 500년경 인도에 전해졌는데, 바로 그 나라에서 수액 끓이는 방법이 고안되었다. 대상(隊商)들은 페르시아에서 비단길을 이용해 비단·진주와 함께 사탕수수를 유럽에 들여왔다. 베네치아에서 설탕에 대해 언급된 것은 996년의 일이었다. 그 전에 존재한 감미료 형태로는 꿀이 유일했다. 중세 시대에는 설탕 덩어리가 무게를 기준으로 할 때 금덩어리에 맞먹는 가치를 지녔다. 게다가 마치 대리석으로 하듯 설탕 덩어리로 작은 조각상을 빚기도 했다. 설탕은 약으로도 쓰였다. 요리책들은 다투듯 고기와 생선에 귀중한 향신료인 설탕을 한 자밤 첨가하라고 제안했다.

　마데이라 출신의 설탕 농장주를 장인으로 둔 콜럼버스는 두 번째 항해에 나섰을 때, 지금의 아이티인 생도맹그섬에 사탕수수를 가져갔다. 처음에 에스파냐인들은 원주민에게 사탕수수 농사를 강요했다. 그러다 원주민이 자취를 감추자 농장주들은 1509년부터 아프리카 노예를 사들이기 시작했다. 포르투갈인은 브라질에 사탕수수를 심었고, 한동안 유럽이 소비하는 설탕 대부분을 거기서 생산했다. 설탕 플랜테이션은 삼각무역의 기반이 되었다. 즉 아프리카는 노동력을 공급하고 아메리카는 토지를 제공했으며, 유럽은 공산품으로 그 대가를 지불하면서 설탕을 소비했던 것이다.

　안트베르펜(벨기에 항구도시—옮긴이)는 최초의 설탕 정제 중심지였지만, 이후 이 '달콤한 무역'은 브리스틀(영국 남서부 항구도시—옮긴이)과 보르도(프랑스 남서부 항구도시—옮긴이)로 옮아갔다. 정복자들을 유혹하던 광산이 고갈되자 설탕은 식민지 부의 주요 원천으로 떠올랐다. 농장주들은 숲을 파괴하고 노예를 수입했으며, 멕시코에서 파라과이에 이르는 광활한 남아메리카 영토를 점령해 설탕과 기타 이국적 상품들—인디고·담배·면화·코코아 등—을 재배했다. 이전에는 유럽에 알려지지 않았던 이 사치품들은 세련되고 도회적인 생활방식에 기여했다. 그것들은 눈에 띄는 데다 기분을 좋게 하는 진보의 신호였지만, (유럽인 눈에는 보이지 않는) 흑인 노예 노동, 막대한 무력 사용, 불평등 심화, 즉 정치적 악에 기댄 결과였다.

　이 이야기에서 터닝포인트는 면적이 오늘날 룩셈부르크의 5분의 1에 불과한 작은 섬 바베이도스(서인도제도 카리브해 동쪽 섬—옮긴이)의 식민지화였다. 바베이도스에서 농장주들은 한 세대 만에 거액을 거머쥐었다. 그곳에서는 1666년에 플랜테이션을 한 곳 매입하려면 1643년보다 17배나 높은 가격을 치러야 했다. 전문화는 성장을 보장했으며, 전체 경제는 설탕 단일 재배에 주력했다. 잉글랜드는 그 대가로 바베이도스섬에 노예·식량·공산품을 공급했다. 자메이카 등 앤틸리스제도에 속한 그보다 훨씬 더 큰 섬들도 바베이도스의 발자취를 따랐다. 프랑스는 생도맹그·마르티니크·과들루프에서 설탕 생산을 발전시켰다. 17세기 초에는 이미 설탕 수입이 담배 수입을 앞질렀으며, 설탕에 대한 수요는 더욱 빠르게 증가했다. 엘리자베스 1세를 알현한 16세기의 어느 독일인 여행자는 그녀의 반짝이는 눈과 충치에 주목했는데, 그것을 모든 영국인의 특징이라고, 그들은 설탕을 너무 많이 섭취한다고 썼다. 일찍이 설탕을 발견한 에스파냐인은 영국인이 모든 음식에—심지어 와인과 고기에까지—설탕을 첨가한다는 사실을 알고 크게 놀랐다. 운송 및 보안 서비스도 무역과 보조를 맞추며 발전했다. 영국 해군 호송대가 대서양 횡단 항해에 나선 상선들을 호위했다. 1675년에는 선박 400척으로 구성된 함대가 서인도제도와 영국제도 사이를 항해했는데, 이즈음에는 영국으로 수입된 설탕이 다른 식민지 제품을 모두 합한 것보다 많았다. 1731년 영국 해군 수병들은 매일 반 파인트씩 럼주를 배급받았는데, 그 세기 말이 되면서 배급량이 갑절로 늘었다. 1750년에는 영국에서 가장 가난한 농업 노동자조차 차에 설탕을 타서 마셨다. 심지어 잉글랜드의 노인 빈민구호소에서도 노인들이 저마다 매년 설탕을 23파운드씩 받았다. 1775년 평균적인 영국인의 설탕 소비량은 평균적인 프랑스인보다 10배나 많았다. 설탕은 동양의 희귀한 사치품에서 대량 소비 품목, 즉 노동자의 간식으로 탈바꿈했다.[3]

혁신과 노동은 소금 같은 비중독성 재료로 무수한 상품을 만들어냈다. 하지만 이 세상의 부는 설탕 같은 중독성 상품에 의존했다. 이 시기 유럽의 바로크 건축 양식에는 달콤하고 중독성 있는 무언가가 연관되어 있었다. 상업은 달콤하고 자본은 생산적이며 돈은 노예적이다, 이 진실이 이토록 분명했던 적은 역사에 다시 없었다. 사람들을 부단히 소비에 빠져들도록 내모는 데 있어 그 독성을 설탕 및 '소프트 드러그'와 견줄 수 있는 것은 석유가 유일하다. 설탕과 그 파생물들은 쉽게 흡수되는 다량의 칼로리를 신체에 공급함으로써 식욕을 무디게 만들고 단백질이 풍부한 음식을 대체한다. 설탕·담배·차·코코아·커피로 거둬들이는 수익은 노예무역, 식민지 합병, 전쟁 참여를 자극했다. 그뿐만 아니라 '유령 에이커'를 만들어냈으며, 그렇지 않아도 제한적인 구세계 영토에 그것을 떠안겼다. 또한 그 수익은 농촌 가계들이 '농촌 생활의 어리석음'을 포기하도록 부추겼으며, 분업, 대량 소비, 도시화, 9시에서 5시까지 일하는(nine-to-five) 문화 같은 친숙한 근대성의 특성에 영향을 주었다. 곡물은 소작농을, 섬유는 프롤레타리아 계급을 낳았다. 한편 차와 설탕은 부르주아 계급을 탄생시켰다.

대양의 섬들

서인도제도라고 알려진, 설탕을 생산하는 카리브해 섬들은 유럽 제국들 사이에서 치열한 경쟁을 불러일으켰다. 이 섬들은 크기는 작지만 수익은 엄청났다. 17세기 말, 영국 무역은 연간 200만 파운드의 수익을 얻었는데, 그중 절반가량이 서인도제도에서 거둬들인 것이었다. 한 세기 뒤, 윌리엄 피트(William Pitt)는 서인도제도 플랜테이션의 연간 수입을

400만 파운드로, 다른 모든 식민지의 연간 수입을 100만 파운드로 추산했다. 노예 상인이자 인기 작가이던 돌비 토머스(Dalby Thomas)는 서인도제도 설탕 섬에서 일하는 흑인 및 백인을 막론한 모든 노동자 하나하나가 영국제도에서 일하는 노동자 130명분의 가치를 생산한다고 믿었다. 미국 독립혁명 이전에 영국령 서인도제도의 수입은 영국령 아메리카보다 2배나 많았다. 이 작은 섬들에서 긁어모은 수입은 인도 아대륙에서 확보한 수입을 훌쩍 능가했다. 애덤 스미스는 이렇게 담담하게 적었다. "우리 서인도제도 식민지들의 설탕 플랜테이션이 낳은 수익은 일반적으로 유럽이나 미국에 알려진 그 어떤 재배 유형이 일군 수익보다 훨씬 더 많다."[4]

인류학자 시드니 민츠(Sidney Mintz)는 설탕 플랜테이션이 밭과 가공 시설을 하나의 사업으로 통합한 산업화 이전의 공장이라는 것을 보여주었다. 저마다 최대 500명까지 노예를 두고 있는 이 대규모 플랜테이션들은 경작 농장과는 다른 방식으로 조직되었다. 즉 일련의 전문화된 부지들로 구성되었으며, 마치 컨베이어 벨트에서 그러한 것처럼 제품이 한 부지에서 다른 부지로 옮아갔던 것이다. 수백 명의 노예가 밭에서 일하는 반면, 흑인과 백인 25명으로 이루어진 최소 집단은 가공 작업을 담당했다. 전자는 그저 마체테만 휘둘렀지만, 후자는 수천 파운드에 달하는 장비를 다루었다. 공장에서와 마찬가지로 분업이 이루어졌다. 노동자는 자신이 사용하는 도구들을 소유하지 않았으며 작업은 일정에 따라 이루어졌다. 그러나 작업 리듬은 그 작물이 빨리 상하는 경향이 있는 데다 생산의 모든 단계가 날씨에 의존하는 터라 자연에 좌우되었다.

다른 많은 공장에서처럼 이 경우에도 '규모의 경제'가 더없이 중요했다. 담배에서 설탕으로의 전환은 농장의 대형화와 숱한 농부들의 파산을 낳았다. 소규모 농장은 경제성이 없었으며, 가공이 신속하게 이루어져야 했으므로 많은 인력이 요구되었다. 생산 과정에서는, 농부가 밭을 소유하고 방앗간 주인이 방앗간을 소유하는 곡물의 경우와 마찬가지로, 고도의 전문화가 필요치 않았다. 하지만 곡물과 달리 생 사탕수수는 운송에 적합지 않았으므로 그 자리에서 1차 가공을 해야 했다. 원료의 자연적 특성은 재배의 생물학적 특성 및 가공의 화학적 특성뿐 아니라 그것을 전문적으로 다루는 제도에도 영향을 끼쳤다. 유럽은 북남미 대륙과 두 인도에 농업 기술을 전파함으로써 식민지 세계를 그네들 이미지에 맞게 발전시키고 있다고 믿었다. 하지만 실제로 상업적 공장(factoria), 전문화한 노예 노동, 전통의 파괴, 도구적 합리성에의 굴종 등을 특징으로 하는 그 식민지들은 진정한 '근대성의 실험실'이었다.

설탕 및 면화의 원시 산업적 처리와 달리, 담배의 주요 가공에는 수확·세척·건조·포장 등 전형적인 농업 공정이 포함되어 있었다. 최초의 식민지 개척자들이 서인도제도의 소규모 경작지에서 담배를 재배했을 무렵에는 그곳 노동력이 노예가 아니라 고용 인력이었다. 그 후 버지니아에 담배 재배가 도입되었다. 담배는 설탕보다 더 많은 관리와 기술을 요했고, 소규모 농장에서도 수익을 낳았으며, 밭 가까이 대규모 가공 시설을 둘 필요가 없었다. 서로 다른 농장들에서 생산된 담배는 마치 다른 영지에서 생산된 와인처럼 '브랜드' 이름을 가졌다. 가격은 품질을 반영했으며, 소규모 농장들은 이 시스템에서 잘 해낼 수 있었다. 그에 반해 설탕의 경우는 여러 농장에서 생산된 것을 한데 뒤섞었다. 설탕 무역은 훗날 면화, 그에 이어 석유 무역상들이 채택한, '분류(sort)'라는 위계적 시스템을 발전시켰다. 한마디로 담배는 **브랜드 상품**(branded commodity)인 반면, 설탕은 **분류 상품**(sorted commodity)이다.

차는 17세기 초부터 서양에 알려졌다. 차는 약으로 쓰였으며 시장이 크지 않았다. 나중에 사람들은 차에 설탕을 넣어 마시기 시작했는데, 이 조합은 역사상 가장 성공적인 마케팅 전략으로 떠올랐다. 네덜란드는 인도에서 차를 수입했지만, 18세기 중엽 유럽인들은 무역을 위해 광둥을 개방하는 데 성공했다. 영국과 네덜란드 상인들은 그곳에서 프랑스인·스웨덴인·덴마크인과 각축을 벌였다. 차 가격은 10분의 1로 곤두박질쳤으며 잉글랜드에서 1인당 차 소비량은 한 세기 동안 400배나 늘어났다. 대서양 서쪽에서 유입된 설탕과 태평양에서 들어온 차가 왕권을 쥔 그 섬에서 만나 한데 뒤섞였다. 제국적 우아함을 지닌 이 만남은 정확히 중간 지점에서―다시 말해 찻잔이 중국 도자기를 모방한 것이듯 일본 다도(茶道)를 어설프게 모방한 '하이티(high tea: 보통 오후 늦게나 이른 저녁 요리한 음식·빵·버터·케이크와 함께 차를 마시는 티타임―옮긴이)' 의식을 통해 수백만 명에 달하는 영국 여성들이 매일 마시는 찻잔에서―이루어졌다. 그러나 차와 설탕은 면 식탁보, 그 의례에서의 남성 버전인 담배 및 포트와인(port: 브랜디를 섞은 포르투갈산 주정 강화 와인으로 단맛이 난다―옮긴이)과 마찬가지로 진짜로 존재했다.

계몽주의 시대는 이 제품들을 열정적으로 받아들였다. 처음에는 이국적이고 사치스럽게 여겨졌던 그 제품들은 점차 대중이 소비할 수 있을 만큼 저렴한 품목으로 변신했다. 그것들은 사교성을 높이고, 배를 채워주며, 의존성을 유발하고, 이윤을 창출하며, 대체로 교회와 국가의 비난을 피해갔다.[5] 잉글랜드에서 아편은 난봉꾼의 전유물로 전락했지만, 설탕이 든 차, 담배 한 자밤, 커피 한 잔, 초콜릿 한 조각은 누구나 이용할 수 있었다. 이 중독성 강한 제품 묶음의 중심에는 설탕이 버티고 있었다. 돌비 토머스는 북아메리카 남부 식민지들에게 뉴잉글랜드가 아닌 서인도제도의 선례를 따르라고 공개적으로 조언했다. 설탕을 더 많이 생산하고 노예를 더 많이 수입하라고 말이다. 그러나 사탕수수는 대륙 식민지들에서는 잘 자라지 못했다. 심지어 루이지애나조차 사탕수수가 자라기에는 겨울이 너무 추웠다. 그 달콤함의 시대에, 이곳이 떠안은 주요 역할은 서인도제도에 식량을 공급하는 일이었다. 검은 노예들이 흰 설탕을 생산하는 그 섬들에는 식량 작물을 재배할 수 있는 여유 땅이 없었기 때문이다. 대륙 본토 식민지들은 설탕 섬들에 필요한 온갖 염장 생선과 대부분의 귀리·곡물·밀가루·목재·말·양 따위를 제공했다. 농장주들은 본토의 농부·어부·대장장이에게 설탕·럼주·당밀로 그 상품들의 대금을 치렀다. 좁은 영토에서 전례 없는 자금 흐름을 확보한 이 설탕 섬들은 아메리카 식민지, 영국의 섬유 산업, 영국 왕립 해군에 자금을 대줄 수 있었다.

큰 부를 누리던 서인도제도의 농장주들은 잉글랜드로 돌아가길 간절히 바랐다. 그들은 잉글랜드에서 옛 귀족들로부터 런던의 타운하우스나 시골 영지를 사들였다. 잉글랜드와 스코틀랜드에서 볼 수 있는 고전적 포르티코(portico: 대형 건물 입구에 기둥을 받쳐 만든 현관 지붕─옮긴이), 의식용 계단과 연회장을 갖춘 수많은 으리으리한 저택은 대부분 설탕 플랜테이션 소유주들이 지은 것이었다. 해로(Harrow)나 이튼(Eton) 같은 공립학교에는 서인도제도 출신 학생들이 북적였다. 해적이나 죄수의 후손도 일부 포함하고 있는 이 아이들은 커서 귀족 집안과 혼인했다. 그리고 국회의원·장관·시장으로 성장했다. 제 것보다 더 웅장한 마차와 마주친 조지 3세가 안에 타고 있는 총리(윌리엄 피트─옮긴이)에게 말을 걸었다. "설탕, 설탕, 어? ……일은 잘되어가나? 피트, 일 잘되어가?"[6] 가장 부유한 이 같은 설탕 생산자들은 부재 상태로 자신들의 플랜테이션을 관리했다. 즉 잉글랜드에 거주하면서 농장 관리인을 임명하고 그들에게 우편으로 서면 지침을 하달하는 것이다. 이 같은 대부호 중 하나가 자메이카 총독의 손자 윌리엄 벡포드(William Beckford)였다. 영국 왕실에서 가장 부유한 신하로 알려진 벡포드는 두 번이나 런던 시장에 선출되었다. 스코틀랜드 상인이자 국회의원인 존 글래드스톤(John Gladstone)은 리버풀에 회사를 소유하고 있었다. 서인도제도와 설탕 및 노예를, 러시아와 대마를, 인도와 면화를, 아메리카 식민지들과 곡물을 교역하는 회사였다. 자메이카에도 여러 플랜테이션을 거느리고 있던 그는 내내 리버풀에서 살다 나중에 스코틀랜드로 돌아와 막대한 부동산을 사들였다. 그의 아들은 잉글랜드 총리직에 올랐다. 몽테스키외(Montesqieu)가 말했듯이, 이것은 정말이지 "라 코메르스 두스(la commerce douce)", 즉 달콤한 무역이었다.

다름 아니라 이 설탕 무역이 영국 중상주의(mercantilism)*의 정책과 관행을 낳았다. 항해조례에 따라 모든 상품은 영국 선박으로 운송되어야 했다. 식민지들은 원자재를 서로 거래할 수는 있지만 수출할 수는

---

* '중상주의적 체제(mercantilist system)'라는 용어는 제국적 통치체제와 그에 상응하는 일련의 사상으로 이루어진 특정 체제를 가리킨다. 이 개념은 봉건제에서 소비에트에 이르기까지 다양한 체제가 그들의 이익을 위해 채택한 경제 메커니즘인 '상업적 체제(mercantile system)'와는 다르다.(9장 참조) '상업적'과 '중상주의적'의 차이는 '사회적(social)'과 '사회주의적(socialist)', 또는 '사실적(real)'과 '사실주의적(realistic)'의 차이와 흡사하다.(하지만 이 책에서는 엄밀하게 비교하는 경우를 빼고는, 'mercantile'도 대체로 '중상주의적'이라는 의미로 쓰이고 있다—옮긴이)

없었다. 그들은 오직 잉글랜드에서 생산된 공산품을 구매만 할 수 있었다. 그리고 식민지에서는 원자재를 1차 가공하는 것 외에는 어떤 산업도 펴나갈 수 없었다. 따라서 중상주의 정권은 식민 본국에 대한 설탕 공급을 승낙하고, 식민지에서의 공산품 시장을 보장하며, 상인에게 돌아갈 이익을 창출하고, 상업 선단을 지원했다. 또한 공산품과 원자재 간에 명확한 분리의 선을 그었으며, 이 두 가지 경제 범주를 식민 본국과 식민지 간의 정치적 차이와 연결지었다. 즉 원자재는 식민지에서 조달하고 공산품은 식민 본국에서 제조하는데, 앞으로도 계속 그래야 한다는 것이다. 영국 의회 의원들은 연설에서 '서인도제도의 이익'에 대해 드러내놓고 언급했다. 7년전쟁이 발발하기 직전, 그 이익을 대변하는 쪽이 50~60표에 달했다. 그들은 상법과 설탕 독점을 지지했다.[7] 휘그당 지도자이자 총리인 윌리엄 피트는 서인도제도의 특권을 위해 투쟁하는 것을 명예롭게 여겼으며, 윌리엄 벡포드는 그의 친구이자 재정 후원자였다.

　네덜란드와 프랑스는 독자적 상법을 두고 있었지만 그들의 무역 제도는 잉글랜드의 그것만큼 일관성을 띠지는 않았다. 생도맹그나 과들루프 같은 프랑스 식민지에서는 자루당 더 적은 수의 노예와 더 좁은 토지를 사용해 한층 더 저렴하게 설탕을 생산하고 있었다. 이 섬들에서, 루이 14세가 제정한 흑인법(Code Noir)에 근거한 프랑스 법은 영국 법보다 인도적이었다. 프랑스 농장주들은 집단 독점의 보호를 받지 않고 서로 경쟁해야 했다. 이는 가격을 낮게 유지하고 그들이 생산성에 집중하도록 이끌어주었다. 영국 제품의 절반 가격에 판매된 프랑스의 설탕이 유럽 시장을 석권했다. 이 모든 것이 7년전쟁으로 귀결되었고, 그 전쟁은 결국 영국의 승리로 끝났다. 하지만 그로 인한 결과는 역설적이었다. 영국은 프랑스령 과들루프와 에스파냐령 쿠바 같은 거대한 설탕 섬들을 점령하긴 했으나 합병하지는 않았다. 이는 설탕 가격의 폭락으로 이어졌다. 영국은 프랑스령 캐나다와 에스파냐령 플로리다를 한층 선호했다. 매출 증가보다 가격 통제가 더 중요했던 것이다. 그럼에도 설탕 가격은 브라질과의 경쟁 및 자메이카에서의 기록적인 플랜테이션 수 증가 때문에 하락했다. 농장주들은 자본주의의 중대 교훈—즉 사치품은 이윤을 창출하지만, 오직 대량 소비만이 엄청난 이윤을 안겨준다—을 가장 먼저 깨달은 자들이었다.

사치품이던 설탕은 이제 일상적 필수품으로 자리 잡았다. 설탕이 없었더라면 럼주·잼·푸딩·케이크도 세상의 빛을 볼 수 없었을 것이다. 잉글랜드의 1인당 설탕 소비량은 빵이나 육류 소비량보다 더욱 빠르게 증가했다. 시드니 민츠에 따르면,[8] 18세기에 연간 1인당 설탕 소비량은 4파운드에서 18파운드로 불어났다. 이제 수백만 명이 공장에서 일하고 있었으며, 설탕을 넣은 차 한 잔이 그제까지 관습적으로 배급되던 진과 맥주를 대체했다. 가난한 가정에서는 사람들이 제게 필요한 에너지 칼로리의 20퍼센트를 설탕에서 얻었다. 사람들은 술이나 마찬가지로 설탕도 지나치게 많이 섭취하면 안 된다고 생각은 한다. 하지만 설탕은 많이 먹을수록 더 간절히 원하게 된다. 설탕·차·커피는 18세기에 급격하게 가격이 떨어진 도자기 컵, 면 식탁보, 침구류 따위의 동양 사치품과 더불어 새로운 생활방식을 형성하는 데 주도적 역할을 했다. 그 본질은 사교적 즐거움이요, 그 결과물은 공론장이며, 그 최초 장소는 커피하우스와 클럽이었다. 1652년 튀르크 상인이 런던에 최초의 커피하우스를 개업했다. 이후 커피하우스와 찻집은 유럽 전역으로 빠르게 퍼져나갔다. 18세기 런던에서는 초콜릿 클럽이 유행했다. 이 클럽은 회원제로 운영되는 값비싼 시설이었으며 여성은 입장할 수 없었다. 귀족들은 그곳에 모여 카드놀이를 즐겼고, 누구든 들어가서 커피를 마시고 신문을 읽고 토론을 벌일 수 있는 이웃 커피하우스들을 조롱했다. 데이비드 흄은 사망 이듬해인 1777년 출간된 자신의 책에서 "커피하우스의 온갖 대화로부터 배울 수 있는 것 말고 이야기할 게 없는 작가는 쓸모없다"고 썼다.[9] 하지만 그로부터 200년 뒤, 그와 같은 처지의 철학자 위르겐 하버마스(Jürgen Habermas)는 서양 공론장의 역사를 커피하우스의 발전과 연결지었다.[10]

그러나 가장 인기 있는 음료는 설탕 넣은 차였다. 1840년 영국 동인도 회사는 그 제국 내에서 최대의 고용주였다. 이 회사는 200만 에이커에 달하는 인도 땅에서 차를 수확했으며, 이 작업을 위해 100만 명의 직원을 고용했다. 왕실에서부터 찢어지게 가난한 소농에 이르기까지 모두가 차를 마셨다. 분명 차의 품질이 싸구려일수록 그 음료는 점점 더 그저 뜨거운 설탕액에 가까워졌다. 사회사가들은 이 시기에 영국의 식생활 수준이 악화되었다고 믿는다. 빵이 부족하고 임금은 수십 년 동안 제자리걸음이었으며, 수백만 명의 사람들이 단백질과 칼로리 부족에 시달렸다. 설탕에서 얻는 칼로리는 빵에서 얻는 칼로리보다 저렴했으며, 우유에서 얻는 칼로리보다는 훨씬 더 저렴했다. 농사를 지어 생계를 영위할 수 없는 사람들은 도시로 이주했다. 그곳에서는 임금을 받아 설탕 든 차를 마실 수 있었다.

개운치 않은 뒷맛

1791년 생도맹그섬(아이티)에서 노예 반란이 시작되었다. 설탕 농장주를 향한 증오로 불타는 흑인 노예와 자유인 물라토(mulatto: 백인과 흑인 부모 사이에서 태어난 혼혈—옮긴이)가 힘을 합쳤다. 숱한 전투 끝에 아이티는 1804년 프랑스로부터 독립을 선언할 수 있었다. 본시 노예로 태어난 장자크 데살린(Jean-Jacques Dessalines)은 아이티의 황제 자크 1세가 되었다. 흑인 노예가 주도한 혁명에 관한 이 이례적인 소식은 유럽의 커피하우스를 뜨겁게 달구었다. 프로이센의 철학 교수이던 헤겔은 생도맹그를 다룬 신문 보도를 접한 뒤 이후 혁명들의 씨앗을 뿌린 주인-노예 변증법(master-slave dialectic)을 정립했다.[11] 데살린은 노예제를 폐지했지만 인종차별을 금지할 수는 없었다. 그는 수천 명의 백인을 학살했으나 물라토는 흑인에 대한 착취를 이어갔다. 이내 새로운 반란이 시작되었고 데살린은 암살당했다. 땅을 소규모 농지로 나눈 과거 노예들은 증오의 대상인 플랜테이션을 파괴했다. 노예는 자작농이 되었지만, 그 나라는 프랑스에 막대한 보상금을 지불해야 했다. 과거에 프랑스 식민지 중 가장 수익성 높았던 아이티는 세계 최빈국 가운데 하나로 전락했다.

결국에 가서 설탕 가격이 하락한 이유는 사탕수수를 대체할 수 있는 값싸고 널리 이용 가능한 대체재를 생산하는 데 기여한 과학적 발견 때문이었다. 안드레아스 지기스문트 마르그라프(Andreas Sigismund Marggraf)는 베를린 약제사의 아들로, 유구한 연금술사 전통에 입각해 금속을 연구했다. 1747년 그는 사탕무 뿌리 즙에서 설탕을 얻을 수 있다는 사실을 발견했다. 맛은 똑같지만 설탕 함량은 2퍼센트 미만으로 크게 낮은 물질이었다. 프리드리히 2세는 예산 부족분을 메웠으면 하는 바람에서 과학자들에게 새로운 품종의 사탕무를 육종하도록 명령했다. 이 일은 때 맞춰 이루어졌다. 또 한 명의 베를린 사람인 위그노교도 프란츠 카를 아하르트(Franz Karl Achard)가 상업적 성공을 보장하는 사탕무 재배를 이루어낸 것이다. 나폴레옹도 이 실험을 밀어주었다. 프랑스는 생도맹그에서 벌어진 혁명과 영국의 해상봉쇄로 인해 설탕이 부족했던 것이다. 1811년 나폴레옹은 프랑스의 모든 부서가 사탕무 재배에 토지를 할당하도록 의무화했으며, 설탕 가공 공장에 보조금을 지급하겠다고 약조했다. 선발 번식에 힘입어 사탕무 당도가 사탕수수와 맞먹는 수준인 20퍼센트까지 올라갔다. 이제 사탕무는 유럽의 거의 모든 밭에서 재배할 수 있게 되었다. 1815년 이후 프랑스에서는 현지 시장과 식민지 시장이라는 경쟁하는 두 설탕 시장이 생겨났다. 사탕무와 사탕수수는 각각 의회에 자체 로비집단을 두고 있었다. 영국 애호가이자 칼뱅주의자로서 장차 총리에 오르게 되는 인물 프랑수아 기조(François Guizot)는 1843년 사탕무 재배를 전면 금지하도록 제안했을 정도로 식민지에 대한 동정심이 컸다. 그러나 나폴레옹 3세는 사탕무의 손을 들어주었고 사탕수수에는 반대했다.[12] 이러한 정책 전환에는 나름의 논리가 깔려 있었다. 민족주의적이고 반영국 성향인 지도자일수록 사탕무에 대한 열정이 더 컸던 것이다. 1833년 영국령 플랜테이션에서 노예제가 폐지되었다. 1848년 혁명 이후 기조가 물러나면서 프랑스령 섬들에서도 노예제가 막을 내렸다. 자유무역에서 사탕수수는 사탕무의 경쟁 상대가 되지 못했다. 1849년 잉글랜드에서는 거의 200년 동안 시행되면서 식민지들로부터 영국제도로 자본이 유입되는 데 기여한 항해조례가 폐지되었다.

하지만 설탕은 지금도 여전히 우리와 함께하고 있다. 사실 설탕은 더없이 효율적으로 태양 에너지를 저장하는 생화학 배터리다. 오늘날 아열대 땅 1에이커는 사탕수수에서 800만 칼로리를 생산한다. 같은 칼로리를 얻으려면 감자의 경우 4에이커, 밀의 경우 약 10에이커, 소고기의 경우 자그마치 135에이커가 필요하다. 전 세계적으로 1인당 설탕 소비량은 꾸준히 늘고 있다.

아편

양귀비의 덜 익은 씨앗 외피에서 스며나오는 유백색 유액에는 인간 신경계에 작용하는 식물염기가 포함되어 있다. 이것은 행복감을 안겨주고 의존성을 키운다. 사람들은 이 약물을 사용하면 사용할수록 그것을 더 많이 원하게 된다. 게다가 다른 사용자와 함께 사용하면 즐거움이 배가 되므로 아편 사용은 마치 유행병처럼 퍼져나간다. 아편을 점점 더 많이 섭취하면 식욕 상실, 무감각 및 기력 저하에 이르며, 사용자는 아편 말고는 모든 것에 흥미를 잃게 된다.

양귀비와 인간, 이 두 유기체의 생활주기에는 서로의 상호의존성을 예측할 만한 게 아무것도 없다. 자연은 양귀비의 아름다운 꽃을 만들어 꿀벌이 꽃가루를 매개하도록 함으로써 양귀비의 번식과 전파를 도왔다. 꿀벌은 양귀비의 수분을 위해 창조되었을까? 철학자 팡글로스라면 이 점과 관련해 모든 것이 최선의 결과를 낳도록 창조되었다고, 즉 꽃은 벌을 위해, 벌은 꽃을 위해, 그 둘은 인간을 위해 창조되었다고, 이야말로 신의 설계라고 외쳤을 것이다. 그러나 환멸을 느낀 캉디드는 숱한 반례를 찾아냈을 터다. 덜 익은 씨앗 외피에서 스며나오는 유액이 인간의 즐거움을 위해 창조되었다고, 그리고 인간은 양귀비를 전 세계에 퍼뜨리려고 창조되었다고 믿기란 어렵다. 양귀비가 인간 세상에서 너무나 많은 악을 불러일으켰기에 우리는 신의 섭리가 지닌 자비심을 믿기 어렵다. 더군다나 실제로 양귀비와 인간 사이에 일어난 일을 살펴보면 창조주의 지혜에 대해서도 수긍하기 힘들다. 설사 호모 사피엔스와 양귀비(*Papaver somniferum*)의 만남을 주선한 이가 제아무리 빼어난 지성이라 해도 이 사건이 지닌 의미를 명확히 예측하기란 어려웠을 것이다. 팡글로스의 역사적 원형이랄 수 있는 독일 철학자 라이프니츠는 이 세계가 신의 목적에 따라 미리 정해져 있으며, 그러므로 가능한 모든 세계 가운데 최선의 세계라고 가르쳤다. 아편은 마치 양귀비가 바로 그 목적을 위해 창조되기라도 한 양 그 신정론(theodicy, 神正論)이 잘못임을 밝힌다.

아편 양귀비는 남유럽·아프리카·아시아 등 세계 전역의 여러 지역에서 자란다. 까다롭지 않은 이 식물은 쉽게 야생 상태로 돌아가며 고유의 아름다움과 중독성을 고스란히 간직한다. 양귀비 유액은 건조시키면 오랫동안 보관할 수 있으므로 운송 및 판매가 가능하다. 사람들이 그렇게 한 규모가 어찌나 방대했는지 19세기에 세계의 아편 거래량은 다른 어떤 제품 및 상품 거래량보다 더 많은 가치를 지녔을 정도다. 그러나 아편 무역의 역사는 미스터리로 가득 차 있다. 중국 역시 양귀비를 재배할 수 있었음에도(결국에는 그렇게 했다) 인도가 엄청난 고가로 중국에 아편을 공급한 까닭은 분명치 않다. 중국인이 인도인보다 아편에 더 의존적이었던 이유도 명확하지 않다. 아편 사용이 유행병처럼 퍼져서 수천만 명의 삶을 파탄 내고 전체 국가 시스템을 위태롭게 뒤흔든 것은 오로지 중국에서만 벌어진 일이었다. 확실한 것은 인도와 중국 간의 아편 무역이 흔한 경제성장과 정치적 악의 원천인 지리적 불평등에 기반을 두고 있었다는 것, 그리고 이 무역을 장악한 국가는 제3의 세력인 대영제국이었다는 것이다. 장거리 항해를 통해 무한한 수요와 무한한 공급이 연결되면 그 수혜자는 다름 아니라 상인 겸 운송인인데, 이들은 온갖 악조건에도 불구하고 무역을 이어간다.

애초에는 네덜란드인이 이 사업을 시작했지만, 영국 동인도 회사가 1760년대에 그 위상을 앗아갔다. 영국이 인도에서 새롭게 아편 무역을 독점한 것은 7년전쟁과 벵골전쟁에서 연이어 군사적 승리를 거둔 덕이었다. 항구와 창고를 장악한 영국 동인도 회사는 인도인이 고정 가격에 아편을 납품하도록 강요했다. 에드먼드 버크(Edmund Burke)는 그 회사가 "많은 경쟁자와 거래할 수 있는 당연한 권리"를 원주민들에게서 박탈했다고 비난했다. 영국 동인도 회사의 대표 워런 헤이스팅스(Warren Hastings)는 이 비난에 대해 부당하다고 맞섰다. 나중에 그는 부정부패 혐의로 유죄 판결을 받았다. 그랬던지라 아마도 버크의 말이 맞았을 테지만, 그럼에도 아편 독점은 계속되었다. 19세기 초, 아편은 인도의 최대 수출 품목이자 중국의 최대 수입 품목이었다. 또한 토지세 다음으로 비중이 큰 영국령 인도의 수입원이기도 했다.[13]

빅토리아 시대의 잉글랜드에서는 아편이 흔한 치료제로 쓰였다. 사람들은 아편을 알코올과 함께 복용하면 통증, 발열 및 우울증이 완화된다고 믿었다. 아편이 10퍼센트 함유된 이 혼합물은 고대 연금술 용어인 라우다눔(laudanum: 아편 팅크. 팅크는 알코올에 혼합해 약제로 쓰는 물질—옮긴이)이라 불렸다. 20세기까지만 해도 영국의 약국에서는 라우다눔을 처방전 없이 판매했다. 아편 흡연은 중국 특유의 현상으로 간주되었다. 다른 문화권들에서는 끓여서 흡입하거나 다양한 혼합물 형태로 섭취하는 등 아편이 상이하게 쓰였다. 19세기 유럽에서는 아편 흡연이 빠르게 유행했지만, 사람들은 여전히 아편을 동양의 사치품으로 여겼다. 중독자들은 품성이 좋지 않다거나 도덕적으로 타락했다는 식의 비난에 시달렸다. 유럽인 역시 아편 중독에 취약하기는 했으나, 중국과 같은 규모의 아편 중독은 세계 어느 곳에서도 나타나지 않았다.

영국 동인도 회사는 1년 앞서 대금을 지불하고 자라는 중인 작물 상태로 아편을 구입했다. 그 사업은 50만 명의 인도 소농이 50만 헥타르에 달하는 면적에서 양귀비를 재배할 정도로 방대한 규모였다. 그 회사는 심지어 기아가 심각한 해에도 소농이 양귀비 밭을 다른 작물 경작지로 전환하지 못하도록 막았다. 1817년 영국 동인도 회사 이사들이 인도 총독에게 설명했다. "우리의 사명은 아편 소비를 장려하는 게 아니라 아편 사용, 더 정확히 말하면 아편 남용을 줄이는 것, (수익을 거두기 위해서이기도 하지만) 이를 위해서 대중에게 될수록 높은 가격을 매기는 겁니다."[14] 그러나 그 회사는 중국에서 경쟁자들의 위협에 직면해 있었다. 미국 선박이 튀르크에서 아편을 들여온 것이다. 하지만 영국 동인도 회사의 이사들은 중국 자체 생산을 한층 더 우려했다. 중국의 아편 중독은 중상주의 시대의 소중한 가치인 무역수지를 위해 전략적으로 중요했다. 수세기 동안 유럽은 아시아와의 무역수지에서 시종 적자를 기록했다. 중국은 영국산 양모나 설탕 및 담배 같은 식민지 상품을 필요로 하지 않은 것이다. 그 적자는 아메리카 식민지에서 얻은 에스파냐 은으로 메웠다. 그 은의 절반이 결국 중국으로 들어갔다. 중국에서 수입되는 차가 급격히 늘면서 이러한 균형이 달라지기 시작했다. 무역 격차를 메우지 못하면 금과 은은 유럽 국고에서 빠져나갈 수밖에 없었다. 영국령 인도에서 생산된 아편이 그 공백을 메워주었다.

중국의 아편 소비는 빠르게 확산했으며, 항구와 광산 도시에서 크게 유행했다. 중국 당국은 아편 사용을 금지함으로써 자국을 보호하려 애썼다. 1799년 베이징 정부는 아편을 세계적 악으로 선포하고 관료집단을 동원해 아편과의 전쟁을 촉구하는 최초의 법령을 발표했다. 그러나 이는 거의 효과를 거두지 못했다. 법령을 집행해야 하는 공무원마저 중독에 허덕이는 처지였으니 말이다. 19세기에 중국의 아편 중독자 수는 1000만 명을 헤아렸다. 일부 추정에 따르면 그 수치는 전체 인구의 10퍼센트, 즉 4000만 명으로, 훨씬 더 컸다. 도시에는 아편 소굴이 들끓었다. 계몽주의 시대의 커피하우스나 왕정복고기(Restoration)의 초콜릿 클럽처럼, 아편 소굴은 사람들이 소식을 주고받고 거래하고 인맥을 쌓는 지역 문화의 중심지로 떠올랐다. 그것은 비공식적이고 쾌락주의적인 특성 때문에 유교 국가에 정면으로 맞서는 위치에 놓였다. 이는 다름 아니라 중국판 시민사회였다. 쌀을 주식으로 살아가는 소농이나 막노동꾼은 아편을 살 수 없었다. 아편은 기능공·광부·정원사·공무원 등 돈깨나 있는 사람들만 소비할 법한 것이었다. 아편은 부유층 사이에서 점차 사용이 늘면서 사람들을 끌어내리고 새로운 빈곤을 빚어냈다. 또한 전통사회에서는 볼 수 없었던 새로운 범죄와 새로운 부를 창출했다. 이는 악순환의 고리이자 악의 본성이었다. 독성은 불평등을 악화시키고, 불평등은 더 큰 아노미를 불러일으키며, 아노미는 마약에 대한 수요를 증가시켰다.

영국은 자신들 배로 아편을 수입함으로써 무역을 통제했지만, 한편으로 빠르게 돈을 버는 중국 중개인들에 의존했다. 중국에서 은이 유출되고 통화 위기가 시작되자 아편은 결제 수단으로서 역할이 커졌다. 합리주의와 모종의 능력주의에 기반을 둔 유교 국가에게 아편은 악의 구현체였다. 애국자들은 아편을 적대적 침략이자 최고 수준의 보복으로 간주했다. 사람들은 죽어나갔고 국가는 약화했으며 전통적 제도들은 자취를 감추었다. 마약 중독은 문해력과 관련이 있었다. 1839년 중국 황제는 항구와 창고에 있는 아편을 파괴하도록 명령을 내렸다. 당시 1000톤이 넘는 아편이 발견 및 소각되었다. 자유무역에 대한 이 같은 개입에 분노한 대영제국은 전쟁을 선포했다. 영국군은 최초의 군용 증기선을 동원해 중국에 보상금을 지불하도록 강요했다. 영국은 면세 무역을 위해 홍콩, 그리고 그 밖의 5개 항구를 확보했다. 아편 가격은 급락했고, 그에 따라 유럽에서 설탕이 그랬던 것처럼 사회적으로 낮은 계층에 속한 이들도 아편을 사용하기 시작했다. 그제야 중국 아편 생산량이 증가했다. 중국 아편은 질이 좋지 않다고 여겨졌으며 가격도 인도 아편의 절반 수준에 그쳤지만 시장을 포화상태로 만들었다. 아편 가격이 저렴해지면서 점점 더 많은 가난한 이들이 아편에 손을 댔다. 이에 대한 화답으로 중국 해안지역에서 태평천국의 난(1850~1864년)이 발발했다. 반란군은 악의 세력에 맞서 싸우는 기독교 개혁가들이었다. 이 농민 전쟁의 지도자 홍슈취안(洪秀全)은 자신을 그리스도의 동생이라고 불렀다. 그는 과거시험에 네 차례나 떨어져 관직에 나가지 못한 자였다. 금욕주의를 표방한 태평천국 운동은 아편·술·매춘을 금지했다. 그러나 그 반란은 무기도 부족했고 수입도 없었기에 유혈 낭자한 전투 끝에 진압되었다. 서구 열강은 중국 군대에 포병과 군 장교를 제공해주었다. 태평천국의 난은 중국 북서부의 이슬람교도 둥간(東干)족〔위구르족이 회족(回族)을 가리키던 호칭―옮긴이〕이 일으킨 그와 유사한 반란과 더불어 내전으로 번져 그 나라의 대부분을 집어삼켰다. 수백만 명이 기아나 전투로 사망했다. 또다른 수백만 명은 동남아시아로 이주해 그곳에 정착했다.[15]

한편 아편전쟁은 잉글랜드 의회에서 논쟁의 대상으로 떠올랐다. 총리 헨리 파머스턴(Henry Palmerston)은 개입을 지지했다. 맨체스터 자유당 지도자 리처드 콥든과 장차 총리가 되는 윌리엄 글래드스톤(William Gladstone)은 개입에 반대했다. 글래드스톤은 여동생 헬렌이 아편 중독자였다.[16] 그녀의 생활방식은 글래드스톤의 정치 경력을 위협했다. 그는 수년 동안 동생의 중독을 치료하고자 분투해왔으며 남들보다 그 질병의 본질을 더 잘 이해했다. 중국에서의 전쟁에 대응하기 위해 인도 주재 영국 당국은 차를 아편의 대안으로 삼아 차 생산을 늘렸다. 1854년부터는 수출용 차 재배를 원하는 모든 유럽 농부에게 최대 3000헥타르에 달하는 넓은 토지를 제공했다. 철도가 히말라야 산기슭에 닿자 유럽으로 수출하는 인도 차의 규모가 중국 차의 규모에 육박했다. 결국 그것으로 무역수지를 회복했지만, 1856년 제2차 아편전쟁이 시작되었다. 프랑스와 영국 군대가 힘을 합쳐 중국의 항구와 창고를 점령한 뒤 아편무역에 개방했다. 아편과 태평천국의 난으로 약해진 중국은 연이어 전투에서 패배했다. 서구 열강은 베이징을 장악한 뒤 러시아 대사 니콜라이 이그나티예프(Nikolay Ignatieff) 백작의 중재를 통해 중국과 평화조약을 체결했다. 중국은 아편 사용을 합법화하고 자유무역을 위해 새로운 항구들을 양도했다. 신앙의 자유 선언은 태평천국에 대한 진압을 막지 못했다.

아이러니한 것은 중국 기업가들이 아편 시장에서 인도를 몰아내고 있었다는 점이다. 영국은 이러한 전개 양상을 막을 수 없었다. 아편은 주로 중국 내륙에서 재배되었으나, 영국은 해안지역만을 통제했던 것이다. 아편은 국내 무역을 위해 내륙 지방을 개방하게 했다. 중국 전역에서 소금이나 쌀보다 더 많은 아편이 운송되었으며 아편은 각지에서 소비되었다. 가격은 하락하고 수요는 증가했으며 내부 생산량도 늘어났다. 아편과 차가 곡물을 대체했다. 나중에 이는 대량 기근의 원인 중 하나로 떠올랐다. 19세기 말, 중국은 이미 인도보다 9배나 많은 아편을 생산하고 있었다. 그러나 인도와 달리 전적으로 국내 소비를 위해 양귀비를 재배했다. 20세기 초, 아편은 중국의 내부 문제로 부각되었다. 그 나라는 전 세계 아편 생산량의 95퍼센트를 소비했는데, 그 대부분을 자국 내에서 재배했다. 이는 중국판 '거대한 전환(Great Transformation)'이었다. 밭에서 아편을 재배하는 소농들은 그 아편으로 임금을 받고 그 자리에서 그것을 소비했다. 설탕은 세계 무역을 위한 시장을 열었지만, 아편은 세계 무역을 위한 시장을 닫았다.

수입을 잃은 영국은 동남아시아 전역에서 새로운 아편 시장을 개척했다. 자유무역 항구들은 2개 대양에 걸쳐 아편을 환적했다. 광둥(광저우)은 오랜 세월 동안 그러한 항구였으며 싱가포르도 그와 비슷하게 출발했다. 1840년대에는 이제 영국 식민지가 된 홍콩이 주요 환적 항구로 떠올랐다. 많은 아시아의 경제 호랑이들(Asian economic tigers)이 아편에 기원을 두고 있었다. 하지만 유일하게 일본만은 그에 굴하지 않았다. 일본은 1854년 유럽과 회담을 시작할 때부터 부분적 시장 개방의 조건으로 아편 무역 금지를 명시했다. 20세기 초에는 아편 무역으로 돈을 벌었던 바로 그 국가들도 아편 무역의 규모를 축소했다. 1906년 중국은 영국과 아편 생산을 감축하기로 약속하는 협정을 체결했다. 베이징 정부는 여러 차례 몰수 조치에 착수했지만, 1912년 청 왕조가, 그리고 그와 더불어 유교 국가가 몰락했다. 1909년 영국 당국은 싱가포르에서 아편 무역을 폐지했다. 그러나 그들은 벵골 동쪽의 대영제국 전체가 일본 지배하에 놓인 1943년에야 그 제국 전역에서 아편 무역을 불법화했다. 두 차례 세계대전이 치러지는 동안에는 2개의 중국 국가—즉 공산당 반군과 국민당 정권—가 모두 아편을 활발하게 거래했다. 1950년 이후 전체주의 중국은 밭에서 양귀비를 없애고 백성의 삶에서 아편을 몰아냈다. 그러나 유럽에서는 아편 무역에 대한 여론의 반응이 노예무역에 대한 반응과는 사뭇 달랐다. 아편과 밀접하게 연관된 오리엔탈리즘에 대한 선입견이 거기서 중요한 역할을 담당했다. 아편을 '황인종의 악습'이라 믿은 사람들에게는 아편으로 돈을 버는 일이 특별히 죄악처럼 비치지 않았다. 실제로 그들은 과거의 노예 및 훗날의 석유와 관련된 것하고는 정반대의 인과성을 제시했다. 즉 아편 거래로 이득을 누린 이들은 제 행위를 정당화하기 위해 피해자를 탓했다.

식민지와 칼로리

농업 노동의 집중화는 결과적으로 도시 노동과의 결합으로, 그에 따라 악명 높은 '게으름'과 함께 소농적 생활방식의 파괴로 이어졌다. 수많은 시골 오두막에 분산되어 있던 영국의 섬유 산업은 비용 효율성이 매우 높았기에 기술적으로 더 앞선 이탈리아 경쟁자들을 무너뜨렸다. 중요한 질문은 무엇이 시골 가계를 도덕경제의 균형에서 벗어나 전(前)산업 자본주의라는 고속도로로 이끌었는가 하는 것이다.

빼어난 역사가 에릭 홉스봄(Eric Hobsbawm)은 그 이유 중 하나가 설탕·담배·커피·차 같은 식민지 상품이 농촌 가계에 등장했기 때문이라고 밝혔다.[17] 유사(類似)중독적 의존성을 유발하는 이 상품들은 사람들이 생존에 필요한 최소한의 소득 이상을 벌도록 동기를 부여했다. 그 상품들의 가격이 저렴해질수록 그것들이 가계 예산에서 차지하는 역할은 커졌다. 우리는 지금 대중적 현상에 대해 이야기하고 있다. 나폴레옹 전쟁이 끝난 후, 그리고 그 후 수십 년 동안 이들 상품은 전체 영국 수입품 가운데 4분의 1을 차지했다. 중독성 있는 상품의 무역은 영국 상인들을 돈방석에 올려놓았다. 이 무역을 통해 영국은 식민지 지출금을 시장, 은행 및 주식의 금융적 확장에 쏟아부었다. 그러나 식민 본국 인구의 설탕 의존성은 그 제국에게 훨씬 더 중요했다.

단것을 좋아하면 이내 설탕에 빠지고, 그렇게 되면 설탕 소비량이 늘어난다. 나이와 성별이 얼마간 역할을 하긴 하지만, 남녀노소와 빈부를 막론하고 누구나 여기에 영향을 받을 수 있다. 사회학자 베르너 좀바르트(Werner Sombart)는 자본주의의 발전이 동양의 사치품 소비에서 여성 역할이 부상한 현상과 관련되어 있다고 주장했다. 설탕은 이 과정에서 결정적 요소였다. 좀바르트는 여성과 설탕의 연관성이 "경제 발전의 역사에서 더없이 중요하다"고 설명했다.[18] 술과 담배는 남성의 기호품이었고 커피는 남녀 모두가 똑같이 좋아했으며 차와 스콘은 여성에게 한층 매력적으로 다가갔다. 대서양 항구에 하역된 식민지 식료품은 북해에서 출발해 점차 먼 곳까지 도달했는데 유럽 전역에 불균등하게 분배되었다.[19] 설탕·담배·차가 일반인의 식생활에 들어오자 시골 가정들은 이러한 수입품에 의존하기 시작했고, 이는 자급자족 농업을 상품과 화폐의 유통에 개방하는 계기가 되었다. '도덕경제'를 세계 무역에 통합하자 노동 동기를 부여하는 새로운 메커니즘이 탄생했다. 한 가정에서 설탕·차·초콜릿 소비량이 해가 갈수록 늘어난다는 것은 그 세대주, 그의 아내 및 자녀가 해가 갈수록 더 열심히 일하고 더 많은 돈을 벌어야 한다는 것을 뜻했다. '도덕경제'에 반하는 중독성 상품의 소비 증가는 돈 부족으로 이어졌으며, 더 많이 일하고 가외 일자리를 찾고 여성과 어린이를 노동시장에 끌어들일 필요성을 낳았다. 여성과 어린이도 남성만큼이나 많은 설탕·차·초콜릿을 소비했기에 이는 공정해 보였다.

설탕, 잼과 소스, 초콜릿 및 기타 단 간식은 차와 함께 여성적 면모를 지닌 새로운 의례용 소모품 세트를 구성했다. 남성들 사이에서는 담배와 럼주·진·포트와인 등 식민지에서 들여온 독한 알코올 음료의 소비가 나란히 발전했다. 이 모든 맛있는 것들과 관련한 무역은 어마어마한 규모로 성장했다. 1750년 영국 선박을 통해 아메리카 식민지에서 수입된 담배의 양은 100년 전보다 6배, 진의 양은 12배, 그리고 차·럼주·커피의 양은 측정하기 어려울 정도로 크게 증가했다. 곡물 및 지역 상품의 가격을 올리는 인플레이션과 상관없이, 이러한 상품의 가격은 하나같이 하락했다. 이 모든 과정에서 유급이든 무급이든 여성 노동이 핵심 역할을 담당했다. 18세기 직전에 서유럽에서는 카페와 찻집, 극장, 호텔, 상점 등 오늘날 우리가 이해하는 바의 도시 생활이 발달하기 시작했다. 소도시 시장은 현지 상품을 판매했으며, 상점들은 식민지 상품을 팔았다. 새로운 식민지 경제는 리넨(식탁보·시트·커튼), 금속 합금(식기류·수저), 목재(가구), 종이(책·신문) 같은 오래된 상품과 교류했다. 일반인도 과거에는 오직 귀족만 누릴 수 있던 소비 수준에 이르렀다. 이제 부르주아 가족은 인조견부터 사탕무, 증기를 동력 삼는 여행 등 그들의 조부모 세대가 왕실의 사치품으로 여기던 것과 거의 구별하기 힘든 온갖 품목을 일상적으로 소비했다. 이러한 상승은 중산층 가족에게 현기증 나는 진보의 감각을 전해주었다. 그들은 그것을 소비의 증가가 아니라 사회적 지위의 상승이라 여겼다.

수세기 동안 세계의 가난하고 먼 지역에서 이루어진 수탈과 고통은 북대서양의 부유한 나라들에 '소비'를, 즉 쾌락과 질병을 안겨주었다. 정부 규제와 소비자 파워라는 두 가지 요소가 중독이 낳은 이 같은 교환을 누그러뜨렸다. 하지만 분명 가장 중요한 세 번째 힘은 바로 진실의 말이었다. 현대 대중을 탄생시킨 상상력 풍부한 작가들은 인간이 타인의 삶에 민감하게 반응하도록 이끄는 데서 주도적 역할을 했다. 무수히 많은 개별적 결정을 내려야 하는 상황에서 관리와 소비자 모두 달리 의탁할 게 없었기에 자신들이 신뢰한 텍스트를 따랐다. 환멸을 느끼고 계몽주의의 핵심적 인물로 거듭난 예수회 사제 아베 레날(Abbé Raynal)은 뛰어난 팀을 모아 《두 인도의 역사(History of the Two Indias)》를 집필했다. 1770년 출간된 이 식민지 백과사전은 노예제가 악이라는 사실을 대중에게 설파하는 데 기여했다. 전 세계적 불평등을 개괄한 이 같은 서적에 영향받은 러시아의 세관 관리 알렉산드르 라디셰프(Alexander Radishchev)는 1790년 급진적 응답으로 지역적이고 감성적이며 전복적인 여행기 《상트페테르부르크에서 모스크바까지의 여정(A Journey from St. Petersburg to Moscow)》을 출간했다. 그는 이 책에서 농노제를 악이라고 공개 비판했다는 이유로 파면당했고 시베리아로 쫓겨났다. 영국의 학자와 성직자 등 식자층 집단인 이른바 클래펌파(Clapham sect: 1790~1830년경의 영국 국교회 복음주의 집단으로 노예제 폐지와 선교활동 확장 등을 주장했다—옮긴이)는 노예제 폐지 운동을 전개하는 데 중차대한 역할을 했다. 그 창립자 가운데 한 명인 스코틀랜드 고지대 출신의 재커리 매콜리(Zachary Macauley)는 자메이카에서 설탕 플랜테이션을 경영했지만 노예제 반대 운동가로 변신했다. 1825년 그는 사실에 기반을 둔 월간지 〈노예제 반대 리포터(Anti-Slavery Reporter)〉를 창간했다. 이 잡지는 수십 년 동안 발행되었다. 그의 장남 토머스 배빙턴 매콜리(Thomas Babington Macauley)는 역사가이자 정치인이 되어 진보 사상을 전파했다. 그는 진보 사상이란 영어 교육 및 영국의 제도들을 인도에 확대하는 것이라고 보았다. 네덜란드 작가 물타튤리[Multatuli: 에뒤아르트 다우어스 데커르(Eduard Douwes Dekker)의 필명으로, '고생 많이 했다'는 뜻—옮긴이]는 소설 《막스 하벨라르, 혹은 네덜란드 무역회사의 커피 경매(Max Havelaar, or, The Coffee Auctions of the Dutch Trading Company)》(1860년)에서 네덜란드령 동인도 제도에 자리한 커피 플랜테이션의 노동 환경을 고발했다.[20] 네덜란드에서 대규모 시위를 촉발한 이 소설은 공정무역 운동의 시발점이 되었다. 소비자 파워는 가장 중요한 요소지만, 그 성공 여부는 상품의 속성에 따라 달라진다. 커피나 바나나의 경우 공정무역이 잘 작동하지만, 설탕이나 석유의 경우 별로 그렇지 못한 것이다. 문화적 탈식민화에서 또 하나의 이정표는 조지프 콘래드(Joseph Conrad)의 작품이었다. 즉 현실과 동떨어진 온갖 우리 상아탑의 상징적 출처인 벨기에령 콩고에서 전개된 흑인 노동자에 대한 야만적 착취를 그린 《어둠의 심연(Heart of Darkness)》(1899년) 말이다.[21] 노예제에 관한 최고의 역사가 중 한 명인 에릭 윌리엄스(Erick Williams)는 그의 중요한 저서 《자본주의와 노예제(Capitalism and Slavery)》(1944년)에서 노예 노동이 산업혁명의 대가였다는 사실을 입증했다. 노예의 후손 윌리엄스는 트리니다드토바고(서인도제도에 있는 독립국—옮긴이)의 총리 자리에 올랐다. 그는 제2차 세계대전이 발발하기 직전 옥스퍼드에서 논문을 발표했을 때, 19세기의 '노예제 위기'—아메리카 노예, 그리고 그에 덧붙여 러시아 농노 및 중국 막노동꾼의 불완전한 해방—를 제1차 세계대전의 원인으로 지목했다.

섬유

금속이나 화석연료와 달리 섬유는 아주 최근에 지구에서 자란 유기 생명체의 산물이다. 몇몇 동물과 식물은 그들 몸의 일부로 길고 튼튼한 필라멘트를 생산한다. 우리는 이를 수확한 다음 세척·늘이기·엮기 같은 기계적 가공을 거쳐 부드럽고 유연한 천을 얻을 수 있다. 이러한 공정은 개별 섬유를 변형하지는 않지만 그것을 수천 개의 유사한 섬유에 결합한다. 따라서 방적·방직·재봉을 통해 섬유를 가공하려면 엄청난 횟수의 단일 동작을 연속적으로 반복해야 한다. 이 작업은 주로 여성 몫이었는데, 발명가들은 이러한 작은 움직임을 사람 손보다 더 빠르고 정확하게 구현할 수 있는 기계를 설계했다. 비단길 시대부터 석유와 플라스틱의 시대까지 산업과 자본주의는 대부분 섬유의 가공과 섬유로 만든 제품의 무역으로 이루어졌다.

상대적으로 가공하기 쉬운 곡물과 달리 섬유의 경우 두 가지 상이한 작업―첫째, 원자재 생산과 그것의 예비 가공, 둘째, 매우 정교한

2차 가공―이 필수적이다. 원자재를 재배하는 데는 많은 토지와 물, 햇빛, 미숙련 노동력이 요구된다. 반면 가공에는 적은 땅과 많은 숙련 노동력이 필요하다. 이런 까닭에 섬유의 재배와 가공을 같은 장소에서 진행하는 것은 실용적이지 않다. 중상주의 제국들은 섬유를 생산하기 위해서는 멀리 떨어진 식민지 땅을 이용하고, 식민 본국 중심지의 노동력은 섬유를 가공하는 데 활용하는 식으로 이 문제를 해결해왔다. 운송은 상인과 무장함대의 몫이었다. 재정-군사 국가들은 섬유 생산국이었다. 그들은 다른 무엇보다 양모와 면화에 의존했지만, 그들의 운명은 대마·아마·비단에 좌우되기도 했다. 페르낭 브로델은 철도가 도래하기 전까지는 섬유 산업이 문명의 "주요 원동력"이었다고 지적했다.[1]

　많은 기술이 모든 섬유에 공통적으로 적용되었다. 식물이나 동물을 키우고 거기서 섬유를 채취해야 했는데, 이에 필요한 것은 땅과 시간과 노동력이 다였다. 수확한 섬유는 빗질하기·뽑기·세척하기·건조하기 등 다듬는 과정을 거쳤다. 일단 수분을 제거한 뒤에는 섬유를 부드럽게 만들고 곧게 펴는 작업이 진행되었다. 대부분 손으로 이루어지는 이 힘든 작업은 축축하고 더러운 원자재를 거래 가능한 상품, 즉 보관이 용이하고 운반하기에 가벼운 건조 상태의 재료로 바꾸어놓았다. 식민지 본국에 도착한 이 소재는 2차 가공을 거쳤다. 작업자들은 짧은 필라멘트를 꼬아 하나의 긴 실로 만들고, 그 실을 공이나 타래에 감아 천으로 짜야 했다. 그런 다음 옷감을 잘라 꿰매어 의류, 침구류, 돛, 전선 또는 자루를 만드는 기능공에게 보냈다. 비단길 시대에는 재료 운송비가 완제품 가격의 거의 대부분을 차지했다. 해상 운송은 무역 비용을 낮춰주었다. 하지만 심지어 산업혁명 시기에도 버지니아의 면화 가격은 맨체스터보다 20퍼센트나 저렴했다.

섬유는 인간의 필요와 자연의 다양성 사이에 드러나는 우연한 연관성을 잘 보여준다. 생명체는 세포로 이루어져 있으며, 이들 세포 중 극소수가 늘어나 섬유가 된다. 실을 만들려면 이러한 섬유가 서로 결합해야 하는데, 이 과정은 자연에서는 일어나지 않는다. 각각의 면섬유는 목화 씨앗에 달라붙어 있는 솜에서 발달하는 하나의 긴 세포다. 이 세포는 내부가 비어 있는 미세한 관으로 스스로 꼬여 있기에 열을 잘 유지한다. 하지만 더 많은 게 있다. 세포벽은 세포가 스스로 말려서 빈 관이 되도록 하며, 이는 다시 세포가 다른 세포와 함께 감길 수 있도록 해준다. 길이에 따라 합쳐진 이 미세관들은 개별 섬유가 분리되지 않는 유연하고 견고한 실을 만든다. 그 결합력은 개별 필라멘트만큼 강하다.[2] 이 실을 더 말거나 섞어 짜면 천을 만들 수 있다. 천은 상이한 원자재—즉 천연 염료—가 필요한 까다로운 화학 공정을 거쳐 염색할 수 있다. 속이 빈 면의 세관(細管)은 비단을 제외한 그 어떤 섬유보다 이 같은 연료를 잘 흡수한다. 그러나 자주색과 보라색, 파란색 인디고, 선홍색 코치닐 등 이들 염료 역시 자연의 부산물인데, 자연은 그것을 본시 다른 용도를 위해 발전시켰다. 자연에서 이러한 유기 물질은 비단이나 면의 세포 근처에는 결코 존재하지 않는다.

비단

셔츠용 견사 200그램을 얻으려면 생산자들은 누에 천 마리를 기르고 그 누에들에게 뽕나무 이파리를 36킬로그램 먹여야 했다. 그런 다음 오랜 시간을 들여 애벌레의 누에고치를 끊어지지 않은 긴 필라멘트로 풀어내고 씻고 말리고 비비고 빗질한 다음 개별 필라멘트를 일일이 꼬아 실로 만들고, 그 실을 천으로 짜고 마지막으로 바느질해야 셔츠가 완성된다. 처음에 사람들은 숲에서 고치를 모았다. 나방이 부화하면 누에고치의 화학구조가 바뀌고 섬유가 짧아졌다. 그러기 전에 누에고치를 푸는 게 중요했으므로 사람들은 누에를 집 가까이 두게 되었다. 기원전 1600년경 고대 유라시아인들은 정원에 뽕나무를 심고 누에를 기르기 시작했다. 이렇게 해서 인간·뽕나무·누에나방의 공생적 삼각관계가 이루어진다. 애벌레는 뽕나무 이파리를 먹지만 성년 나방은 뽕나무 꽃을 수분한다. 수정된 꽃은 인간이 먹는 달콤한 과실(오디)을 생산한다. 인간은 그 씨를 널리 퍼뜨린다. 뽕나무는 자라고 나방에 의한 수분을 필요로 한다. 인간은 비단 섬유를 이용해 열과 습기, 벌레로부터 스스로를 보호했다. 적절한 때가 되자 이 소재는 아름다움과 부, 권력의 무한한 원천으로 떠올랐다. 이러한 이점들을 안겨주는 대가로 비단은 노동력·온기·충성심을 요구했으며, 정착생활·사유재산·국제무역의 발달과 연결되었다.

뽕나무의 화학적 방어를 극복할 수 있는 누에나방의 능력과 뽕나무를 재배하기 위해 땅을 개간할 수 있는 인간의 능력은 인간·누에나방·뽕나무 모두를 위한 새로운 생태적 틈새를 만들어냈다. 하지만 뽕나무와 누에나방은 사람보다 기후에 한층 더 민감했다. 비단을 생산하기에 적합한 장소는 중국, 인도, 일본, 중앙아시아, 페르시아, 그리고 (근대 초기의 경우) 남유럽의 특정 지역에 그쳤다. 이 때문에 비단은 항상 외딴 이국적 장소에서만 독점적으로 생산되었다. 운반하기 가볍고 염색하기 쉬우며 잘 썩지 않는 비단은 대단히 먼 거리에서 왔고, 그랬기에 가격이 무척 비쌌으며, 초기 유럽 무역에 이상적인 제품으로 드러났다.

　최초의 누에나방 농장은 우리 시대보다 훨씬 이전에 오늘날의 베이징 주변에 등장했다. 사회 상류층만이 비단옷을 입을 권리가 있었고, 감히 비단옷을 입으려 덤빈 소농은 목숨으로 대가를 치러야 했다. 비단은 화폐로 통용되었다. 공무원, 그리고 나중에 군인의 봉급은 비단 두루마리로 지급되었으며, 평민은 비단으로 세금을 납부했다. 따라서 비단 제품은 문명 세계 전역에서 사치의 상징으로 떠올랐다. 생산자는 많았지만 대상(隊商)을 이끌고 사막을 횡단할 수 있는 운송업자는 극소수였다. 지역적 독점은 물량이 적고 무역 주기가 극도로 길었음에도 가격을 유지하고 높은 이윤을 창출할 수 있도록 해주었다. 뽕나무 이파리를 뜯어먹는 이상한 곤충의 구더기가 분비하는 이 물질보다 세계정세에 더 큰 영향을 끼친 것은 거의 없었다.

　전하는 바에 따르면, 유럽인이 비단을 처음 접한 것은 알렉산드로스 대왕이 군사작전을 펼치던 중이었다고 한다. 그가 인도 정복을 원했던 것도 비단 때문이었을지 모른다. 비단 두루마리는 동쪽에서, 은 자루와 양모 더미는 서쪽에서 왔다. 낙타 무리는 수개월에 걸쳐 약 1만 킬로미터를 이동했다. 산에서는 그 물건을 말에게 옮겨 실었다. 낙타와 상인에게 이 여정은 대개 편도 여행이었고, 많은 수의 낙타와 상인이 길에서 비명횡사했다. 하지만 살아남은 이들은 막대한 이익을 거머쥐었다. 비단길을 다룬 책이 수십 권 쏟아져나왔지만, 일부 연구자는 과연 그것이 실제로 존재하기는 했는지 의심하고 있다. 산업혁명 전까지는 아시아가 유럽보다 더 큰 시장이었다. 그러나 아시아에서의 무역은 배에 화물을 싣고 도중에 항구들에 기항하지 않고 곧바로 목적지로 항해하는 것과는 전혀 달랐다. 그보다 한 경유지에서 다른 경유지로 상품을 느리게 확산시키는 방식에 더 가까웠다. 상인들은 지역에서 팔지 못한 물건이 있다면 그게 무엇이든 서쪽으로 더 멀리 보냈다.

비단은 수수한 로마인이 사치품에 대한 취향을 가지기 시작한 바로 그때 고대 로마에서 인기를 누렸다. 세네카(Seneca)는 "비천한 하녀 무리가 얇은 드레스를 만듦으로써 그것을 입은 화냥년의 속이 비치도록 한 결과, 외부인이나 외국인이 남편보다 그 아내의 몸을 더 잘 알게 되었다"고 탄식했다.[3] 로마인은 이 가벼운 천을 사용해 온갖 스타일의 튜닉과 망토를 지었지만, 그 기원의 비밀에 대해서는 알지 못했다. 그것은 여행자·학자·선교사들이 풀기 위해 매달린 미스터리였다. 사람들은 따뜻한 모피와 발수성 비단을 함께 입는 경우가 많았다. 로마의 관습은 모피 안감을 댄 비단 망토를 입는 것이었다. 르네상스 시대에는 그와 반대로, 비단 안감을 댄 모피 코트가 성행했다. 제2의 피부처럼 몸에 밀착되는 고운 비단과 소농 및 극빈자의 거친 동물가죽이나 양모 의복 간의 대조는 서양인을 특징짓는 고귀한 신체 이미지를 구축했다. 금욕주의 전통의 추종자들은 비단과 모피보다 양모를 선택했다. 프란치스코회 수도사들은 지금도 여전히 (역시 양모로 만든) 흰색 허리띠를 두른 갈색 양모 예복을 입는다. 중앙아시아에서는 코란이 이슬람교도의 비단 착용을 금지했다는 설이 있었고, 그래서 그곳 사람들은 순수한 비단은 수출하고 면과 비단을 혼합한 의복을 입었다.

나중에 비단은 부자들이 머무는 우아한 방의 벽을 장식했다. 집은 인체에 비유되었으며 그와 같은 유의 계급 구분을 표방했다. 마차와 곤돌라(배)는 비단으로 덮개를 씌웠고, 서양 국가의 상징물인 여러 깃발로 장식되었다. 르네상스 시대에는 동양 비단에 대한 전 세계적 수요가 워낙 많아서 유럽은 중국 및 일본과의 무역에서 계속 적자 행진을 이어갔으며, 멕시코의 에스파냐 광산에서 생산된 은으로 그 대금을 지불했다. 이러한 세계 무역에서는 한 가지 주요 상품이 다른 상품으로, 즉 비단이 은으로 교환되었지만, 비단에 투자되는 유급 노동 비율은 은에 투자되는 그것보다 훨씬 높았다. 따라서 중국은 번성한 반면 유럽은 뒤처졌다.

양잠은 두 명의 기독교 수도사가 누에나방 알과 뽕나무 씨앗 몇 개를 들여왔을 때까지 중국만의 비밀로 남아 있었다. 전하는 바에 따르면 그 두 수도사는 콘스탄티노플로 가는 길에 대나무 줄기에 그것들을 숨겨왔다고 한다. 마치 프로메테우스가 속 빈 갈대에 불을 숨겨온 것처럼 말이다. 어쨌거나 양잠은 이탈리아의 해안 도시들, 특히 13세기의 베네치아에서 번성했다. 베네토·토스카나·롬바르디아에서 뽕나무를 재배하는 농장이 붐을 이루었다. 그러나 이탈리아에서는 중국과 페르시아에서와 마찬가지로 봄철 서리 탓에 뽕나무 이파리에서 누에고치가 성숙하지 못했다. 유충은 실내에서 사육하고 특수 테이블에 펼친 다음 잘게 자른 뽕잎을 먹이고 실온에 두어야 했다. 고치는 실내로 가져와야 하는 특정 꽃의 자극을 받아야 성숙했다. 따라서 적절한 순간 누에고치를 뜨거운 물에 담가 안에 있는 유충을 죽인 다음 풀어야 했다. 이 과정에는 실험실의 청결함 및 정확한 온도와 타이밍을 조절하는 작업이 필수였는데, 이는 소농의 전형적 작업 조건과는 거리가 멀었다.

유충에게 온기와 보살핌을 제공해야 하는 이 작업의 가정 영역은 여성들이 수행했다. 뽕나무에 잎사귀가 돋아나는 봄이 오면 이탈리아 여성들은 작은 가방에 누에나방 알을 모아 가슴에 품고 다녔다. 애벌레는 그녀들 체온에 힘입어 부화했다. 사마르칸트에서는 남자가 애벌레를 보면 고치가 회전을 멈춘다는 속설이 있었다. 여성 고용과 가족 번영의 원천이었던 비단은 남유럽과 중앙아시아의 많은 지역을 경제침체에서 구해냈다. 농부들은 고치를 풀고 나면 유충이나 구더기를 보관해놓지 않았다. 이는 마치 이듬해 옥수수 작물을 재배하기 위한 종자를 남겨두지 않은 것과 같았다. 농장에 양질의 유충을 공급하는 것은 또 하나의 사업이었다. 이와 관련한 전문가들은 양잠의 지속성을 보장했으며, 비단 사업의 혜택을 누구보다 많이 누린 상업 대리인이기도 했다. 완제품을 제조하고 판매하는 경우에는 보통 이런 사람들을 기업가라 부른다. 하지만 나는 원료를 추출하고 유통시키는 경우에는 이들을 큐레이터(curator)라고 부르는 편이 더 좋다. 이탈리아에서 이 비단 큐레이터들은 유충을 공급하고, 섬유를 수집하고, 방적과 방직을 발주한 다음 완성된 비단을 최종 소비자에게 보냈다. 길드 또는 카르텔로 조직된 이 큐레이터들은 그 산업 전체에 대해 집단적 독점을 행사했다. 농부들이 왜 소수의 고치를 보관하고 나방이 새로운 주기를 거쳐 부화하도록 할 수 없었는지는 분명치 않다. 어쨌거나 그들이 매년 종자용 옥수수 씨앗에 대해서는 그렇게 해왔으니 말이다. 큐레이터들이 만약 누에나방 알에 대한 통제권을 포기했다면, 비단 산업 전체에 대한 통제권도 잃었을 것이다. 대서양을 횡단하며 무역하던 상인들이 담배 생산을 장악한 것처럼, 이 큐레이터들은 비단 사업을 틀어쥐었다. 그러나 비단 무역에서는 생산자와 구매자가 서로 불과 몇 킬로미터 거리에 살고 있을 수도 있다.[4]

비단 필라멘트의 정교한 가공은 도시에 집중되어 있었으며, 수익 가운데 가장 큰 몫 역시 도시가 차지했다. 뽕나무는 그늘을 제공하는 근사한 식물이므로 베로나 사람들은 버려진 해자(垓子)에 그 나무를 심었다. 더 비싼 종류의 비단은 베네치아·피렌체·피사에서 방적된 것이었다. 볼로냐는 대대적인 시장 욕구를 충족시켰다. 15세기 중반에는 피렌체에서 세 집 중 한 집이 양잠에 의존할 정도였다. 수력을 동력 삼는 최초의 기계가 일찌감치 16세기 초 볼로냐의 비단 공장에 등장했다. 수작업 베틀의 수는 수천 대를 헤아렸다. 특허권은 기술 진보를 재촉했다. 베네치아에서는 15세기 이래 발명품에 대한 특허권이 법적으로 보호되었는데, 이 특허권 역시 기술 진보를 부추겼다. 1410년 비단 길드는 베네치아에서 기성품 비단 수입을 전면 금지했지만, 가공을 위한 원자재 수입은 적극 권장했다. 이는 중상주의의 초기 버전이었다. 베네치아는 페르시아와 시리아에서의 생사 수입을 독점하고 있었다. 그 도시에서 가공한 제품은 해상 또는 알프스산맥을 거쳐 수출됨으로써 막대한 이익을 낳았다. 16세기에 튀르크와의 전쟁 및 다른 유럽 국가들과의 경쟁으로 인해 수익성 높은 이 사업은 붕괴했다. 저마다 자체적으로 비단 제조에 뛰어든 다른 유럽국들이 원사 가격을 올려놓았다. 그런데도 생사는 완제품 가격의 절반 이상을 차지하는 높은 생산 원가를 자랑하는 확산형 원료로 남아 있었다. 이 이례적 성공의 비결은 소수 큐레이터가 독점할 수 없는 다양한 경로를 통해 손쉽게 운송할 수 있었다는 점이다. 다른 사치품들과 마찬가지로 비단 사용도 하향식 민주화를 거쳤다. 비단 의류·스타킹·모자는 의사·변호사·매춘부의 표준 복장으로 떠올랐다. 길드들이 서로 다른 종류의 비단 혼합을 금지하는 규정을 완화한 게 주효했다. 게다가 비단은 이제 양모나 면과 혼합되어 따뜻하고 값싼 직물로 만들어졌다. 이탈리아 남부와 플랑드르 도시 전체는 이러한 혼방 직물을 전문적으로 생산했다. 이탈리아 기능공들은 에스파냐, 미국 남부, 크림반도에 양잠을 정착시켰다. 하지만 알프스 북쪽에서 양잠을 뿌리내리려던 시도는 실패로 돌아갔다.

19세기 중엽, 유럽과 중앙아시아 전역에서 '고추 역병(pepper disease)' 이 기승을 부려 누에가 죽었다. 루이 파스퇴르(Louis Pasteur)가 개입했으나 과학은 힘을 쓰지 못했다. 육종가들이 균질한 종류의 누에나방을 얻기 위해 선택한 단일 재배가 그 질병의 원인 중 하나였다. 하지만 일본에서는 육종가들이 현지 누에나방과 중국 종을 교배했는데, 이렇게 얻은 일본 잡종은 그 질병에 취약하지 않았다. 일본의 산업화 직전에 비단은 그 나라의 주요 수출 상품으로 떠올랐다. 소비에트 시대에 양잠은 우즈베키스탄과 크림반도에 성공적으로 뿌리내렸다. 그곳에서 비단은 군 낙하산용과 수출용으로 생산되었다. 그러나 양잠 기술은 중세 이후 거의 변화를 겪지 않았다. 1960년대 소비에트 양잠업에 종사한 여성은 역사 기록에서 누락된 그 과정의 복잡성을 이렇게 설명한다.

근처에 뽕나무를 재배하는 농장이 있었다. 우리는 뽕나무를 한 아름 잘라 누에에게 먹이려고 가져왔다. 누에들이 잎사귀를 썹어먹는 소리가 어찌나 시끄러웠던지 마치 그 장소가 곤충이 아니라 말들로 가득 찬 것처럼 느껴질 지경이었다. 누에가 휴면기에 접어들면 우리는 초원에서 따온 엉겅퀴(thistle)—'회전초(thumblweed)'라 불리기도 한다—로 방 전체를 가득 채웠다. 휴면을 끝낸 누에는 투명한 노란색으로 변하고 번데기로 탈바꿈했다. 누에들은 엉겅퀴 줄기에 기어올라가 고치를 돌렸다. 마치 춤을 추듯 몸을 흔들면서 '마법을 부리기' 시작한 것이다.[5]

대마와 아마

리넨을 생산하는 식물인 대마와 아마는 까다롭지 않은 식물로 사막과 열대 지방을 제외하면 어디서나 쉽게 재배할 수 있다. 대마에게 필요한 햇빛·물·토양은 잡초에게 필요한 정도에 불과하다. 대마는 애써 보살 피지 않아도 잘 자란다. 리넨과 대마는 염료를 흡수하지 못하며, 본디 가진 색상은 노란색 또는 회색이다. 면과 비단은 대마보다 더 비싸긴 하지만 한층 매력적이다. 그러나 리넨 돛천은 면직물만큼 내구성이 뛰 어나며, 대마 직물은 더 거칠긴 해도 훨씬 더 강하다. 이 튼튼한 섬유만 이 감당할 수 있는 작업이 있었던 것이다.

아마와 대마를 재배하는 작업은 간단했지만, 이를 가공하려면 양 모나 면의 경우보다 더 많은 절차와 기술이 필요했다. 아마는 수작업 을 해야만 뿌리까지 줄기 전체를 채취할 수 있었다. 목재 줄기에서 섬 유를 분리해내기 위해 건조하기, 세척하기, 으깨고 두드리기 과정을 거 쳤다. 그리고 다양한 굵기의 빗으로 훑고 두드리고 분류하고 물에 담갔 다 말리고 마지막으로 실을 뽑아 방적했다. 그보다 더 거친 대마는 거 의 같은 과정을 오랜 시간 동안 반복했다. 대마의 암수 식물은 서로 다 른 특성을 지녔다. 수 식물에서 얻은 섬유가 더 가늘기에 그 식물의 등 급 분류에는 특별한 기술이 필요했다. 이러한 작업 대부분은 기계적 공 정이었지만, 침수(侵水)처리(retting: 섬유에서 여분의 셀룰로스를 용해하거나 분해 하는 작업)는 매우 특별한 조건을 요하는 생화학적 연쇄 반응이었다. 대 체로 아마와 대마의 가공은 지저분하고 손이 많이 가는 작업이었다. 여 기에는 엄청난 양의 작물을 밭에서 헛간으로, 이어 헛간에서 강으로 옮 기고, 다시 강에서 헛간으로 이동시키는 과정이 포함되어 있었다. 대마

다발은 꾸준한 주의가 필요했지만 작업은 연속적이지 않았으며, 몇 주
나 몇 달 동안 이어지기도 하는 긴 휴지기가 중도에 끼어 있었다. 섬유
를 건조하거나 물에 담가두는 동안 농부들은 다른 작업을 챙길 수 있
었다. 가공은 화학적 변화를 수반하므로 서두를 수도 강도를 높일 수도
없었다. 이처럼 더디고 고르지 않은 주기는 분업이 아니라 그와 반대로
여러 직업을 결합하고 한 작업에서 또 다른 작업으로 옮아가는 멀티태
스킹으로 귀결되었다. 이러한 이유로 담배와 면화에는 적합했던 강제적
노예 노동이 대마에는 효과적이지 않았다.

두 식물은 모두 마른 땅에서 자라지만 해양 문명화에 더없이 중요
했다. 돛은 리넨으로, 밧줄·자루·케이블은 대마로 만들었다. 천연 섬
유 중 가장 질긴 대마는 바닷물에 영향을 받지 않는다. 이는 원자재 경
제의 근간을 이루는 숱한 우연성 가운데 하나다. 자연에서는 바닷물과
접촉할 일이 전혀 없는 이 식물이 바다라는 적대적 환경에서 잘 기능하
도록 독특하게 적응했음이 밝혀졌다. 로마제국부터 대영제국에 이르는
온갖 해양 제국은 막대한 양의 대마를 필요로 했다. 대마를 대체할 재
료는 아무것도 없었다. 그러나 포르투갈·에스파냐·프랑스 등 가톨릭
제국과 러시아 정교회는 개신교와 청교도 제국보다 대마를 더 잘 관리
했다.

베네치아에는 생산되는 대마의 품질과 그것을 거래하는 중개인을
통제하기 위한 대마 길드가 있었다. 영국 왕립해군을 창설한 헨리 8세
는 1533년 모든 농부에게 대마 생산에 필요한 일정 토지를 확보할 의
무를 부과했다. 엘리자베스 1세는 대마세를 인상하고 미납에 따른 처벌
을 강화했다. 1611년 런던은 제임스타운(버지니아주 동부 도시. 북아메리카 최
초의 영국 식민지—옮긴이)의 식민지 개척자들에게 담배 작물과 더불어 대

마를 파종하도록 요청했다. 버지니아·메릴랜드·펜실베이니아 식민지 의회에 몸담은 의원들도 이러한 결정을 되풀이했다. 영국 정부는 대마를 파종하는 모든 밭에 보조금을 지급했다. 13개 아메리카 식민지 중 10개 식민지가 이를 따랐다. 버지니아에서는 각 가정이 요구되는 대마 위탁화물을 감당할 수 없을 경우 담배 1000파운드를 벌금으로 내야 했다. 분명 농부들은 정부 이익을 위해 대마를 재배하는 편보다 대중 시장을 위해 양모와 담배를 재배하는 편을 선호했다. 그에 따라 영국 기후가 대마 재배에 적합지 않다는 신화가 생겨났다. 1808년 영국 정부는 인도에서 대마를 생산해달라고 영국 동인도 회사에 요청했다. 제국은 대마와 그 부산물 부족에 만성적으로 시달렸다. 하지만 그 이유는 기후와 거의 상관이 없었다. 대마는 어디에서나 잘 자랐고, 당연히 잉글랜드에서도 재배할 수 있었기 때문이다. 특정 환경 조건이 필요한 것은 다름 아니라 가공이었다. 곡물이나 양모, 면화 등 다른 원자재는 그와 비슷한 문제를 겪지 않았다. 물량이 부족하면 가격이 올라가지만, 그런 다음 시간이 다소 걸리더라도 생산을 늘렸기 때문이다.[6]

농부에게 대마를 강요할 수 없었던 대영제국과 그 아메리카 식민지들은 러시아 대마에 의존했다. 저명 역사가 앨프리드 크로스비(Alfred Crosby)는 자신이 쓴 첫 번째 책에서 러시아제국에 대한 미국의 자원 의존을 다루었다. 수백 척의 미국 선박이 대서양과 오대호를 정기적으로 오갔다. 각 선박에는 돛, 밧줄, 삭구 줄이 있었는데, 거의 다 북유럽산(대부분 러시아산) 대마와 리넨으로 만들어졌다. 선박 삭구에 쓰인 대마 가운데 미국이 자체적으로 생산한 것은 2퍼센트에 불과했다. 예컨대 1794년 보스턴 조선소를 떠났고 오늘날까지도 물에 떠 있는, 돛대 3개와 대포 44문의 소형 구축함 컨스티튜션호(Constitution)의 경우 삭구가 약 100톤이었는데, 모든 밧줄이 수입산 대마로 만들어졌다. 이러한 소형 구축함에는 각각 약 1에이커의 리넨 캔버스를 지닌 돛이 두 세트 필요했으며, 이 역시 북유럽 항구에서 들어온 것이었다. 삭구와 돛은 몇 년마다 교체해야 했다. '러시아산 대마'는 가장 견고하고 믿을 만한 것으로 간주되었다. 슐레지엔(오늘날의 폴란드 남서부 지역. 영어로는 '실레지아'—옮긴이) 아마로 만든 리넨은 러시아산보다 더 섬세해 속옷과 옷감으로 귀하게 쓰였다. 하지만 러시아산 리넨은 최고의 돛을, 러시아산 대마는 최고의 밧줄을 만들었다.

이례적인 가공 과정은 대마의 역사에 영향을 미쳤다. 대마를 상품으로 만들려면 유능하고 정직한 장기간의 노동이 필요했다. 대마 식물의 긴 필라멘트는 끈적끈적한 타르로 서로 연결되어 있는데, 이것을 제거해야만 대마를 쪼개고 세척하는 과정에 착수할 수 있다. 미국인은 이를 위해 자연 환기를 사용했다. 그들은 수확 후 대마 줄기를 약 한 달 동안 바닥에 펼쳐놓고 가끔가다 뒤집었다. 이렇게 하면 원치 않는 타르는 제거되지만 섬유질이 손상되어 거칠어지고 말리는 힘이 다소 떨어졌다. 이 섬유는 자루를 만드는 데는 적합했지만 품질이 좋지 않은 밧줄을 만들었다. 그래서 미국 선원들은 값이 쌌음에도 이 밧줄 사용을 거부했다. 러시아 방식은 다발 상태에서 줄기를 말리는 것으로 시작했지만 그런 다음 줄기를 물속에 흩뿌려 목재 틀로 눌러놓았다. 그 물이 깨끗할수록, 가급적이면 흐르는 물일수록 더 좋은 섬유를 얻을 수 있었다. 대마는 의도한 용도에 따라 최소 2주에서 최대 3년까지 물에 담가놓았다. 어떤 경우에는 그 물을 가열하기도 했다. 그러고는 섬유를 말리는데, 이 과정을 거친 후에야 두드리거나 빗질할 수 있었다. 그 결과, 삭구에 적합한 판매 채비를 마친 상업용 대마가 완성되었다. 밭에서 작물을 수확한 지 2년 후 일이다. 이 침수처리법은 기계화나 노예 노동에 적합지 않았으며, 그 생산 과정에는 지식과 경험 및 인내심이 필요했다. 이 작업은 대부분 여성이 수행했다. 어린이도 가세했던 것 같다.

러시아와 발트해 연안의 리넨 및 대마의 주요 구매자는 영국인이었다. 그들은 돛·밧줄·어망·속옷·식탁보 및 값싼 의류를 만드는 데 이를 사용했다. 영국 해군성은 스코틀랜드와 아일랜드에서 캔버스 천과 대마를 생산하기 시작했지만, 영국 함대는 여전히 해외 공급에 의존하고 있었다. 캔버스 천과 대마 가격은 특히 전시에 지속적으로 상승했으나, 잉글랜드에서 대마와 리넨 생산량은 감소했다. 영국 경제는 주로 장식용으로 쓰이는 미국산 면화를 가공해 수익을 창출한 데 반해, 영국 왕립해군은 유럽 대륙 및 멀리 떨어진 러시아 등 독립적이고 더러 적대적인 국가들로부터 자국에 중차대한 섬유를 공급받았다. 이는 중상주의의 역설 가운데 하나였다.

두 세기 동안 러시아산 대마는 미국산보다 더 비쌌다. 대마를 재배하는 켄터키와 코네티컷에는 햇빛과 물이 풍부했지만, 그곳 생산량만으로는 수요를 따라잡기 어려웠다. 대대적인 시장실패였다. 시장의 '보이지 않는 손'이 비단·양모·면화의 경우에는 잘 작동했지만, 대마와 관련해서는 삐걱거렸다. 크로스비는 그의 훌륭한 저서에서 왜 미국 대마 재배자들이 누구나 알고 있는 러시아의 '비밀'을 활용하지 않았느냐는 질문을 다룬다.[7] 그에 대한 답은 대마의 자연적 특성, 그것의 가공에 필요한 작업, 그리고 그것을 뒷받침하는 경제적 규칙과 정치적 사건에서 찾아야 한다. 리넨과 대마의 대량생산은 농노제가 근래에 폐지되었거나 여전히 존재하던 브르타뉴, 슐레지엔, 그리고 러시아 일부 지역의 영지에서 발달했다. 그러나 최상의 대마는 농노제가 존재하지 않았던 러시아 북부 땅에서 생산되었다. 그러므로 농노제는 대마에 대한 러시아의 성공을 설명해주지 못한다. 나는 그 비밀을 경제학 영역 밖에서 찾는다.

오늘날 산업용 대마에는 마약성 수지가 거의 들어 있지 않은데, 이는 20세기의 과학적 육종이 거둔 결실이다. 그전에는 모든 대마 식물에 마약성 물질이 함유되어 있었다. 대마초라고도 알려진 대마의 이러한 특성은 헤로도토스(Herodotos) 시대부터 언급되어왔다. 스키타이인은 목욕탕의 뜨거운 돌 위에 대마 씨앗을 흩뿌려놓은 뒤 그 연기를 흡입하고 나서 난잡하게 놀았다고 한다. 역사가와 민족지학자들은 샤먼, 사제, 쾌락 추구자들이 대마 씨앗을 사용했다고 문서에 기록했다. 고대 이스라엘인들이 성유(聖油)를 준비하기 위해 대마 씨앗을 사용했다는 설도 있다. 마약성 수지가 풍부한 대마 식물의 잎과 꽃 머리를 으깨 압착한 해시시(Hashish)는 본시 중국과 중동에서 유래했다. 하지만 유럽인이 해시시를 피우기 시작한 것은 나폴레옹의 이집트 원정 이후였다. 대마 밀림 속에서 살던 러시아와 유럽 북부의 농부들은 이 식물의 씨앗과 수지의 이례적 특성을 이용했다. 그들은 대마 씨앗을 요리에 사용하고, 빻아서 가루로 만들었으며, 기름을 추출하기 위해 압착했다. 의료 매뉴얼은 대마 씨앗을 진통제·진정제·이뇨제, 심지어 피임약으로 처방했다. 대마밭을 소유한 이라면 누구나 유혹에 빠지기 쉬웠다. 이게 바로 내가 개신교와 청교도 환경에서 대마 생산을 완강히 거부한 현상의 원인으로 꼽는 것이다. 즉 유혹을 피하고 싶었던 사람들은 대마를 기피했으며 당연히 그에 따른 이익도 희생한 것이다.

대마가 유용한 식물이지만 특이한 정신 활성 성분을 지니고 있다는 사실은 이후 대마의 운명을 좌우했다. 대마 생산은 왕실 법령이나 의회가 제정한 법률로 거듭 금지되었다. 미국 의회는 (심지어 과학적으로 육종된 것이라 할지라도) 모든 대마 식물을 마약 원료로 간주했으며, 1937년 막대한 금지세를 도입함으로써 생산을 약화시켰다. 대마 산업은 전쟁 중에 긴급히 재건되어야 했다. 비슷한 이유로 17세기와 18세기에 개신교도 농부들도 제 밭에서 쾌락의 재료를 재배하고 싶어 하지 않았다. 그 결과 개신교 국가들은 다른 나라에서 가공된 대마를 사와야 했다. 그렇다면 이러한 논리가 앵글로색슨족과 네덜란드인이 홉(hop)이나 담배를 재배하는 사태는 왜 막지 못했는지, 그 이유는 아리송하다.

대마와 오프리치니나

에스파냐와 포르투갈 제국이 남대서양과 인도양으로 배의 방향을 잡는 동안, 잉글랜드는 북쪽에 사로잡혀 있었다. 16세기에 베네치아인 항해사 세바스티아노 카보토는 영국 브리스틀을 거점으로 거기서부터 중국으로 향하는 북방 항로를 모색했다. 그의 관심은 또 다른 개척자인 연금술사이자 점성술사 존 디의 꿈과 맞닿아 있었다. 유럽 왕실을 위해 천궁도를, 머스코비 회사를 위해 지도를 작성했던 디는 대영제국 개념을 최초로 공식화한 인물이었다. 그는 난해한 법률 용어, 신비주의, 역사를 한데 버무려 그린란드에서 모스크바 대공국 공작 영지에 이르는 크고 작은 모든 북쪽 땅에 대한 영국의 권리를 주장했다. 그리고 영국 왕실의 독점적 권리는 아서 왕(King Arthur)으로부터 전해내려온 것이라고 우겼다. 1555년 디와 카보토는 잉글랜드에 등록된 최초의 합작 주식회사 머스코비 회사를 설립했다. 엘리자베스 1세는 이에 관심을 기울였으며, 디에게《대영제국의 경계(The Limits of the British Empire)》라는 책을

집필하도록 의뢰했다.[8]

당시는 지도 없이 여행하고 먼 땅을 서둘러 식민지화하며, 주변 국가와 세심하게 계획된 '동맹'을 맺던 시대였다. 1553년 소년 왕 에드워드 6세가 지켜보는 가운데 3척의 영국 선박이 그리니치에서 출발해 북해를 거쳐 새로운 중국행 항로를 찾아나섰다. 이 배들은 얼어붙은 백해에 발이 묶였고, 선장 중 한 명인 리처드 챈슬러(Richard Chancellor)는 오랫동안 모스크바의 지배를 받아온 북방 민족 포모르족에게 구조되었다. 챈슬러는 용케 모스크바에 도착해 이반 4세(이반 뇌제)와 성공리에 회담을 추진했으며, 잉글랜드로 모피 선물을 가져갔다. 더 중요한 것은 그 차르가 그에게 백해 무역의 독점권을 부여했다는 점이다. 1년 뒤 챈슬러는 새 영국 여왕 메리 튜더(Mary Tudor)가 이반 차르에게 건네는 선물을 챙겨들고 다시 러시아를 찾았다. 그는 이 항해에서 익사했지만, 영국인들은 그의 러시아 발견을 에스파냐의 아메리카 발견에 견줄 만한 사건으로 받아들였다. 또 한 명의 영웅적인 영국인 앤서니 젠킨슨(Anthony Jenkinson)은 백해를 네 차례나 항해했으며, 이런 식으로 페르시아에 당도했다. 그럼에도 인도로 가는 새로운 길을 찾는 데는 성공하지 못했다. 오늘날의 우즈베키스탄에 있는 호레즘에 당도한 그는 자신이 과거의 비단길에 서 있다는 사실을 깨달았다. 그러나 이반 4세는 백해와 러시아 전역에서 관세 없이 자유롭게 도매 및 소매 무역을 할 수 있는 권리를 영국에 부여했다. 영국은 이를 통해 페르시아나 인도 같은 제3국과 거래할 수 있었다. 가장 중요한 것은 백해 무역에 대한 영국의 독점권이었다. 네덜란드인 등 다른 외국인은 백해 해안이나 섬들에 얼씬거리지 못하도록 금지되었다. 영국인에게는 그 외에도 이례적 특전이 부여되었다. 러시아 법원의 지배를 받지 않았으며, 러시아 영토에서 범

죄를 저지를 경우 런던에 있는 머스코비 회사에만 답변해도 되는 것이 그 몇 가지 예다. 그들은 또한 모스크바에 있는 어느 집〔현재는 크렘린에서 멀지 않은 올드 잉글리시 코트(Old English Court)라는 박물관〕을 제공받았다. 그들에게는 북쪽에 교역소를 설립할 권리가 주어졌다. 가장 중요한 교역소는 홀모고리에 들어섰는데, 영국인들은 그곳에 공장을 세워 현지 대마로 밧줄을 만들었다. 세관 관리와 현지 총독은 머스코비 회사의 사업에 관여할 권리가 없었다.[9]

이반 4세와 그의 영국인 파트너들은 상인에게 혜택을 주고 통치자를 부유하게 만들려는 의도를 지닌 정치체제를 구축했다. 오늘날 같으면 경제특구라 부름 직한 것이었다. 이반 4세는 이곳을 '오프리치니나(oprichnina)'라고 불렀다. 역사 교과서에서는 마치 고유명사인 것처럼 그 용어를 번역하지 않고 그대로 사용한다. 사실 이 단어는 '……를 제외하면', '예외적인'이라는 의미의 '오프리치(oprich)'와 '영역' 및 '조건'을 뜻하는 통상적 어미 '니나(nina)'를 결합한 조어다. 이 러시아어 단어에 대한 최상의 번역은 '예외상태'다.* 이반 4세의 직접 통치 아래 1565년부터 1572년까지 러시아 땅에는 이 '국가 내 국가'가 존재했다.

끝없이 전쟁을 치른 이반 4세는 동맹국과 자금이 필요했다. 그는 더 이상 모스크바 재무부의 오랜 수입원인 모피에 의존할 수 없음을 알고 있었다. 이 차르의 시베리아 요원들은 양질의 가죽을 구하기 어렵다

---

* 카를 슈미트(Carl Schmitt)에 대한 저명한 전문가 알렉산드르 필리포프(Alexander Filippov)는 나와 벌인 토론에서, 슈미트가 말한 예외상태(Ausnahmezustand)는 동일 국경 내에서의 일시적인 '법적' 유예를 의미한다고 밝혔다. 이와 대조적으로 '오프리치니나'는 법 영역과 개인 통치 영역 사이의 '공간적' 경계를 의미했다.

고 보고했다. 영국 모험가들이 드비나강 어귀에서 자라는 풍부한 대마와 소나무에 관심을 비쳤을 때, 그것은 마치 이반이 맞닥뜨린 문제에 대한 기적적 해법처럼 보였다. 러시아 군대가 발트해 진출을 꾀한 전투에서 패배하던 바로 그때, 영국 무역은 백해 연안에 활력을 불어넣었다.

이반 4세의 새로운 예외상태는 백해의 편리한 항구들, 영국이 페르시아로 가는 경로로 이용하길 희망했던 볼가강 상류, 그리고 수익성 있는 카마강의 소금 매장지를 통제했다. 그곳에는 20개 도시에 약 6000명의 특수 부대 '오프리치니키(oprichiniki)', 즉 '예외부대'가 주둔해 있었다. 이 내부 식민지에 할당된 새로운 수도 볼로그다는 백해로 향하는 강길의 시작점이자 시베리아로 이어지는 긴 육로의 출발점이기도 했다. 볼로그다에 새로운 크렘린이 건설되기 시작했고, 부두와 밧줄 공장이 들어섰다. 나중에 새로운 항구 아르한겔스크가 요새화되었다. 이반 4세는 자신의 예외상태를 확장함으로써 경합을 벌이는 상업 중심지이던 노브고로드와 프스코프를 파괴했다. 이반 4세의 옛 수도 모스크바는 그가 거기 없음에도 그에게 막대한 돈을 보내야 했다. 새로운 당국에 의해 시작된 포그롬(pogrom: 유대인 등에 대한 조직적 학살을 의미하는 러시아어—옮긴이)으로 평민 수천 명이 구시가지에서 새로운 상업 중심지로 이주해야 했다.

절망, 탐욕, 그리고 계산이 낳은 이반 4세의 프로젝트는 모스크바 대공국 황제 체제의 철저한 개혁을 수반했다. 이 차르는 자기 나라를 정치적·경제적 체제가 상이한 두 영역—즉 과거의 법과 관습이 폐지되고 군주가 직접 통치하는 예외적 영역, 그리고 종래의 생활방식과 재산권을 유지하는 귀족 소유 영역—으로 나눴다. 북쪽의 예외상태(오프리치니나)는 지리적으로는 백해를 향해 있었으며, 경제적으로는 잉글랜드와의 새로운 무역에 중점을 두었고, 대마를 비롯한 다른 몇 가지 북방의 상업 제품에 의존했다. 이와 대조적으로 남쪽 토지 영역〔젬시나(Zemshchina)〕은 곡물에 기댔다. 북쪽 강에 대한 접근권이 박탈된 젬시나는 자급자족 농업을 이어가도록 운명지어졌으며, 왕실에 거의 관세를 내지 않았다. 이반 4세 프로젝트가 그의 지정학에서 얼마간 역할을 했다면, 그것은 남쪽의 침략 가능성으로부터 그 예외지대를 방어하는 것이었다. 이 프로젝트는 경제적으로는 이반 4세에게 유익해 보였다. 하지만 정치적으로는 이 차르 탓에 더 넓은 세계로 뻗어나갈 출구를 빼앗긴 모든 이들로부터 반발을 샀다.

러시아 역사가들은 이반 4세의 프로젝트를 이해하려고 노력하면서 이를 적대적인 귀족들과의 봉건적 갈등으로 해석했다. 중세의 영국 왕들처럼 이반 4세는 귀족의 영지와 성을 부수고 싶어 했다. 나는 오프리치니나를 주로 대마 같은 현지 천연자원에 대한 왕실의 독점권을 확립한 시도로 봐야 한다고 생각한다. 실제로 이 예외상태는 비옥한 들판과 숲, 유능한 인구와 편리한 수송로를 둔 전문화한 대규모 플랜테이션, 즉 특수한 무역 및 권력 체제를 갖춘 내부 식민지로 기능했다. 그 영토를 가로지르는 선박의 항해가 가능한 강들은 대마와 아마, 목재, 왁스, 소금 등 몇 가지 다른 자원이 백해로, 그에 이어 스칸디나비아를 돌아 잉글랜드로 수출될 수 있도록 보장했다. 영국 선박들이 운항하는 이 동일 항로는 무기 및 사치품의 수입을 보장하기도 했다. 남쪽에서 나는 곡물과 가축은 이 북부 플랜테이션을 보호하고 그곳에 차질 없이 식량을 제공해주었다. (이제 이반 4세의 주요 파트너이자 그가 모범으로 삼은) 엘리자베스 1세가 아일랜드 여러 지역에 식민지 플랜테이션을 건설한 것이 바로 이 시기였다. 1550년대에 시작된 이러한 왕실 계획들은 오프리치나나보다 늦었던 데다 훨씬 작은 규모의 프로젝트였지만 피비린내 나는 식민지 개척지인 얼스터 플랜테이션의 개발로 이어졌다. 오프리치니나의 특별한 역사에 비추어볼 때, 북쪽 플랜테이션, 내부 식민지, 예외상태 같은 온갖 개념은 이반은 물론 그 적들도 완벽하게 이해할 수 있는 것들이었다. 그는 영국 왕실과 군사 및 결혼 동맹에 관한 협상을 진행함과 동시에 차르 체제의 개혁을 위해 노력했다. 이반 4세는 자신의 예외상태에 대한 사람들의 출입을 통제함으로써 잉글랜드에 자국 원자재를 판매하고 북쪽의 대부호 및 농장주뿐 아니라 차르에게도 보조금을 지급하는 러시아 내 인도를 만들었다. 개발의 현장이었던 이 예외지대는 그 나라와 세계가 찬미하고 숭배하는 모범, 즉 이반 4세의 말마따나 성지(Holy Land)로 떠오를 터였다. 그 나라의 나머지 지역에 관해 말하자면, 육지에 둘러싸인 이 영토는 왕실에 아무 기여조차 하지 못함에도 스스로를 먹여 살리고 스스로 치안을 유지하도록 내맡겨졌다.

1571년 이반 4세는 잉글랜드와의 관계가 심각하게 냉각된 뒤 오프리치니나 체제를 폐지했다. 1570년 10월, 엘리자베스 여왕에게 보낸 편지에서 그는 영국 상인들에 대해 불평했으며 왕조 결혼에 대한 본인의 희망이 헛된 것임을 인정했다. 그는 볼가강에서의 자유무역 권리를 영국으로부터 빼앗았으며, 네덜란드 무역상에게 백해 항구를 개방했다. 이러한 변화를 지켜본 머스코비 회사는 나름의 현안을 가지고 있었다. 그들은 중국으로 가는 북방 항로를 발견하진 못했지만, 드비나강과 볼가강을 거쳐 페르시아로 가는 북방 항로를 열었다. 영국은 자신들이 생산한 광목·옥양목·무기를 북방의 모피나 페르시아의 비단과 교환하고 싶어 했다. 하지만 그들의 희망은 거의 실현되지 않았다. 백해 주변에서는 더 이상 모피를 구할 수 없었고, 볼가강은 비단을 구하러 가기에는 턱없이 긴 경로였다. 머스코비 회사는 북쪽 강 유역을 따라 풍부하게 자라는 대마에 집중했다. 포모르족은 영국산 제품을 몹시 좋아했을 뿐 아니라, 그들의 대마를 저렴하면서도 전문적으로 가공하는지라 믿고 맡길 수 있는 이들이었다. 주변에 귀족 지주가 없었으므로 영국 상인은 현지 생산자들과 직접 거래할 수 있었다. 프랑스인은 휴런족과 거래하기 위해 그들만의 새로운 방법을 고안해내야 했던 반면, 영국 상인이 포모르족과 거래한 방식은 그들이 본국에서 마을 주민과 상호작용한 방식이랑 매우 흡사했다. 영국인은 본국에서의 관습과 마찬가지로 소농 가계들에게 주문을 분배하고 가공된 상품을 수거하고 품질을 확인한 후 공급자들에게 대금을 치렀다. 운송을 독점한 그들은 이익 대부분을 제 몫으로 챙겼다. 그리고 탐욕스러운 모스크바 대공국을 건너뛰고 백해 연안에 저만의 가내수공업 체제를 구축했다.

그 무역은 장거리에 걸쳐 이루어졌지만 단순했다. 즉 영국 선박들은 스칸디나비아를 돌아 항해하다가 드비나만에 정박해 짐을 내리고, 러시아 북부에서 수요가 꾸준한 광목·철물·총기 등의 영국산 공산품을 가공된 대마와 교환했다. 드비나만은 연중 여러 달 얼어 있어서 그동안에는 육지 작업과 마찬가지로 바다 작업도 중단되었다. 그러나 대마 가공은 일 년 내내 계속되었다. 폴란드의 발트해 무역보다 러시아의 백해 무역이 더 많은 발전을 자극했다. 곡물은 귀족의 부와 제2의 농노제로 이어진 반면, 대마는 북부 소작농들이 평등하게 발전하도록 도왔다.[10] 대마의 경우에는 누가 토지를 소유하고 있느냐보다 노동력의 투자와 질이 더 중요했다. 소농들은 다른 작업에 쓸 시간적 여유가 생겼고 대마 무역과 그들의 전통 경제를 결합할 수 있었다. 영국 선박들은 대마와 밧줄 외에도 팻백(fatback: 돼지 겨드랑이 윗부분의 비곗살—옮긴이), 가죽, 타르, 밀랍, 고래기름 같은 계절 제품들로 짐칸을 가득 채웠다. 똑똑히 기억되는 온갖 죄악에도 불구하고 오프리치니나는 그 땅에 농노제를 확립하지는 않았다. 백해의 운명과 발트해의 운명이 달라진 근본적 이유는 대마 가격에서는 현지 노동력이 더 큰 비중을 차지한 반면, 곡물 가격에서는 토지가 더 큰 비중을 차지했기 때문이다.

농노제를 경험해본 적 없는 포모르족 등의 러시아 북방 민족들은 러시아 중부의 붐비는 촌락과는 사뭇 다른 개별 농장에서 살았다. 어업과 고래잡이 전통 때문에 그들의 생활방식은 소농식 농사와 확연히 달랐다. 그들은 흔히 울타리를 두르지 않는 드넓은 토지를 소유하고 있었다. 러시아 북부 민족들이 거느린 확대가족은 비화폐적이고 비전문적인 경제를 발전시켰다. 그들은 어류·곡물·대마·리넨·목재 등 풍부한 자원을 보유했으며, 그것들을 계절과 관습의 요구에 맞춰 번갈아 사용했다. 그들은 이러한 상품들을 교역할 수 없었다. 서로 거리가 너무 먼 데다 주변의 모든 사람이 동일한 자원을 가지고 있었기 때문이다. 처음에 영국, 그리고 나중에 네덜란드의 영향을 받은 포모르족은 자기네가 꾸려가던 소규모 자작농을 상업으로 전환하고 싶은 마음이 간절했다. 외국 상인들은 무역을 통해 수익을 얻고 광목이나 금속 같은 근대적 상품을 도입하면서 이 과정에 합류했다. 특이하게도 이 큐레이터들은 도덕경제를 방해하지 않으면서 현지 공동체들의 자원 생태를 변화시켰다. 대마, 강길, 자유무역 덕분에 포모르족은 러시아 중부에서 가장 번영한 지역보다 생활수준이 더 높았다.

엘리자베스 1세의 후계자인 잉글랜드의 제임스 1세는 열정적인 제국 건설자였다. 그는 스코틀랜드와 잉글랜드를 통합했고 아일랜드에 개신교도를 정착시켰으며 버지니아를 식민지로 삼았다. 식민지 개척에는 해군이 필요했고, 해군에는 대마와 목재가 필요했다. 이러한 상품이 세계적으로 부족하다는 사실을 깨달은 제임스 1세는 아르한겔스크·드비나만·솔로베츠키제도로 구성된 '보호령'을 만들어 백해를 식민지화할 계획을 세웠다. 1612년에서 1613년으로 넘어가는 겨울에, 제임스 1세는 머스코비 회사와 이 프로젝트를 논의했다. 이때는 러시아에서 결국 '혼란시대'라고 알려지게 되는 내전이 절정에 달한 시기였다. 이반 4세의 개혁 실패는 혼돈으로 이어졌으며, 국가가 용병에게 지급할 돈이 바닥났다. 제임스 1세는 특히 노브고로드를 점령하고 백해 무역을 저지하고자 결의에 불타는 스웨덴의 개입을 우려했다. 1612년 여름, 프로이센 장교 아드리안 폰 플로도르프(Adrian von Flodorf)의 지휘 아래 일군의 영국 용병이 아르한겔스크에 상륙했다. 그는 영국 왕이 서명한 문서를 제시한 후 모스크바로 향했다. 그곳에서 그는 당시 러시아 지도자 중 하나인 드미트리 포자르스키(Dmitry Pozharsky) 대공에게 도움을 제공했다. 영국 용병의 일부는 모스크바에, 일부는 아르한겔스크에 주둔했는데, 그들은 그 지역 전반에서 펼쳐지는 적대 행위를 목격했다. 1613년 겨울, 러시아 주재 영국 대사를 겸하고 있던 머스코비 회사의 수장 존 메이릭(John Meyrick)은 제임스 1세에게 백해 합병을 위한 군사작전에 자금을 지원하겠다고 약속했다. 4월에 제임스 1세는 러시아 보호령을 만들기로 결정했다. 임무의 규모가 어느 정도인지 깨달은 그는 군인 1만 명을 백해에 파견하기로 했다. 이는 과거 오프리치니키 경비병 수의 2배이자 버지니아에 정착한 백인 수보다 20배나 많은 상당한 군사력이었다. 영국군은 강력한 섬 요새인 솔로베츠키 수도원을 점령하기로 되어 있었다. 이를 침략 거점으로 삼아 아르한겔스크를 장악하고 드비나강을 따라 상류로 진격해 멀리 볼가강 상류 영토까지 차지할 계획이었다. 이렇게 되면 영국은 백해와 교류하는 모스크바를 통제할 수 있었다. 지리적으로 제임스 1세가 제안한 러시아 보호령은 이반 4세의 예외상태와 대단히 흡사했으며, 경제적 의도도 엇비슷했다. 또한 이 러시아 보호령은 영국 정착민이 토지 보유권 제도를 바꾸고 상당 규모의 영지를 제 몫으로 챙긴 아일랜드 플랜테이션을 모델로 삼았다. 얼마 전인 1609년 제임스 1세는 공식적으로 얼스터에 최대 규모의 플랜테이션을 설립했다. 하지만 백해 영토의 위상은 더욱 높아질 터였다. 제임스 1세는 작은아들 찰스(Charles)를 총독으로 파견할 계획이었다.[11] 찰스는 영국 왕위를 물려받았으나 영국 내전이 발발한 후 처형대에 올랐다. 그로서는 러시아 북부에서라면 상황이 더 잘 풀렸을지도 모른다.

1613년 6월, 존 메이릭은 다시 아르한겔스크로 항해했고, 거기서 미하일 로마노프(Mikhail Romanov)의 대관식을 알게 되었다. 이 새로운 차르는 영국의 의도를 간파하고 그 음모에 대한 비밀 조사에 착수했다. 그러나 메이릭은 강력한 스웨덴과의 회담을 능란하게 중재했으며, 1617년 스톨보보 조약(Treaty of Stolbovo)을 통해 러시아-스웨덴 전쟁을 종식시키는 데 기여했다. 이로써 영국과 네덜란드는 양쪽 다 마음을 놓을 수 있었다. 러시아는 자원을 내륙에 묶어두지 않을 테고, 스웨덴은 백해 무역을 막거나 그에 세금을 부과하지 않을 것이기 때문이었다. 그 결과로 제임스 1세는 러시아 북부를 식민지로 삼겠다는 생각을 접었으며, 대신 새 차르가 그의 체제에서 질서를 확립할 만한 능력이 있다고 믿었다. 영국은 두 번 다시 백해 무역에 대한 독점권을 부여받지 못했다.

다양한 추정치에 따르면, 17세기로의 전환기에 머스코비 회사는 영국 해군이 필요로 하는 선박 삭구의 3분의 1에서 2분의 1까지를 보장했다.[12] 그러나 드비나만을 더 뻔질나게 드나들던 네덜란드 선박들은 대마 시장에서 점유율을 키웠다. 독일 및 에스파냐 고객을 위해 거래하던 네덜란드인은 유연했으며 (영국인은 물물교환을 선호한 데 반해) 은으로 대금을 지불했다. 네덜란드가 백해 무역에서 커다란 성공을 거두어 포모르족의 대마를 몽땅 사들인 다음 영국에 되판 시절도 있었다. 이 모든 것이 달라진 것은, 표트르 대제가 수세기에 걸친 러시아 독재자들의 염원을 실현하고 발트해의 여러 항구를 점령한 다음 러시아 원자재 상품에까지 그 항구들을 개방하면서부터였다. 백해 무역은 상트페테르부르크의 건립으로 급격히 쇠락했는데, 이는 공정한 경쟁 때문이 아니라 표트르 대제가 상트페테르부르크의 개발을 돕고자 아르한겔스크에 어마어마한 관세를 부과했기 때문이다. 그때부터 러시아 중부산 대마는 표트르가 수도에 공급하기 위해 건설한 새로운 운하를 통해 상트페테르부르크에 도착한 뒤 발트해를 건너 서쪽으로 항해하게 되었다.

대마와 나폴레옹

18세기 직전에는 대마가 러시아의 가장 중요한 수출품이었고, 리넨이 2위, 철이 3위, 그다음이 팻백이었다. 대마와 리넨으로 만든 직물인 캔버스와 돛천은 별도로 집계되었는데, 각각 러시아 수출품에서 5위와 6위를 차지했다. 곡물은 이들 제품보다 뒤처졌다. 잉글랜드는 러시아의 최대 고객이었으며 북아메리카가 그 뒤를 이었다. 영국의 대마 수입은 18세기 동안 2배로 증가했고, 그중 90퍼센트는 러시아가 꾸준히 공급했다. 경화(硬貨: 국제적으로 널리 통용되는 통화—옮긴이) 노릇을 한 대마는 이제 최고 귀족이 소유한 가장 생산적인 러시아 중부 영지에서 재배되었다. 19세기 전반기에 대마와 리넨은 러시아 수출품의 3분의 1을 차지했는데, 이 수치는 크림전쟁 기간에도 줄어들지 않았다. 20세기 초가 되자 러시아 수출에서 섬유가 차지하는 비중은 급격히 줄어들어 10분의 1에 불과했고, 이제 곡물이 러시아의 주요 상품으로 떠올랐다.[13]

로마노프 왕조(1613년에서 1917년까지 존속―옮긴이)의 역사는 원자재 수출을 국유화하려는 시도로 가득 차 있다. 대마·아마씨·가죽·탄산칼륨·타르·팻백·캐비어 등 국가 독점 아래 놓인 수출품 목록은 표트르 통치 기간에 상당폭 늘었다. 민간 기업은 이러한 상품을 고정 가격으로 국가에 공급해야 했고, 국가는 이 원자재를 시장 가격으로 해외 구매자에게 판매했다. 1719년 표트르는 "상인들을 불쌍히 여겨" 이 법령을 폐지했지만, 제국이 계속 이익을 창출하도록 관세를 부과했다. 러시아가 상선을 보유하고 있지 않았기에 모든 상품은 구매자의 선박을 통해 수출되었다. 캬흐타를 경유하는 중국으로의 수출을 비롯해 육상 수출은 7퍼센트에 그쳤다. 1724년 표트르는 자신이 네덜란드를 여행했을 때 눈여겨본 네덜란드 동인도 회사의 사례를 따라 소수 주주와 손잡고 독점적인 수출입 회사를 차렸다. 1764년 예카테리나 대제는 "나의 신민들이 제조업자가 되길 바란다"고 밝혔다. 그러나 대마와 캔버스의 생산은 여전히 가내수공업에 머물러 있었다. 러시아 상인들로 하여금 그들 자체 선박으로 상품을 수출하도록 촉구하는 시도는 실패했지만, 무역수지는 대체로 러시아에 유리했다. 원자재에 대한 수출 관세는 국가 지출을 충당했다. 에르미타주 미술관은 유럽 전역에서 보물을 사들였다. 나폴레옹을 물리치게 되는 군대는 모든 계급의 용병에게 봉급을 지급했다. 러시아 지주들은 영국산 광목으로 만든 프록코트를 입고, 프랑스산 와인을 보헤미아산 유리잔에 담아 마시고, 버지니아산 담배를 피우고, 쪽빛으로 물들인 손수건으로 코를 풀었다. 그들은 이 온갖 활동을 하면서 볼테르, 루소, 심지어 반식민주의적인 레날의 글을 읽었다. 데미도프 가문과 체룻코프(Chertkov) 가문 같은 가장 부유한 지주들은 이탈리아나 영국의 영지에 그들 재산을 투자했다. 혹은 알렉산드르 헤르첸(Alexander Herzen: '러시아 사회주의의 아버지'로 알려진 러시아의 작가이자 사상가—옮긴이)처럼 미국 채권에 투자하기도 했다. 이 모든 것은 러시아 원자재를 해외에 판매해 거둔 수입으로 이루어졌다.

나폴레옹 전쟁 기간에 러시아는 영국 왕립해군이 배를 만드는 데 필요한 거의 모든 대마를 공급함으로써 영국이 전략적으로 자신들에게 의존하도록 만들었다. 하지만 1800년 러시아 황제 파벨 1세는 나폴레옹과 연립정부를 꾸리고 함께 인도를 정복한 다음 분할하기로 계획을 세웠다. 파벨 1세는 러시아 항구에 정박해 있던 200척의 선박을 포함해 러시아에 있는 영국 재산을 모조리 몰수했다. 발트해에서의 무역 중단은 러시아·폴란드·프로이센의 귀족들에게 커다란 타격을 입혔다. 영국 해군으로서도 보급 물자 축소는 받아들이기 힘든 일이었다. 넬슨 제독이 이끄는 소함대가 코펜하겐에 불을 지르면서 영국 함선이 발트해 항구에 도착할 수 있는 길을 터주었다. 하지만 상트페테르부르크에서 발발한 친위 쿠데타가 그보다 더 효과적이었다. 영국 외교관, 발트해 연안 지역의 남작, 러시아 지주들이 파벨 1세에 맞선 음모에 가담한 것이다. 그가 암살된 직후 잉글랜드와의 대마 및 곡물 무역이 재개되었다. 1807년 러시아와 프랑스는 다시 동맹국이 되었다. 잉글랜드를 침략하지 않기로 결정한 나폴레옹은 대륙봉쇄령을 실시함으로써 영국이 유럽과 무역하지 못하도록 막았다. 나폴레옹은 러시아의 알렉산드르 1세에게 동의를 구해 영국 해군으로부터 러시아 삭구를 빼앗았으며, 러시아 도시들이 은도 설탕도 없게 만들었다. 1808년 영국의 대마 수입은 3분의 1로 감소했으며, 런던에서 그 가격은 2배로 뛰었다. 보통 러시아 제국의 북부 항구들에서는 연간 4000~5000척의 선박이 대마를 하역하고 선적했다. 하지만 1808년에는 그 수치가 1000척 이하로 대폭 줄어들었다. 영국 왕립해군은 인도에서 대마를 재배하거나 열대지방산 나무로 밧줄을 만들기 위해 필사적으로 노력했다. 러시아 루블은 자유낙하하고 있었다. 러시아 원자재 소비자로서의 프랑스는 영국을 대체할 수 없었다. 대륙의 강국 프랑스는 대마, 곡물 및 가죽을 자체적으로 생산했다.

러시아 루블화가 가치절하하자 알렉산드르 1세는 경제적 재앙과 충성심의 변화 가운데 하나를 골라야 했다. 한동안 중립적인 미국 선박들이 그 봉쇄를 위반하고 러시아 대마를 대량으로 들여와 잉글랜드에 팔았다. 더군다나 많은 영국 선박이 미국 국기를 달고 항해했다. 여전히 나폴레옹의 협력자이던 러시아 차르 알렉산드르 1세는 그들을 말리지 않았다. 그는 자신의 아버지와 할아버지가 어떻게 목숨을 잃었는지를 결코 잊은 적이 없었다. 둘 다 무역 위기로 가난해진 귀족계급의 손에 희생되었던 것이다. 1811년 러시아 내각은 프랑스의 육로 수입을 거부하고 잉글랜드와의 해상 무역을 재개했다. 이렇듯 상품 무역이 강대국 정치를 압도했다. 유럽 증권거래소에서 은화 루블의 가치가 40퍼센트나 껑충 뛰었다. 러시아와 미국의 노력으로 대륙봉쇄령이 해제되었을 때, 프랑스 황제 나폴레옹을 제외한 모든 이들이 기뻐했다. 나폴레옹은 1803년 루이지애나를 미국에 팔아넘긴 대가로 받은 1100만 달러를 손에 쥐고 있었다. 이 금액이면 수년간 러시아 수출품에 대금을 지불하고 영국 함대가 밧줄도 돛도 구하지 못하도록 막을 수 있을 터였다. 그러나 나폴레옹은 동맹국을 공짜로 유지하길 바랐지만, 그건 중대한 오산이었다.

양모와 메스타

에스파냐에서 유명한 메리노(Merino) 양은 북아프리카에서 이주해온 종으로, 문명 세계 전역에서 모직 의류의 표준으로 삼는 고급 흰색 양모를 생산하고자 선발 번식되었다. 이 양이 이베리아반도에 등장한 것은 대역병(Great Plague: 1664~1666년 런던에서 유행한 페스트로 런던 전체 인구의 20퍼센트 이상이 사망했다—옮긴이)이 창궐하기 전이었다. 이곳에서는 주로 육류와 치즈용으로 좀더 튼튼하고 귀하게 여겨지는 토착 양 품종 추라(Churra)가 일찍부터 사육되고 있었다. 추라 양 떼는 영구 목초지에서 살았다. 현지 작업장들은 수세기 동안 추라의 거칠고 따뜻한 양털로 망토·카펫·담요를 생산했다. 한편 메리노 방적사는 더 가늘고 매력적이며 더 비쌌다. 많은 에스파냐 양치기는 베르베르족(Berbers)이었는데, 그들은 이동방목(transhumance: 카스티야와 아라곤의 구릉지대를 가로지르는 계절적 이주)을 포함해 독특한 메리노 양 사육법을 에스파냐인에게 전수해주었다. 이로부터 특이한 분업이 탄생했다. 털이 고운 메리노 양은 해마다 크게 무리 지어 반도를 횡단하며 이 목초지에서 저 목초지로 옮겨다닌 반면, 털이 거친 추라 양은 도시 주변의 영구 목초지에 눌러살았다. 13세기에 '레콩키스타(Reconquista: 8~15세기 이베리아반도에서 기독교도가 이슬람교도를 축출하고 잃어버린 영토를 수복하고자 치른 전쟁—옮긴이)'로 기독교 국가인 에스파냐와 반도 남부의 이슬람교도 지역이 통일을 이루었다. 훨씬 더 규모가 큰 양 떼는 이제 사람이 살지 않는 남부 목초지에서 겨울을 났다. 종교적·군사적 단체에 소속된 기사들이 그 양 떼를 보호했는데, 그중 일부에게는 여전히 십자군 전쟁에 대한 기억이 남아 있었다. 이들은 메리노 양 떼와 함께 움직이면서 이동 중인 양 떼에게 필요한 영토를 무력으로 점령하고 정착 양 떼를 둔 아랍인을 내쫓았다. 양모 무역이 절정에 다다른 16세기에 이베리아반도에서 사육되는 메리노 양은 약 300만 마리에 이르렀다. 양은 개인 소유였지만, 목동 및 경비병과 더불어 왕실의 후원을 받았다. 정부는 메리노 양모 수출에 대한 독점권을 쥐고 있었다.[14]

이동하는 메리노 양보다 추라 양이 더 많았으므로, 소농들은 추라 양의 양모·고기·치즈 가운데 일부는 농장에서 사용하고 남은 양은 도시에 내다팔았다. 하지만 메리노 양은 더 차원 높은 종으로 간주되었다. 두 종류의 양은 지역 원재료와 장거리 무역용 자원 간의 차이를 더없이 극명하게 보여준다. 법은 메리노 양의 도축과 식용을 금지했다. 메리노 양을 추라 종과 교배하는 행위 역시 금지했다. 살아 있는 메리노 양을 해외로 수출하는 것은 중범죄였다. 이 합스부르크제국은 추라 종보다 메리노 종에 더 많이 의존했다. 어쩌면 그 나라 백성들보다 메리노 종에 더 의존했을지도 모른다. 소농이 기르는 정착 양 떼와 대비되는 순종 메리노의 이주 패턴에는 귀족을 연상시키는 무언가가 어려 있었다. 그것은 마치 유럽 귀족들이 유목민 출신인 데다 해외에 기원을 두고 있다는 기억을 불러일으켰다.

10월에 레온, 세고비아 및 기타 인간 거주 지역에서 출발한 양치기들과 메리노 양 떼는 남쪽으로 150~800킬로미터를 여행했다. 그들의 여정은 족히 한 달 넘게 걸렸다. 거대한 양 떼가 카스티야의 험준한 구롱지대를 넘어가는 것은 참으로 인상적인 광경이었다. 그들이 지나는 땅은 사유지였지만, 법은 양 떼가 이동하는 동안 토지 소유주에게 물러나 있도록 요구했다. 만약 충돌이 빚어지면 무장 경비병과 특수 인력이 양치기들을 보호했다. 메리노 양 떼의 출입이 금지된 곳은 농작물이 자라는 밭·과수원·포도밭 등 울타리로 에워싸인 농경지뿐이었다. 메리노 무리는 일 년에 두 번 추라가 풀을 뜯어먹는 영구 목초지를 지나갔다. 단단히 무장한 큐레이터들이 메리노 양 떼가 순수 혈통을 유지할 수 있도록 눈을 부릅뜨고 그들을 지켰다.

유럽 역사상 최초의 농업 조합인 양치기 단체 메스타(Mesta)가 결성된 것도 메리노를 빈틈없이 관리하기 위해서였다. 메스타는 양을 소유하지도 양치기들에게 급여를 지급하지도 않았으며, 주식회사가 아니라 일종의 길드였다. 메스타는 모든 메리노에 소인을 찍었으며 특수 장부에 소인 표시를 기록했다. 양치기에게 면허를 발급해주기도 했다. 이 모든 작업은 고대의 이동방목 관행과 관료국가만이 해낼 수 있는 복잡한 물류를 결합한 것이었다. 15세기 말부터 메스타의 수장은 에스파냐의 각료 내각 콘세호 레알(Consejo Real)의 일원으로 참여했다. 메스타 소속 양치기들은 특권 계급으로 떠올랐으며, 병역 및 민법에서 면제되는 특혜를 누렸다. 지역적 분쟁이 발생할 경우 메스타의 공인된 관리들이 그들을 변호했다. 종교 재판소 역시 그들을 지원했다.

하지만 아메리카 대륙이 발견될 즈음 에스파냐제국은 부채 위기에 빠졌다. 에스파냐의 왕이자 신성로마제국 황제 카를 5세(에스파냐 왕으로서는 카를로스 1세―옮긴이)는 강력한 은행가 야코프 푸거(Jakob Fugger)를 이 거래에 끌어들였다. 푸거 가문은 1545년 이후 메스타의 재정을 통제하게 된다.(6장 참조) 대부분의 양모는 이제 방적과 방직을 위해 에스파냐령 플랑드르로 보내졌고, 이 활동의 중심지는 브뤼헤였다. 해적과 폭풍 탓에 운송비는 증가했다. 16세기 중반 에스파냐 양모 한 자루 가격은 부르고스(에스파냐 북부 도시—옮긴이)보다 브뤼헤에서 3배나 높았다. 아메리카 은의 유입은 문제를 한층 악화시켰다. 이제 수입품은 5배나 더 비쌌지만 양모 가격은 2배에 불과했다. 양모 수출량이 감소했으므로 오래된 진리를 재검토해야 했다. 개화한 역사가 페드로 캄포마네스(Pedro Campomanes)는 1762년 재무장관이 되었고, 나중에는 카스티야 의회의 수장 자리에 올랐다. 메스타의 특권이 발전에 걸림돌로 작용한다고 판단한 그는 목초지보다 경작지에서 더 많은 세금을 거둘 수 있고, 정착양 사육이 이동방목보다 수익성이 높으며, 메스타 조직이 없는 북부 해안이 인구밀도가 더 높다는 취지로 왕을 설득했다. 현장조사를 거쳐 본인 생각을 뒷받침한 그는 메스타가 초래한 피해를 다룬 두 권의 주요 저서를 집필했다. 캄포마네스는 동시대인 애덤 스미스와 마찬가지로 토지 소유주가 국가 관료보다 그들 토지의 사용법을 더욱 잘 결정하는 위치에 있다고 믿었다.[15]

17세기 말, 메스타는 파산 일보 직전 상태에 몰렸다. 곡물 가격은 상승한 반면, 양모 가격은 하락했기 때문이다. 기병대 말들이 메리노를 최고의 초원에서 쫓아냈다. 더없이 이례적인 여러 특권도 폐지되었다. 자유주의적인 변호사들은 메스타를 '마을의 적'으로 규정했다. 그제야 메리노 양들이 정착 생활을 누려야 더없이 행복하다는 사실이 밝혀졌다. 밀수가 최후의 일격을 가했다. 1720년 메리노 양 떼는 스웨덴으로 팔려나갔고, 이후 프로이센과 프랑스에도 등장했다. 왕립협회 회장 조지프 뱅크스(Joseph Banks)는 메리노 양을 잉글랜드로 수입했고, 제퍼슨은 일부를 북아메리카로 가져갔다. 1836년 새로운 에스파냐 정부는 메스타라는 단어 자체의 사용을 금지했다. 전 세계적으로 이제 메리노 양 떼는 울타리를 두른 목초지에서 방목되었다.

양의 탈을 쓴 리바이어던

중세 잉글랜드는 에스파냐와 마찬가지로 플랑드르에 양모를 수출했다. 14세기 중반, 국왕 에드워드 3세는 국가 수입에서 양모가 차지하는 중요성을 널리 알리기 위해 대법관에게 '양털 채운 좌석'에 앉으라고 명령했다. 1407년 설립된 상인 모험가 회사(Company of Merchant Adventurers)는 양모 수출을 독점했으며, 헨리 7세 치하에서 커다란 성공을 구가했다. 상인 모험가 회사로부터 자금을 지원받은 이스트앵글리아 전역의 '양모 교회들'은 그 회사의 야망을 잘 보여준다.[16] 이 회사와 거래하고자 열망하는 지주들은 그들이 전통적으로 생산해오던 곡물과 육류를 이제 무역과 과세의 대상으로 떠오른 양모로 대체했다. 이로 인해 국가 세수가 급격히 증가했다. 본인의 밭과 목초지에 만족하지 못한 지주들은 더 많은 방목지를 제공하기 위해 공유지로 눈을 돌렸다. 15세기와 16세기에 영국 지주들은 의회의 지원을 받아 소농에게서 경작지와 공유 목초지를 빼앗아 울타리를 치고 거기에 양을 풀어놓았다. 소농과 빈민은 그때까지 그런 밭에서 밀·육류·유제품을 생산하며 생존을 영위해왔다. 지주들은 이 땅에 울타리를 두름으로써 소작인은 잃었지만 양 떼는 늘릴 수 있었다. 인간과 달리 양은 '모래를 금으로 바꿀' 수 있었다. 지주·상인·왕실의 이해관계가 마침내 맞아떨어지게 되었다.

　토지를 빼앗긴 소농은 반란을 일으켰다. 가장 유명한 사례는 로버트 케트(Robert Kett)가 노펵에서 일으킨 반란(1549년)인데, 이는 군대에 의해 진압되었다. 소농 3000명이 사망했고 케트는 교수형을 당했다. 토머스 모어(Thomas More)는 《유토피아(Utopia)》(1516년)에서 "사람 잡아먹는 양"을 그 왕국의 주요 문제로 꼽았다. "귀족과 신사, 심지어 성직자인 수도원장들까지 …… 농사를 접고 가옥과 마을을 파괴하고 오직 교회만 남겨두었으며, 양을 기를 수 있도록 땅을 울타리로 둘러싸고 있다."[17] 놀란 당국은 울타리를 치는 인클로저를 제한했지만 그것은 계속되었다. 17세기 초, 잉글랜드에는 사람보다 양이 2~3배나 많았다. 양이 국가를 위해 소득을 창출하는 동안, 사람들은 '소비'하느라 소득을 낭비하고 있었다. 대륙 관방학(continental cameralism: 17~18세기 독일에서 발전한 국가 관리학으로 행정학의 기원이 된다—옮긴이)의 전조 격인 영국 관료제는 과학을 숭상하고 통계를 수집했으며 외국에서 기능공을 모셔오고 전통적 권리를 경멸했다. 양모는 단일자원으로 떠올랐다. 국가 경제의 중추이자 군주의 자양분이며 왕국의 제2의 몸이었던 것이다. 이때는 바로 이 나라 엘리트 집단에서 양털과 말털로 만든 가발이 유행한 시기이기도 했다.

14세기부터 원모(原毛) 수출은 점차 직물 무역으로 대체되었다. 이미 1319년에 설립된 주요 산물 상인 회사(Company of Merchants of the Staple)는 국내 시장을 규제하는 데 도움을 주었다. 하지만 원모 수출에 대한 직접적 금지는 300년 후에 이루어졌다. 그럼에도 영국 수출에서 모직물이 차지하는 비중, 그리고 그에 따른 유급 노동력의 비중은 꾸준히 늘었다.[18] 토지에 의존하는 양모 산업은 맨 아랫층에는 양과 양치기가, 맨 위층에는 금이 놓이는 피라미드 구조였다. 그 중간층은 양모를 생산하는 수천 명의 농촌 노동자로 이루어져 있었다. 양 떼가 양털을 카더

(carder: 소모기로 양털을 빗는 사람—옮긴이)에게 공급하면, 카더 3명이 조방사(roving: 섬유 다발)를 방적공에게 건네주었다. 3명의 방적공이 방적사를 만들어 방직공에게 제공하면 여러 명의 방직공이 천을 짜서 상점 주인에게 보냈다. 이 연속적 과정에는 남성·여성·어린이가 두루 참여했다. 고미다락이나 별채에 위치한 소규모 작업장에는 물레와 베틀이 놓여 있었다. 물레나 베틀 작업은 다른 종류의 농사일과 병행할 수 있었다. 양모는 확산형 자원의 특성을 띠는 데다 직물 수출에서 인건비가 차지하는 비중도 컸다. 이 점은 독점 무역에 균형을 부여했으며 영국 경제를 떠받쳐주었다. 가난한 이들에게 소득을 제공하는 '가내수공업'은 그들을 더 큰 경제로 끌어들이고 새로운 전망을 열어주었다. 하지만 그것은 오직 수많은 가계가 빈곤에 내몰린 후에야 가능했던 일이다.

영국산 원모는 회색 또는 흰색이었는데, 잉글랜드에는 양모 염색 기술이 알려져 있지 않았다. 수천 개의 오두막집에서 방직된 모직물은 안트베르펜으로 수출되어 염색과 재단 과정을 거친 다음 유럽 전역으로 판매되었다. 염색 기술이 없으면 수익 대부분을 플랑드르와 네덜란드가 가로챌 것이기에 수출 수익을 늘리기 위한 전략은 분명했다. 영국의 장인들이 면화를 물들이던 인도의 그 동료들처럼 양모를 염색할 수 있었다면 정말 좋았을 것이다.

이 아이디어와 씨름한 이스트랜드 회사(Eastland Company)의 총지배인 윌리엄 코케인(William Cockayne)은 1614년 제임스 1세를 설득하여 염색된 양모 수출에 대한 독점권을 따냈다. 같은 법에 의해 염색되지 않은 모직물의 수출은 금지되었다. 필수 전문지식을 갖춘 플랑드르 난민들을 고용하는 데 실패한 코케인은 생산에 성공할 수 없었다. 하지만 그의 진짜 관심사는 그게 아니었다. 러시아 북부와 거래하던 머스코비 회사의 대항마 이스트랜드 회사는 프로이센에서 폴란드에 이르는 발트해 연안 국가들과 교역했다. 한자동맹이 쇠락함에 따라 북쪽 바다들에서 네덜란드와 경쟁하던 영국은 점점 더 동쪽으로 진출하기 시작했다. 코케인 프로젝트는 영국 양모 무역의 방향을 저지대국에서 유럽 북동부로 바꾸어놓았다. 그 결과 양모 수출이 붕괴되고 런던 상인들이 파산했으며 시골에서는 반란이 일어났다.[19] 시간적으로 볼 때, 양모를 염색하고 양모 독점 체제를 확립하고자 했으나 실패한 이스트랜드 회사의 프로젝트는 러시아 북부를 식민지화하고 대마 독점 체제를 구축하려 한 머스코비 회사의 프로젝트와 동시에 진행되었다. 그러나 1617년 제임스 1세는 노선을 바꾸고 두 프로젝트를 모두 취소했다. 그는 염색되지 않은 양모의 수출을 다시 허용했으며, 모스크바 주재 대사 존 메이릭에게 영국의 개입을 불가능하게 하는 내용의 평화협정을 체결하도록 허락했다. 그런데도 코케인은 런던 시장으로 승진했으며, 메이릭은 또 다른 조약에 서명하고자 모스크바로 돌아갔다. 이즈음 가내수공업이 온갖 역경을 이겨내고 있었음에도 양모 가격은 하락하고 있었다. 귀족들은 오랫동안 토지에 투자해왔으며 어떤 수익이라도 없는 것보다는 낫다고 생각했다. 주로 양을 소유한 지주 상류층 신사들로 구성된 의회는 새로 세금을 인상하는 제임스 1세의 조치에 반대했다. 결국 이 과정은 양 소유주에 대한 양모 상인의 지배력을 강화해주었을 따름인 명예혁명(Glorious Revolution)으로 귀결되었다.

1651년 토머스 홉스(Thomas Hobbes) 는 《리바이어던(Leviathan)》을 출간했다. 책 표지에 실린 유명한 삽화는 군주의 몸을, 마치 양털처럼 그의 피부에서 솟아난 작은 백성들 무리를 합성한 모습으로 묘사한다.[20] 홉스는 중요한 양모 산업의 중심지 맘스베리에서 태어났으며, 생애 내내 양모 산업으로 인한 부가 꾸준히 감소하는 사태를 목격했다. 그는 소박한 양과 무시무시한 리바이어던 사이의 중대한 관계에 대해 똑똑히 알고 있었다.[21] 아마도 철학의 역사에서 가장 빈번하게 논의된 이미지였을 홉스의 표지 삽화에서 그 국가 합성체는 전통적인 선묘 기법으로 그려진 도시와 국가를 마주보고 있다. 도시는 텅 비어 있고 마스크를 쓴 두 명의 의사와 두 명의 근위병이 마치 봉쇄된 듯 보이는 그 도시를 순찰하고 있다.[22] 이 강렬한 그림의 창작자는 알려져 있지 않지만, 일부 학자는 전쟁 난민으로 런던에 정착한 보헤미아 출신의 벤젤 홀라르(Wenzel Hollar)의 작품이 아닐까 추정한다. 홀라르는 프라하에 머물 때 합성 초상화의 대가 아르침볼도(Arcimboldo)에 대해 공부했는데, 이것이 그의 독특한 양식의 유래를 말해준다. 그러나 그 판화는 프랑스 예술가 아브라함 보스(Abraham Bosse)의 작품이라는 설이 지배적이다.*

이러한 지적 논쟁에서 학자들은 군주의 몸이 양털과 닮았다는 사실을 애써 무시해왔다. 그러나 나는 이 같은 단순한 독해에도 나름의 장점이 있다고 생각한다. 첫째, 국가가 수줍음 타는 양 같은 백성과 그들의 우두머리이자 양치기인 왕으로 이루어져 있다는 사실을 설명해준다. 둘째, 도시가 텅 빈 것으로 묘사된 이유를 말해준다. 양모 경제는 목초지와 오두막집에 의존했으므로 이 '정치 통일체'에서 도시는 아무 역할도 하지 않았다. 역설적이게도 중상주의 국가에 부담으로 작용한 것은 도시와 그곳 거주민의 과도한 '소비'였다. 셋째, 홉스와 동시대를 살아간 이들의 우려 및 주장과 공명한다. 1696년 홉스와 서신을 주고받은

---

* 맬컴(N. Malcolm)은 논문 《리바이어던》의 표지〉에서 보스가 바로크 양식의 광학 도구를 사용했다고 말하는데, 이것이 그 신체의 합성적 특성을 설명해준다.

시인이자 세관 관리 윌리엄 대버넌트(William Davenant)의 장남 찰스 대버넌트(Charles Davenant: 영국의 중상주의 경제학자이자 정치인—옮긴이)가 썼다. "빵을 기본 양식이라고 부르듯 모직물 제조는 참으로 우리 정치 통일체의 주요 자양분이다."[23] 이는 《리바이어던》에 실린 표지 삽화의 해석에 관한 게 아니었다. 대버넌트는 원모 수출을 금지하자고 촉구하면서 영국 빈민구호소에 수용된 (100만 명이라 추산될 만큼 많은) 인구를 수출용 모직물 생산에 투입하자고 제안했는데, 이는 새로운 초기 산업 노동의 대규모 조직화를 수반할 것이다. 넷째, 표지 삽화에 대한 이 같은 독해(군주의 몸이 양털을 닮았다)는 모어의 《유토피아》에서 홉스의 《리바이어던》, 대버넌트의 중상주의 버전, 벤담의 팬옵티콘(Panopticon)으로 이어지는 직접적 연속성을 드러내준다.

'양털 채운 좌석'으로부터 감독받는 의회는 긴 일련의 법률을 통해 새로운 양모 시장을 만들어냈다. 1660년부터 1824년까지 24건의 양모 수출 관련 법안이 통과되었다. 대략 6년에 한 개꼴이었다.[24] 원모 수출은 금지되었으며, 밀수업자는 적발되면 왼손 절단이라는 중대 처벌을 받았다. 1666년에는 '양모로만 장례를 치르는 것에 관한 법률(Act for Burying in Wollen onely)'이 제정되어 백성들은 매장될 때 모직 셔츠를 입어야 했다. 그들은 처벌받을까봐 두려워 죽어서도 살아 있을 때처럼 양모를 입지 않으면 안 되었다. 많은 논쟁 끝에 이 법은 1677년 한층 강화되었다. 또한 1699년 양모법(Wool Act)은 아일랜드와 아메리카 식민지에서 양모 및 양모제품을 들여오는 행위를 금지했다. 그렇게 한 것은 양모의 현지 생산, **그리고** 가공을 장려하려는 목적에서였다. 의회가 통과시킨 관련 법률들은 가공된 양모에 대한 국내 수요가 늘어나도록 영향을 끼쳤으며, 이러한 수요는 가내수공업에 활기를 불어넣어 양 목축을 활성화하는 계기가 되었다. 그러나 양 목축을 지속하도록 해줄 땅이 없었기에 새로운 법률이 제정되어야 했다. 일련의 양모법으로 자국에 중상주의 체제가 도입되었다. 이 체제를 시행하기 위해서는 막대한 노력이 필요했으므로, 1742년 로버트 월폴(Robert Walpole)이 이끄는 정부는 잉글랜드에서 털 깎는 모든 양모를 등록하기 위해 330개의 유급직을 새로 도입했다.[25] 애덤 스미스는 "폭력과 농간의 결과"일 뿐 아니라 스코틀랜드의 양모 가격을 반토막 냈다며 양모법을 신랄하게 공격했다.[26] 원모 수출 금지 조치는 1824년 철회되었다. 스미스의 자유무역은 승리를 구가했지만, 이때쯤 양모는 중요성이 상대적으로 줄어들었다. 소비자들은 제 선조가 모피에서 양모로 전환한 것처럼 이제 인정사정없이 양모에서 면으로 갈아탔다.

면

인간의 역사에서 식물 섬유와 동물 섬유는 수천 년 동안 서로 각축을 벌여왔다. 동물은 식물보다 먹이사슬에서 상위에 놓이며, 단위 면적당 면화 식물은 양이 양털을 생산하는 것보다 12배나 많은 섬유를 만들어낸다. 대마만큼 내구적이지는 않지만 가공하기 쉬운 면은 비단보다 저렴하며, 양모보다 견고하고 가볍고 미세하다. 인류에게 중요한 면의 특징은 염료—특정 연체동물, 곤충 또는 식물의 뜻하지 않은 부분에서 추출한 희귀 물질—를 받아들이는 능력이었다. 리넨 섬유의 아름다움은 그 자체의 흰 빛깔에, 면직물의 아름다움은 색감에, 모직물의 아름다움은 질감에 있었다. 북방의 섬유와 달리 면화는 계절마다 여러 작물을 내놓았다. 이 때문에 면화 플랜테이션에서는 작업이 끊임없이 이어져야 했다. 설탕과 마찬가지로 면화도 집중적이고 기계적인 노예 노동이 필요했는데, 이는 다채로우면서도 '게으른' 소농의 작업 방식과 상충되었다. 면화는 기계장치, 그리고 이후 증기기관의 발명으로 혜택을 입은 첫 번째 원자재였다. 또한 면화 공장으로 몰려든 소농의 대량 빈곤으로부터도 이익을 누렸다.

고대 로마인은 면화 식물의 둥글고 희고 폭신한 '목화송이'로 만든 천을 인도에서 들여왔다. 중세에는 낙타가 인도에서 페르시아로, 거기서 비잔티움, 심지어 에티오피아까지 면직물을 실어날랐다. 14세기 중국에서는 농민에게 면화를 재배하도록 명령하는 특별 칙령이 내려졌다. 16세기부터 포르투갈 선박은 인도 직물을 은과 교환하고 유럽으로 면화를 들여왔다. 하지만 유럽인은 오랫동안 면화를 어떻게 재배하는지 알지 못했고, 면화를 양모와 비슷하다고 생각했다. 14세기에 인도를 여행한 존 맨더빌(John Mandeville)은 나뭇가지에 양이 과일처럼 달린 식물을 보았다고 기술했다. 17세기 초 면화는 남아시아와 중앙아메리카의 준(準)야생 평원에서 자랐다. 여성들은 등받이 없는 낮은 의자에 앉아 축을 중심으로 도는 나무바퀴를 이용해 실을 뽑아 공 모양으로 감았다. 면화를 선발 번식한 농민들은 그 이삭이, 튼튼하지만 섬세한 섬유를 품은 최상의 식물에서 발달하도록 했다. 모슬린(속이 거의 다 비치는 고운 면직물—옮긴이), 친츠(chintz: 특히 꽃무늬가 날염된 광택 나는 면직물—옮긴이), 옥양목 등 유럽식 이름이 따로 없는 인도의 유색 직물은 포르투갈의 작은 범선에 실려 유럽 항구들에 도착했고, 거기서 비단과 맞먹는 가격에 팔려나갔다. 그 후 면화 가공은 베네치아의 지중해 식민지들에서 발달했다. 자체 원자재가 부족했던 베네치아인은 생태 제국주의의 창시자였다. 그들은 선택된 상품—어떤 경우에는 목재, 어떤 경우에는 곡물이었으며, 키프로스의 경우에는 면화였다—에 대한 관세를 식민지에서 지불하도록 강요했다. 식물 무늬 또는 동양풍 디자인으로 날염한 면직물이 비단 장식품과 비단 격자를 밀어내고 실내 장식에 쓰였다. 아프리카에서는 대칭 패턴을 띠는 줄무늬 직물에 대한 수요가 있었는데, 그 면직물 대부분은 실내 장식용 가구류가 아니라 의류용으로 사용되었다.[27]

유럽의 의복은 흔히 면을 양모 또는 리넨과 혼방해 만들었다. '퍼스티언(fustian: 두껍고 질긴 면직물—옮긴이)'이라 불린 이 원단은 데님의 선배 격으로 질긴 데다 비교적 저렴했다. 대(大) 피터르 브뤼헐(Pieter Bruegel the Elder)이 그린 겨울 풍경들에서 볼 수 있는 따뜻하고 밝은 색상의 옷은 오래전 잊힌 이 소재로 지은 것들이다. 다들 집에서 아주 간단한 장비를 써서 그런 옷을 만들었다. 남유럽에서는 유색 면직물로 지은 가벼운 옷이 비단옷을 밀어냈다. 오랫동안 인도는 면직물을 염색하거나 그 위에 디자인을 인쇄하는 기술을 독점해왔다. 유색 직물 가격은 18세기 동안 2배로 뛰었다. 비단은 왕의 침실과 교회 제단을 장식했다. 면직물로 씌운 가구와 벽, 면직물 커튼을 단 창문은 중산층 가정의 특색으로 자리 잡았다. 그럼에도 그것들은 귀하고 비쌌다. 1791년 한 무리의 영국 국교회 지지자들이 버밍엄에 있는 조지프 프리스틀리(Joseph Priestly)의 집에 들이닥쳤다. 이 저명 화학자는 국교회 반대자였다. 프리스틀리는 보상을 요구하며 면 캐노피를 단 부부용 침대와 침대 리넨 세트를 손실 목록에 올렸다. 그는 그 가치를 자기 연 수입의 25퍼센트에 해당하는 25파운드로 매겼다.[28]

면화를 비롯한 기타 동양 상품들과 교역하기 위해 주식회사들이 설립되었으며, 왕실 가문은 그 회사들의 주요 투자자였다. 영국 동인도 회사는 유럽으로의 면화 수입을 전문으로 한 데 반해, 네덜란드 동인도 회사는 아시아 열강들과의 무역에 주력했다. 그러나 면화 무역이 성장하자 양모 생산업자—즉 양과 양모 가공으로 수입을 얻던 영국 지주와 소작농 대다수—가 종래에 벌어들이던 이익이 줄어들었다. 18세기 초, 영국 의회는 자국의 양·방직공·지주를 보호하고자 인쇄 직물을 인도에서 수입하지 못하도록 금하는 옥양목법(1700, 1721년)을 발표했다. 같은 이유에서 프랑스·에스파냐·프로이센도 면직물 수입을 전면 금지했다. 인도는 빈곤에 시달렸다. 거대한 지역이 평소 거두던 수입을 얻지 못하게 된 탓이다. 그러던 중 미국 플랜테이션들이 이 상황에 끼어들었다. 미국에서 잉글랜드로 가는 길은 아시아에서 잉글랜드로 가는 길보다 짧았으며, 중상주의 체제는 제조 직물의 수입은 제한했지만 식민지에서의 원자재 수입은 장려했다. 이 모든 것이 잉글랜드의 면화 공장과 미국 남부 플랜테이션에 활력을 불어넣었다.

담배·설탕·면화, 이 세 가지 식물 기반 원료는 하나같이 대규모 플랜테이션과 값싸고 반복적인 노동력을 요구했다. '규모의 경제'는 점점 더 중대한 역할을 했다. 사업 규모가 커질수록 생산비가 저렴해지고 그에 따라 이윤이 불어날 수 있기 때문이다. 신사라면 누구나 면화를 얻기 위해 인간을 거래할 권리를 얻었다.(1698년) 더군다나 영국령 서인도제도에서 총독들은 노예를 공급할 때마다 보너스를 챙겼다. 노예무역의 위험은 견줄 데 없을 만큼 컸다. 대서양 횡단에 나선 선박 5척 중 1척이 소실되었다. 하지만 리버풀에서는 화물을 적재한 선박 2척 중 1척만 항구에 도착해도 선주가 돈을 번다는 생각이 지배적이었다. 설탕, 면화, 그리고 노예를 통해 거둔 자본은 조선업자, 보험업자, 은행가, 공장 소유주에게 돌아갔다. 바클레이즈 은행(Barclays Bank)은 서인도

제도에서 노예상으로 일하던 퀘이커교도 가족이 설립했다. '런던 로이즈(Lloyd's of London: 1686년 창립되었으며, 영국 런던의 금융가 시티 오브 런던(City of London)에 위치한 보험시장—옮긴이)'는 노예·설탕·면화의 거래를 보증하는 데서 시작했다. 최초의 증기기관을 발명한 제임스 와트(James Watt)는 서인도제도에서 무역을 통해 수익을 창출하는 은행으로부터 자금을 조달받았다.[29]

노예를 부리는 플랜테이션들은 효율성을 앞세우면서 단일재배를 전문으로 하고 오로지 면화만 생산했다. 수확한 면화는 깨끗이 세척한 다음 압착해 목화 꾸러미로 만들어 부두까지 실어날라야 했다. 이 가운데 세척 과정은 그 작업 전체에서 병목 현상을 불러일으켰다. 종피(種皮)로부터 섬유를 분리해내는 것은 지루하기 짝이 없는 일이었다. 일라이 휘트니(Eli Whitney)는 세척 속도를 50배나 높여주는 기계 장치인 '조면기(cotton gin: 면화에서 솜과 씨를 분리하는 기계—옮긴이)'를 발명함으로써 미국 남부에 면화 플랜테이션이 급속도로 불어날 수 있도록 도왔다. 휘트니는 자신의 발명품으로 특허를 획득했지만, 그로 인해 돈을 벌지는 못했다. 그리고 여러 차례 소송에 실패한 뒤 머스킷 총을 설계하는 일로 갈아탔다. 사탕수수와 마찬가지로 면화도 토양을 빠르게 고갈시켰다. 그러나 면화는 설탕과 다르게 서인도제도의 작은 섬들과 대비되는 광대무변한 루이지애나에서 자랄 수 있었다. 루이지애나에는 노동력이 부족했지만 면화 무역량은 거의 10년마다 2배씩 증가했다. 인류 역사에서 면화 무역의 폭발적 성장은 그 유례를 찾아보기 어렵다. 그와 비슷한 규모로 성장한 것은 오직 그 이전의 설탕, 그 이후의 석유뿐이다.

'킹 코튼(King Cotton: 미국 남부의 대규모 면화 생산을 의인화한 표현—옮긴이)'은 신대륙에서 재앙이라 할 만큼 빠른 속도의 삼림벌채로 귀결되었다.

루이지애나에 들어선 새로운 플랜테이션은 늪지대 토양을 건조시키기 위해 운하를 필요로 했다. 이 운하를 통해 다양한 물자가 플랜테이션에 당도했다. 노예, 곡물, 건어물 또는 염장 생선, 대마 밧줄과 가마니, 노예들이 입을 리넨 셔츠, 농장주를 위한 사치품 따위였다. 작업은 일 년 내내 계속되었고, 12월에는 그해의 세 번째 목화를 수확해 세척한 다음 압착하여 꾸러미로 만들어야 했다. 노예의 삶은 복잡한 작업을 두루 다루고 창조적 게으름의 시기를 누리는 소농의 삶과는 딴판이었다. 오로지 이윤에만 골몰하는 면화 플랜테이션은 최초의 자본주의 기업으로 떠올랐고, 노예는 최초의 산업 노동자가 되었다. 나중에 공장 노동자가 노예에 비유되는 것은 충분히 그럴 만했다.

원시 산업

대서양 건너 잉글랜드에서는 마을 차원의 면화 가공이 더욱 확대 및 전문화되었다. 1833년에조차 잉글랜드의 양모와 면화 대부분은 시골 작업장에서 수작업으로 가공되었다. 그러나 앞서 이탈리아에서 일어난 현상과 마찬가지로 공장은 도시로 몰려들었다. 항구에서 바로 실어온 목화 꾸러미가 각 가정에 배포되면 소농들은 손으로 방적하거나 손베틀을 이용해 그것을 방직하며, 때로 거기에 자신들이 직접 생산한 양모 및 리넨을 첨가하기도 했다. 면화 가공은 양모보다 중개인에 훨씬 더 많이 의존했다. 원자재 꾸러미를 마을로 들여오고, 완성된 옷감 두루마리를 수집해 재봉 공장으로 실어나르는 것도 다름 아닌 중개인이었다. 항상 그랬듯이 이 큐레이터들이 수익 가운데 제일 큰 몫을 챙겼다. 그들은 이웃 마을들에 서비스를 제공하면서 제 돈으로 면화 값을 치렀다. 그들의 사업은 단순하지만 위험하고 수익성도 높았다. 방적공·편물공·방직공은 집을 떠나지 않고도 자유로운 노동시장에서 임금을 벌어들였다. 여성들이 베틀을 돌리는 동안 그 남편들은 자급자족 농부로서 땅을 일구었다. 그러나 바로 이 산업은 마을을 무역과 성장이라는 험로로 내몰았다. 소농 가족은 자기네가 번 돈을 설탕과 차, 럼주와 진, 말과 마구, 그리고 마지막으로 은과 장식품에 쓸 수 있었다. 시골 마을이 소비하는 이 제품들의 (전부는 아니지만) 상당수는 식민지에서 들여온 것이었다. 설탕과 담배에서부터 유행하는 날염 옥양목에 이르기까지 식민지에서 유입된 이런 중독성 상품은 소비 습관과 의존성을 낳았다. 이는 레닌 및 다른 자본주의 비판가들의 말마따나 '소농 계급의 붕괴'로 이어졌다. 사실 이것은 그들이 '진보'라고 부른 것과 정확히 일치하는 것이었다. 잉글랜드·인도·뉴잉글랜드, 그리고 러시아의 백해 연안 등 세계 무역에 참여한 서로 다른 지역들에서의 원시 섬유 산업 발전은 성별 관계의 변화 및 대량 소비 발달에 중추 역할을 담당했다. 직물과 관련한 유행은 그 시장을 가속화하는 보편적 도구로 떠올랐다.[30]

양모를 위해 발명된 방적 및 방직 기술은 면화에도 손쉽게 적용되었다. 수력을 동력으로 삼는 기계는 면화에 결정적 이점을 안겨주었다. 이것은 나중에 석탄과 증기로 가동되는 기계에 의해 한층 증폭되었다. 1780년에는 영국제도에서 모직물이 면직물보다 10배나 많이 생산되었다. 그러던 것이 1850년에는 면직물이 모직물보다 6배 더 생산되는 방향으로 뒤바뀌었다. 이 무렵 영국 면화 공장의 생산량을 모직물로 대체하려면 (영국제도 전체 농경지 면적의 2배에 달하는) 5000만 에이커의 목초지에서 방목하는 1억 6800만 마리의 양이 필요했을 것이다. 미국 플랜테이선의 집중 경작과 제1차 산업혁명이 낳은 공장들은 잉글랜드에 수백만 '유령 에이커'를 제공했다.[31] 이렇듯 양모에서 면화로의 대대적 전환을 통해 무역수지 또한 개선되었다. 18세기 동안 영국제도에 운송된 원면은 3배 증가한 데 반해, 그들이 제조해 수출한 면제품은 15배로 크게 불어났다.

면화가 지속적으로 공급되자 영국의 마을 작업장들은 면화를 염색하는 신기술을 개발했다. 코케인이 왕실의 후원에도 불구하고 통달하지 못한 종래의 염색 방법은 식민지에서 공급받는 이국적이고 값비싼 염료에 의존했으며 전문지식도 필요했다. 18세기 중반, 기능공들은 판화가와 서적 인쇄업자들이 종이에 작업하고자 개발한 새로운 인쇄 방법을 면화에 적용했다. 나무판 또는 놋쇠판에 염료를 바른 다음 그 위에 천을 굴리는 방식이었다. 인도의 옥양목을 본뜬 인쇄 직물은 수익을 높여주었다. 기계 덕분에 생산성이 인도의 전통 기술보다 80배나 향상된 것이다. 그 후 화학자들은 값비싼 코치닐(cochineal)을 대체할 염료를 개발했다. 원시 산업은 대양에 걸친 노예 노동과 영국 시골지역의 자급자족 농업, 그리고 도시 및 항구의 초기 자본주의 간 교환을 구체화했다. 예컨대 비단이나 면화 같은 원자재의 공급처는 멀리 떨어져 있고 집중되어 있었던 데 반해, 이탈리아나 잉글랜드에서 이루어진 그 가공은 인접한 마을 수십 군데와 작업자 수천 명에게 이들 상품을 분배하는 데 기반하고 있었다. 새로운 산업은 설탕·면화·은 같은 국지형 자원과 곡물·양모·석탄·대마 같은 확산형 자원을 결합했다. 그러나 국지형 자원의 추출과 그 1차 가공은 대양 건너편에서 이루어졌으며, 확산형 자원의 추출과 가장 수익성 높은 그 2차 가공은 잉글랜드와 유럽의 몫으로 남아 있었다.

가장 물정에 밝은 미국독립혁명 참여자 알렉산더 해밀턴(Alexander Hamilton)은 면화에는 기계로 가공하기에 유독 적합한 특성이 존재한다고 썼다.[32] 양모·아마·비단 공장이 동력으로 삼은 것은 물레방아였지만, 최신 면직 공장은 증기기관을 이용했다. 가내수공업 생산에서 벗어나 공장이라는 하나의 공간에서 모든 공정을 처리할 수 있게 된 기업가들은 운송 거리를 단축하고 기계를 사용함으로써 '규모의 경제'를 통해 이익을 누렸다. 1841년 맨체스터에는 이미 128개의 면화 공장, 즉 '사탄의 맷돌(satanic mills: 칼 폴라니가 그의 역작 《우리 시대의 기원: 거대한 전환(Origins of Our Time: The Great Transformation)》에서 자본주의 시장경제를 묘사하기 위해 윌리엄 블레이크의 시구에서 차용한 표현. 산업혁명이 인간을 통째로 갈아 바닥 모를 퇴락의 구렁텅이로 몰아넣는다는 공포를 상징한다—옮긴이)'이 들어섰는데, 이들은 영국 전체 직물의 절반 이상을 생산했다. 면직물과 모직물을 제조하는 가내 작업장 수는 10분의 1로 줄어들었다. 일과 땅을 잃은 사람들은 공장 지대로 몰려들기 시작했다.

  역사가 칼 폴라니(Karl Polanyi)는 산업혁명을 "종파주의자의 마음에 불을 댕긴 것만큼이나 극단적이고 급진적인 변화"라고 평가했다. 이 새로운 신조는 "물질적 재화가 한정 없이 주어진다면 인간의 온갖 문제를 해결할 수 있다"는 믿음으로 이루어져 있었다.[33] 새로운 공장들은 그 규모 면에서 당대 관찰자들을 놀라게 만들었다. 세척·방적·방직에 쓰이는 점점 더 많은 기계가 (둑으로 막고 물길을 따라 이동시킨) 물이 떨어지면서 생성하는 에너지를 동력으로 작동했다. 그것들은 모두 '규모의 경제'를 통해 이득을 보았지만 그 규모는 가공 처리되는 자원의 속성에 따라 저마다 달랐다. 가령 1835년 잉글랜드에서 평균적인 면화 공장은 175명의 노동자를 고용한 반면, 평균적인 양모 공장의 경우 그 수치가 44명에 그쳤다. 면화 공장은 증기 기계로 물레방아를 보충한 최초의 공장이었는데, 양모 공장은 그보다 몇 걸음 뒤처져 있었다. 양털실보다 질긴 면사는 기계가 낳는 장력과 진동에 의해 손상되지 않았다. 또한 면직물은 더 값비쌌기 때문에 복잡한 기계류를 사용하는 데 따른 비용을 상쇄해주었다. 신형 기계의 발명가 대부분은 시계 제작자로서 출발했다. 그들의 기계는 고가였으며, 이 새로운 사업에 뛰어드는 데 드는 비용은 턱없이 높았다. 하지만 그 비용은 투자할 만한 가치가 있었다. 물레방아로 구동되고 증기기관이 뒷받침하는 대형 방직기는 손 베틀로 작업할 때 필요한 노동력의 10퍼센트만 가지고도 동일한 양의 면화를 가공할 수 있었다.[34]

리처드 아크라이트(Richard Arkwright)는 면직물 공장에 증기기관을 설치한 최초의 기업가로서, 증기기관을 이용해 물레방아까지 이어지는 물길로 물을 퍼올렸다. 또한 그는 면사를 지속적으로 방적하고 재구성할 수 있는 '물틀(water frame: 일종의 수력방적기―옮긴이)'을 발명하기도 했는데, 이는 손으로 돌리는 다축방적기(spinning jenny)보다 훨씬 더 강력했다. 랭커셔의 사업가들은 새로운 기계 장치를 써서 거의 옥양목처럼 인쇄할 수 있는, 리넨 날실과 면 씨실로 된 회색 천을 생산했다. 제러미 벤담의 제자 로버트 오언(Robert Owen)은 19세기 초 사회 실험의 중심지로 떠오른 스코틀랜드의 뉴래너크 마을에 이 시스템을 도입했다. 그는 면방적 공장의 근무 시간을 10시간으로 제한하고 12세 미만 어린이의 고용을 거부했으며, 노동자들이 구구단을 외우도록 했다. 랭커스터의 물방앗간 소유주 로버트 필도 이내 이 규칙을 채택했다. 1819년 이 두 공장 소유주는 면화 산업에서의 아동 노동을 규제하고자 의회에 공장법(Factory Bill)을 제출했다. 아크라이트는 특허 스캔들과 소송으로 고

생하긴 했으나 끝내 부자가 되는 데 성공했다. 오언은 1825년 뉴래너크에 대한 지배권을 잃었지만 미국의 유토피아 공동체 뉴하모니(New Harmony)를 설립함으로써 명성을 누렸다. 필의 아들 중 하나인 동명의 로버트(Robert Peel)는 영국 총리 자리에 올랐다.

프롤레타리아 계급의 탄생

양모가 쇠퇴하면서 농부와 소작농은 수입을 잃었고 양치기는 빈민으로 전락했다. 이번에도 성장하는 도시가 이에 따른 잉여 인구를 흡수했다. 금속 가공 산업보다 규모가 훨씬 더 큰 섬유 산업은 프롤레타리아 계급의 진정한 요람이었다. 기계화된 방적기와 방직기는 계속 돌아가려면 인간 노동자의 지속적 투입이 필요했다. 가장 낮은 수준의 노동자들은 마치 기계처럼 다른 일은 아무것도 하지 않고 수천 번 동일한 동작을 반복해야 했다. 이 단조로운 작업 특성 때문에 소농들은 나자빠졌지만, 그 자녀들은 그 일을 썩 잘해냈다. 이 공장들은 선박이나 광산보다 더 큰 규모로, 노동력 말고는 잃을 게 없는, 서로 구분이 안 가는 인간 무리를 형성했다. 규율은 잘 지키되 훈련받지 못했으며 동기도 부족하고 지칠 대로 지친 노동자들은 일종의 프롤레타리아 계급, 즉 기계에 매인 소외된 노동력을 구성했다.

면화 공장은 물레방아에 의존하는 한 강둑 근처에 위치해야 했으므로 그 산업의 전원적 특성을 보존할 수 있었다. 항구에서 멀리 떨어진, 대개 언덕 많은 지형에 위치한 이 공장들은 유속이 빠른 물과 안정적인 강둑을 필요로 했다. 그런데 물레방아가 소용없는 제2세대 증기 구동

기계들이 등장하면서 면화 산업이 도시로 옮아갔다. 이 새로운 기계들 덕분에 과거에 장거리 무역을 위해 개발된 해안 지구에 석탄으로 가동되는 공장들이 들어섰다. 산업혁명은 내륙 지역의 인구 감소로 이어졌다. 내쫓긴 농업 노동력을 흡수했던 널리 흩어져 있는 가내수공업과 자연조건이 적절한 곳에 들어선 물방앗간은 모두 방치되었다. 놀라운 속도로 전개된 새로운 해안 도시화는 불평등을 심화시켰다. 도농 간의 위상 변화로 급부상한 항구와 대도시들은 사람·자원·자본 등 모든 것을 빨아들였다.

나폴레옹 전쟁은 섬유 수요를 크게 올려놓았다. 전쟁은 밧줄·돛·군복·담요·텐트 등 온갖 종류의 섬유를 필요로 했기 때문이다. 전쟁이 끝나자 수요는 급감했고 가격 역시 폭락했다. 미국산 면화를 실은 선박들은 짐을 풀지도 않은 채 영국 항구에 몇 달간 발이 묶여 있었다. 1814년 대마 시장으로 돌아온 러시아 지주들은 이번에도 재미를 보지 못했다. 영국 공장에서 일하는 방직공의 임금은 전쟁 시기의 3분의 1로 떨어졌다. 섬유 산업의 중심지 랭커셔에서는 사람들이 배를 곯았다. 1819년 8월, 맨체스터의 세인트 피터스 필드(St. Peter's Field: 오늘날의 세인트 피터스 스퀘어—옮긴이)에서 악명 높은 학살이 자행되었다. 자신이 가진 가장 좋은 옷을 차려입은 1만 명의 섬유 노동자와 그 가족들이 빵과 일자리, 그리고 의회 개혁을 외치며 대규모 집회를 열었다. 칼을 뽑아든 경기병 연대가 군중을 해산시켰는데, 그 과정에서 15명의 남성과 여성이 쓰러졌다. 이 사건은 그 얼마 전에 벌어진 워털루 전투를 비꼬는 표현인 피터루(Peterloo)라는 별칭을 얻었다.

1840년대는 유럽 전역에 위기가 닥친 시기였다. 식민지에서는 섬유와 공산품에 대한 수요가 정체되었다. 영국 산업은 다시금 자국의 자원 플랫폼을 전환하기 시작했다. 금속·석탄·철도 같은 새로운 개발 프로젝트가 막 꿈틀대고 있었다. 자원 플랫폼은 되풀이해 변화했지만, 세계는 계속해서 엄청난 양의 면화(2013년에 1억 2300만 개의 목화 꾸러미)를 생산 및 소비하고 있다. 우리는 이 같은 규모의 면화를 대체하려면 70억 마리의 양을 사육해야 하는데, 이를 위해서는 대서양에서 우랄산맥에 이르는 유럽 땅 전체가 필요할 터였다. 서양이 동양을 앞지를 수 있도록 해준 '대분기(great divergence)'는 면화 덕분에 가능했는데, 면화는 본시 서양이 모방한 동양의 전통 제품이었다.[35]

우즈벡산 면화, 러시아산 직물

1822년 러시아의 관세는 축소된 중상주의 원칙 버전을 따랐다. 즉 원면 수입을 장려하고 공산품으로부터 국내 시장을 보호했지만, 운송은 여전히 외국 선박에 맡긴 것이다. 이 관세 덕분에 러시아 제조업자들은 미국산 면화를 가공해 수익을 올릴 수 있었다. 인쇄 옥양목에 대한 국내 수요가 엄청났고, 아마 가공을 전문으로 하던 원시 산업 현장을 대체하는 면화 공장들이 들어섰다. 물레방아로 구동되는 모스크바 지역의 직물 공장들은 방직기를 면화용으로 개조했다. 아마 밭으로 둘러싸인 이바노보 마을에는 새로운 직물 제조업체 왕조가 등장했다. 이들 대부분은 정교회 사제직을 인정하지 않는 다소 비밀스럽고 급진적인 종파인 '사제 없는 고의식파의 고해(priestless confession of Old Believers)'에 속해 있었다. 고용 노동력은 저렴했으며 신용은 비공식적이었다. 방직기는 면화와 마찬가지로 외국에서 수입되었다. 1832년 이바노보에 영국산 증기 동력 기계가 도입되었다. 1844년 이바노보에 들어선 130개 공장 중 상당수는 농노 소유 권리를 누렸으며, 대규모 공장들은 거의 천 명에 가까운 농노를 소유하고 있었다. 그러나 공장의 거의 절반가량은 소농 소유였으며 그들 일부는 여전히 농노였다.[36] 관료들은 이바노보 마을의 성장세에 놀랐다. 행정지도에도 표기되어 있지 않던 그 마을들은 모두 최대 농노 소유주 축에 속하는 셰레메티예프 백작(Count Sheremetyev)의 것이었다. 그러나 이러한 장소들의 경제적 성장은 경이로웠다. 1929년 소련이 이바노보를 지역 중심지로 삼았을 때 이곳은 산업 생산량 측면으로 볼 때 소련 전체에서 3위를 차지했다.

러시아의 경우 자본 집약적 기계류가 잉글랜드처럼 노동자 임금이 높은 나라에서만 채택될 수 있다는 논지와 배치되었다. 경제사학자 로버트 앨런(Robert Allen)에 따르면, 인도나 폴란드처럼 인건비가 낮은 경우 고용주로서는 기계류에 돈을 투자하기보다 추가 노동자를 고용하고 가내수공업으로 발전시키는 편이 유리했다.[37] 하지만 러시아는 달랐다. 즉 노동력은 저렴했지만 박해받는 공동체들, 특히 고의식파는 많은 자본을 축적했음에도 그것을 수출할 수 없었으므로 가능한 모든 사업 기회를 활용했다. 크림전쟁이 일어나기 전 10년 동안 방적기 수는 3배로 불어났다. 그 후 미국 남북전쟁 기간에 면화 가격이 4배 상승했고, 이는 중앙아시아로부터의 면화 수입을 밀어올렸다.

이들 전쟁은 종식되었지만 영국제국과 러시아제국 간의 대리전인 그레이트 게임(Great Game: 1813년부터 1907년까지 중앙아시아에서 러시아와 영국이 패권을 다툰 분쟁―옮긴이)은 중앙아시아에서 계속되었다. 19세기 중반, 러시아 군대가 투르키스탄을 침공했다. 그중 일부는 거기서 금속을 발견하길 바랐으나, 결국에 가서는 면화가 훨씬 더 귀중한 자원으로 판명되었다. 상트페테르부르크 정부는 영국이 그곳에 끼치는 영향력을 저지하길 원했으나, 제조업자들은 우즈벡 통치자들이 원면에 대한 보호무역 관세를 도입할 수 있다고 우려했다. 처음에 불안정하던 부하라(우즈베키스탄의 주요 도시 중 하나—옮긴이) 면화의 품질은 점차 개선되었다. 운송비가 비쌌지만 온갖 전쟁과 위기를 고려할 때 바다 건너에서 들여오는 면화보다는 믿을 만했다. 미국 남부에서도 거의 그랬지만 중앙아시아에서는 면화가 왕이었다. 투르키스탄 합병 이후 면화 수입은 10배나 늘어났고, 이로써 수백만 명의 현지 소농과 러시아 중부의 노동자 수천 명, 그리고 유라시아의 절반을 가로지르는 면화 운송에 종사하는 수많은 마부, 바지선 인부, 부두 노동자에게 일자리가 제공되었다. 페르가나(중앙아시아의 교통 요지로 오늘날의 우즈베키스탄, 타지키스탄 등에 걸쳐 있는 지역—옮긴이)에서 낙타에 실린 목화 꾸러미가 카스피해로 운반되었고, 거기서부터 볼가강을 타고 거슬러올라갔다. 1865년 면화와 직물은 니즈니노브고로드에서 열린 러시아 주요 박람회의 무역 매출액 가운데 15퍼센트를 차지했다. 사마르칸트에서 카스피해에 이르는 철도가 1888년 완공되었으나, 그때도 러시아 중부까지 가는 데는 6주가 걸렸다.[38] 대영제국과는 달리 그곳은 면화가 생산되는 장소와 가공되는 장소가 대양으로 분리되어 있지 않았으며, 오직 사람이 살지 않는 광활한 대초원과 습지대로만 이루어져 있었다. 그러나 이 경우에도 직물은 면화가 재배된 곳에서 수천 킬로미터 떨어진 곳에서 제조되었다. 알렉산더 해밀턴은 면화가 그 특성상 기계 가공에 적합하다고 썼는데, 그는 한층 더 놀라움을 담아 자연이 면화를 장거리 운송에 적합하게끔 창조했다고 덧붙였을지도 모른다.

러시아 당국은 투르키스탄을 중상주의의 교과서적 모범으로 삼으면서, 원면 생산을 독려하고, 그것이 현지에서 가공되는 것을 막고, 현지 소비를 억제하고, 운송 수단을 틀어쥐고 있었다. 투르키스탄의 대부분 지역에서 러시아 당국은 우즈벡 소농들의 전통적 방식에 적합한 간접 통치를 확립했다. 그러나 그 세기 말에 이르자 새로운 위협이 불거졌다. 중앙아시아로 대거 이주해오기 시작한 러시아 중부 소농들이 목화가 재배되는 오아시스로 직행한 것이다. 인구 과잉과 민족 갈등을 우려한 상트페테르부르크는 이러한 이주에 제동을 걸었다. 투르키스탄 총독은 폴란드와 페르가나에서 발발한 반란을 잔혹하게 진압한 경험이 있는 노련한 식민지 행정가 콘스탄틴 카우프만(Konstantin Kaufmann)이었다. 그는 예상과 달리 러시아 식민지 개척자들의 토지 매입을 제한함으로써 그들로부터 현지 주민을 보호했다. 카우프만은 목화밭을 러시아인 소유로 이전하는 게 비용이 많이 들고 피비린내 나는 사업이 되리라 판단했다. 투르키스탄에서 내전이 발생했다면, 미국에서 남북전쟁이 발발한 때보다 면화 가격이 더 많이 올랐을 것이다. 식민지 개척자의 유입을 막고 현지 거주민을 보호한 이 조치는 식민지 역사상 보기 드문 것이었다. 하지만 러시아 은행들은 점차 많은 우즈벡 소농의 토지를 빼앗아갔고, 1914년에는 면화 생산 농장의 25퍼센트가 부채 탓에 땅을 잃었다. 제국의 머나먼 변방에서 일어난 소농 봉기들은 그 나라 수도에서 일어난 혁명보다 시대적으로 훨씬 앞선 것이었다.

러시아에서는 빵 가격과 마찬가지로 직물 가격이 다른 모든 것을 앞지르면서 껑충 치솟았다. 1900년 정부는 다시 한번 수입 면제품에 대한 관세를 인상했고 그 결과 국내 가격이 국제 가격보다 높아졌다. 그럼에도 러시아의 수도와 항구도시들은 값비싼 유럽산 직물 수입을 늘렸다. 중앙아시아에서 들여오는 면화량의 증가와 모스크바를 중심으로 한 섬유 산업의 호황은 러시아 마을들의 국내 소비에 의존했다. 해안 도시와 산업 도시가 붐을 이루었음에도 마을의 생활수준은 제자리걸음 이었다. 왜 이런 결과가 빚어졌는지 설명하는 사례 가운데 하나가 사탕 무로 생산한 설탕이다. 그 설탕은 값싸고 전국에서 구할 수 있었기에 소농의 소비를 늘려주었지만, 지역 가계를 장거리 무역 및 세계적 문 제와 연결 짓는 데는 실패했다. 사람이 거의 살지 않는 광활한 땅은 무 역을 침체에 빠뜨렸다. 분업은 계절에 따른 노동과 이주에 의존해야 했 다. 도시로 이주한 소농들은 재빠르게 새로운 기술을 습득했지만, 마을 로 돌아갔을 때는 그것을 사용하지 않았다. 그들의 세계는 차야노프가 도덕경제 모델에서 묘사한 세계, 즉 성장이 필요 없는 세계였다.[39] 18세 기에는 국가가 소농을 대할 때 채찍과 당근을 두루 사용했다. 하지만 20세기에는 오직 채찍만 휘둘렀다.

철갑을 두른 리바이어던은 시골지역을 산업화하면서 마을의 도덕 경제에 간섭하는 한 가지 방법을 구사했다. 바로 무력이었다. 1928년 여름 스탈린(I. Stalin)은 자신의 목표를 설명하면서 자본주의 국가에서는 산업화가 식민지를 약탈하는 대가로 이루어졌다고 밝혔다. 그는 볼셰비 키가 '내적 축적'을 대가로, 즉 시골을 약탈함으로써 산업을 건설했다고 말했다. 국가는 소농의 소규모 농지에 축적된 얼마 되지 않는 비축금 을 몰수했고 그 수익금을 광산과 공장 개발에 투입했다. 스탈린이 말했 다. "이는 산업을 키우기 위해 소농 계층에 부과하는 추가적 세금이다. ……이것은 '공물(貢物)'과 약간 비슷하다. ……솔직히 말하자면 썩 기분 좋은 일은 아니다." 그는 식량의 대가로 더 많은 직물을 공급하는 것을 뜻하는 '도농 간 동맹'을 제안한 반대파에 동의하지 않았다. "우리는 소 농에게 그저 옥양목을 주지는 않을 겁니다. 온갖 종류의 기계·종자·쟁기·비료를 제공할 겁니다. ……그러므로 그 동맹은 직물뿐 아니라 금속도 기반으로 할 예정입니다." 스탈린은 좀더 풀어서 이렇게 설명했다. "섬유를 통한 동맹은 주로 소농의 개인적 필요와 연관되어 있지만, '금속을 통한 동맹'은 소농계급의 집단적 재구성을 의미합니다." 그는 "일반적으로 우리는 어떻게 소농, 그의 심리, 그의 생산성을 뜯어고치고 재구성할 수 있을까요?"라고 물었다. 이를 위해 그의 계획은 "농업의 기계화, 소농 노동의 집산화, 국가의 전기화"를 상정했다.[40] 러시아 소농계급을 프롤레타리아 계급으로 전환하는 것과 관련해 설탕은 필요가 없었고 옥양목은 극히 적었다. 집산화와 도시화, 즉 소비에트 버전의 인클로저와 재정착을 위해 필요한 것은 다름 아닌 금속이었다.

금속

사람들은 땅속에서 금속을 캐내고 땅 표면에서 자라는 섬유를 채취한
다. 우리는 금속을 가공할 때면 모든 개별 조각의 내부 질을 변화시키
는 화학적 방법을 쓴다. 그에 반해 섬유를 가공할 경우에는 개별 조각
을 변형시키지 않고 서로 결합하는 물리적 공정을 거친다. 광석에서 금
속을 추출하려면 예컨대 매우 높은 온도 같은 조성하기 까다로운 특수
한 조건들이 필요하다. 반면 섬유를 가공하려면 지루한 수작업이 요구
된다. 직물은 뽑아서 원래의 섬유로 되돌려놓을 수 있다. 그러나 합금
은 한 번 만들어지면 원래 원소들로 분리할 수 없다. 일반적으로 여성
의 활동 영역이던 섬유 가공과 달리, 광석 채굴과 금속 제련은 주로 남
성의 몫이었다. 그러나 금속과 섬유, 이 두 가지 상품의 가격과 역사적
역할은 비슷한 방식으로 변화를 겪었다. 수세기 동안 상승하던 가격은
18세기 이후 안정세를 보였으며 치솟는 식량 및 에너지 비용보다 뒤처
졌다. 금속의 역사는 위험천만한 모험에 뛰어들고 끝내 살아남아 그 이

야기를 들려준 이들이 후대에 넘겨주었던 통찰과 망상, 그리고 우연한 발견들로 가득하다. 그것은 최적의 인간은 아니었을지 모르나 운이 좋았음에 분명한 이들이 밀어붙인 기이한 아이디어들의 자연선택 결과였다. 이 같은 다원주의적 과정이 8000년 동안 지속되었다.

청동

물·곡물·목재와 달리 금속은 국지형 자원이며, 금속 무역에서는 위치가 제일 중요하다. 만약 자신이 가진 자원을 추출할 수 있다면 당신은 그것을 자신이 가지지 않은 또 다른 상품과 교환하고 양방향으로 그 상품을 운송해야 한다. 만약 당신이 이웃과 동일한 곡물·목재·사과를 가지고 있다면 이 같은 문제는 전혀 발생하지 않는다. 당신은 잘살고 있을지 모르지만 무역도 자본도 없다. 그리고 아마 금속도 손에 넣지 못할 것이다.

　금속 광석은 아무런 까닭도 없이 무작위로 나타나며, 인류에게는 매우 불편한 존재다. 땅속 깊은 곳에 묻힌 광석이 지질 구조상의 변화를 거쳐 지각에서의 습곡(fold: 지층이 퇴적된 후 횡압력을 받아 휘어진 지층의 통칭─옮긴이)을 따라 표면으로 올라오는 일은 매우 드물다. 이 습곡은 일반적으로 산에, 즉 바닷길, 비옥한 땅, 그리고 무역 도시에서 멀리 떨어진 사람이 살지 않는 곳에 위치한다. 그래서 금광, 은광, 그리고 나중의 구리 또는 철광석 매장지 같은 부의 원천은 외딴곳에서 발견되었다. 또는 반대로, 그런 장소들은 매우 드물다는 이유만으로 엄청난 부의 원천으로 떠오르기도 했다. 금속을 더 널리 분포하는 자원인 점토와 비교해

보자. 벽돌과 도자기의 원료인 점토는 신이 인류에게 내린 선물이었다. 점토를 굽는 기술은 다른 어떤 기술보다 더 많은 혜택을 인류에게 안겨 주었다. 그러나 점토는 결코 숭배의 대상이 되지 않았다. 고르게 확산한 자원은 불평등을 낳지 않은 채 사람들에게 혜택을 주며 큰 부를 창출하지도 않았다. 도공의 기술은 대장장이의 기술보다 우월한 경우가 많았다. 따라서 다수의 금속 가공 방법은 점토를 다루는 기술로부터 기법과 도구를 빌려왔다. 하지만 기적적 변형과 특수한 용도, 독점적 공급원을 특징으로 하는 금속만이 지식·불평등·성장에 기반한 사회를 태동시켰다. 자본의 시대는 금속의 시대와 동시에 시작되었다.

청동기 시대는 인류사에서 오랜 시간이 지난 뒤 등장했다. 바로 금속이 광택과 희소성을 이유로 귀하게 여겨지고 숭배의 대상으로 떠오른 시대다. 사람들은 석기 도구를 사용해 금속 덩어리를 의례용 장식품으로 만들었다. 성서에는 고대의 금송아지(Golden Calf: 구약의 〈출애굽기〉 32장에 등장하며, 이스라엘의 물질주의와 배금주의 등 타락과 우상숭배를 상징한다—옮긴이) 이야기가 나온다. 즉 사람들이 절망에 빠졌을 때 아론이 개인 장신구 수천 개를 녹여 공동체의 우상을 만든 것이다. 그러자 '낯선 땅의 이방인' 모세가 산에서 내려와 그 금송아지를 부수고 유대인에게 눈에 보이지 않는 신을 숭배하도록 가르쳤다. 금송아지 종교의 자취는 돈과 풍요로움을 상징하는 금에 대한 숭배 속에 어른거렸다. 그러나 경이와 모험에 대한 기대인 '황금의 양모피(Golden Fleece: 그리스 신화에 나오는 황금털 숫양의 모피—옮긴이)' 종교도 있었다. 산악지대 거주민은 척박한 바위에서 금속을 발견했지만, 골짜기에서 사는 이들은 곡물, 양모 또는 도자기와 교환함으로써 금속을 얻었다. 사람들은 섬유와 금속의 교환 덕에 광활한 지구를 보물의 원천이자 발견의 장소로 이해할 수 있었다.

용광로에 검은 모래를 넣으면 운이 좋을 경우 일반 구리보다 더 튼튼한 합금을 얻을 수 있었다. 이처럼 구리와 주석을 합금한 결과물이 청동인데, 사람들은 그것을 이용해 도구와 무기를 제작하기 시작했다. 하지만 메소포타미아 늪지대와 나일강 삼각주에서는 돌조차 진기했다. 북방 유목민은 중동의 문명 발상지에 금속을 공급하고 그 대가로 남방의 장인이 만든 제품을 받았다. 그러나 이 비옥한 평원에서 살던 사람들은 목재와 금속을 찾기 위해 한층 더 북쪽으로, 즉 레바논, 아나톨리아(Anatolia: 현재의 튀르키예 대부분을 차지하는 소아시아 지역―옮긴이), 지중해 전역으로 더 멀리 이동했다. 이집트인은 시나이 광산에서 구리를 추출했으며 누비아 금광을 점령했다. 금속으로 만든 무기를 손에 넣은 그들은 목재 도구로 땅을 파는 소농을 지배할 수 있었다. 곡물 저장고 및 삼나무 숲에 대한 지배와 동의어이던 권력은 이제 광산·용광로·운송로에까지 관심을 뻗었다.

칼과 쟁기, 바퀴로 무장한 문명은 북쪽으로 이동했다. 소농 마을에 대장간이 등장했다. 대장간 소유주들은 농업 노동이 아니라 물물교환으로 생계를 이어갔다. 이들은 종종 침입자이자 마술사로 여겨지기도 했는데, 그중 다수는 이민자였다. 야금술은 가령 구리·주석·숯 등 다양한 자원을 (설사 그들 모두가 상이한 지역에 기원을 두고 있다 하더라도) 한곳에 모을 수 있는 남성을 필요로 했다. 유럽에 구리 광석은 다량 매장되어 있지만 주석은 흔치 않았으므로 그것을 멀리서 가져와야 했다. 청동 합금에서 주석은 전체 무게의 20퍼센트도 되지 않았지만, 그 공급처가 멀고 제한적이라서 물물교환에 비용이 많이 들었다. 여의치 않을 경우, 대장장이들은 유독한 비소를 이용해 구리를 제련하는 식으로 청동을 얻기도 했다. 그들은 일찍 죽었다. 대장장이의 신 헤파이스토스는 튼튼한 어깨를 지닌 모습으로 묘사되었지만 실은 두 다리를 절었다. 그럼에도 그는 신들이 소중히 여기는 무기를 만들었으며 아름다운 아프로디테와 결혼했다.

사람들은 주석과 구리를 결합하는 법을 익히던 때와 거의 같은 시기에, 은을 분리하는 방법도 알아냈다. 그들은 화로에서 가능한 최고 온도까지 광석을 가열했다. 주석은 화로에서 녹아 마치 세례반이나 회분로에서처럼 흘러나왔으며 은만 안에 남았다. 이 기적적 과정은 회취법(cupellation, 灰吹法)이라 불렸다. 아테네는 아티카의 라우리온 광산에서 채취한 은 덕분에 부흥했다. 이 광산들은 국가 소유였지만 더러 개인에게 채굴권이 임대되기도 하고, 무명의 노예들이 거기서 일하기도 했다. 대략 기원전 500년경부터 은과 주석으로 얻은 수익은 해군을 창설하고 용병 군대를 유지하는 비용으로 쓰였다. 아테네인은 또한 이 은을 사용해 북아프리카와 지중해에서 곡물 식민지를 유지함으로써 일용할 양식을 얻기 위한 더러운 노동을 피할 수 있었다. 얼마 뒤 그리스 북부의 트라키아 광산은 더 많은 은을 생산했다. 그 광산은 한때 최초의 역사가 투키디데스(Thukydides)에 의해 운영되기도 했다. 이 광산은 아시아의 정복자 알렉산드로스를 세계에 배출한 마케도니아 왕조에게 권력의 원천이었다. 페니키아인들은 훨씬 더 풍부한 에스파냐 광산에서 일했다. 한니발(Hannibal)은 이 광산을 통해 원정 자금을 조달했다. 실제로 모든 군사 지도자 뒤에는 은광이나 구리 광산이 버티고 있었다. 섹스투스 마리우스는 카디스 부근에 위치한 그의 광산에서 은과 구리를 얻어 로마에 제공해주었다. 하지만 우리가 기억하듯(머리말 참조), 티베리우스 황제는 그를 근친상간 혐의로 고발하고 절벽에서 던져버렸다.

로마제국은 마치 아메바처럼 성장하며 여기저기로 촉수를 뻗어나갔다. 인류학자 잭 구디(Jack Goody)에 따르면, 이러한 발전을 추동한 주요 동력은 금속 찾기였다.[1] 식민지를 개척하면서 로마가 노린 목표는 이탈리아 남부의 구리, 잉글랜드의 주석, 에스파냐의 은, 아티카와 사르데냐의 납을 확보하는 일이었다. 로마인은 부드럽고 가단성 있는(즉 두들겨 펼 수 있는) 납을 무척 좋아했고, 그것을 배관과 욕조를 위해, 그리고 청량음료 용기로 사용했다. 납염은 물에 용해되며 이 용액은 달콤하지만 유독하다. 납 아세테이트는 장기부전을 일으키며, 어린이의 경우 소량만 섭취해도 뇌 손상을 일으킨다. 어느 연구에 따르면, 로마 황제 중 칼에 찔려 사망한 이보다 납 중독으로 숨진 이가 더 많았다고 한다.[2]

땅을 움푹 파고 벽돌을 쌓아 만든 제련용 용광로가 서유럽, 동남아시아, 중국 북부 등 세계 여러 지역에서 등장했다. 금속의 품질은 용광로 온도에 따라 달라졌으며, 그 온도는 다시 상승 기류에 의해 좌우되었다. 상승 기류는 굴뚝 높이에 의존했으며, 굴뚝 높이는 벽돌 품질에 따라 달라졌다. 제련의 발전은 내화 점토의 대약진으로 인해 가능했다. 굴뚝 높이가 4미터인 제련용 용광로는 청동기 시대 공학 기술의 최고봉이었다. 이러한 용광로는 철을 제련할 준비가 되어 있었다.

청동은 녹슬지 않는 귀한 금속이긴 했으나 몇 가지 한계를 지니고 있었다. 예컨대 짧은 칼은 만들 수 있으나 긴 군도(軍刀)는 제조할 수 없었다. 청동 방패와 갑옷은 야만인이 휘두르는 조잡하지만 무거운 무기를 거의 방어하지 못했다. 청동은 쟁기를 만들기에는 너무 비싼 데다 마모되기도 쉬웠다. 주석의 운송로가 길어진 것도 청동 생산에는 약점으로 작용했다. 시간이 지남에 따라 철을 사용하는 동유럽의 야만인 부족인 '바다에서 온 사람들'의 침입으로 고대의 주석 공급로가 파괴되었다. 멀리 떨어진 희귀 자원에 의존해야 했던 청동기 시대는 사회적 불평등의 시대였다. 갱(광물 채취장)과 광산의 소유주는 부자가 되었지만, 심지어 그들조차 운송로를 통제하는 사람들에 의존해야 했다.[3]

철

사람들은 운석에서 순수한 철 덩어리를 발견했는데, 그것은 금보다 더 희소하고 귀했다. 아나톨리아, 아페니노산맥, 그리고 나중에 발칸반도와 카르파티아산맥(폴란드, 슬로바키아, 우크라이나 서부, 루마니아에 말발굽 형상으로 걸쳐 있는 산맥-옮긴이) 등 고대 세계 사람들이 접근 가능했던 산에는 철광석 노두(露頭)가 있었다. 철광석은 채석장에서 채취되었는데, 지표면에 드러나는 경우는 운석만큼이나 희귀했다. 대부분의 고대 철은 소택지와 호수에서 발견되었다. 이러한 유형의 철광석은 오늘날 리모나갈 철석, 이암 또는 단순히 소철(沼鐵)이라 불린다. 역사가들은 그것의 중요성을 과소평가하는 경향이 있다.

소철은 갈색에서 노란색에 이르는 독특한 색깔의 호감 안 가는 거친 돌덩어리 형태다. 산화철과 다양한 혼합물로 구성되어 있으며 현대 야금업에서는 쓸모가 없지만 몇 가지 독특한 특성을 지닌다. 제련 기술의 발전은 점점 더 높은 온도를 사용할 수 있느냐 여부에 따라 결정되었다. 금속마다 제련 온도가 제각기 다르며, 철의 제련 온도(현대 공정의 경우 섭씨 1500도 이상)는 구리(섭씨 1000도)보다 훨씬 더 높다. 그러나 소택지 광석에서 추출한 철은 시작 온도가 섭씨 400도인 비정상적으로 낮은 온도에서 제련된다. 이 온도는 같은 소택지에서 얻은 토탄을 태워도 도달할 수 있는 정도다. 그리고 노련한 대장장이라면 좋은 목재, 혹은 더욱더 좋은 것으로 숯을 사용해 소택지 광석으로부터 고품질의 철을 생산할 수도 있다. 용광로에서 반복적으로 단조하면 산소와 화학적 불순물을 제거할 수 있었다. 게다가 소택지 광석은 다량의 실리콘을 함유하고 있었다. 이로써 그 철은 '녹슬지 않게(stainless)' 되었는데, 이는 수세기 동안 산중에 사는 대장장이들이 이루지 못한 결과였다.

철기 시대는 일련의 잘못된 시작을 거듭한 끝에 비틀거리면서 출현했다. 자원 플랫폼의 전환은 발칸반도를 건너온 '바다민족'이 고대 문명의 중심지를 파괴하고 약탈한 기원전 1200년경에 이루어졌다. 침략자들은 철제 무기로 무장했으며, 이 금속 덕분에 뱃사람으로서 위업을 이룰 수 있었다. 아나톨리아에서는 이전에 알려지지 않은 히타이트족(Hittites)이 철을 기반으로 하는 강력한 국가를 건설했다. 이 나라는 청동기 시대의 강국인 이집트와 경쟁을 벌였다. 히타이트족은 철을 벼려 칼과 도끼를 만들었으며, 전차에 쓸 부품도 생산했다. 그들은 레반트(Levant: 지중해 동부 연안, 특히 시리아·레바논·이스라엘·팔레스타인 일대를 가리키는 지명—옮긴이)와 가나안(Canaan: 지금의 팔레스타인 서부지방—옮긴이)에서 이집트인을 축출했지만, 그런 다음 히타이트족이 세운 국가 역시 북쪽에서 공격해온 프리지아(Phrygia: 소아시아 중서부에 있던 고대 국가—옮긴이) 기병대의 거센 공격을 막아내지 못하고 무너졌다. 바야흐로 철검과 철모로 무장한 대규모 보병대가 고귀하게 태어난 전사들이 화살을 쏘고 긴 창을 휘두르는 전차를 상대로 승리를 거둔 시대, 즉 옛 사제 지배층이 전 세계적으로 멸망한 시대였다. 에트루리아인·페니키아인·켈트족 등 야만민족은 철을 능숙하게 다루었으며, 철을 사용해 쟁기, 말발굽, 못, 값싼 보병용 무기를 만들었다. 로마인에게 철은 괄시받는 금속이었다. 하지만 이제 그들은 적으로부터 철을 배웠다.

고대 이스라엘에서는 야훼 부족이 철제 도끼·곡괭이·쟁기로 땅을 개간했다. 기원전 950년에 짓기 시작한 솔로몬 왕의 첫 번째 신전에서는 구리와 철이 둘 다 사용되었다. 철제 쟁기의 발명은 농업 생산성을 키워준 주요 요인이었다. 전쟁용 전차·마차·손수레의 바퀴에는 철 부품이 쓰였다. 그런 다음 쟁기에도 바퀴가 달렸는데, 목재와 철을 결합한 이 도구 덕에 짐 끄는 동물을 대규모로 부리는 일이 가능해졌다. 오직 유라시아에서만 쟁기를 사용했다. 정착민이 도착하기 전 아메리카, 아프리카 또는 오세아니아에서는 쟁기가 알려져 있지 않았다. 인류학자들이 실시한 실험에 따르면, 나무를 쓰러뜨리는 속도가 청동 도끼는 돌도끼보다 3배, 철제 도끼는 돌도끼보다 8배 빨랐다. 경작지 면적을 늘리고 토지를 차지하기 위한 경쟁을 더욱 부채질한 철제 도구는 사회 계층화와 국가의 역할을 강화했다. 이제부터는 재산권이 생명과 부를 정의하게 되며, 오직 국가만이 그 권리를 보호할 수 있었다.

하지만 오스트레일리아의 고고학자 고든 차일드(V. Gordon Childe)는 철기 시대를 민주주의와 유일신교의 시대로 규정했다. 철제 무기의 사용은 사제 지배층의 몰락을 가져왔다. 철제 도구를 농산품과 교환함으로써 소농의 삶이 개선되었다. 실제 일어난 바와 같이 자원 플랫폼의 전환은 더 저렴하고 풍부한 대안을 만들어낸 기술 진보 덕에 가능했다. 인도에서 에스파냐에 이르는 문명 세계 전반에 걸쳐 청동기에서 철기로의 전환은 도시의 파괴, 폭력의 증가, 문자 문화의 쇠퇴를 수반했다. 중동의 웅장한 궁전과 무역 도시가 사라졌다. 고고학자들은 도자기가 쇠락하는 현상과 목축업자들이 해적으로부터 스스로를 보호하고자 해안지역에서 산꼭대기로 대량 이주하는 현상을 통해 재앙의 징후를 감지한다. 바야흐로 '혼란시대'가 도래했다. 수세기가 흐른 뒤에야 비로

소 그리스와 팔레스타인 사람들은 새로운 문화 발전의 길을 모색할 수 있었다. 그 후 대중적 종교, 성문 법전, 금속 동전이 등장하는 기축시대〔Axial Age: 독일 철학자 카를 야스퍼스(Karl Jaspers)가 만들어낸 용어로, 동서양을 막론하고 인류 지성사에서 처음으로 획기적 정신 유산이 발흥한 위대한 시기를 지칭한다—옮긴이〕가 열렸다.[4]

히타이트족과 '바다에서 온 사람들'의 성공은 그들의 철제 무기가 적어도 청동 무기만큼 우수하며 아마 더 저렴하다는 것을 보여주었다. 그러나 초기에 어떻게 철을 가공했는지는 여전히 미스터리다. 채굴된 철이 녹는 온도는 오늘날까지 변하지 않았으며, 나무를 연료로 삼는 용광로에서는 이를 달성하기가 불가능하다. 한 가지 설에 따르면, '바다에서 온 사람들'은 한참 북쪽인 스키타이(Scythai: 흑해 북부의 옛 지방—옮긴이) 대초원에서 들여온 소철을 썼으며, 숯을 사용해 용광로를 가열함으로써 이 광석으로 칼날을 주조할 수 있었다. 또 다른 설에 따르면, 아나톨리아에 니켈 함량이 높은 광석이 매장되어 있었는데, 히타이트족은 그 광석을 이용해 강철 합금과 비슷한 무기를 얻었다. 세 번째 설에 따르면, 히타이트족은 금속의 침탄(carburisation, 浸炭: 금속에 탄소를 스며들게 하는 것—옮긴이)과 '조질(tempering, 調質: 철의 열처리 작업—옮긴이)'을 결합했다.[5] 그들은 분쇄된 철광석을 다량의 숯으로 가열한 뒤 그 합금을 재빨리 물에 넣어 식혔다. 이 합금은 1902년 독일 공학자 아돌프 마르텐스(Adolph Martens)가 새롭게 발견한 견고하고 가단성 있는 물질로 결정화되었다. 이 물질은 결국 마텐자이트(Martensite)라는 이름을 얻었다.

신비로운 히타이트족은 후손들에게 그 비밀을 전수해주지 않았다. 후대의 병기 제조자들은 단조된 철과 조질된 철을 번갈아가며 겹겹이 쌓았는데, 그렇게 해서 얻은 샌드위치 철은 더 가볍고 예리했다. 야금은 예술이다. 섬유에서 일어나는 물리적 변화는 다양한 물질을 가열하고 결합할 때 발생하는 산화·탄화·회취 같은 화학 반응보다 더 간단하고 예측 가능하다. 수천 년의 시행착오를 거쳐 얻은 경험적 지식은 비밀에 부쳐졌다. 모든 세대의 광부와 대장장이는 그들 자신의 업을 익혀야 했다. 어렸을 적부터 도제로서 삶을 시작한 제자는 자신이 스승의 전적인 영향력 아래 놓여 있음을 깨달았다. 희귀하고 수익성 높은 일은 아버지로부터 아들에게 대물림되었다. 자식이 없는 대장장이들(그런 사람이 더 많았다)은 필시 도제를 두었을 것이다.

로마는 평화시에는 금속보다 벽돌과 목재에 더 많이 의존했다. 하지만 모든 로마 군단은 방어용 및 공격용 무기를 만들기 위해 수백 톤의 철을 사용했다. 금속을 구하기 위해 이 제국의 국경이 더 먼 데까지 뻗어나갈수록 그들에게는 더 많은 무기·요새·금속이 필요했다. 로마제국의 광산에서는 노예들이 일했다. 하지만 그중 다수는 노동에 대한 대가를 받았으며 그 일부는 광산의 주인이나 관리자로 성장했다. 제련과 단조를 위해서는 땔감이 반드시 필요했으므로 북쪽의 이점은 자명했다. 알프스산맥의 광산들은 망간 함유량이 높은 철을 생산했는데, 주조하기에 충분할 정도로 온도가 높지 않았음에도 이 광석으로 강철 비슷한 것을 만들어냈다. 야만인은 이 로마 군단과 치른 전투에서 정교하게 단조된 긴 철제 검을 사용했다. 서고트족과 바이킹은 사자(死者) 숭배를 연상시키는 마법으로 소철을 강화해 빼어난 무기를 제조했다. 스칸디나비아 전역에서 고고학자들은 여러 대장간을 발굴했는데, 그곳에서 인간과 엘크·곰 같은 대형 동물의 뼈를 찾아냈다. 대장장이들은 스스로의 마술적 힘을 믿으면서 뼛가루로 소철을 단조해 튼튼한 검을 제작했다. 산소 공급을 제한할 경우 뼛가루가 철을 탄화시켜 녹슬지 않는 튼튼한 강철

코팅을 만들어낸다는 사실이 실험을 통해 드러났다.

중국 한(漢)나라 때 광업과 단조 산업이 이례적 속도로 발전했다. 중국 북부에서는 사람들이 꽤나 일찍부터 석탄을 사용하기 시작했으며, 이를 통해 더없이 높은 온도를 얻을 수 있었다. 서기 1000년경 중국 대장장이들은 청동과 철로 정교한 무기·동전·장신구를 만들었다. 대장간에서는 물레방아를 써서 풀무와 망치에 동력을 공급했다. 중국 통치자들은 광업에 대한 독점권을 선언했다. 구리·철·소금은 국가 재산이 되었다. 그러나 항상 문제가 발생했는지라 이러한 법령을 되풀이해 발표해야 했다. 철은 칼·방패·창을 단조하고 쟁기를 만들고 다리와 수문을 건설하는 데 쓰였다. 중국인은 불상과 탑의 지붕을 만드는 데 철을 사용하기도 했다. 그들은 제련된 금속에 양이나 물소 등 희생된 동물의 피를 첨가하기도 했다. 풍부한 농기구 덕택에 농업이 번성했다. 소농들은 새로운 땅을 일구고 관개수로를 설치하는 등 집약농법을 채택했다. 산업혁명 이전까지 이처럼 산업이 번성한 곳은 세계 어디에도 없었다. 채굴 및 제련 산업은 광산과 가까운 중국 북부의 몇몇 중심지에 집중되어 있었다. 하나의 중심지에 고용된 일꾼만 해도 수천 명을 헤아렸다. 광산 주변으로 저마다 인구가 약 100만 명에 달하는 도시가 성장했다. 10세기 중엽, 중국의 광산과 대장간은 20세기 초보다 더 많은 철을 추출하고 제련했다.[6]

이와 같은 초기 산업화는 극적으로 막을 내렸고, 중국 북부의 제철 산업은 완전히 자취를 감추었다. 송(宋)나라 말기에 정부는 환멸을 느꼈다. 이 유교 국가는 단일자원 개발이 야기한 사회 문제를 순순히 인정했다. 갱과 광산 소유주들은 군주보다 더 큰 부를 거머쥐었다. 11세기 초 문헌에 따르면, 정부 조사관들은 광산이 도덕적 타락으로 이어진다는 사실을 발견했다. 이 '도덕적 타락'은 현대적 의미의 '부정부패'와 상당히 흡사한 것이었다. 노동자들은 부상에 시달렸고 사고도 빈번했다. 무엇보다 광산은 국가의 붕괴로 이어졌다. 처음에는 기업가들이 관료에게 뇌물을 찔러주었는데, 그다음에는 관료들이 제 고객으로부터 광산을 압수하려고 시도했다. 아마도 이는 기술 문명이 최초로 '자원의 저주'에 직면한 사태였을 것이다. 1078년에 황제는 칙령을 내려 제국의 모든 고통은 광산 탓이라면서 금속 추출을 금지했다. 이 칙령은 무시되었고 송나라 역시 멸망했다. 몽골의 침략은 기아와 홍수, 유행병을 몰고왔다. 댐과 도로가 파괴되고 무역이 중단되었으며 살아남은 이들은 자급자족 농업으로 돌아갔다. 몽골은 지폐를 도입했지만 여전히 군도와 창을 필요로 했다. 그러나 대규모 철제 도구 사용은 중단되었다. 3세기에 걸쳐 이들 지역 인구는 10분의 1로 줄어들었다. 11세기부터 제2차 세계대전 발발 전까지 중국 북부 광산들은 철을 생산하지 않았다. 비단길이 이미 중국과 유럽을 연결하고 있었음에도 중국 야금의 비밀은 그 길을 따라 전파되지 않았다. 18세기가 되어서야 잉글랜드에서 석탄을 연료로 삼는 금속 제련 기술이 재탄생할 수 있었다.

그러나 유럽 세계의 경계는 광석 찾기에 힘입어 서서히 넓어지고 있었다. 주석이 풍부한 잉글랜드, 구리가 매장된 캅카스, 은과 구리를 지닌 알프스산맥, 숲과 금속을 보유한 카르파티아산맥 등 점점 더 먼 땅이 무역 대상에 편입되었다. 금속 무역에 뛰어든 큐레이터들에는 처음에 페니키아인, 그다음에 아르메니아인과 유대인, 나중에 베네치아인과 독일 상인 등 다양한 민족 공동체가 포함되어 있었다. 유럽은 자신들이 생산한 금속을 포르투갈·에스파냐·네덜란드 선박이 들여온 과자·향신료·섬유 등 '동양의 사치품'과 교환했다. 이러한 교환이 이루어진 최초의 중심지는 베네치아였다. 이 도시는 중부 유럽의 광산업이 공급해준 금속에 힘입어 로마 전통에 기대지 않는 새로운 방식으로 발전을 꾀했다. 보헤미아·작센·스티리아·티롤 등 독일과 슬라브 세계의 변경에 새로운 산업 중심지들이 들어섰다. 소작농에게서 거둬들이는 수입에 실망한 지역 지주들은 땅 깊은 곳에 자리한 광산과 용광로의 열기를 믿었다. 독일 왕실에서는 연금술과 광물학을 더없이 중시했다. 뮌헨에서 상트페테르부르크에 이르는 '진기한 물건들의 방(박물관)'에는 식민지에서 가져온 이국적 물건(고래의 뼈, 샤먼의 탬버린, 코뿔소의 뿔), 기형아 사체, 설탕 조각품과 더불어 지역의 광석 및 수정이 진열되어 있었다.

푸거

광업 르네상스 시대에 가장 성공한 기업가는 야코프 푸거였다. 최근에 나온 그의 전기에서 알 수 있듯 그는 역사상 가장 부유한 사람이었다.[7] 푸거는 1459년 독일 남부의 섬유 중심지 아우크스부르크에서 태어났다. 중세 유럽에서 가장 중요한, 단치히에서 베네치아까지 이어지는 경로는 아우크스부르크를 관통했다. 현지 리넨과 이집트산 면을 혼합하는 푸거 가문은 지역 방적업자들에게 주문을 배분한 뒤 쾰른과 프랑크푸르트에서 열리는 박람회에서 퍼스티언을 판매했다. 그들은 수십 명의 다른 섬유 큐레이터들과 각축을 벌였지만, 운은 푸거 편이었다. 그의 가족 기업이 베네치아에 지점을 두고 있었기에 그는 도제로 그곳에 파견되었다.

베네치아는 세계 상업의 중심지였다. 그곳에서는 동양의 비단·후추·면화가 프랑스의 와인, 독일의 철강, 러시아의 모피, 이탈리아의 밀, 베네치아의 소금과 거래되었다. 으리으리한 궁전(팔라초)은 본시 장거리 무역을 위한 물품 보관 창고로 출발했다. 은행은 은을 보관하고 무역을 위해 약속어음을 유통했다. 젊은 푸거는 새로 얻은 경험을 바탕으로 사업을 전환했다. 그는 가족 자금을 이용해 오스트리아 알프스의 슈바츠 은광을 매입했다. 1409년부터 그곳에서 은 붐이 일기 시작했고 슈바츠는 호황을 누리고 있었다. 광산 갱도를 파내려가면서 그 지상에는 선술집과 교회가 들어섰다. 멕시코 광산이 개장하기 전까지 슈바츠는 세계에서 가장 큰 은 매장지로 알려진 곳이었으며, 엄청난 수익을 창출하는 독점적 지역이었다.

우리는 작센인 의사이자 연금술사였던 게오르기우스 아그리콜라(Georgius Agricola)의 저서 덕분에 당시의 광업 환경에 대해 잘 알고 있다. 인쇄술 시대가 막을 올릴 무렵 출판된 그의 야금학 저서들에 따르면, 광석은 가열과 냉각, 분쇄와 세척을 반복했다. 그와 동료 연금술사들은 합금이 냉각될 때 서로 다른 금속이 서로 다른 시간에 결정화되어 각각 분리되는 용석(liquation, 鎔析) 현상을 발견했다. 또한 수은을 첨가하면 구리를 분리하는 데 도움이 되는 촉매 작용에 대해서도 알아냈다. 광업 기술 학자였던 아그리콜라는 용광로와 제철소에서 일어나는 화학적 과정을 전혀 이해하지 못했다. 그는 혈액이 동맥에 모이는 것처럼 땅의 힘은 금속을 모은다며 광맥을 인체의 정맥에 비유했다. 그의 언어는 금속에서 일어나는 과정을 신체 및 영혼의 현상과 비교한 연금술의 언어였다. 신앙이 영혼을 정화하듯 불은 금속을 정화한다. 하지만 아그리콜라는 물레방아를 만드는 방법, 광산에서 채굴하는 방법, 광석을 지표면으로 가져오는 방법을 알고 있었다. 그는 금속이 언제 단조 온도에 도달하는지, 불순물을 제거하기 위해 금속을 몇 차례나 제련 및 단조해야 하는지를 색깔만 봐도 알 수 있었다. 그의 이야기에는 북유럽 이교주의와 경박한 라틴계 사람의 상상력이 흥건하게 드리워져 있었다. 아그리콜라는 광산에 사는 악마들을 분류했다. 고블린[goblin: 동굴에 사는 작고 추한 정령. 독일어로는 코볼트(Kobold)—옮긴이]은 해를 끼치지만 그놈(gnome: 땅의 정령—옮긴이)은 남몰래 광부를 돕는다는 것이다. 순수한 본질은 혼합물로 존재하지만 서로 분리될 수 있을 뿐 아니라 오직 그러한 분리만을 꿈꾼다.* 1555년 로마에서 출판된 이 북부 땅의 최초 역사를 다룬 저자 올라우스 망누스(Olaus Magnus)[스웨덴의 마지막 가톨릭 대주교 요하네스 망누스(Johannes Magnus)의 동생]는 북방인이 트롤(troll: 북유럽 신화에 등장하는 괴물—옮긴이)과 특별한 관계를 맺고 있다고 주장했다. 트롤의 도움이 있든 없든, 자연 마법의 두 분야인 의학과 야금학은 유럽 남부에서 북부로 퍼져나갔다.[8]

연금술사들은 구리나 납을 금으로 바꾸고 싶어 했다. 그러나 연금술사들이 약속한 일을 행한 것은 금융가들뿐으로, 그들은 하찮은 물질을 반짝이는 동전으로 바꿔놓았다. 티롤은 합스부르크 왕가의 일원인 지그문트 공작(Duke Sigmund) 소유였다. 사람들은 그가 50명의 자녀

---

* 아그리콜라의 주요 저서 《금속에 관하여(De re metallica)》는 장차 미국 대통령이 되는 허버트 후버(Herbert Hoover)와 지질학자이자 고전주의자인 그의 아내 루(Lou)에 의해 영어로 번역되었다. 광산 공학자 출신인 후버는 해설에서 "금속이 문명에서 차지해 온 중대 역할을 고려할 때, 야금학에 대한 정보가 이렇듯 부족하다는 사실은 놀랍기 그지없다"고 밝혔다. 그 이유 중 하나는 어떤 분야에서도, 심지어 심리학에서도 야금학만큼 현대 언어가 전통문화 언어와 그렇게나 상이한 경우란 드물기 때문이다.

를 두었으며 은이 부족했다고 말했다. 일군의 은행가가 미래 은화 파운드 단위로 계산한 신용 어음을 할인가로 발행해 그에게 자금을 대주었다. 이 무리에 속해 있던 푸거도 지그문트로부터 빚 8플로린(florin: 지금의 10펜스에 해당하는 2실링짜리 옛날 영국 동전−옮긴이)에 대해 은화 1파운드를 받았고, 베네치아에서 그것을 다시 12플로린에 팔았다. 그 뒤 티롤은 베네치아와의 전쟁에서 패배했고 배상금을 치러야 했다. 푸거는 슈바츠 광산에 대한 완전한 통제권을 요구한 뒤 지그문트 대신 이 금액을 징수했다. 티롤이 신성로마제국 황제 막시밀리안에게 넘겨졌을 때, 그 광산은 푸거에게 남았다. 푸거 제국의 수도는 빈과 베네치아 중간쯤의 숲이 울창한 아르놀츠타인이었다. 푸거는 이곳에서 구리를 채굴하고, 알프스산맥과 카르파티아산맥 전역에서 들어온 광석을 가공하기 위해 용광로를 건설했다. 작센인 기술자 요한 투르초(Johann Turtzo)는 물레방아로 구동되는 펌프를 설치했다. 이곳에서 처음으로 사용된 펌프였다. 유럽 군주들은 자원의 국가경제학에 대한 첫 번째 교훈을 배웠다. 즉 국가의 운명은 전쟁터가 아니라 으스스한 광산과 조용한 사무실에서 결정된다는 교훈 말이다. 용병이 그들을 위해 전투에 나섰으므로, 군주들은 평화시보다 전시에 채권자들에게 더 많이 의존했다. 다시 그 채권자들은 광산에 기댔다.

　호전적인 막시밀리안과 검소한 푸거의 협력은 수십 년 동안 이어졌다. 1515년 막시밀리안은 자신의 두 상속인인 손자와 손녀를 헝가리와 보헤미아의 왕 블라디슬라프 2세의 후손과 혼인시켰다. 서유럽과 동유럽은 합스부르크 왕가와 야기에워 왕가라는 두 위대한 왕가를 통합하는 왕조 혼인을 성사시켰다. 믿을 수 없을 정도로 호화스러운 이중(二重) 결혼식이 계획되었다. 알브레히트 뒤러(Albrecht Dürer)는 이 행사를 위해 개선문을 디자인했다. 로마의 개선문과 똑같았지만 목재에 그림이 그려진 종이를 덧씌운 것이었다. 하지만 이 작품은 끝내 완성되지 못했으며, 뒤러는 3년 동안 진행한 작업에 대해 보수도 받지 못했다. 막시밀리안은 헝가리 광산을 담보로 다시 푸거에게 빚을 졌다. 푸거의 구리에서 제련된 청동은 대포와 소총으로 만들어졌다. 만약 이런 청동 무기가 없었다면 튀르크가 빈을 점령했을 것이다. 용석 공정을 통해 구리에서 은을 분리하려면 납이 필요했다. 납은 크라쿠프(폴란드 남부 갈리시아 지방 비스투라강 북안의 공업도시—옮긴이) 근처에서 발견되었는데, 이것이 바로 세계화의 시작이었다. 알프스산맥의 은광은 푸거의 부를 창출했으며, 카르파티아산맥의 구리 광산은 그 부를 더욱 증폭시켰다.

콜럼버스가 아메리카 대륙에서 돌아온 후, 당시 가장 강력한 제국인 에스파냐와 포르투갈은 세계를 두 개의 영향권으로 나누기로 합의했다. 그들은 난투극을 피하기 위해 당시로서는 빈칸으로 남아 있던 대서양 지도에 수직선을 그렸다. 브라질 해안 언저리를 지나는 선이었다. 장차 이 선의 서쪽에서 발견되는 모든 지역은 에스파냐의 카스티야 왕국에, 그 동쪽에서 발견되는 모든 지역은 포르투갈에 귀속될 예정이었다. 교황의 승인을 얻은 이 선은 '토르데시야스 자오선(Tordesillas meridian)'으로 알려졌다. 1498년 바스코 다 가마(Vasco da Gama)는 아프리카 가장자리를 둘러갔다. 그는 인도 서부 해안의 안제디바섬에서, 포즈난(폴란드 서부 바르타강 연안 도시—옮긴이)을 출발해 비단길을 따라 여행하던 한 폴란드 유대인을 만났다. 바스코 다 가마는 그를 리스본으로 데려갔다. 그는 그곳에서 세례를 받고 가스파르 다 가마(Gasper da Gama)라는 이름을 얻었다. 포르투갈 왕 마누엘 1세는 나중에 가스파르를 고문으로 임명했다. 그는 브라질을 발견한 탐험대의 일원이었으며,

아메리고 베스푸치(Amerigo Vespucci)와 함께 세계의 배치 형태에 대해 논의했다. 포르투갈은 향신료 무역의 선구자로 떠올랐다. 푸거 역시 이 파이에서 자기 몫을 챙겼다. 즉 그는 1504년에 마누엘 1세로부터 리스본에 후추 가공 공장을 건설할 수 있는 권리를 사들였고, 그 대가로 연간 1000톤의 구리를 공급했다. 이 같은 포르투갈 상인과의 사업을 통해 푸거는 해마다 200퍼센트가량의 수익을 거두었다. 그의 대리인들은 1519년 마젤란(F. Magellan)이 이끄는 최초의 세계일주 항해를 조직했다. 마젤란은 필리핀에서 원주민에게 살해당했지만 그의 선원들은 아프리카를 돌아 에스파냐로 귀향했다. 그들은 그 도중에 오스트레일리아·인도네시아·뉴기니 사이에 있는 작은 군도 몰루카제도를 지도에 표시했다. 동양 무역의 주역인 귀중한 향신료 육두구와 정향이 오직 그곳에서만 자랐기 때문이다.

그때껏 내내 뉘른베르크의 거장 마르틴 베하임(Martin Behaim)은 포르투갈 왕을 위해 지구본을 만들고 있었으며, 포르투갈의 지도 제작자 디오고 리베이로(Diogo Ribeiro)는 에스파냐 왕을 위해 지도를 그리고 있었다. 마젤란 탐험대가 돌아온 뒤, 베하임이 만든 지구본의 반대편까지 토르데시야스 자오선을 연장한 새로운 '사라고사 반(反)자오선(Zaragoza antimeridian)'이 그어졌다. 결국 몰루카제도는 포르투갈에 속한 상태로 남게 되었다. 그러나 디오고 리베이로는 계속 에스파냐 왕을 위해 일했다. 사라고사 평화회담에서 그는 몰루카제도가 에스파냐 쪽으로 넘어가도록 지도를 약간 수정했다.[9] 작업의 대가를 거의 받지 못했지만 이 전문가들의 기술은 엄청난 보물의 운명을 결정짓게 된다. 리베이로의 지도와 베하임의 지구본은 한스 홀바인(Hans Holbein)의 유명한 그림 〈대사들〉에 등장하는데, 튀르크풍 카펫, 루터교 찬송가 책, 청동 천문 관측 장치와 함께 분쟁 중인 세계의 배경을 이루고 있다. 그 그림의 전면에는 새로운 강대국인 프랑스와 잉글랜드 출신의 위풍당당한 두 대사가 새로운 세계 분할에 대해 논의하고 있다. 바닥에는 엄청나게 큰 해골이 놓여 있다.

루터

광산은 붕괴·침수·폭발 또는 유독 가스 배출 등의 사고를 유발할 수 있었다. 이러한 재난에서 희생자를 구하기란 불가능했다. 심지어 전쟁터의 군인도 광부들보다는 자신을 파견한 이들의 도움을 더 많이 기대할 수 있었다. 수년간 광산에서 일한 광부들은 합리성, 위험 계산 능력, 상식적 연대의 정신을 키울 수 있었다. 평범한 광부는 소농보다 3분의 1가량 더 벌었는데, 이는 그의 아내가 밭에서 일하지 않고도 가정과 아이들을 돌볼 수 있다는 것을 의미했다. 광부는 자신들의 집단적 권리를 옹호한 최초의 노동자였다. 알프스 지역의 길드는 이례적으로 강력해서, 이미 15세기 말 임금률에 영향을 미치고 있었으며, 숨진 광부의 아내들을 지원하고 휴가 기간을 협상했다. 광부 길드는 여러 차례 파업을 일으켰고 때로는 그 지도자들이 체포되기도 했다.

광업에서 성공을 거두면 경력을 발전시키거나 심지어 저만의 사업을 새로 시작할 기회가 마련되기도 했다. 마르틴 루터의 아버지는 작센의 광부로 일하다가 결국 용광로 관리인이 되었으며, 말년에는 구리 광산 주인으로 변신했다.[10] 마르틴은 광산과 용광로, 벌목된 숲과 연기로 검게 그을린 들판을 배경으로 한 작은 도시 만스펠트에서 자랐다.

이 도시는 13세기부터 은을 채굴하기 시작했지만, 루터의 아버지 시대에는 유럽 전체 생산량의 25퍼센트를 책임지는 구리 제련 도시였다. 남부 공국의 은행가들이 만스펠트에 투자했으며, 푸거도 그 도시에 관심을 기울였다. 만스펠트에는 약 100개의 제련 용광로가 있었다. 제련 용광로를 운영한 기술 명인들은 존경받았으며 보수도 좋았다. 한스 루터(Hans Luther)는 200명의 노동자를 두고 용광로 7개를 운영했다. 광부들은 대부분 보헤미아 출신의 이주민이거나 외국인이었다. 그들은 스스로의 이익을 위해 떨쳐일어섰으며 지금까지 기록보관소에 간직되어 있는 집단 탄원서를 작성했다. 1511년 만스펠트 광부들은 직업조합을 결성했다.

구리는 지역 지주들에게 높은 지대를 안겨주었다. 루터 시대에는 3명의 지주가 만스펠트 주변에 성을 쌓았다. 그러나 지하 재산권은 구획하기가 어려웠던지라 그들은 늘 갈등에 휩싸였다. 광부들은 일과 후 술을 마셨다. 술은 긴장을 풀어주었으므로 그 도시는 술집과 사창가로 가득했다. 많은 광부가 폐·위장·피부에 심각한 질병을 앓았다. 하지만 마르틴 루터는 만스펠트에 대한 애정과 그 도시가 지닌 문제들에 대해 연민을 품고 있었다. 아버지의 넉넉한 수입 덕분에 그는 대학에서 공부하고 처음에 변호사, 나중에 수도사가 될 수 있었다. 루터는 투자자, 심지어 대금업자에게까지 축복을 베풀었지만, 광부의 노고를 희생하면서 부를 축적한 독점업자 푸거에 반대하는 팸플릿을 작성했다. 루터의 지역 지지자였던 광부들은 파업을 벌이고 광산을 점거했다. 그러나 푸거는 인정사정없는 관리자였다. 그의 부하들이 시위대 일부를 살해했다는 이야기가 나돌았다. 그는 루터를 체포해 가톨릭 교구 재판소에 넘겨야 한다고 주장했다. 루터에게 이단 유죄 평결을 내린 보름스 제국의회

(Imperial Diet of Worms: 1521년 보름스에서 열린 신성로마제국 의회—옮긴이)의 배후에는 푸거의 돈이 있었다. 이 사건 이후 황제 카를 5세는 제국의 모든 서적 인쇄에 대한 통제권을 푸거에게 넘겼다. 말년에 마르틴 루터의 아버지는 빚에 시달렸고 자신의 사업을 매각했다. 그의 아들들은 땅과 집을 물려받았으나 광산은 내내 채권자들이 차지했다. 만스펠트에서는 가동 중인 광산과 용광로 수가 줄어들었다. 사람들은 그 도시를 떠났고 광산 소유주들 사이에서는 새로운 갈등이 불거졌다. 1546년 1월, 루터는 만스펠트의 다섯 공작 사이에서 벌어진 분쟁을 해결하고자 길을 나섰다. 수입 감소에 불만을 품은 공작들은 광산 경영을 직접 떠안았다. 루터는 자신의 지지자 중 하나인 알브레히트 백작(Count Albrecht)을 설득해 그의 형제들과 화해하고 광산 경영을 전문가에게 넘기도록 했다. 알브레히트 백작에 대한 설득은 끝내 실패로 돌아갔고 루터는 자신이 직접 나서야겠다고 결심했다. 그는 이웃 도시 아이슬레벤으로 가서 공작과 광부들을 만나 그들의 고충을 경청했다. 하지만 이 문제에 몰두하던 중 사망했다. 루터는 종교개혁으로 세상을 뒤흔들었지만 광산 분쟁을 중재하다가 생을 마감했다.

1560년대에 이르자 만스펠트의 산업은 완전히 중단되었다. 이곳에서 생산되던 은과 구리가 신대륙에서 들어온 금속과 경쟁이 되지 않았던 것이다. 루터도, 공작들도, 광부들도 이런 결과는 상상하기 어려웠을 것이다. 그들이 겪은 호황과 불황은 봉건적인 데다 본질적으로 소농 중심인 문화에서는 생각할 수 없는 일이었다. 복잡하고 비극적인 삶에는 새로운 해석이 필요했다. 기독교인의 삶을 변화시킬 종교 교리가 탄생한 것이 바로 이런 상황에서였다. 루터는 전조나 편견을 믿지 않았다. 그러나 설사 이해할 수 없더라도 그 뜻에 순종해야 하는 전지전능한 하나님이라는 개념은 매일 광산으로 내려가는 그의 동포들에게 영향을 끼쳤을 뿐 아니라 그만큼이나 그의 세련된 상상력을 지배하기도 했다. 악의 존재를 인정하고 선한 행동의 힘을 믿는 것이 이 신앙의 핵심이었다.

은에 대한 독점권을 확보한 푸거는 구리 독점권까지 노렸다. 카르파티아산맥 지대의 몇 안 되는 경쟁자를 따돌리기 위해 그는 덤핑에 의존했다. 푸거는 베네치아 시장을 구리 포화 상태로 만든 결과 경쟁자들이 파산을 선언할 만큼 가격을 낮출 수 있었다. 경쟁자들의 광산은 푸거의 손에 넘어갔다. 또 다른 적은 한자동맹이었는데, 그들은 뤼베크(독일 북부 발트해에 면한 항구도시 — 옮긴이)를 통해 구리를 운반하는 푸거의 선박을 가로챘다. 그러나 한자동맹의 힘은 약화하고 있었다. 1494년 모스크바 대공국의 차르 이반 3세는 노브고로드에서의 무역 독점을 중단시켰으며, 100년 후 엘리자베스 1세도 런던에서 그 선례를 따르게 된다. 베르겐의 전통적 청어 어획량은 온통 바닥이 났다. 제국의 라이벌로 떠오른 스웨덴은 발트해에서 네덜란드를 지원하고 있었다. 이에 푸거는 단치히와 뤼베크에 거액을 쏟아부어 그들이 한자의 독점권을 지지하지 못하도록 막았다. 역사는 다시 한번 푸거의 편에 섰다. 16세기에 한자가 결국 자취를 감추게 된 것이다.

한자는 중세 시대에 가장 강력한 무역 조직이었다. 런던에서 노브고로드까지 발트해와 북해에서 교역하던 한자동맹은 수십 개의 기지와 창고, 수백 척의 무장 선박, 수천 명의 숙련 노동자를 거느리고 있었다. 한자의 무역 전략은 베르겐의 청어, 노브고로드의 모피, 리가의 목재, 단치히의 곡물 등 다각화였다. 푸거의 경우 금속에 대한 독점은 권력 독점과 통합되었다. 카를 5세는 에스파냐제국과 신성로마제국을 통일했는데, 푸거는 그에게 외상을 주었다. 이에 대한 보답으로 카를 5세는 에스파냐의 수은 광산을 그에게 제공했다. 여기서 얻은 수은은 포토시에서 은을 정제하는 데 쓰였다. 수은을 손에 넣은 푸거는 아메리카와 유럽의 은을 마음대로 좌지우지하게 되었다.

금융가의 기술은 미래를 조작하는 데 있다. 1514년 푸거는 로렌초 데 메디치(Lorenzo de' Medici)의 아들인 교황 레오 10세와 협력해 새로운 금융 계획을 세웠다. 교회가 기부금을 받는 대가로 죄를 사면해주는 관습이 오랫동안 이어져왔는데, 이제 이 절차를 증권화한 것이다. 죄인은 은으로 대금을 지불하고 영혼이 연옥에서 보내야 할 일수가 적힌 종이를 받았다. 이 면죄부(indulgence: 죄를 면해준다기보다 벌을 면해주는 것이므로 의미상 '면벌부'가 더 정확한 표현이다—옮긴이)는 깜깜한 연옥에서 보내야 하는 기간을 명시한 증권이었다. 죄인이 더 많은 돈을 지불할수록 그가 겪게 될 고통의 기간은 짧아졌다. 놀랍게도 유럽에서 면죄부 시장은 다른 증권들보다 앞서, 심지어 지폐보다도 먼저 등장했다. 구원은 미래에 일어날 것이기에 할인가로 구매할 수 있었다. 이는 마치 푸거가 아직 추출되지 않은 금속을 구입한 것과 같은 방식이었다. 최초로 면죄부가 판매된 곳은 체코 국경 근처의 광산 도시 아나베르크였다. 그 후 이 수익성 있는 사업은 독일 땅과 유럽의 가톨릭 세계 전역으로 퍼져나갔다. 레오 10세는 면죄부 수익이 로마의 성 베드로 대성당 건설에 쓰일 거라고 발표했다. 하지만 실제로 이 돈은 교황과 푸거가 사이좋게 나눠 가졌다. 구원에 대한 독점과 은에 대한 독점, 이 둘의 병합은 완전한 일신교를 향한 결정적 조치였다. 면죄부 덕분에 금송아지가 기적적으로 나무 십자가와 합쳐졌다.

푸거는 저만의 사회정책을 추진하고 있었다. 그는 아우크스부르크

교외에 혁신적인 사회주택 단지 푸거라이(Fuggerei)를 건설했다. 표준 계획에 따라 지은 이 100채 이상의 주택 단지는 임대료가 무척이나 쌌다. 이곳에는 그의 최고 노동자들, 그가 신뢰한 사람들, 베테랑 작업자들이 기거했다. 이 저층 아파트 블록은 오늘날까지 존재한다. 주민이 살고 있으며 방문객들은 가이드 투어를 통해 이 사회주택이 진보의 신호였다는 설명을 듣는다. 그러나 푸거는 이런 식으로 자신의 죄를 속죄할 수 없었다. 면죄부는 루터의 추종자들로부터 거센 반발을 불러일으켰고, 이는 종교개혁 발흥의 결정적 계기가 되었다. 1524년 방직공·광부·농민은 역사책에 '농민대전쟁(Great Peasants' War: '독일 농민전쟁'이라고도 하며, 1524~1525년 중부 유럽의 독일어권 지역을 뒤흔든 반란—옮긴이)'으로 기록된 혁명적 운동에 가세했다. 이 봉기의 이념적 지도자인 기사 겸 시인 울리히 폰 후텐(Ulrich von Hutten)은 그의 책 《대화집(Dialogues)》에서 광부를 수탈하고 농민을 약화시키며 로마를 지원하는 '상업적 독점'을 만들어냈다며 푸거를 비난했다. 프랑스혁명 이전에 유럽에서 발생한 가장 큰 봉기인 이 '농민대전쟁'은 수십만 명의 사상자를 낳았다. 푸거는 용병을 고용해 농민과 맞서 싸우게 했으며, 자신의 구리 대포로 자신의 군대를 무장시켰다. 광부와 방직공들은 포병대를 당해낼 재간이 없었고 결국 봉기는 진압되었다. 봉기 지도자들은 고문에 시달리고 처형당함으로써 들판을 피로 물들였다. 신교도들은 푸거를 악의 화신이라 여기며 혐오했다. 그들은 광산, 용병, 부패한 관료와 사제, 선택받은 소수를 위한 사회주택, 도저히 말이 되지 않는 면죄부 등 푸거가 시행한 자원경제가 온통 적그리스도의 왕국으로 스며들었다고 개탄했다.

아메리카

에스파냐인은 자신들이 점령한 신대륙의 원주민 마을에서 금을 발견했다. 원주민들은 수세기 동안 금덩어리를 단조하고 이 신성한 금속 조각을 축적해왔다. 신대륙은 금 열병에 휩싸였다. 북아메리카와 남아메리카 사이에 있는 지협의 남쪽 어딘가에 전설적인 엘도라도가 있었다. 1545년 한 원주민이 고대 무덤을 약탈하기 위해 잉카제국의 수도 쿠스코의 산 정상에 올라갔다. 이렇게 해서 포토시 은 매장지가 발견되었다. 은이 이렇게 지표면 가까이 매장된 곳은 세계 어디에도 없었다. 에스파냐는 그곳에 '인디언' 무리를 보냈고, 이내 포토시는 세비야보다 규모가 더 커졌다. 알프스산맥에서와 마찬가지로 제련 용광로와 물레방아가 광산 옆에 들어섰다. 원주민들은 암벽을 깎아 만든 계단을 타고 목재·장작·식량·납·수은 등 필요한 물자를 운반했다. 은을 전 세계에 공급한 포토시는 실로 엄청난 부의 원천이었다. 하지만 그 도시는 엘도라도와는 거리가 멀었다. 광산촌이라면 으레 피할 수 없는 연기와 흙먼지, 광재 더미에 군사 기지로서의 규율까지 더해졌다. 하지만 신성로마제국 황제 카를 5세는 "세계의 보물, 모든 산 중의 왕, 모든 왕이 선망하는 대상"이라는 글귀가 새겨진 문장(紋章)을 포토시에 하사했다.[11]

본국의 에스파냐인들은 로마 시대부터 피레네산맥 부근 광산에서 일해왔다. 하지만 안데스산맥에서 그들의 기술을 사용하기란 쉽지 않았다. 그들은 독일인 장인들을 데려와 포토시 주변 늪지대의 물을 빼고 운하와 저수지를 건설하기 시작했다. 스무 개 남짓한 댐 위에 설치한 100여 개의 물레방아가 광석을 분쇄했다. 1624년에 댐 하나가 터지는 바람에 수백 명이 목숨을 잃는 일도 벌어졌다. 원주민이 광산에서 일했지만 흑인 노예도 그곳으로 끌려왔다. 광부들은 저마다 매일 0.5톤의 광석을 캐야 했다. 그곳에는 에스파냐인이 거의 없었으므로, 짐을 나르고 광산에 내려가고 용광로에 불을 지피는 등 거의 모든 일을 '인디언'이 했다. 그래서 금속의 비밀을 터득한 전문가와 관리자들이 이 원주민 인구로부터 나왔다. 원자재 경제에서 흔히 볼 수 있는 인종에 따른 분업은 재산권 분할에서도 고스란히 되풀이되었다. 에스파냐인은 포토시의 광산을 소유한 반면, 아메리카 원주민은 용광로를 소유했다. 회취법과 용석 같은 연금술적 야금법은 토착 문화와 쉽게 결합했다. 알프스의 마술사들이 광석 제련에 숙달하기 위해 민속 마술을 사용한 것과 마찬가지로, 아메리카 원주민 야금술사들도 샤머니즘 전통의 도움을 받아 이 기술을 익혔다. 원주민들은 전형적인 계급 분화 과정을 거쳤다. 용광로 소유주와 숙달된 제련사는 에스파냐인보다 훨씬 더 빠르게 부자가 되었지만 노동자들은 죽거나 도망침으로써 수가 줄어들었다. 총독 프란시스코 데 톨레도(Francisco de Toledo)는 미타(mita) 제도를 도입해 페루의 모든 지역에서 강제노역을 감당할 토착민을 광산에 보내도록 했다. 광산이 깊어질수록 비용은 증가하고 생산성은 떨어졌으며 인력 부족은 한층 더 심각해졌다. 그러던 중 이탈리아에서 공부한 한 독일 화학자가 광석을 처리하는 새로운 방법을 발명하기에 이르렀다. 그는 연금술사의 아이디어를 구현하기 위해 분쇄한 광석과 수은을 소금 용액에 섞었다. 은을 수은과 합해 혼합물을 만든 뒤 증발시켜 수은을 제거하면 용기 바닥에는 순은만 남는다. 이 독일인은 리오 틴토의 오래된 에스파냐 광산에서 이 방법을 통해 광재 더미에서도 은을 추출했다. 포토시에서는 많은 오래된 광산이 되살아났다. 그의 발견은 막대한 부를 창출했지만, 정작 그 화학자 자신은 부자가 되지 못했다. 그뿐 아니라 실명조차 제대로 알려지지 않았으며, 그저 '마에스트로 로렌초(Maestro Lorenzo)'로만 역사에 기록되어 있다. 그의 기여 덕분에 1550년 에스파 냐령 아메리카의 은 생산량은 유럽의 생산량과 거의 맞먹었고 이후 줄 곧 증가했다. 독일과 오스트리아의 광산은 폐쇄되고 있었다. 길드들은 이 과정을 막을 힘이 없었을뿐더러 아이러니하게도 유럽 광산의 경쟁 력을 더욱 떨어뜨리기만 했다.

아메리카에서는 이 새로운 방법에 순진하게 들리는 '파티오(patio: 에스파냐식 주택의 내부 안뜰−옮긴이) 공정'이란 이름이 붙었다. 원주민들은 소금물과 분쇄된 광석으로 가득 찬 욕조에 수은을 부은 다음 맨손으 로 이 유독 혼합물을 휘저었다. 나중에는 이 치명적 작업을 묶인 노새 가 떠안았다. 1킬로그램의 은을 생산하려면 수은 1.5킬로그램이 필요했 다. 아메리카에서 구할 수 없다고 생각한 그들은 수은을 에스파냐에서 들여왔다. 공교롭게도 알마덴 수은 광산은 푸거의 소유였다. 황제 카를 5세가 수은 독점권을 선언하면서 푸거의 수익은 더한층 늘어났다. 그러 나 나중에 포토시로부터 멀지 않은 곳에서 수은 매장지가 발견되었다. 다시 한번 에스파냐는 섬유에 수은 염료를 사용하던 아메리카 원주민 덕분에 이것을 발견할 수 있었다.[12]

16세기 말, 에스파냐의 식민지들은 유럽 전역에 은과 금을 공급하 고 있었다. 아메리카 원주민이 채굴하고 가공한 귀금속을 거래하면서 펠리페 2세(카를 5세의 아들로 포르투갈 왕을 겸하며 에스파냐의 황금기를 이끌었다. 포르투갈 왕으로서는 필리페 1세−옮긴이)는 에스파냐와 포르투갈의 속국을 통 합해 유럽에서 가장 강력한 군주로 부상했다. 그는 4개 대륙에 식민지 를 건설했다. 필리핀(Philippines)은 그에게 경의를 표하기 위한 이름이었 으며, 그의 제국에는 해가 지지 않았다. 해적들은 개인 선박들은 약탈했지만 1년에 두 번씩 카스티야로 은을 실어나르는 장엄한 호송대만큼은 감히 공격하지 못했다. 금속이 세비야에 도착하면 왕실은 관세를 부과했다. 에스파냐는 네덜란드 속주에 주둔하던 자국 군대의 유지비를 지불해야 했다. 또한 전 세계를 정복할 목적으로 대규모 무적함대를 구축하고 있었다. 에스파냐는 새로운 수입원을 찾아나선 탐험대에 자금을 대주었다. 그리고 내부 소비를 촉진하고자 담배 산업을 일으켰다. 그 결과 유럽 전역에서 빵·양모·인건비 등 거의 모든 것의 가격이 치솟았다. 당시는 역사상 인플레이션이 가장 길게 이어진 시기였다. 은의 유입은 독점을 창출하는 데 그치지 않았다. 교환에서 우위를 점한 단일 자원은 화폐가 된다. 사람들은 점점 더 많은 돈을 벌어도 점점 더 적은 물건을 살 수밖에 없었다.

에스파냐의 다각화는 전혀 효과적이지 않았다. 먼저 그 제국에서 가장 수익성 높았던 네덜란드의 17개 속주가 들고 일어섰다. 영국은 이 막강한 무적함대를 물리쳤으며, 이 기간에 유럽의 은 구매력은 줄곧 떨어졌다. 1642년 제국 법령으로 노예제가 금지되었다. 이로 인해 지출이 재난 수준으로 증가했다. 광산 소유주들을 지원하기 위해 멀리 떨어진 세비야는 제 이익을 줄이면서까지 양보했다. 그러나 광산은 고갈되었고 수익은 감소했으며 노동자들은 숨지거나 도망쳤다. 에스파냐의 사치와 타성은 유럽 전역에 널리 알려져 있었다. 왕실은 은·양모·대구 같은 원자재로 유지되었지만, 밑바닥 계급은 자급자족 농업으로 연명해야 했다. 대도시와 항구는 꾸준히 성장했지만, 그 밖의 모든 지역은 지지부진을 면치 못했다. 그 제국은 은을 산더미처럼 탈취했음에도 이제 망해가고 있었다. 펠리페 2세의 통치 기간에 에스파냐는 다섯 번이나 채무 불이행 상태에 빠졌다. 통화 가치는 하락했고 에스파냐

동전의 은 함유량은 점차 줄어들었다. 합스부르크 왕가의 위기는 유럽 전역에 경기침체를 안겨주었다. 러시아에서는 왕위계승 위기가 내전, 폴란드와 스웨덴의 개입, 수십 년간의 혼돈, 즉 혼란시대로 번졌다. 30년전쟁은 스웨덴 군대가 프라하를 점령하면서 끝났다. 이 전쟁은 독일을 초토화시켰다. 그리고 그 나라 인구의 3분의 1을 잃게 만들었는데, 이는 중세 페스트가 끼친 영향에 비견되는 규모의 손실이었다. 유럽의 무게 중심이 북쪽으로 이동하고 있었다. 기후가 차가워지고 네덜란드 운하가 얼어붙었으며 영국에서는 흉년이 이어지고 빵 폭동이 시작되었다. 군주들은 어떤 수입도 없어지자 관세를 인상하고 화폐 가치를 떨어뜨렸으며 사법부에서 매관매직을 저질렀다. 의무를 다하는 데 실패하고 공동선을 획득하지 못한 절대주의 국가는 기생적 제도로 전락했다.[13]

17세기 말에는 상황이 개선되었으며, 브라질에서 생산된 금과 약속어음 같은 새로운 금융 제도가 금융 거래를 도와주었다. 신비한 원자재·화폐·상품의 이동을 이해하기 위해 최초의 경제학 연구가 등장했다. 그와 더불어 스코틀랜드·잉글랜드·프랑스에서는 중앙은행 제도가 시행되었다. 해상 무역은 지중해에서 발트해와 북해로 중심축이 이동했다. 네덜란드공화국과 스웨덴의 경제가 성장을 선도하는 견인차 노릇을 했다. 스톡홀름은 점성술사와 야금술사—그중 상당수는 이탈리아인이나 보헤미아인에게 교육받았다—가 모여드는 새로운 중심지로 떠올랐다. 1627년 네덜란드 기업가 루이 더 헤이르(Louis De Geer)가 에스파냐인이 파괴한 리에주(지금의 벨기에 동부 공업도시—옮긴이)에서 스웨덴으로 이주했다. 구스타부스 아돌프후스(Gustavus Adolphus) 국왕으로부터 영업권을 따낸 그는 청동을 제련했지만 이내 철과 대포로 전환했다. 네덜란드의 관리를 받고 있던 스웨덴 광산들은 잉글랜드를 포함해 유럽 전역에 금속을 대주는 공급업체로 변신했다. 한 세기 동안 스웨덴에서의 철 제련은 5배나 증가했다. 주요 상품의 옛 중심지이던 베네치아와 세비야는 두 번 다시 회복할 수 없는 침체에 빠졌다.

소빙기(Little Ice Age, 1500~1850년)는 오늘날의 지구온난화와는 정반대 현상이었다. 오래 이어진 이 냉각의 원인에 대한 가장 최근 설명은 남북 아메리카에서의 원주민 인구 멸종이다. 백인 이민자들이 야기한 유행병과 전쟁으로 숲을 태우는 데 기반한 전통적 농업과 사냥에 기대 삶을 영위하던 5000만 명 넘는 인구가 사망했다. 대기 중 이산화탄소 농도가 낮아지자 북반구 전역에 걸쳐 냉각이 시작되었다.[14] 흉작은 유럽 위기를 촉발한 원인이었다. 잉글랜드에서 우크라이나에 이르기까지 유럽 대륙 전역에서 전쟁·봉기·학살이 발생했다. 수세기에 걸친 남북 아메리카에서의 종족학살(genocide)은 금 또는 여의치 않을 경우 은에 대한 갈구에서 비롯되었다. 기후변화는 주기적 현상이 아니라 정치적 의지로 초래된 결과였다. 에스파냐제국은 막대한 양의 은을 생산했으며 수많은 사람을 죽였다. 은과 양모는 이 제국을 탄생시켰고 그 제국을 마지막 한 방울까지 고갈시켰다. 모든 종류의 원자재 뒤에는 그것을 채취하는 사람들과 그들의 작업을 규제하는 법률이 있었다. 그러나 모든 것은 자연과 더불어―즉 광석을 품은 안데스산맥의 바위, 북대서양의 물고기 떼, 또는 카스티야 지방의 드넓은 목초지 등과 더불어―시작되었고, 끝내 인간 행동으로 종말을 맞았다. 우리는 자원경제를 인위적 구성물이라고, 즉 인간이 원자재를 일상적으로 사용하면서 자신들에게 유리하거나 불리하게끔 만들어낸 결과라고 생각하기 쉽다. 그러나 우리는 이 모든 사건과 정책을 역사에서 중요한 역할을 담당하는 존

재들이자 자율적 행위자인 광석·양·물고기·날씨의 관점에 비추어서도
살펴봐야 한다.

연금술

현대 의학의 아버지이자 루터 및 푸거와 동시대인 파라셀수스(Paracelsus)
는 정령(spirits)에 대해 자세한 글을 썼다. 정령의 삶 역시 인간과 비슷
해서, 먹고 마시고 성관계를 갖고 심지어 결혼도 한다. 하지만 정령에
게 영혼은 없다. 광산의 정령은 사람이 공기 중을 이동하는 것처럼 단
단한 암석 덩어리를 통과할 수 있다. 때때로 그 정령은 인간과 합의에
도달하거나 인간을 유혹하거나, 또는 인간을 부려먹기도 한다. 광산의
요정이라고도 알려진 코볼트(kobold: 고블린)는 무해하며, 어느 금속〔코발
트(cobalt)—옮긴이〕에 제 이름을 남기기도 했다. 그놈(gnome)은 교활하고
신뢰하기 힘들지만 유용할 수 있다. 그런가 하면 트롤(troll)은 위험하다.
독일 알프스에서 그놈은 턱수염을 기르고 꼬리가 달린 작은 노인으로
표현되었다. 스웨덴에서는 광산 정령이 대부분 매혹적인 여성으로 묘사
되었다. 스웨덴의 지질학자이자 연금술사 우르반 예르네(Urban Hjärne)는
1676년 마녀재판에 참여했다. 왕립광산국 관리인 그는 국제적 인맥을
가진 저명 학자로서 런던 왕립협회 회원으로 파리에서 몇 년을 보냈다.
하지만 예르네는 악마와 성관계를 가진 두 여인을 모닥불에 불태워야
한다는 데 찬성표를 던졌다. 이는 유럽에서 이루어진 마지막 마녀 화형
중 하나였다.
　연금술사들은 자연 마법에 대한 폭넓은 지식을 갖추고 있었으

며, 야금술사·의사·천문학자이기도 했다. 파라셀수스는 세상이 소금의 원리, 유황의 원리, 수은의 원리라는 세 가지 보편적 '원리(principle)'로 구성되어 있다고 가르쳤다. 신은 이 원리들을 분리하기 위해 원소(element) 중 하나인 불을 지정했다. 1661년 영국 동인도 회사의 이사 중 한 명이며 과학자이자 연금술사인 로버트 보일은 1661년 파라셀수스를 겨냥한 논문 〈의심 많은 화학자(The Sceptical Chymist)〉를 발표했다. 세상은 세 가지 원리와 네 가지 원소가 아니라 무수히 많은 원자(atom)로 구성되어 있으며, 이 원자들은 우연한 만남을 통해 서로 부딪힌다. 화학 원소는 더 이상 분리할 수 없는 기본 물질이다. 보일은 원소가 변할 수 있다고 생각했다. 그의 세계에는 에테르가 없었지만 그럼에도 납은 금이 될 수 있었다.

스웨덴에서 페루에 이르기까지 광부들의 삶은 광석에 의해 형성되었다. 이웃 소농들 삶이 그들의 곡물과 소에 영향을 받은 것처럼 말이다. 소농들은 지표면에 살면서 자신의 땅이나 지주의 땅을 경작했다. 광산은 지하 깊숙이 들어앉아 있고 용광로는 하늘로 높이 치솟아 있듯, 그들이 생산한 부에도 고점과 저점이 있었다. 소농들은 전통과 계산에 따라 생활했으며, 겨울에 무엇을 하고 여름에 무엇을 할지, 이듬해 어떤 밭을 일구고 어떤 밭을 휴경할지 알고 있었다. 광부와 대장장이는 순전한 요행과 비밀스러운 지식이 결합된 삶을 살았다. 모든 광산촌은 금속이 그 지역에서 우연히 발견된 경위에 관한 지역 전설들을 가지고 있었다. 티롤 슈바츠에서는 소와 함께 들판을 헤매던 한 여성 소농이 우연히 은 덩어리를 발견했다. 그런가 하면 작센 할레에서는 누군가 소금을 운반하고 있을 때 길가에 반짝이는 광석이 모습을 드러냈다. 하나같이 전례 없는 보물들이었다. 하지만 현지 언어도 모르는 이방인들이 그 광석을 맛보고 냄새 맡고 소변에 녹여 가루로 부수고 도가니에서 가열했다. 연금술사들은 금속이 식물과 같은 방식으로 땅에서 자란다고 믿었으며, 납을 금으로 제련할 수 있도록 해주는 마법의 단어를 찾았다. 그러나 그들의 신비로운 언어는 금속을 구별하고, 광석을 정화하고, 광산을 계획 및 보강하고, 물을 퍼내는 데 실제로 도움을 주었다. 그들은 종종 의료계에 몸담고 있었다. 그들에게 땅의 내장은 성장, 경련 및 가스로 인한 팽창 등을 경험할 수 있는 살아 있는 유기체로 보였다. 수은 같은 지구의 주스는 은 같은 금속과 성적으로 결합했다. 광산입구와 제련로에는 일신교가 스며들었고 그 안에는 '편견'이 만연했다. 마녀와 트롤이 광산의 진정한 지배자였으며, 생리학적 유추와 시적 은유가 그 기술의 도구였다. 하지만 그것들은 제련·주조·단조·조질 등 더없이 복잡한 공정을 제어하는 데 실제로 도움이 되었다.

연금술은 난민·위조범·스파이들이 뛰어든 직업이었다. 초기 근대성 확립에 대한 그들의 으스스하고도 우스꽝스러운 기여는 이탈리아 르네상스 거인들의 공헌에 필적할 만한 것이었다. 이는 또 하나의 르네상스, 광물 되살리기였다. 그 지도자들은 예술가나 인문주의자가 아니라 기업가와 연금술사였다. 그런 분위기 속에서 종교개혁이 일어났다는 것은 지극히 당연한 일이다. 르네상스는 유럽의 동쪽과 북쪽으로 이동하고 있었고, 그 마지막 장소인 루돌프 2세 황제 치하의 프라하에서는 전례 없이 예술과 과학이 꽃을 피웠으며, 연금술사가 관심을 독차지했다. 그들의 용광로는 금도 불멸도 만들어내지 못했지만 근대성을 주조했다. 연금술사들의 작업 다수는 동양을 모방한 결과였다. 그들은 새로운 재료를 찾기보다 이미 알려진 값비싼 재료를 재현하고자 노력했다.[15] 1708년 작센의 선제후(elector: 신성로마제국에서 황제 선정권을 가지고 있던 7명의 제후—옮긴이) 아우구스트 2세는 프로이센인 망명자 요한 프리드리히 뵈트거(Johann Friedrich Böttger)를 체포했다. 이 연금술사는 감옥에서 고령토와 설화석고를 혼합하는 방법을 발견함으로써 중국 도자기와 유사한 유리 같은 물질을 형성하는 과정, 즉 유리화(vitrification)를 이루어냈다. 이것이 바로 장차 작센 지방에 엄청난 이익을 안겨주게 되는 마이센(독일 동부 도시로 작센 선제후의 거처였으며 유명한 도자기 산지—옮긴이) 공장의 기원이었다.

비슷한 방식으로 연금술사들은 화약으로도 성공을 거두었다. 화약의 핵심 성분은 박테리아가 유기물을 분해하면서 생성하는 물질인 초석, 즉 암염이었다. 중국에서는 이 암염을 토양 표면에서 쉽게 채취했는데, 어떤 곳에서는 하얀 가루층으로 나타나기도 했다. 유럽에서는 이 물질을 마련하는 자체적인 방법을 개발했다. 그들은 길쭉한 구덩이에 거름·짚·재를 채우고 뚜껑을 덮은 다음 1년 동안 방치했다. 그리고 신중을 기하기 위해 구덩이를 소변에 흠뻑 적시거나 더러 내용물을 섞기도 했다. 그런 다음 구덩이에 물을 붓고 그 용액을 재와 혼합해 증발시켰다. 이런 식으로 화약은 거름과 쓰레기에서 생산되었다. 화약의 발견은 동양의 민속 지식과 서양의 세심한 모방이 빚어낸 결과였다. 화약은 군사 목적으로도 광산 산업을 위해서도 활용되었다. 대포와 소총의 대량생산으로 금속 수요가 증가하자 새로운 광산에서는 끌과 도끼뿐 아니라 폭발물도 사용했다.[16]

자본이 적게 들고 시간을 많이 잡아먹는 다른 무역들과 마찬가지로, 발트해 연안 지역에서는 암염 생산이 번성했다. 네덜란드 상인들은 암염을 암스테르담으로, 그리고 잉글랜드로 수송했다. 대제국들은 해외 소농들이 그들 농장에서 얻은 폐기물로 생산한 암염에 의존했다.

1579년 잉글랜드에서는 암염, 대마, 기타 발트해 연안 지역 제품의 무역을 위해 이스트랜드 회사를 설립했다. 그러던 중 루돌프 2세의 보헤미아 광산 책임자이던 연금술사 라차루스 에르커(Lazarus Ercker)는 저울과 비율, 도표를 이용해 암염의 비밀을 밝혀냈다. 새롭게 드러난 이 비밀을 바탕으로 영국 왕실은 자국의 지주와 농민에게 암염을 생산하도록 의무화했다. 16세기에는 '암염 맨(saltpetre Man)'들이 개인 사유지를 돌아다니면서 이미 만들어놓은 암염을 수거해갔다. 그 뒤 멀리 모로코에서는 광물 암염 매장지가 발견되었다. 인도에서도 비슷한 보물이 발견되었고, 새로운 독점 기업이 이 사업에 뛰어들었다. 한 세기 후 에르커의 연금술 논문은 런던 왕립협회에서 벌어진 인상적인 논쟁의 시발점이 되었다. 새로운 과학의 권위자들은 거름이 암염으로 전환되는 현상에 대해 논의했다. 로버트 보일의 유명한 발명품인 공기 펌프는 그가 암염을 연구하는 동안 고안되었다.[17]

보일은 실험 과학의 토대를 다졌는데도 여전히 연금술사였다. 그는 평생토록 납을 금으로 바꾸고 재정후원자를 끌어들일 수 있는 붉은 영약(red elixir)을 추구했다. 그가 고안한 공기 펌프는 과학의 힘을 실제로 증명해 보였다. 즉 그는 새를 집어넣은 투명한 유리 증류기에서 펌프로 공기를 빼냈고, 결국 새는 진공 상태에서 질식사했다. 사실 유명세를 탄 공기 펌프는 야금술사들이 용광로에서 사용한 많은 기계장치들보다 더 단순한 발명품이었다. 펌프의 몸체는 스웨덴산 구리로 만들어졌다. 숲이 울창한 스웨덴 북쪽 언덕에서 광부들은 밤새 큰불로 바위를 가열한 다음 덩어리들을 떼어내는 식으로 광석을 추출했다. 그 덩어리들을 공장으로 가져가서 물레방아로 구동되는 망치로 때려 분쇄한 뒤, 그 가루를 일주일 동안 덮개 없는 난롯불에 가열한 다음 용광로에서 제련했다. 광부들은 녹은 금속을 제거하기 위해 난로를 파괴했다. 그런 다음 다시 금속을 분쇄했으며, 난로를 다시 만들고 광석을 재정련했다. 이 모든 과정에는 최대 3개월이 걸렸다. 귀족과 연금술사들로 구성된 조직인 관방학적인 광산국이 시행착오를 거듭하는 지역 기술공들을 감독했다.

18세기는 각성의 시대였으며, 이는 다른 자연 마법 분야보다 연금술에 더 빠르게 영향을 미쳤다. 러시아와 치른 대북방전쟁(Great Northern War: 1700~1721년 발트해의 지배권을 놓고 러시아와 스웨덴이 벌인 전쟁-옮긴이)에서 패배한 스웨덴 국왕 칼 12세는 광산국의 화학 실험실을 폐쇄하고 자신의 과학자들을 공학 프로젝트로 전환시켰다. 1705년 그는 작센 기갑부대 사령관이자 러시아군의 주요 동맹이던 오토 아르놀드 본 파위쿨(Otto Arnold von Paykull)을 붙잡았다. 스웨덴 귀족 출신인 그는 반역자로 재판을 받았다. 공교롭게 파위쿨은 연금술사이기도 했다. 재판 과정에서 그는 자신이 금 제조 비밀을 안다며 관대하게 처분해준다면 그 대가로 본인 기술을 공유하겠다고 약속했다. 광산국은 파위쿨이 스웨덴을 그 어느 때보다 부유하게 만들 수 있다고 보장했지만, 왕은 그 연금술사이자 기갑부대 사령관을 처형했다.

얼마 뒤 이 분야에 새로운 스타가 출현했다. 바로 부유한 광산 소유주 가족의 후계자 에마누엘 스베덴보리였다. 그는 스웨덴 중부의 목가적인 호수와 숲 사이에 들어선 거대한 광산촌 팔룬(Falun) 근처에서 태어났다. 에마누엘의 친할아버지와 외할아버지는 둘 다 이곳 광산의 주주였다. 바이킹이 시작한 이 광산은 전성기를 구가하던 17세기에는 전 세계 구리의 3분의 2를 생산했다. 팔룬산 구리는 베르사유 궁전을 덮었고, 스웨덴 동전으로 주조되었으며, 스웨덴왕국 부의 주요 원천이었다. 1000명에 달하는 노동자가 그곳에서 거대한 불을 피우고 3개의 개별 갱 밑바닥까지 수직갱을 파고들어가는 등 피땀 흘려 일했다. 불을 피워 채굴하는 데 몇 톤에 달하는 엄청난 목재가 쓰였으며, 갱 속은 짙은 연기로 자욱했다. 이 광산을 방문한 뒤 칼 린네(Carl Linnaeus)는 "너무 끔찍해서 지옥 그 자체였다"고 기록했다. 스베덴보리가 탄생하기 불과 몇 달 전인 1687년 '스웨덴 하지(夏至) 축제 전야[Midsummer's Eve: 스웨덴 최대 축제 중 하나인 하지 축제(Midsummer's day) 전야에는 마녀들이 활동하는 때로 알려져 있다—옮긴이]'에 그 광산의 상당 부분이 무너졌다. 3개의 노천 굴 사이에 세워진 벽이 무너지면서 약 100미터 깊이의 싱크홀이 생겼고 그 아래 수직갱도와 굴이 파괴되었던 것이다. 크리스마스를 제외하고 일 년 중 단 하루뿐인 휴일이었기에 사망자는 없었다. 광산은 계속 가동되었지만 그 사건 이후 생산량은 절반으로 줄었다.

스베덴보리 가족이 재산을 다 잃은 것은 아니었다. 젊은 스베덴보리는 웁살라에서 루터교 신학을 공부한 뒤 4년 동안 런던에서 지냈다. 왕립협회를 자주 드나들던 그는 거기서 자신의 팔룬 광산에서 생산된 구리로 만들었을 공산이 큰 공기 펌프를 구입해 스웨덴으로 가져갔다. 영국의 모든 것을 찬미하던 칼 12세는 그를 광산국의 사정인으로 임명했다. 이전 세대 연금술사들과 비교할 때 스베덴보리는 경험주의자처럼 보였다. 그의 전문분야는 역학이었으며, 그는 새로운 광산·운하·교량 건설에 뛰어들었다. 스베덴보리는 구리에 관한 책과 철에 관한 책 등 방대한 서적을 집필했다. 또한 팔룬의 재앙을 다룬 비가(悲歌) 조의 시도 썼다.[18] 그는 인생 후반에 기이한 꿈과 비전을 가졌다. 그리스도가 그에게 나타나 세상을 변화시키라고 명령했다. 이 광산 관리는 천사의 모습으로 자신을 찾아온 죽은 자의 정령과 대화를 나누었다. 익명으로 잇달아 책을 출판하던 그는 1760년 자신이 저자임을 인정하고 그 세기의 가장 유명한 신비주의자가 되었다. 텔레파시와 예지력에 초점을 맞춘 그는 이를 기계적으로 이해했다. 즉 생각은 소리와 시각처럼 일종의 진동으로, 뇌의 미세한 막이 그 진동에 반응한다고 말이다. 팔룬에서는 그 하지 축제일 이전에 지하에서 우르릉거리는 소리가 붕괴를 예고했는데 이것이야말로 초능력이 작동하는 방식이다. 이 기계 공학자는 심령론자이자 선지자로 변신했다. 그러나 이 무렵 그는 30년 이상 몸담은 광산국을 떠났다.[19]

관방학

18세기 중반 유럽에서 왕실 관리라는 까다로운 과제는 새로운 종류의 정치학을 탄생시켰다. 카메랄리즘(cameralism), 즉 '관방학(官房學)'은 대륙판 중상주의였다. 실제로 관방학 이론은 프랑스 중농주의자들의 교의와 비슷했는데(10장 참조), 다만 밭과 곡물보다는 광산과 금속을 더 중요시했다. 신성로마제국과 발트해 연안 국가의 거의 모든 영토에는 대공·남작·주교 등 그 땅의 통치자를 위해 일하는 행정기관인 '카메라(camera)'가 있었다. 카메라는 세금을 걷고 회계 업무를 진행하고 불만사항을 처리하는 공무원과 서기를 두었다. 이제 이 시스템은 새로운 과학에 따라 규제되어야 했다.

이 새로운 과학은 광산 및 금속과 관련해 연금술과 반대되는 믿음의 상징을 고안해냈다. 우선 일곱 가지 금속, 즉 금·은·구리·철·납·주석·수은이 존재한다. 이 기본 원소들은 변형할 수 없지만, 청동 같은 합금과 비소, 망간 같은 '준(準)금속'도 있다. 우주는 기계—손목시계나 탁상시계 또는 범선—와 같으며, 화학 원소는 그 부품이다. 물질을 금으로 바꾸는 방법이란 상품을 제조해 시장에 내다파는 것이다. 기업가에게는 낯익은 이 일이 정치가에게는 새로운 것이었다. 한편으로 전쟁이 끊이지 않았던 북유럽과 중유럽의 대공들은 군사적 목적에서 통치를 행했다. 공무원은 제복을 입고 위계적 직함을 가졌으며 특수한 형식의 규율을 따랐다. 사실 그들 상당수는 퇴역 장교였다. 다른 한편 군주들은 공무원의 임무가 군 장교의 임무와 크게 다르다는 것을 이해했다. 관료는 국고에 돈을 들여와야 했다면, 장교는 그 돈을 쓰기만 했다. 사실 관방학자들이 읽은 정책 및 정치를 다룬 고전—즉 마키아벨리·홉스·푸펜도르프(S. Pufendorf)의 저서—은 대부분 어떻게 세수를 쓸 것인가에 관해 논의했다. 이제 관방학자들은 제 주인들에게 돈 버는 법을 알려주는 과학을 내놓겠노라 약속했다.

관방학자들은 돈을 벌 수 있는 방법이 세 가지뿐임을 깨달았다. 왕실은 백성들로부터 은을 빼앗거나, 왕실 소유 기업을 통해 은을 벌거나, 아니면 외국에서 은을 빌릴 수 있었다. 당시 프랑스어·영어·스코틀랜드어 저술은 노동과 세금에 대해 논의했지만, 독일 관방학이 다룬 주요 주제는 천연자원이었다. 천원자원에는 숲·곡물·소금·리넨·밀·양모 등이 있었다. 확산형 자원의 문제는 그 자원을 사줄 사람이 없다는 것이었다. 이웃 지역들에도 리넨·밀·양모는 있었다. 따라서 결론은 곡물과 목재로 귀결되었다. 그것들을 바다로 운송할 수만 있다면 말이다. 발트해 연안에는 탄산칼륨(potash: 원래 '냄비 재(pot ash)')도 있었다. 참나무 1000킬로그램을 태우면 탄산칼륨 1킬로그램을 얻을 수 있는데, 영국 양모 산업은 탄산칼륨을 대량으로 소비했다. 훌륭한 스웨덴 모델에 따라 통치자들의 궁극적 꿈은 저만의 금속 광산을 소유하는 것이었다. 하지만 고작 몇몇 지역(작센·하노버·오스트리아·헝가리)만이 광산을 보유했으며, 그들 대부분도 수익성이 좋지 않았다. 관방학자들은 인구에 대해서도 우려했다. 중상주의자들은 해외 이주자들이 국내 소비의 부담을 줄여준다고 판단했다. 반면 관방주의 정권들은 인구를 더욱 빈틈없이 보호했으며 때로 이민자를 유치하고자 경쟁하기도 했다.[20]

7년전쟁은 프리드리히 2세가 광산 활동의 중심지이던 중립적인 작센 지방을 점령하면서부터 시작되었다. 호엔촐레른 왕가와 합스부르크 왕가 사이에 벌어진 이 대규모 분쟁이 주로 슐레지엔과 작센 지방의 광산을 차지하기 위한 것이었음은 모두에게 자명했다. 길가메시의 먼 후계자인 군소 대공들이 숲을 통해 국고를 채우고자 했다면, 프로이센과 오스트리아 군주들은 광산의 역할을 똑똑히 이해했다. 금속에 초점을 맞춘 그 나라 관방학자들은 곡물·목재·탄산칼륨·대마의 대규모 수출이 그들 땅에 돈을 안겨주었음에도 재래식 무역에는 관심이 덜했다.[21] '광산지배권(Bergregal)' 법에 따르면, 모든 광산은 그 지역을 통치하는 대공의 소유였다. 지주의 관점에서 볼 때 자기 소유 땅에서 광석을 발견한다는 것은 결국 본인의 재산을 몰수당하는 사태를 의미할 수 있었다. 실제로 대공과 봉신(vassal: 봉건 군주에게 봉토를 받은 신하—옮긴이)은 대개 양자에게 이익을 안겨주는 타협안을 도출했다. 그러나 수익은 미래에 발생하지만 광산에는 초기 자본이 필요했다. 카메라는 투자자를 구했는데, 그런 투자자는 외국인, 특히 네덜란드인인 경우가 많았다. 그렇지 않을 경우 대공들은 직접 투자의 대가로 미래의 이익을 약속했고, 독일 남부 은행가들이 이러한 거래를 제안했다. 카메라는 일단 자금을 확보한 뒤 광산 사업 경험이 있는 관리자를 임명했고, 그들은 역시나 외국인이기 십상인 광부를 고용했다. 자금이 전혀 충분하지 않았으므로 카메라는 비경제적 인센티브를 활용했다. 광부들은 종종 현지 민사 법원에서 재판받지 않아도 되는 사법적 특권을 누렸다. 원주민이 거주하던 땅에서 식민지를 개척한 이들이 누리던 것과 마찬가지였다. 게다가 때로 이런 광부들이 식민지 개척자이기도 했다. 독일에서 훈련받은 관방학자들은 스칸디나비아·폴란드·러시아 등 유럽 북부 전역으로 영향력을 넓혀갔다.

　루터와 푸거 시대 이후부터 독일 땅에서의 삶은 광산이라는 지하 세계와 이어져 있었다. 영국제도에서의 삶이 해외 식민지와 연결되어 있었던 것처럼 말이다. 전문가가 필요했던 대공국들은 광산 아카데미를 설립했다. 작센은 1765년, 프로이센은 1770년이었다. 1784년 잉골슈타트에 관방학자를 위한 새로운 학술 센터가 조직되었을 때, 센터장은 그 조직이 다룰 주제를 '자원과학(Quellen Wissenschaften)'이라고 정의했다.[22] 선도적인 독일 인재들이 광산 공학자로 훈련받았으며, 그들 상당수가 실제로 채굴을 관리했다. 예컨대 라이프니츠는 호황을 누리는 하르츠산맥 광산을 감독했으며, 괴테는 일메나우의 은광과 구리 광산에서 일했다. 또한 노발리스는 작센의 소금 광산 책임자로 근무했으며, 알렉산더 폰 훔볼트(Alexander von Humboldt)는 프라이베르크 광산 현장을 관리했다. 이 낭만주의자들이 수확 많은 광산 환경을 영혼의 삶에 대한 은유로 인식한 것은 그리 놀라운 일이 아니다.[23] 정신은 광산에, 시인은 진리를 찾는 광부에 비유되었는데, 그럴 경우 시인은 광부와 제련 기술자의 감춰진 전통을 활용해 자신의 소중한 발견을 승화시킬 수 있었다. 낭만주의 문학은 감정의 연금술로, 심리학은 새로운 과학의 화신으로 발전했다.

7년전쟁이 시작되자 프리드리히 대왕은 관방학 운동의 지도자 요한 폰 유스티(Johann von Justi)를 프로이센의 광산, 유리 공장, 제철소 최고 감독관으로 임명했다. 작센에서 태어난 유스티는 괴팅겐에서 경찰 수장으로 경력을 시작했으며, 이후 괴팅겐 대학의 관방학 교수가 되었다. 프리드리히 대왕이 이끄는 '철의 왕국'은 광석이 부족해 목재와 곡물을 수출하고 작센·스웨덴·러시아에서 철을 사들였다. 7년전쟁으로 작센 지방은 폐허가 되었으며 러시아로부터의 철 공급도 중단되었다. 영국과 스웨덴의 철 가격은 꾸준히 상승했고 프로이센 포병대는 경쟁국에 비해 뒤처졌다. 그 전쟁은 프리드리히 대왕이 기적적으로 구조되면서 끝났다. 이제 프로이센으로서는 자체 철 제련이 생존 문제로 떠올랐다. 왕은 오데르강 동쪽에서 발견된 철광석 매장지를 알고 있었다. 그곳의 철은 품질이 낮았지만 왕은 과학에 대한 믿음이 있었다. 프리드리히 대왕은 특히 영국이 발명한 '조질' 과정에 관심을 기울였다. 철 조각들은 숯·재·소금을 혼합한 연료로 몇 주 동안 가열되었다. 탄소를 흡수한 철은 강력하고 튼튼해졌다. 하지만 이 과정에 따른 결과는 현지 광석의 특성에 따라 달라졌는데, 오직 스웨덴인들만 그 과정을 재현하는 데 용케 성공했다.

이 무렵 유스티는 관방학의 이론과 실제에 관한 책을 다수 집필했을 뿐 아니라 금속에 관한 글을 쓰기도 했다. 그의 재정 이론은 상당한 성취로 여겨졌지만 그의 야금술 개념은 연금술사의 개념과 별반 다르지 않았다. 그가 보기에 금속은 용광로의 열로 인해 불활성 물질이 플로지스톤(phlogiston: 산소를 발견하기 전까지 사람들이 연소를 설명할 때 가연물 속에 존재한다고 믿은 물질−옮긴이)과 결합해 만들어진 것이었다. 유스티를 광산에 임명한 것은 재앙이었다. 그의 설계대로 지은 용광로 중 하나는 말굽 제조에나 적합한 철을 생산했으며, 또 다른 용광로는 그 어떤 금속도 만들어내지 못했다. 그는 자신의 용광로들에 연료를 대기 위해 왕실 공원 두 곳의 나무를 베어냄으로써 프리드리히 대왕의 개인 산림 감독원들과 마찰을 빚었다. 그가 새롭게 고안한 구리 제련 방법도 효과가 없었다. 그는 구리 광석과 불모의 암석조차 구분할 능력이 없었던 것으로 밝혀졌다. 1768년 격분한 왕은 유스티를 감옥에 처넣었다. 그는 그곳에서 실명했고 얼마 지나지 않아 숨을 거두었다.

역사가들은 유스티의 책임이 어느 정도인지를 놓고 의견이 분분했다. 초기 전기들은 유스티가 무지에 대해서만 죄가 있다고 주장했지만, 최근 발견된 문서들은 그의 위조와 횡령 사실까지 언급하고 있다.[24] 사실이 어떻든 수천 년 동안 섹스투스 마리우스부터 미하일 호도르콥스키(Mikhail Khodorkovsky)에 이르는 광산 및 시추공의 소유주와 관리자에게 동일한 비극이 덮쳤다. 그들 가운데 일부는 죄가 있었고 일부는 죄가 없었지만, 악의 본성은 이윤을 향한 열정보다 더 깊은 곳에 똬리를 틀고 있다. 희귀 원자재는 소유자에게는 이익을 주지만, 발굴 과정이 도무지 투명하지 않으며, 사회에는 파멸을 안겨준다. 희귀 원자재의 지리적 분포는 합리적으로는 이해하기 어렵다. 노련하고 검소한 통치자이던 프리드리히 대왕조차 유스티의 공상에 유혹을 느꼈을 정도로 말이다. 무능한 이웃은 좋은 철을 가지고 있는데 자신은 그렇지 못한 이유를 누구도 설명할 재간이 없었다. 자연은 악이 활개칠 수 있는 여건을 마련해주지만, 악을 행하는 것은 사람이며, 악은 처벌하면 더욱 기승을 부린다.

데미도프 가문

러시아 땅은 바이킹 시대부터 소철에 익숙해 있었다. 소철 퇴적물은 토탄 아래 흩어져 있거나 호수 바닥의 토사에 숨어 있다. 이 퇴적물은 널리 분포되어 있었으나 주로 북부 지역에만 알려졌다. 습지가 배수되면서 소철은 잊혀갔다. 사실 소철은 천연 생명공학의 재생 가능 산물이다. 혐기성 박테리아 렙토트릭스(Leptothrix)는 공기가 없는 상태의 철분 함유물에서 철 덩어리를 만들어낸다. 이 철을 채취할 수 있다면 그 과정은 내내 이어질 것이다. 그사이 늪지대가 배수되지 않는 한 수십 년이 지나면 새로운 철 덩어리가 형성될 터다. 이러한 철 덩어리는 일반적으로 토탄이나 물 속에 숨겨져 있다. 박테리아는 그 철을 소화하면서 유분 있는 액체를 분비하고, 그것은 물 표면에 패치 형태로 떠다닌다. 이 덩어리를 찾아다니는 것은 마치 버섯을 캐러 다니는 것과 비슷하다. 즉 많은 노동력과 시간, 현지 지식이 수반되어야 하지만 자본 투자는 전혀 필요치 않은 일인 것이다. 일회용 난로에서 철 덩어리를 제련한 다음, 그 철을 두드리고 다시 단조하는 기술은 드넓은 북쪽 지역에 흩어져 사는 많은 원시 소규모 거주지에서도 사용될 수 있었다. 다름 아니라 바이킹은 이렇게 철을 얻었으며, 자기들의 기술을 북방 영토 전역에 널리 퍼뜨렸다. 몇몇 광산을 중심으로 가치가 높은 생산이 집중되는 채굴 광석과 달리, 소철은 목재·토탄·곡물 같은 확산형 자원이었다. 광산들이 서유럽의 대규모 군대에 철을 공급하던 르네상스 시대에도 철은 여전히 노브고로드공화국 같은 대륙 북쪽 소택지에서 추출되고 있었다. 삼림벌채와 습지 배수에 따른 결과로 소철이 고갈되자 금속 공장은 북쪽과 동쪽으로 더 멀리 이동했다. 소택지 금속 광석의 주요 산지는 올로네츠 지역이었다. 오늘날의 카렐리야로, 핀란드와 국경을 접하고 있으며 인구밀도 낮은 고요한 변두리 지역이다. 놀라운 솜씨를 자랑하는 이 지역 대장장이들은 19세기에 품질이 강철에 가까운 소철을 단조했다.[25] 소택지 광석은 북아메리카에도 알려져 있었는데, 일부 레일과 쟁기가 이 저렴한 철로 만들어졌다.

1639년 네덜란드 상인 안드레이 비니우스(Andrey Vinius)는 모스크바에서 멀지 않은 러시아 야금술의 발상지 툴라 근처에 최초의 광산 및 제련 공장을 세웠다. 그는 러시아 백성이 되었으며 러시아 정부는 그에게 수백 명의 농노를 내려주었다. 비니우스는 곧 타르와 양모로 전환했지만, 그의 아들은 시베리아 총독에 올랐다.[26] 러시아 중부는 광석이 부족했으나 차르의 군사적 야망으로 인해 광석이 다량 필요했다. 그 나라의 중심지에서 먼 외곽 지역들로 옮아간 광업은 낯선 풍경, 이국적 민족, 신비한 종교와 어우러졌다.

툴라 출신 대장장이 니키타 데미도프(Nikita Demidov)는 우랄 지방과 시베리아에 금속 산업을 들여왔다.[27] 카리스마 넘치고 불가사의한 고의식파인 그는 러시아에서 가장 생산적인 기업가 중 한 명이자 그 나라 산업혁명의 실질적 창시자로 성장하게 된다. 올로네츠·우랄산맥·알타이산맥 등 러시아의 모든 광석 매장지에는 이 새로운 산업에 매료된 고의식파가 대거 몰려 있었다. 보수적이고 비밀스러운 그들은 외국 전문가들과 부지런히 교류했다. 역사가들은 영국·네덜란드·작센·스웨덴 출신의 방문 과학자와 관리자들에게 많은 관심을 기울여왔다. 하지만 나는 이 이야기에서 가장 흥미로운 대목은 이들과 시베리아 토착민 또는 추방당한 고의식파인 '원주민'이 서로를 이해한 점이라고 생각한다.[28] 아메리카의 에스파냐령 광산에서 볼 수 있었다시피, 기술적 지식은 주로 유럽에서 왔지만 대다수가 식민지 정착민인 현지인들은 그 지식을 수용하고 자기 신념과 결합함으로써 그 사업의 거장들로 발돋움했다.

혼란시대 이후 모스크바는 교회 개혁에 착수했다. 하지만 특히 먼 지방들에서는 인구의 상당 부분이 이를 받아들이지 않았다. 일부 고의식파는 군 복무를 하지 않으려 버텼으며, 또 다른 고의식파는 화폐 사용 및 기타 공문서 사용마저 거부했다. 그들 상당수는 새로운 차르가 적그리스도라고 믿었다. 문화적으로 보수적이던 그들은 이동성이 뛰어나고 바지런하며 비밀스러웠다. 데미도프 가문을 비롯한 최대 상인 가문들 가운데 일부도 이들에게서 나왔다. 18세기에 고의식파는 이중과세, 강제 이주, 고문에 못 이긴 징병 등 가혹한 탄압에 시달렸다. 데미도프 가문 등 일부는 본인의 신앙을 숨겼지만, 또 다른 신자들은 박해를 받았다. 잘 기록된 몇 가지 사례에서, 고의식파 신도들은 군대의 추격을 받으면 대개 자신을 제물로 바치는 집단자살을 감행했다. 1684년 모스크바 군대가 솔로베츠키 수도원을 점령하자 거기서 도망 나온 수도사들은 외딴 호숫가에 고의식파 수도원을 건설했다. 그들 중 다수는 여전히 유럽권 러시아 북부에 살고 있는 소수 민족 포모르족이었다. 1694년 포모르족 수도사들은 박해를 피해 북쪽으로 더 멀리 이주해 정착했다. 그들은 올로네츠강과 백해 사이의 비그강에 자리한 어느 섬에 수도원을 지었으며, 이 광활한 지역에서 광석을 채취했다. 1701년 표트르 1세는 작센 장인들을 올로네츠에 초대했다. 프라이베르크 출신의 요한 프리드리히 폰 블뤼허(Johann Friedrich von Blüher)가 이끄는 작센인들은 올로네츠 공장에 새로운 용광로를 설치했다. 이러한 노동 집약적 공정에는 규율과 정확한 타이밍, 그리고 끝없이 공급되는 다량의 숯이 필요했다. 이 지역에는 자작나무가 풍부했으므로 노동력 확보가 더 어려운 문제였다. 1702년 포모르족 고의식파 신도 수천 명이 '올로네츠 산속 공장(Olonets mountain factory)'—에스파냐 '미타'의 러시아 버전—에 등록했다. 이 독실한 종파는 금속의 생애에 대한 그들만의 이해를 지니고 있었다. 우리는 그들의 신앙보다 포토시에 거주하는 아메리카 원주민의 샤머니즘에 대해 더 많이 알고 있긴 하나, 포모르족도 그들만큼이나 효율적이었다. 분명 포모르족의 생각은 '과학'이라는 이름으로 그들을 가르친—그리고 그들로부터 배운—작센인 방문객의 생각과 조화를 이룰 수 있었다.

소수 종교집단은 흔히 금속 산업에 종사했다. 프랑스에서 박해를 피해 달아난 위그노교도는 그들의 금속 제조 기술을 잉글랜드에, 나중에 프로이센에 들여왔다. 최초로 석탄을 코크스(cokes)로 바꾸고 선철(pig iron)을 제련한 인물 에이브러햄 다비(Abraham Darby)는 퀘이커교도였다. 러시아에서 금속 생산을 고의식파가 장악하고 있었다는 사실은 놀라운 일이 아니다. 그러나 북방의 철은 저주받은 사업이었다. 이 목가적 영토의 역사는 남태평양의 모험 이야기만큼이나 극적 사건으로 가득 차 있었다. 몇몇 사람이 수도원을 지었지만, 다른 사람들은 그곳을 파괴했다. 그 '산속 공장들'은 수천 명의 소농을 '공장 농노'로 묶어놓았다. 1702년 표트르 1세는 우랄의 공장 몇 개를 데미도프에게 할당했다. 수천 명의 고의식파 신자가 그곳에서 피난처를 찾았다. 1723년 톰스크 인근 옐룬스크에서 일어난 집단자살 사건으로 광부 일부가 사망했다. 500여 명이 적그리스도적인 차르가 파견한 군대에 항복하기보다 자살을 택한 것이다. 1735년 정부는 데미도프를 위해 일하는 고의식파를 조사했는데, 그들 가운데 2000명이 단 한 곳의 공장에서 발견되었다. 니키타 데미도프는 끊임없이 이단 혐의로 기소되어 평생토록 맹렬하게 비판받고 재판에 넘겨졌다. 그는 수천 명의 종파 분리론자들과 도망친 농노들에게 은신처를 제공함으로써 범법을 저지르긴 했지만, 값싸고 헌신적인 노동력을 확보할 수 있었다.

전쟁이 끊이지 않던 이 시기에, 관료주의적 경험은 한 적에서 다른 적으로 전수되었다. 러시아에서 최초로 시행된 각료 통치 실험인 표트르 1세의 12개 콜레기움(Collegium: 제정 러시아 시대에 정부 부처를 가리키던 용어—옮긴이)은 스웨덴 유형을 모델로 삼았다. 1719년 러시아판 광산국이라 할 수 있는 베르크(Berg) 콜레기움이 설립되어 정부 부처의 권한을 가졌다. 그 초대 장관은 포병이자 연금술사인 스코틀랜드 이민자 제임스 브루스[James Bruce. 러시아 이름은 자코프(Jacob)]였다. 작센 출신의 요한 블뤼허는 선도적인 전문가였다. 스웨덴과 치른 북방전쟁 중 표트르 1세는 데미도프에게 긴급 명령을 하달했다. 우랄 철은 스웨덴 철과 동등한 것으로 간주되었으나, 데미도프가 생산한 대포는 절반 가격에 불과했다. 전쟁 기간 데미도프는 독점적으로 러시아 해군에 대포·닻·못을 공급했다. 또한 자신의 철을 수출할 권리도 얻었다. 데미도프는 첨단의 방앗간 기술을 사용해 대장장이가 쓰는 풀무·망치·드릴에 에너지를 공급했다. 그는 댐·운하·수문을 건설했다. 운송을 가능케 한 강들은 생산을 위한 에너지도 제공해주었다. 그가 소유한 공장 가운데 바르나울에 들어선 공장 단 하나가 20개의 서로 다른 기계에 동력을 제공하는 물레방아 14개를 두고 있었다.[29] 데미도프의 용광로는 러시아 중부의 툴라 용광로보다 훨씬 높고 생산성도 5배나 좋았다. 그는 군수품 사업을 통해 엄청난 부자가 되었다. 데미도프는 인생 말년에 러시아 전체 철의 3분의 2를 생산했다. 그는 자신의 후원자이던 표트르 1세와 같은 해인 1725년 툴라에서 사망했다.

니키타 데미도프에게는 세 명의 아들이 있었다. 그들은 아버지가 숨진 뒤 귀족 작위를 얻었다. 니키타의 유언에 따라 그의 장남 아킨피(Akinfy)는 모든 공장과 재산을 물려받았다. 막내아들 니키타(Nikita)는 베르크 콜레기움에서 근무했으며 국영 공장을 건설했다. 둘째 아들 그리고리(Grigory)는 제 아들 이반(Ivan)의 손에 살해되었고, 이반은 그 죄로 인해 처형당했다. 충분한 자격이 있는 후계자이던 아킨피 데미도프는 동쪽으로 계속 확장해나갔으며 중국 국경과 가까운 알타이에 새로운 공장을 열었다. 그곳에서는 구리와 희귀 금속을 가공했다. 거기에는 은도 있었다. 데미도프 가문 사람들은 즈메이니(Zmeiny: '뱀 같은'이라는 뜻)산에 조성한 광산에서 은을 추출했다. 작센인 요한 사무엘 크리스티아니(Johann Samuel Christiany)가 그 사업을 운영했다. 그가 재무부 몰래 데미도프를 위해 은을 주조한다는 소문이 돌았다. 하지만 그의 동포 유스티와 달리 크리스티아니는 살아남았다. 경영 수완과 비밀을 지키는 능력은 데미도프 가문이 풍부하게 지닌 드문 재능이었다. 편지가 도착하는 데 수년이 걸릴 정도로 외딴 곳에 위치한 공장 수십 개를 운영했던 그들은 철석같이 믿을 수 있는 인적 네트워크를 필요로 했고, 고의식파 공동체가 그 기반이 되어주었다.

시베리아 전역으로 광산 네트워크를 확장해 알타이에서 은을, 우랄에서 철을 상트페테르부르크까지 운송한 데미도프 가문은 새로운 도로·운하·교량을 건설했다. 1723년부터 그들이 부리는 노동자들은 징병에서 자유로웠으며, 그들의 공장은 농노 매매 권리를 부여받았다. 그러나 1745년 아킨피 데미도프가 사망한 후 알타이 즈메이니산의 은광 운영에 대한 조사가 시작되었다. 범죄는 발견되지 않았거나 신중하게 무시되었다. 크리스티아니가 동포 유스티의 음울한 운명을 따르지 않은 이유는 간단했다. 즈메이니산에는 실제로 은이 있었으며 크리스티아니의 기술 역시 진짜였던 것이다. 1764년 이 알타이 공장 중 한 곳에서, 시베리아 소농 출신으로 우랄에서 공부한 엔지니어 이반 폴주노프(Ivan Polzunov)가 물레방아에 의존하지 않는 최초의 증기기관을 만들었다. 석탄 에너지를 강물의 흐름에서 해방시킨 폴주노프의 증기기관은 세계적 산업혁명의 두 번째 단계를 촉발했다. 그의 증기기관은 3층 건물이 필요하긴 했으나, 심지어 산꼭대기를 비롯해 어디에나 설치할 수 있는 최초의 것이었다.

아킨피는 제 아버지와 마찬가지로 세 아들을 두었지만, 자신의 사업을 맏아들이 아닌 막내아들 니키타(Nikita)에게 물려주었다. 맏아들 프로코피(Prokofiy)는 유언장에 반박하며 니키타를 고의식파 이단죄로 고소했다. 여제 엘리자베타 1세가 개인적으로 프로코피를 지지하자 데미도프 제국은 분열되었고 세 아들은 동등한 지분을 받았다. 프로코피는 식물학자로 살아갔고 가난한 사람들을 돕고 은행을 설립했지만, 다양한 기행을 일삼은 것으로 유명했다. 1778년 그는 상트페테르부르크에서 공개 축제를 조직했는데, 어떤 이유에서인지 그곳에서 와인을 마신 수백 명이 사망했다. 나머지 두 아들은 수시로 해외여행을 다녔다. 아버지가 가장 총애한 막내아들 니키타는 볼테르와 연락을 주고받았지만 광산에는 관심이 없었다. 니키타의 아들 니콜라이(Nikolay)는 토스카나를 선호했고 그곳에서 유명한 독지가로 살았다. 그는 이탈리아 전역에서 부동산을 사들였으며 피렌체에는 그의 이름을 딴 광장이 있다. 그의 아들 아나톨리(Anatoly)는 나폴레옹의 조카와 결혼했다. 이 가문의 혈통은 불명예스러우나 부지런한 고의식파에서 게으른 고위층 귀족으로 퇴락했다.

2부

관념의 역사

애덤 스미스부터 현대의 '신고전주의자'에 이르기까지 경제 이론의 주된 흐름은 가진 자와 못 가진 자 모두를 새로운 차원의 번영으로 끌어올리는 시장의 '보이지 않는 손'에 초점을 맞춰왔다. 리처드 캉티용(Richard Cantillon: 아일랜드 출신으로 프랑스에서 활동한 은행가이자 경제학자—옮긴이)부터 이매뉴얼 월러스타인(Immanuel Wallerstein: 미국의 사회학자이자 역사가—옮긴이)에 이르기까지 사회과학에서의 그 대안적 전통은 이러한 제국주의적 교환이 원자재 공급자들은 파괴하고 노동 조직자들만 부자로 만들어주었다고 강변해왔다. 21세기에 접어든 지금은 서로 모순되지만 똑같이 그럴듯하게 들리는 이 온갖 주장이 일순 쓸모없어 보인다. 석유의 세기에는 부가 점점 더 자연과 긴밀히 연관되었을 뿐 아니라 자원 자체가 부의 원천으로 떠올랐다. 하지만 인간 세상에 공기가 부족해지고 있는 이때, 문명은 다시금 자원 플랫폼을 전환하고 있다.

J. G. A. 포콕(J. G. A. Pocock: 정치사상사를 연구한 뉴질랜드 역사가—옮긴이)이 쓴 바에 따르면, "사물의 역사, 물질 문화의 역사는 계몽주의에 힘입어 상업과 권력의 역사뿐 아니라 관념의 역사로 확대되었다. …… 하지만 이 모든 역사는 필연적으로 허구와 환상의 역사를 포함하는 인프라에 기초했다".[1] (물질 문화에서 커다란 부분을 차지하는) 천연자원의 역사에서 이 복잡한 인프라는 시간뿐 아니라 공간상으로도 발전했다. 노동

과 지식은 세계적(global)이지만 자원은 지역적(local)이다. 지리학은 다양한 종류의 원자재가 지닌 교환가치를 결정하는 데서 물리학과 화학만큼이나 중요한 역할을 담당한다. 최초 도끼날의 원료인 부싯돌부터 스마트폰에 쓰이는 희귀 금속에 이르기까지 모든 재료에는 원산지가 있으며, 그 원산지는 대체로 소비자와 무척이나 멀리 떨어져 있다. 로마 제국은 에스파냐에서 은을 조달했으며 신성로마제국은 페루에서 은을 구했다. 향신료를 운송하려면 3대 대양을 거쳐야 했다. 진주와 다이아몬드는 지구상에서 가장 이국적인 지역에서 발견되었는데, 무슨 연유에서인지 오직 그 장소들에서만 구할 수 있었다. 광석, 석탄 및 석유는 지각 속에 풍부하게 분포되어 있지만, 지표면 근처에서 발견되는 장소는 드물었다. 대개 원자재의 운송비가 추출비를 초과했다. 무역·시장·자본 자체는 이 같은 자연적 변화에 기반을 두고 있었던지라 세계가 획일적이었다면 존재하지 않았을 것이다. 무역의 근거를 설명하기 위해 차르 이반 4세에게 아래와 같은 편지를 띄운 잉글랜드의 소년 왕 에드워드 6세는 이 점을 잘 간파하고 있었다.

세계를 여기저기 돌아다니는 상인들은 제 나라에서 발견되는 좋고 유익한 물건들을 먼 지역과 왕국에 실어다주고 다시 같은 곳에서 제 나라에 필요한 물품을 들여오기 위해 육지와 바다를 두루 살핍니다. ……인류를 크게 부양하는 천지의 신은 모든 것이 한 지역에 몰려 있길 바라지 않으십니다. 그것은 한 지역이 다른 지역을 필요로 하도록, 그에 따라 모든 인류가 우정을 쌓을 수 있도록 하기 위함입니다.[2]

하지만 가령 곡물은 조건에 따라 작물의 생산성이 달라지긴 하나

거의 어디서나 재배할 수 있다. 1차적 자원인 공기·토지·물은 여전히 한층 고르게 분포되어 있다. 이러한 자원은 기본적인 필수품이다. 그리고 인간이 거주하는 지상의 모든 지역에 존재한다. 아니 그렇다기보다 인간은 지구상에서 이러한 자원이 존재하는 지역에서만 거주한다고 말해야 옳겠다. 그러나 그것들조차 고갈될 수 있으며, 실제로 2차적 중요성을 띠는 자원에 한계를 부여함으로써 곡물과 석유가 결코 고갈되지 않도록 보장한다. 이번 세기에 우리는 석유보다 공기가, 토지보다 물이 더 빨리 바닥나리라는 것을 두 눈으로 똑똑히 확인하고 있다. 알려진 석유 공급량의 3분의 1만이 인류에 의해 사용될 테고, 지구의 약 3분의 1만이 인간 거주에 적합하다. 기후 위기는 앞으로 석유 같은 2차적 자원의 소비가 공기 같은 1차적 자원의 파괴로 이어질 것임을 우리에게 말해준다. 이 같은 비가역적 과정은 인간의 관점에서 인정할 수 없는 일이 될 것이다. 역설적이게도 경제적 가치가 없는 공기가 부족해지면 경제적 가치의 구현체인 석유는 팔리지도 연소되지도 않을 것이다. 경제성장을 제한하는 요소는 땅이 아니라 하늘이다.

20세기 중반, 역사가 칼 폴라니는 "생산은 인간과 자연의 상호작용 결과"라는 명료한 진리를 정립했다. 그는 고전적 국가경제학은 자연적 요인을 고려하지 않았으며, 오직 인간의 노동만을 주목할 만한 가치가 있는 것으로 간주했다고 썼다.(여기서 인간의 노동이란 모든 인간의 노동이 아니라 오직 제국주의 본국에서 일어나는 노동만을 지칭한다는 것을 나는 분명히 밝힌다.) 폴라니는 "스미스가 물리적 의미의 자연을 부의 문제에서 의식적으로 배제했다"는 사실에 놀라움을 표했다. 그는 이를 애덤 스미스의 "전반적 낙관주의" 탓이라고 설명했다. 프랑스 중농주의자의 특징인, 자연의 한계에 대한 회의적 인정은 스미스에게 생소한 것이었다.[3] 발터 벤야민은 그 자신이 "속류 마르크스주의"라고 부른 것에서도 그와 비슷한 실수를 발견했다. 노동의 역할을 과장하는 이러한 가르침은 자연을 "공짜"라 여기고 무시했다. 벤야민은 이러한 입장을 순진하다고 평가했으며, 그 대신 "자연에 대한 착취"와 "프롤레타리아 계급에 대한 착취"를 하나의 과정에서 비롯된 양면으로 이해하려 했다.[4]

벤야민에 이어 철학자 한나 아렌트(Hannah Arendt)는 자신이 "근대 이론"에서 발견한 "노동에 대한 찬양"을 비판했다. 이는 노동을 노예 몫으로 여긴 고대 사상에서의 "노동에 대한 경멸"과 정반대 입장이다. 18세기부터 노동은 재산의 원천(로크), 부의 원천(스미스), 가치의 원천(마르크스)으로 떠올랐다. 노동에 대한 이 같은 찬양은 자연에 대한 경멸과 더불어 진행되었다. 아렌트는 자신의 위계적 이론 체계에서 노동(labour)과 일(work)을 구분했다. '노동'은 인간과 자연 사이의 순환적 교환이다. 자급자족 농부처럼, 노동자 역시 필요하지만 부패하기 쉬운 생산물을 만들어 곧바로 소비한다. 반면 '일'은 자연을 변화시켜 수년 또는 수세기 동안 가치를 유지하는 인공물을 만들어낸다. '일'은 자연에서 물질을 가져와 "세상이 필요로 하는 것들, 즉 지난한 삶의 과정을 견디고 살아남을 수 있는 내구적인 것들"을 생산한다. "우리 세계의 영속성과 내구성을 보장"하는 것은 노동이 아닌 일이다.[5] 또한 아렌트는 (결코 완벽하다고는 볼 수 없지만 부분적으로) 인류를 자연에 대한 의존에서 해방시킨 '인간 행동'을 노동과 일에 이은 세 번째 범주로 보았다.

자원과 상품

그리스 작가 헤로도토스는 《역사(History)》(기원전 430년)에서 자신의 고향 헬라스(Hellas: 그리스의 옛 이름—옮긴이)는 인간에게 유리한 기후를 지녔지만, "인간 거주 세계의 말단부는 본디 인간에게 가장 좋은 것들을 나눠 주었다"고 말했다.[1] 그가 나열한 목록은 꽤나 길었다. '가장 동쪽에 있는 나라' 인도의 경우, 헤아릴 수 없을 만큼 많은 양의 금을 지녔으며, 양의 양모보다 더 좋은 '나무 양모' 목화가 자랐다. '가장 남쪽에 있는 나라' 아라비아에는 유향(乳香: 특히 종교의식 때 피우는 향—옮긴이)나무가 서식했는데, 날개 달린 뱀들이 그것을 지키고 있었다. 그곳에는 계피도 있었으며 무섭게 생긴 새들이 계피나무 가지로 둥지를 지었다. 에티오피아에서는 흑단나무가 자랐는데, 흑단나무 목재는 그 나라 거주민만큼이나 검었다. 주석은 나중에 영국이라 불린 '가장 서쪽에 있는 섬'에서 헬라스로 운송되었다. 유럽 북쪽에는 인도에서와 마찬가지로 금이 있었지만, 그 금은 헬라스에 도달하지 못했고 계피처럼 신비로운 존재로 남

있다.

우주에 대한 고전적 관념은 이야기꾼을 중심에 둔 시민 생활 영역을 아우르는 멋진 자원 지도 같은 것이었다. 헬라스와 페르시아라는 두 적대적 제국이 인간 거주 세계를 구성하며, 그 세계의 말단부는 그들에게 이국적 과일을 공급했다. 이러한 제품은 멀리 떨어져 있을수록 더 귀한 대접을 받았다. 목수·재단사·대장장이의 일은 한정적이었고 이해하기도 쉬웠다. 하지만 어부와 벌목꾼, 광부와 금광 탐사자들이 살아가는 외딴 세계는 모험과 위험, 이익으로 가득 차 보였다. 무수한 익명의 방직공과 방적공이 세계 제국의 경제를 떠받쳤지만, 문명 세계는 '황금의 양모피'를 추구하고 해외 식민지를 개척하는 이들을 존경했다. 원자재는 저쪽에, 제품은 이쪽에 있었다. 생산은 평범하고 추출은 비범했다. 진부한 노동과 이국적 원자재가 공존했다. 원료를 상품으로, 에너지를 연료로 가공하는 것은 문명의 주요 과제이며, 그것들은 합리적 이해와 규제의 대상이다. 하지만 진정한 부는 무역을 통해서만 얻을 수 있다. 거리는 가격을 높이고, 위험은 이익을 가져다주며, 모험이라는 이미지는 금 상자나 지폐에 가장 잘 어울리는 장식이다. 영어 'fortune'의 두 가지 의미(부와 행운―옮긴이)는 이러한 연관성을 그 어떤 철학 논문보다 잘 전달해준다.

이 전통을 재구성한 카를 마르크스는 무역의 중심에 신비가 있다고 보았다. 그는 《자본(Capital)》에서 헤로도토스가 묘사한 이들만큼이나 멀리 떨어져 있는 사람들, 즉 물신주의자들(fetishists: 마르크스가 보기에 이들은 성적 종파라기보다 종교적 종파였다)로부터 핵심 개념을 빌려왔다. 그는 '상품 물신주의(commodity fetishism)'를 설명하면서 일반적으로 병든 괴짜들에게 적용되는 독일어 단어 'vertrackt'를 사용했다. 영어 번역서는 그 단어를 한층 더 강하게 들리는 'queer'로 옮겨놓았다. "상품은 처음에는 매우 사소하고 쉽게 이해되는 것처럼 보인다. 하지만 찬찬히 분석해보면 사실 무척 기묘한(queer) 것이다."[2]

영국적 전통에서 알려진 바와 같은 '오래된 식민지 체제'는 헤로도토스의 생각에서 크게 벗어나지 않았다. 제국은 식민 본국의 중심지(즉 '모국')와 식민지로 이루어져 있었다. 양쪽에는 서로 다른 인종이 살았고 각기 다른 법이 적용되었다. 딸 식민지들은 원료를 채취해 모국으로 실어날랐고, 모국은 이를 가공해 공산품으로 만든 다음 그 식민지들에 되팔거나 다른 제국들과 교역했다. 베네치아공화국과 에스파냐제국도 이 이중 모델을 따랐다. 하지만 이 모델이 가장 크게 발전한 것은 나중에 잉글랜드의 **중상주의**였다. 중상주의는 대영제국의 이념적 기반이 된 정치경제 신조였다.

어떤 국가는 자원이, 어떤 국가는 노동력이 풍부하다. 원자재와 상품은 끊임없이 교환된다. 로버트 맬서스는 세계 무역에서 가장 큰 부문은 도농 간 교환이라고 밝혔다. 우리는 이 공식을 확장해 세계 무역에서 가장 큰 부문은 노동 의존 파트너와 자원 의존 파트너 간의 교환이라고 말할 수 있다. 초기에 두 파트너는 식민 본국과 식민지였다. 오늘날 두 파트너는 선진국과 개발도상국, 제1세계와 제3세계, 탈제국주의적(post-imperial) 중심부와 탈식민주의적(post-colonial) 주변부다. 제2세계인 탈사회주의적(post-socialist) 세계는 여전히 불안정하고 불확실한 상태에 머물러 있다. 이 모든 정의에는 '탈(脫)/포스트(post)'라는 접두사가 붙는다.[3] 탈식민주의, 탈사회주의, 거기에다 포스트모더니즘(post-modernism)까지 말이다. 하지만 우리는 정녕 낡은 중상주의 체제와 결별한 것일까? 우리는 과연 탈중상주의적(post-mercantilist) 세계에 살고 있을까?

낭비된 자연

누에는 복잡한 생애주기를 거치지만 인류는 그중 누에고치라는 단 한 가지 단계만을 사용한다. 누에고치에서 실을 풀고 나면 인간은 누에가 성장하고 움직이고 번식하는 데 필요한 다른 모든 것을 버린다. 목화 덤불에는 뿌리·줄기·꽃이 있지만, 인간은 오직 씨앗의 껍질에서 자라는 단세포 섬유만 사용한다. 자연이 이 섬유를 만든 것은 씨앗이 바람에 날려 그 식물이 땅 전체에 퍼질 수 있도록 하기 위해서다. 인간은 이 작은 필라멘트를 취함으로써 진화가 그들을 위해 구상한 길을 따르지 않았으며, 누에고치나 목화 식물에서 얻은 섬유로 제 몸을 덮어 더위와 추위로부터 스스로를 보호하는 법을 익혔다. 양귀비 역시 복잡한 구조로 이루어져 있지만, 인간은 그것의 작은 일부이자 우연적인 부분인 덜 익은 종자 머리에서 분비되는 수액에만 관심을 기울인다. 인간에게 이 모든 자원은 자유의 조건임과 동시에 새로운 의존으로 나아가는 길이다. 인간은 일부 요소는 추출하고 나머지 요소는 저버리는 방법을 다각화함으로써 소비를 늘리고 폐기물을 확산시킨다. 그리고 다른 존재들의 본성을 지배하는 과정에서 스스로의 본성까지 변화시킨다.

　자연이 무한하고 선한 것처럼 보이는 한, 자연이란 신이 다른 형태로 모습을 드러낸 것이라 여겨질 수 있었다. 이게 바로 스피노자가 '창조자 자연(Natura naturans)'과 '창조된 자연(Natura naturata)'을 구별하면서 생각한 바였다. 오늘날에는 '창조된 자연'과 '사용된 자연'을, 그리고

'창조된 자연'과 '낭비된 자연(Natura vastata)'을 비교하는 편이 더 정확할 것이다. '창조된 자연'은 늘 '사용된 자연'보다 많았지만, 우리의 생존을 규정하는 것은 '낭비된 자연'이다. 이마누엘 칸트가 썼던 것처럼, "인간은 자신이 '자연의 진정한 목적'임을 실감했을 때, 양들에게 '자연이 너희에게 양털을 준 것은 너희가 쓰도록 하기 위함이 아니라 내가 쓰도록 하기 위함이었노라'고 말했다".[4] 인간이 자연에 가하는 힘은 '창조된 자연'을 수정하는 데 있는 게 아니라(그럴 가능성은 제한되어 있다), '사용된 자연'을 선택하고 그렇게 선택한 것을 끊임없이 재생산하는 데 있다. 인간은 하고많은 곤충 중에서 누에를, 식물 중에서 목화를, 동물 중에서 양을 선택했다. 그렇기에 누에·목화·양은 그들의 자연적 한계를 훌쩍 뛰어넘는 양으로 재배 및 사육되고 있다. 이 역시 자연선택이지만, 스피노자의 용어는 다윈의 용어보다 자연선택을 더 필수적인 것으로 만들어준다. 인간의 힘은 선택된 재료를 심도 있게 가공하는 과정에서도 드러난다. 면을 천으로 만들고 천을 옷으로 짓는 데는 엄청난 양의 지식과 노동이 필요하다. 자연선택은 새로운 종류의 기술과 취향의 표준을 개발하는 것으로 귀결된다. 아니면 그와 반대로 이러한 기술과 패션이 새로운 소재의 사용을 가능하고도 바람직하게 만든다. '창조자 자연'이 계획을 가지고 있다면 그것은 인간의 계획과 일치하지 않으며, 이게 바로 우리가 '창조자 자연'의 계획을 그렇게나 이해하기 어려운 이유다.

가벼울 것, 희귀할 것, 건조 상태여야 할 것

아리스토텔레스는 '사용을 위한 물건'과 '교환을 위한 물건', 즉 '국내 경제'와 '무역 및 이윤을 위해 쓰이는 재산'을 구분했다.* 흄의 가치 이론은 사람들이 소비하거나 그저 집에 보관하는 모든 옥수수·양모·은을 괄호로 묶었다. "이 경우 화폐와 상품은 결코 만나지 않으므로 서로 영향을 미칠 수 없다. ……가치를 결정하는 것은 오로지 수요와 비교했을 때의 과잉 공급뿐이다."[5] 1910년 러시아 경제사를 다룬 여러 권짜리 교과서는 다음과 같은 말로 시작했다. "역사적 경험은 무역과 산업이 오직 평화로운 시기에만, 인구밀도가 높고 훌륭한 통신로를 갖춘 나라에서만 번성할 수 있다는 것을 보여준다. 이러한 조건이 갖춰지지 않으면 소농은 제게 필요한 모든 것을 스스로 생산할 수밖에 없다."[6] 평화로운 시대는 드물었으며 편리한 통신로는 사치였지만, 그런 조건이 충족되지 않는다면 무슨 수로 인구밀도가 높은 나라가 번영할 수 있었을까? 실제로 대다수는 자급자족 농업에 기대 살았다. 그들은 자신이 생산한 것을 소비했고 자신이 소비할 수 있는 만큼만 생산했다. 자기네가 생산한 제품들이 부패하기 쉬웠고 운송이 까다로웠으며 그에 대한 수요가 다른 곳에서 발생하지 않았기 때문이다. 자연과 노동의 산물 중 거래할 수 있는 상품으로 만들기에 적합한 것은 소수에 그쳤다. 상품은 가벼울 것, 희귀할 것, 건조 상태여야 할 것, 이렇게 세 가지 까다로운 조건을 충족해야 했다. 부피가 크고 무거운 상품은 운송하기 어려웠다.

---

* 이러한 구분에 대해 칼 폴라니는 《우리 시대의 기원: 거대한 전환》에서 사회과학 최초이자 최대의 발견으로 꼽았다.(56쪽)

보편적으로 구할 수 있는 상품은 수요가 없었다. 마지막으로 건조 상태의 상품만이 보관하거나 운송하는 동안 상하지 않을 것이다. '약(drug)'이라는 단어의 애초 의미는 '건조하다(dry)'였다. 14세기에 '약'은 허브와 향신료에서 염료와 비누에 이르기까지 온갖 건조하고 귀중한 상품들을 통칭했다.[7]

지난 세기의 구조인류학(structural anthropology: 인간 공동체의 사회구조를 연구하는 학문—옮긴이)에서, '날것(the raw)'은 '익힌 것(the cooked)'의 반대 개념으로 여겨졌는데, 전자는 자연의 일부고 후자는 문화의 산물이다. 내가 몸담은 역사인류학(historical anthropology)에서는 '날것'의 반대 개념이 '완성된 것', '마무리된 것', '직접 사용할 수 있는 것'이다. 영어로는 이 반대 개념들을 '원재료(raw materials) 대 완제품(finished goods)', 또는 심지어 '나쁜 생 상품(raw bads)' 대 '좋은 건조 상품(dry goods)'으로 표현할 수 있다.[8] 자연 상태의 찻잎, 모피, 죽은 생선, 소금물, 설탕 수액, 면화 린터(linter: 조면 후 씨에 남아 있는 짧은 솜 부스러기—옮긴이) 등 많은 종류의 원자재는 습기를 머금고 있다. 이렇듯 부패하기 쉬운 애초 상태로는 운송하거나 교역할 수 없다. 오직 건조 과정을 거쳐야만 교환가치를 지닌다. 건조는 1차 가공에서 보편적으로 이루어지며, 장거리 운송을 위해 상품을 보존하고 2차 가공이 이루어지도록 준비하는 작업이다. 곡물·건초·장작은 지붕 있는 저장고와 시장을 필요로 한 최초의 상품이었다. 그러나 육류·감자·과일 등 농민이나 축산업자가 생산하는 많은 종류의 상품은 운송이 어렵거나 아예 불가능했다. 그것들은 새로운 보존 및 운송 기술이 등장하고서야 비로소 거래할 수 있었는데, 그러한 기술들은 그 자체로 에너지와 원자재를 요구했다.

제국들은 '고결한 야만인(noble savages: 계몽주의 시대를 풍미한 이상화한 인간 본성의 전형. 문명에 때 묻지 않은 채 자연과 동화되어 살아가는 고결한 사람을 지칭한다—옮긴이)'을 찬미하기 위해 해외로 원정대를 파견한 게 아니었다. 그들에게는 자신들이 전유하고 운송하고, 그리고 자신이 지배하는 민족이나 다른 인구들에게 이윤을 남기며 판매할 수 있는 유형의 가치가 필요했다. 대체로 이것들은 원자재를 건조해 생산한 제품이었다. 건조된 상품을 판매하는 식민지 상점〔프랑스의 에피스리(épicerie), 독일의 콜로니알한들룽(Kolonialhandlung)〕은 최초의 식료품점이었다. 그곳에서는 차·설탕·건과·커피·담배·초콜릿·건어물·화약도 판매했다. 이러한 건조 상품은 날씨로부터 보호해야 했기에 그것을 보관할 창고와 상점이 필요했다. 반면 육류·생선·우유·과일·채소 등 물기 많고 신선한 제품을 거래하는 지역 무역에는 지붕이 필요 없었다. 지역 무역의 수요를 충족하기 위해 도시에 수많은 노천 시장이 들어서 상하기 쉬운 상품을 경쟁력 있는 가격에 판매했다. 도시에 공급하고 시골지역에 일자리를 마련해주는 이러한 모세혈관식 유통 시스템은 자본 축적으로 이어지지 않았다. 항구와 산업 도시가 발달한 것은 건조 상품의 장거리 무역 덕분이었다. 시장 도시는 멀리서 상품이 배달되고 운송되고 가공되는 곳, 그리고 장거리 무역의 근간을 이루는 여러 길이 교차하는 곳에 들어섰다. 최고 무역은 물길을 통해 이루어졌지만, 최고 상품은 건조물이었다. 상품을 습기로부터 보호하는 것은 상업 기술의 기본이었지만, 신흥 자본주의는 물을 피했을 뿐 아니라 그만큼이나 물에 의존했다.

상품화는 변형(transformation)과 운송(transportation)이라는 두 가지 주요 상업 분야의 진보가 낳은 결과였다. 1차 가공은 습하고 상하기 쉬운 원재료를 건조하고 가볍고 포장된 상품으로 바꾸어놓았다. 그 상품들은 다양한 종류의 운송 수단을 통해 육로 또는 해상로를 거쳐 원자재가 풍부한 공급처에서 원자재가 부재하되 그에 대한 수요가 있는 곳으로 이동했다. 상품화는 이 두 가지 과정, 즉 변형과 운송이 결합되어야만 비로소 가치를 창출할 수 있었다. 움직이는 변경인 상품화 과정은 원자재의 국내 사용에서 지역의 습식(wet) 상업 시장으로, 그리고 건조(dry) 상품을 취급하는 장거리 무역으로 발전해갔다. 사람들은 가죽을 보존처리하고 대구를 건조하고 청어를 염장하고 육류를 냉동하는 법을 터득하기 전까지는 이러한 제품을 그저 그 자리에서 소비하거나 이웃과 나누었을 뿐이다. 그리고 이러한 제품을 도중에 썩지 않고 운송하는 법을 배우기 전까지는 수익, 관세 및 세금을 창출하지 못했다. 자급자족의 시대에 재료는 '날것' 상태로 남아 있었고 자본은 증식을 거부했으며 사람들은 '게을렀다'. 새로운 상품화 기술은 식민 본국에는 번영을, 식민지에는 폭력을 안겨주었다. 대제국의 내부 및 외부 식민지들은 노예제와 농노제를 통해 원자재와 에너지를 생산했다. 재화의 생산과 서비스의 제공은 제국 중심지의 몫이었다. 부싯돌에서 금, 양모에서 비단, 토탄에서 석유에 이르기까지, 희귀하고 건조하며 가볍고 먼 거리에 있는 상품일수록 더 큰 이윤을 안겨주었고 더 큰 악을 초래했다.

달콤한 세련미

계몽주의 세기는 상업의 세기이기도 했다. 경제학자와 역사가들은 이같은 중요한 관련성을 주로 원시적 축적(마르크스), 거대한 전환(폴라니) 또는 근면 혁명(industrious revolution, 더 프리스)에서 보듯 생산의 맥락에서 파악한다. 또 하나의 대안적 전통은 철학과 국가경제학의 고전에서 비롯된 것으로, 그 저자들은 둘의 관련성을 소비의 맥락에 비추어 설명한다. 흄은 '취향의 세련화'가 진보의 열쇠라고 주장했으며, 맬서스는 '유효 수요(effectual demand: 구매 능력과 결합된 구매 의지—옮긴이)'에 관해 다루었다.

계몽주의는 대량 소비에 대한 욕망·취향·습관을 키워주었다. 설탕·비단·도자기 등 동양에서 들여온 이국적 제품은 유럽 엘리트들 사이에서 수요가 많았다. 현지 생산 제품들이 값비싼 수입품을 대체하면서 가격이 하락했다. 먼저 인도산 면화가 값비싼 중국산 비단을 대체했다. 그다음으로 잉글랜드에서 방직된 미국산 면화가 인도산 직물을 내쫓았다. 처음에 설탕은 아시아에서 들어왔으며 귀족들 사이에서 사치품 대접을 받았지만, 서인도제도의 달콤한 상업(sweet commerce: 몽테스키외의 표현—옮긴이)으로 인해 대량 소비로 이어졌으며, 그런 다음 저렴한 유럽산 사탕무로 대체되었다. 초기 자본주의에서 상품화의 전략적 노선은 서양에서 생산된 값싼 재료를 사용해 동양의 사치품을 모방하는 것이었다.[9] 문화학자들은 수동적이고 순종적인 동양을 지배한다는 서양의 사상, 즉 오리엔탈리즘을 역설하지만, 경제사는 그 반대 추세를 가리켰다. 즉 유럽의 기술 대가들은 지역 원자재를 사용하고 역공학(reverse engineering)을 실천함으로써 동양 모델을 모방한 것이다.* 계몽주의 시대의 가구, 옷, 정원, 심지어 건축물은 더없이 희귀하고 값비싼 수입품을 통해서만 알려진 상상 속 중국의 복제품인 '중국풍'으로 가득했다.

---

* '역공학'이라는 용어는 냉전 시대에 등장했으며, 스파이가 입수한 설계도나 라이벌로부터 훔친 정보를 바탕으로 자본주의 적의 무기나 기술을 재구성해 모방하는 것을 의미했다.

1620년대부터 잉글랜드에서 유행한 중국풍은 바로크 양식의 문화와 쉽게 어우러졌으며 거기에 유쾌한 느낌을 더해주었다. 인도가 면화와 연관되었듯 중국은 비단과 관련되어 있었다. 옻칠 수공예품에 대한 수요가 많았지만, 원래 옻은 동아시아에서만 자라는 희귀 나무의 수액에서 얻었다. 18세기 동안 비단 장식품, 옻칠 가구, 도자기 다기 한 벌 등 사치품은 모두 유럽산 원자재를 사용한 역공학 과정을 거쳤다. 제국 중심지에서는 대중도 이러한 고급 상품을 접할 수 있었다. 점점 더 수가 많아진 부르주아 계급은 사치스러우면서도 검소하며, 과묵하면서도 과시적이었다. 그들은 더 세련된 취향을 지닐 수도 있었지만, 가격이 합리적인 사치품을 더 많이 요구하게 되었는데, 이는 기술 발전과 경제성장으로 이어졌다.

기아와 식량 부족의 위험에서 영영 헤어나오지 못하는 세계의 빈곤 지역에서는 수요 부족이라는 새로운 문제가 불거졌다. 경제 전문가들은 네덜란드와 영국 시장을 유럽의 거대한 주변부와 비교하면서 후자에서 최대 문제점은 재화 및 서비스 부족이 아니라 오히려 재화 및 서비스에 대한 수요 부족이라고 판단했다. 수요는 전반적인 교육 및 문화 수준 향상에 의존했다. 야만인은 사치품에 대한 취향이 없었고 소농도 마찬가지였다. 가난한 소농들이 부르주아 계급이 일상적으로 사용하는 상품을 가지고 있지 않은 것은 문제될 게 없었다. 그들이 그걸 원하지 않는다는 사실이 문제였다. 취향과 야망 부족은 그들을 게으르고 가난하게 만들었는데, 이는 다시 그들의 야망에 도움이 되지 않았다. 수요·취향·야망, 이 모두가 바로 그 가난한 이들 사이에서 창출되어야 했다. 유행과 중독은 소농 경제를 게으름과 무기력에서 탈출시켜줄 마법의 수단으로 떠올랐다.

놀라운 저서 《벌의 우화(Fable of the Bees)》(1705년)를 쓴 버나드 맨더빌(Bernard Mandeville)은 개인의 미덕이 공공선에 거의 영향을 미치지 않지만, 자유로운 개인의 악덕 발휘는 아무런 사전 준비 없이 공공선을 만들어낸다는 개념을 처음으로 제기한 인물이다. 맨더빌은 사람과 다를 바 없는 삶을 사는 벌들의 집에 대해 묘사했다. 일벌은 그들의 노동력으로 '세상의 절반'을 먹여 살리지만 여전히 가난한 상태에 머물러 있었다. 판관들은 뇌물을 받았다. 사제들은 음탕했으며, 거름조차 가짜였다. 그럼에도 삶은 전에 없이 번성했다. "따라서 모든 부분이 악에 절어 있었지만 대중 전반의 삶은 낙원이었다." 그러나 '두 인도(서인도제도와 동인도)에서 약탈한' 그 모든 값비싼 것들이 사라졌다. 비참한 삶으로 회귀하는 중이었다. "경박하고 변덕스러운 시대는 '지나고(past)', 유행과 의복은 '끝까지 살아남는다(last).'" 운율에 맞춰 글을 쓰는 맨더빌은 낡은 금욕적 도덕에 맞서 전쟁을 선포했다.

1718년 너새니얼 토리아노(Nathaniel Torriano)는 영국 동인도 회사 선박 오거스타호(Augusta)를 타고 중국으로 향했다. 광둥에 당도한 그는 잉글랜드에서 가져온 구리·철·시계·장신구와 인도의 옥양목을 팔았다. 그리고 그 대가로 배를 가득 채울 만한 분량의 차를 받았는데, 그 차는 그가 본국에 돌아왔을 때 선풍적인 인기를 끌었다. 런던에서 그가 들여온 화물의 가치는 5만 파운드로 추산되었다. 영국 영지를 여러 곳 사들일 수 있는 거액이었다. 재무부는 토지세보다 관세에서 더 많은 세수를 거둬들였다. 관세가 세수의 50퍼센트에서 75퍼센트를 차지한 것이다.[10] 유행은 특히 빠른 자본 회전율로 이어졌다. 맨더빌은 "식생활·가구·의복과 관련한 변화무쌍한 취향, 그 이상하고도 우스꽝스러운 악덕이 무역을 굴러가게 하는 바로 그 바퀴로 떠올랐다"고 썼다.

데이비드 흄은 자신의 책 《논집(Essays)》(1777년)에서 이러한 초기 개념을 철학 체계로 정리했다. 고대 세계에서는 거의 모든 사람이 소농이었지만, 이제는 소농이 다른 사람들을 먹여 살리게 되었다. 다른 사람들이란 국가를 더 안전하게 만들어주는 군인일 수도, 삶을 한층 즐겁게 이끄는 장인일 수도 있었다. 그러나 그 소농이 제 스스로 필요한 것보다 더 많이 생산하도록 부추긴 요인은 무엇일까? 흄은 소농이 제 가족의 필요를 돌보기에 충분한 정도만큼만 일하면서 게으르게 산다면, 잉여가 발생하지 않을 거라고 주장했다. 실제로 소농은 강압에 의해, 또는 자신의 자유의지에 따라 일한다. 군인들이 소농으로 하여금 일하도록 강요할 수는 있지만, 노예를 밀어붙이는 것과 같은 이러한 방법은 비현실적이며 국가를 허약하게 만들고 군인을 본연의 임무에서 벗어나도록 한다. 소농은 오직 자신의 욕구를 충족시키기 위해서만 기꺼이 일한다. 욕망을 충족시키기보다 자극하는 재화, 즉 '유혹'을 불러일으키는 모종의 자연 산물이나 제조 산물도 있다. 이러한 '유혹'은 무력보다 더 효과적으로 소농에게 일하려는 동기를 부여할 것이다. 흄은 "유혹을 처음 만들어낸 것은 해외 무역인데, 이는 대다수 나라에서 국내 제조업의 개선보다 먼저 이루어졌다"고 말한다. 그러나 지역 장인들은 국내 자원을 이용해 이러한 유혹적인 상품을 훨씬 더 대량으로 복제하는 법을 터득했다. "그리고 이것이 아마 낯선 사람들과의 상거래가 안겨주는 가장 큰 이점일 것이다. 그것은 사람들을 게으름에서 깨어나게 했다. 전에는 꿈도 꾸지 못했던 사치품을 손에 넣은 그들은 제 조상들보다 더 화려한 생활방식을 누리려는 욕망을 품게 된다." 외국 상품 수입에 주력하던 바로 그 상인들이 자국산 모조품 생산에 열심히 재투자하는지라 누구도 뒤처지지 않는다. "그들의 고된 손길로 빚어진 강철과 철은 두 인도의 금이며 루비와 동등한 반열에 오른다."[11]

유혹적 상품은 감탄을 자아내고 욕망을 자극하며 궁극적으로 습관을 만든다. 설탕과 함께 차를 마시거나 유행하는 옥양목을 이용하는 데 익숙해진 소농은 자신이 생산할 수 있는 것만 소비하는 소농보다 한층 열심히 일할 것이다. 전자는 스스로의 게으름을 극복할 테지만, 후자는 그렇지 못할 것이다. 흄에 따르면, 지주가 세입자의 자유의지에 의존하고 그들에게 일을 강요하는 불쾌한 의무를 피할 수 있는 유일한 이유는 사치품의 수입과 그 모조품 때문이었다. 중요한 것은 흄이 "두 인도의 금이며 루비"의 효용가치에 대해 추측하지 않았다는 점이다. 즉 그는 설탕이 특별히 건강에 좋다거나 비단이 아름답다고는 말하지 않았다. 유혹적인 상품들의 공통 특징은 소농이 직접 생산할 수 없다는 점뿐이다. 따라서 동양 상품의 무역과 그에 이은 국내 모조품의 무역은 하류 계급이 나태(indolence)·게으름(idleness)·태만(laziness)을 극복하도록 인도했다.

일부 학자들은 게으름이 빅토리아 시대에 발명되었다고 말하지만, 나는 나태·게으름·태만 등 규제력을 지닌 일련의 개념이 유행한 것은 그보다 훨씬 이전이라고 본다. 영어에서 이러한 단어의 사용은 1750년경 급증해 1800년 최고조에 달했다가 다시 감소하기 시작했다.* 흄은 게으름을 경제적 수단으로 해결할 수 있는 경제적 문제로 바라보았다.

---

* 수세기 동안 인쇄된 책에서 드러난 단어의 사용 빈도를 보여주는 구글 북스 엔그램 뷰어(Google Books Ngram Viewer)에서 이 세 단어(indolence, idleness, laziness)는 1780년에서 1800년 사이 최대치에 도달하며 그중에서는 'idleness'가 선두를 차지한다. 20세기에 들어서면서 이 단어들의 사용 빈도는 전반적으로 매우 크게 감소했는데, 이제 셋 중 'laziness'가 가장 많이 쓰이고 있다.

그의 해법이란 수요를 자극하는 것이었다. 사치는 모방으로, 모방은 상업으로, 상업은 자유로 이어진다. 이는 흄의 장로교적 배경과 잇닿은 기독교의 금욕적 유산에 반하는 급진적 발상이었다. 식품과 관련해서든 음료와 관련해서든 의복과 관련해서든 대부분의 금욕주의는 외국이나 세계보다 지역이 우월하다고, 소비보다 생산이 미덕이라고 선언한다. 그러나 자본주의 정신은 그와 완전히 다른 것을 요청했으며, 흄은 이 요청에 부응했다. 이 철학자는 사회과학이 20세기에 이해한 문제─즉 자급자족 농업이 경제성장의 장애물이라는 것, 하지만 당연히 성장이 자급자족 농업의 파괴에 기초할 수는 없다는 것─에 대해 논의하고 있었다. 소농의 '나태'는 노동과 자연 사이의 균형이었다. 진보는 소농에게 유인을 부여하지 못하면 노예제로 귀결될 수 있다. 흄은 적어도 '모방'만큼이나 자주 '진보'라는 단어를 사용했고, 역사를 순환적 과정으로 보는 본인의 회의적 역사관에 이 상반된 개념을 결합했다. 모방이 진보로 이어지고 진보는 모방으로 이루어진다면, 그 순환을 깨뜨릴 수 있는 창의적 에너지가 들어설 여지도 참신함도 혁명도 없다. 흄은 그 무렵 식민지가 된 스코틀랜드에서 지배 세력에 의해 야망을 억제당한 상황을 지켜보며 이러한 결론에 도달했다. 학자들이 경제학 법칙을 공식화하고, 몇 세대 후 열역학 법칙까지 정립한 것은 다름 아니라 스코틀랜드에서였다.[12] 일의 잠재력인 에너지는 게으름과 정반대 개념이었다. 그러나 에너지는 유한하고 그 섭동은 주기적이었다. 자율성을 빼앗긴 진보는 시계추와 같다는 사실이 드러났다.

흄이 보기에, 유럽인은 동양의 사치품을 모방함으로써, 즉 모피를 양모로, 비단을 면화로 대체하고 한층 더 저렴한 설탕과 담배를 즐김으로써, "개선의 진전(progress of improvement)"에 접어들었다. 사회적 사다리를 타고 내려오는 이러한 "순진한 만족감"은 무기력을 극복하고 노동에 활기를 불어넣었다. "사치가 상업과 산업을 키우는 곳에서 소농은 토지를 적절하게 경작함으로써 부자가 되고 독립을 쟁취한다. 한편 무역업자와 상인도 그 재산 가운데 일부를 차지한다." 끊임없이 새로운 상품을 사용할 수 있는 소농은 열심히 일하며 자유로운 정신의 소유자로 변신한다. 수입이 증가하고 재산을 획득한 상점주들은 "공적 자유의 가장 확고한 최고 기반인 중간계급 사람들", 즉 중산층으로 거듭난다. 나태는 궁핍으로 이어지고 궁핍은 야만성으로 귀결된다. "무기력과 나태가 지배하면 사회도 즐거움도 없는 비열하고 교양 없는 생활방식이 개인들 사이에 널리 만연하게 된다." 열악한 토지와 형편없는 노동은 비사회성과 무지로 이어진다. 애덤 스미스처럼 흄도 영국 무역의 주류에 속하는 상품까지만 공감을 확대하고 에스파냐 무역에서 주종을 이루는 상품에 대해서는 혐오감을 드러냈다. "아메리카에서 광산이 발견된 뒤 그 광산 소유 국가를 제외한 유럽의 모든 국가에서 산업이 성장했다."[13]

흄은 아무런 데이터도 없었지만 오늘날이라면 '수요 측면의 근대화'라 부름 직한 선도적 이론을 창안했다. 흄은 "세련화의 시대가 가장 행복하고 가장 도덕적인 시대"라고 주장했다. 세련화는 산업·지식·예의에서 비롯된다. 그것은 진보와 행복으로 이어진다. 그리고 세련화는 "순진한 만족감"을 가져다주는 모종의 상품들에 의존하며, 그러한 상품의 공급이 아니라 그에 대한 수요에 달려 있다. "이처럼 여분에 대한 수요가 없는 국가에서는 사람들이 나태에 빠진다." 반대로 "삶을 장식하고 즐겁게 해주는 데 기여하는 모든 상품의 증가와 그에 대한 소비는 사회에 이득을 안겨준다".[14] 흄은 '상품'과 '사치'라는 모호한 용어를 서로 대체할 수 있는 개념으로 사용한다. 또한 '진미(珍味)'와 '사치'에도 같은 의미를 부여한다. 이러한 상품을 특히 고가의 예술품이나 가구 같은 전통적 사치품 개념과 비슷한 것으로 이해해서는 안 된다. 분명 흄은 사치품이 한편으로 마약, 다른 한편으로 직물처럼 "일종의 노동력 보고"를 형성하는 대량 소비 품목으로 전환되는 데 관심을 기울였다. 오직 세련되고 근면한 국가에서만 일어나는 일로서 이러한 상품에 대한 수요가 공급을 충족시키면, 사람들은 공적 미덕을 드러낸다. "모든 곳에서 특정 클럽과 사회가 형성된다. 남녀 공히 손쉽고도 사교적인 방식으로 만나며, 남성의 행동뿐 아니라 기질도 빠른 속도로 세련화된다."[15]

혁명적 해인 1793년, 영국 철학자 제러미 벤담은 이러한 관념들을 급진적으로 재평가했다. 벤담의 공리주의(utilitarianism)는 중상주의와 직접 논쟁을 벌이면서 발전했다. 즉 벤담은 국가의 목적이 금고에 금을 쌓아두는 게 아니라 시민의 효용(utility) 또는 행복을 증진하는 것이라고 보았다. 또한 이 시민의 효용 또는 행복이란 쾌락 총합과 고통 총합 간의 차이라고 정의했다. 쾌락은 자연적 상수가 아니라 습관에 의해 형성되며, 그 총합은 무한히 커질 수 있다. 몽테스키외의 '달콤한 상업'과 마찬가지로, 벤담이 주창한 '효용의 원리'는 뜻하지 않게 무역이 평화에 대한 약속으로, 쾌락이 정치철학의 중심 개념으로 달라진 설탕 시대의 개념이다. 벤담은 고대 세계에서는 가장 부유한 사람도 설탕을 몰랐지만, 자신과 동시대인들에게는 설탕이 필수품이라는 사실에 놀라움을 표시했다. 그는 서인도제도의 설탕 식민지들을 해방하도록 프랑스혁명기의 국민공회에 요청했다. 그리고 심오한 독점 이론을 개발하고 "독점은 구제 불능의 해악을 낳는다"고 일갈했다.[16] 독점은 가격을 상승시키고 가격 변동폭을 키우며, 무역업자의 수를 줄이고 노동자를 가난하게 만들거나 노예화한다. 쾌락의 역할을 확인하고 쾌락 극대화를 국가의 의무라고 밝힌 벤담의 공리주의 철학은 설탕 섬을 최고 영광으로 삼은 제국의 본질을 명확히 드러냈다.

벤담은 고전 시대 철학자 중 가장 많이 인용되는 인물 중 하나다. 그를 최초로 재발견한 이는 미셸 푸코(Michel Foucault)였는데, 푸코는 벤담의 팬옵티콘(원형교도소)을 보편적 권력의 이미지로 제시했다.[17] 푸코는 이 이미지가 담고 있는 반제국주의적 함축에 대해서는 자세히 다루지 않았다. 실제로 벤담은 러시아제국의 한 식민지, 즉 오늘날의 벨라루스에 있는 크리체프에 기거하며 그리고리 포툠킨 대공의 비서로 일할 때 팬옵티콘를 창안했다. 이후 그는 수십 년 동안 잉글랜드에서 자신의 이상적인 팬옵티콘을 건설하기 위해 노력했다. 벤담은 자신이 쓴 〈팬옵티콘 대 뉴사우스웨일스(Panopticon versus New South Wales)〉라는 글에서 죄수들을 오스트레일리아로 이송하는 것보다 내부에 팬옵티콘 식민지를 꾸리는 편이 더 유리하다고 설명했다. 우리와 좀더 가까운 시기에 저명한 오스트레일리아 철학자 피터 싱어(Peter Singer)는 공리주의를 도덕철학의 기초로 제안했다. 회의적인 흄과 달리 벤담은 '행복계산법(felicific calculus: 어떤 행위에 따르는 쾌락과 고통을 각각 강도·지속성·확실성·원근성·생산성·순수성·연장성의 일곱 가지 기준에 맞춰 점수를 매긴 뒤 합하면 행복 정도를 확인할 수 있다는 것—옮긴이)'에 따른 행복이 무한정 커질 수 있다고 믿었다. 좋은 정부는 쾌락의 총합을 극대화할 의무가 있으며, 이를 진보라 부를 수 있다는 것이다. 그러나 이 같은 공리주의적 진보는 자연을 희생하면서 확장되는 인간 중독의 총합을 의미한다. 아마도 이 '행복계산법'은 외연을 더욱 확장할 필요가 있을 것이다. 즉 자연의 즐거움과 고통, 성장과 파괴의 요소 등 자연의 경험도 고려해야 한다. 이 같은 포괄적인 '행복

계산법'은 인간과 자연의 관계가 대칭은 아니지만 양자가 서로를 인식할 수 있도록 해줄 것이다. 이 둘 가운데 유독 인간은 중독에 취약하다.

경제 플랫폼으로서 단일자원

1802년 프로이센의 탐험가이자 광산 관리였던 알렉산더 폰 훔볼트는 페루 연안의 섬에서 구아노(guano)를 발견했다. 풍부한 물고기 떼에 이끌린 거대한 바닷새 군체가 바위에 배설물을 켜켜이 쌓아놓은 것이다. 잉카인들이 수세기 동안 사용해온 구아노는 더없이 생산적인 비료였다. 가공이 필요하지 않았으므로 생산 가격은 운송비와 페루 정부에 의무적으로 지불하는 금액으로만 이루어졌다. 훔볼트의 우연한 발견은 훗날 '네덜란드병(Dutch disease: 거의 자원에 의존해 급성장을 이룬 국가가 이후 물가 및 환율 상승으로 제조업 경쟁력을 잃고 위기에 몰리는 현상을 일컫는다—옮긴이)'이라 불리게 되는 것의 첫 번째 사례를 낳았다. 페루 통화는 강세였다. 값싼 수입품이 페루로 유입되자 현지 농민과 장인들이 일자리를 잃었다. 과거에 은이 그런 것처럼 구아노 공급량이 고갈되자 페루는 갚을 수 없는 빚더미에 올라앉았고 1876년 결국 파산을 신청했다. 유럽 농부들은 광산에서 추출되는 질산암모늄 비료로 전환했다. 또 한 가지 놀라운 우연으로, 이 광산들 역시 페루에 위치해 있었다. 이러한 자연의 선물 덕에 페루는 이웃 국가들과 전쟁을 벌였다. 전쟁에서 패한 페루는 그 질산암모늄 비료 광산을 칠레에 넘겨주었다. 얼마 후 독일 화학자 프리츠 하버(Fritz Haber)가 질산암모늄 비료의 합성 방법을 알아냈다. 이제 그 비료는 막대한 에너지를 필요로 하긴 하나 그야말로 공기 중에서 만들어

진다.(13장 참조)

구아노는 독특한 국지형 단일자원이 어쩌다 그것을 소유하게 된 국가를 비극적 운명으로 몰아가는지 보여주는 한 가지 예에 불과하다. 그러한 단일자원은 부와 단순함을 약속하는데, 그것은 어떤 정치체제도 거부하기 힘든 유혹이다. 선과 악을 구별하는 마법의 도구를 손에 쥔 국가는 단일자원을 사용하고 그에 투자하며 그것을 보호하고 그것과 자신을 동일시하며 국민을 위해 그에 따른 이익을 분배한다. 다른 모든 번영의 원천은 사적 이익이나 역사적 우연에 맡겨진다. 국가가 단일자원을 독점적으로 소유할수록 이 특정 종류의 원자재가 화폐(즉 그 국가의 적절한 통화) 역할을 한다는 사실은 더욱 분명해진다. 금·은·비단·모피·담배·아편, 이 모든 것은 화폐로서, 즉 노동과 상품에 대한 지불수단으로서 활용되었다. 오직 노동 의존 국가에서만 자본은 노동이 변환된 형태다. 더 흔한 일로, 자본은 선택된 자원이 변모한 결과로서 드러나게 된다.

캐나다의 역사를 연구한 사회학자 해럴드 이니스는 '주요 산물 수출이론'을 정립했다. 이니스는 이처럼 자원에 얽매인 발전을 여러 가지 원자재인 '주요 산물(staples)'의 변화 과정으로 설명했다. 처음에는 모피가 있었으며, 이어 목재, 그다음에 곡물, 마지막으로 석유가 뒤따랐다. 이니스에 뒤이어 역사가 로버트 앨런도 비슷한 생각을 바탕으로 세계 경제사를 서술했다.[18] **지배적 주요 산물**(dominant staple), **단일자원 플랫폼**(mono-resource platform) 또는 **상품 물신주의**(commodity fetishism) 같은 유사한 개념은 정치 공동체(국민국가든 식민지를 거느린 이전 시대의 제국이든)의 경제가 **다른 원자재들을 배제하고 특정 형태의 한 가지 원자재에만 집중하는 경향을 띤다**고 주장한다. 내가 생각하기에, 이러한 집중은 대다수 자원 의존 국가에서는 역사적으로 보편화한 현상이었지만, 노동 의존 국가에서는 찾아보기 어려웠다. 집중도가 높을수록 변화는 한층 당황스러운 것이 되었다. 이 '물신주의' 시대가 끝나는 것은 그 원자재가 바닥나거나, 아니면 더 흔한 일로 그에 대한 소비가 감소하기 때문이다. 이런 일이 벌어지면 수요와 공급의 경제 메커니즘이 급속도로 악화한다. 경제 플랫폼이 바뀜에 따라 생산과 무역, 국가와 사회로 이루어진 피라미드 전체가 흔들리거나 심지어 붕괴하기까지 한다.[19] 이러한 순간이 바로 혼란시대다. 엘리트들이 어떻게 해서든 이를 저지하려 안간힘을 쓰는 것은 당연한 일이다.

원자재 경제는 집중적이고 노동 경제는 다원적이고 복잡한데, 그렇게 되는 이유는 무엇일까? 한 가지 메커니즘은, 국제무역에 대한 경제이론에서 설명하는 바와 같이 비교우위다. 국가들이 무역에 뛰어드는 까닭은 그들이 서로 다른 상품에 특화되어 있기 때문이다. 시간이 지남에 따라 각국 경제는 가장 효율적인 특정 상품의 비중을 늘린다. 예컨대 잉글랜드의 석탄이 인도의 석탄보다 저렴하고 인도의 면화가 잉글랜드의 면화보다 싸다면, 잉글랜드 경제는 석탄 비중을 키우고 인도 경제는 면화 비중을 늘릴 것이다. 또 한 가지 메커니즘은 독점이다. 원자재의 상업적 이용에서 상품 가격은 그 원자재의 추출 비용과 다를 수 있으며, 이는 효율의 셈법을 변화시킨다.[20] 독점이 형성되는 현상은 소금보다는 설탕, 석탄보다는 다이아몬드처럼 지리적으로 집중된 국지형 자원의 경우 나타날 가능성이 더 높다. 독점의 이론과 역사는 이상하리만치 제대로 다루어지지 않았다. 우리는 자유무역, 경쟁, 균형이론, 가격의 정보적 역할 등에 대해서는 귀가 따갑게 들어왔다. 이들 모두는 제 이익을 위해 역사적 독점을 폐지할 수 있었던 '완전시장'에서 작동하는 메커니즘이다. 제러미 벤담부터 존 마셜(John Marshall)에 이르는 사회사상가들은 독점을 커다란 도전으로, 즉 부와 불평등과 악의 주요 원천으로 바라보았다. 그러나 독점과 카르텔은 지금도 집요하게 우리 문명에 영향을 미치고 있다. 그렇긴 하나 이 모든 경제 메커니즘은 항상 정치적 결정에 종속되어왔다. 잉글랜드에서 인도산 옥양목이 금지되자 무역 시스템 전체가 변모했다. 석유수출국기구(OPEC) 카르텔이 형성되었을 때도 마찬가지였다. 그러나 각각의 경우 무역 조건은 원자재의 자연적 특성에서 비롯된 것이기도 하다. 시베리아 서부를 석유 추출 지역으로 삼은 게 공산당 중앙 정치국 위원들이 아니듯, 포토시를 은광 지역으로 지정한 것 역시 에스파냐 국왕이 아니었다. 자연은 이런 식으로 상황에 개입한다. 즉 자연의 행동은 무작위적이거나, 결국 같은 의미가 되겠지만 헤아리기 어렵다. 하지만 에스파냐 황제와 소련 총서기의 운명은 이 같은 자연의 행위에 달려 있었다.

더 넓은 천연자원과 노동 간의 관계 역시 비교우위라는 맥락에 속한다. 1949년 유엔에 몸담은 두 경제학자 라울 프레비시(Raúl Prebisch)와 한스 싱어(Hans Singer)는 원자재 가격이 노동 가격보다 더욱 느리게 변화한다고 밝혔다. 한 국가는 주로 원자재를 생산하고 또 다른 국가는 자국민의 생산적 노동에 투자한다면, 전자는 점차 빈곤해지고 후자는 점점 더 번영할 것이다.[21] 가령 독일 상인들은 아르헨티나산 가죽을 사서 중부 유럽으로 가져간 다음 가방이나 재킷을 만들어 다시 아르헨티나로 보냈다. 수십 년이 지나는 동안 같은 양의 아르헨티나산 가죽과 교환할 수 있는 가죽 가방 및 재킷의 수는 점점 더 줄어들 것이다.(가죽은 항상 같지만 가방의 유행은 극적으로 변하는데, 이는 가방 제작자에게 또 다른 이점을 부여한다.) 자동차와 석유를 교환할 경우, 1920년의 패커드(Packard: 1899년 패커드 형제가 디트로이트에서 설립한 미국 고급차 브랜드—옮긴이) 한 대보다 2020년의 테슬라(Tesla) 한 대가 더 많은 석유를 얻을 수 있다. 프레비시와 싱어는 이러한 비대칭성이 노동 의존 국가에서 더 성공적인 민주주의 제도 덕분이라고 설명한다. 아니면 그와 반대로 민주주의적 선택이 천연자원에 대한 의존을 저지한 것일지도 모른다.

금 본위제

금과 은은 지질학적 희귀성과 화학적 안정성 덕분에 인류 역사의 여명기 때부터 자본 비축에 사용되어왔다. 늘 공급이 부족한 금은 르네상스 시대 유럽에서 은행 시스템 발전의 원동력임과 동시에 한계로 작용했다. 은은 멕시코에서 중국에 이르기까지 세계 전역에 걸쳐 그 가격이 하나의 파동으로 변동했다는 점에서 최초의 세계적 상품이었다. 동쪽으로 갈수록 은 1단위당 더 많은 금을 지불해야 했으므로, 은은 다른 어느 곳보다 중국에서 더 비쌌다. 그 지구 반대편에서 영국인은 금 본위제(gold standard)를 고안해냈다. 모든 금융 거래는 잠재적으로 약정된 양의 금에 의해 보장되며, 모든 거래는 선형적 가치 위계구조에서 저마다 자리를 차지한다는 개념이었다. 그러나 가능한 모든 거래를 보장할 만큼 충분한 금과 은이 존재하지 않았기에 금 본위제라는 개념은 법적 허구로 남아 있었다. 현실 세계에서는 만약 은이 부족하면 구리를 써서 동전의 가치를 떨어드렸다. 평화시에는 이것이 효과가 있었다.

　하지만 위기 상황에서는 주식, 채무증서, 부동산 소유권 증서 등 종이가 신뢰할 만한 재산이 아니듯, 금과 은도 마찬가지다. 대단히 믿음직스럽게 보이게끔 만들어준 금속의 물질성 자체가 오히려 취약성의 원인으로 드러나기 때문이다. 물론 금은 곡물이나 기름처럼 썩지도 불에 타지도 않는다. 하지만 금과 은은 도난·약탈·부정부패 등 수천 년 동안 그와 얽혀온 악에 취약하다. 금은 일일이 세어 쌓아두어야 하고, 금고에 보관하거나 장갑 열차에 싣고 다녀야 하며, 밀리그램까지 정확하게 무게를 측정해야 하고, 잠시도 한눈팔지 말고 단단히 지켜야 한다.

칼 폴라니는 금 본위제를 천국과 지옥이, 마르크스와 리카도가 만난 드문 현상이었다고 썼다. 실제로 금 본위제는 남아프리카공화국 광산에서 추출한 금 덕에 유지될 수 있었다. 다시 한번 전 세계의 발전이 작고 외딴 장소에 기대고 있었던 것이다. 한나 아렌트는 20세기 전체주의 정권의 뿌리를 19세기의 인종차별주의적 제국에서 찾았으며, 서로 얽히고설킨 아파르트헤이트(apartheid: 남아프리카공화국의 인종차별주의—옮긴이)와 금의 역사를 조명했다. 금은 생산이나 소비에 아무 역할도 하지 못했는데, 정확히 이 점 때문에 가장 불필요한 자원인 금이 교환수단으로서 특별한 역할을 떠안은 것이다. 소비를 제한한 중상주의 제국들은 잉여 문제를 해결할 열쇠를 금에서 찾았다. 금은 중상주의 제국들이 자신의 잉여 자본을 계산할 수 있는 도구인, 노동과 자원의 변환된 형태, 즉 '준비금(reserve)'으로 떠올랐다. 이 제국들은 온갖 것에 대해 의견을 달리했지만, 놀랍게도 금 본위제에 대해서만큼은 서로 합의했다. 아렌트는 남아프리카공화국의 금 열풍이 "민족들을 인종들로 바꾼" 과정의 서막이라고 보았다.[22] 안정성의 보루여야 했던 금은 금융 영역에 비현실성과 무의미성의 그늘을 드리웠다.

원자재 수출에 대한 의존, 과도한 군사비 지출, 인적자본 약화 등 21세기 러시아 경제의 비밀은 그 비평가들에게 잘 알려져 있다. 하지만 국가 수입을 금으로 바꾸려는 그 나라의 열정은 잘 알려져 있지 않다.

러시아연방의 금 보유량은 그 나라 경제와 균형이 맞지 않을 만큼 높다. 경제학자 야코프 미르킨(Yakov Mirkin)에 따르면, 2009년부터 2019년까지 러시아의 금 보유량은 3배나 증가했는데, 같은 기간 경제는 25퍼센트밖에 성장하지 못했다. 2009년 러시아 보유고에서 금이 차지하는 비중은 5.2퍼센트였는데 그 수치가 2018년에는 16.9퍼센트로 껑충 뛰었다.[23] 이는 세계적 관점에서 볼 때 퍽 이례적인 일이다. 교육 예산은 감소하고 연금 적자는 늘어나고 있지만 러시아 준비금에서 금의 비중은 믿기 힘들 정도로 빠르게 증가하고 있다. 이 10년 동안 러시아는 세계 시장에서 가장 중요한 금 구매자였다. 영국은 비록 경제 규모는 러시아보다 크지만, 금 보유량은 러시아의 7분의 1에 불과하다. 오늘날 인도 국민은 다른 어떤 나라보다 많은 금을 사적으로 보유하고 있다. 하지만 국가 금 보유량의 경우에는 러시아의 3분의 1에 그친다. 러시아보다 경제 규모가 몇 배나 큰 중국조차 금 보유량은 러시아에 못 미친다.

러시아제국도 막대한 금 매장량을 축적했지만, 제국에 도움이 되지는 않았다. 1913년 러시아 국영은행의 금 보유량은 세계 최대인 1300톤이었다. 서류상으로는 그 수치가 1917년 10월까지 그대로 유지되었다. 하지만 그 나라의 국가 부채 역시 세계 최대 축에 속했다. 역사가 올레크 부드니츠키(Oleg Budnitsky)는 볼셰비키 혁명 이후 러시아의 금 모험을 파헤쳤다.[24] 제1차 세계대전이 한창이던 1915년, 러시아는 자국의 금 보유량을 전선에서 멀리 떨어진 카잔으로 빼돌렸다. 1918년 여름, 카잔의 은행 금고에는 러시아 금의 절반 이상이 보관되어 있었다. 이를 비롯한 여러 이유로, 볼가강 유역은 내전의 진원지로 떠올랐다. 볼셰비키는 그 금 보유량을 빼내려고 시도했지만, 카잔에서 겨우 100상자만 발송할 수 있었다. 그 나머지는 모두 도망친 체코슬로바키아

부대와 그 동맹군인 백군〔White Army: 반(反)볼셰비키군—옮긴이〕이 탈취해 갔다. 1918년 10월, 그 금은 시베리아 한가운데 자리한 국영은행 옴스크(Omsk) 지점에 보관되었다. 러시아의 최고 통치자라 자칭하던 알렉산드르 콜차크(Alexander Kolchak) 제독은 490톤의 금을 제 마음대로 주무를 수 있었다. 1923년 기록에 따르면, 소련의 금 보유량은 전쟁 전 러시아제국이 지닌 금 보유량의 10퍼센트에 그쳤다. 소련은 새로운 수단을 통해—즉 굴라크(Gulag: 정치범 강제노동 수용소—옮긴이) 수인의 노동과 토륵신(굶주리는 사람들이 제가 가진 금을 식량과 교환하던 경화 전당포) 제도를 통해—금을 확보해야 했다.[25] 제2차 세계대전 후 소련 최초의 자본가들이 이 실험에 합류했다. 굴라크에서 살아남은 이들은 북극에서 더없이 효율적으로 금을 조달했다. 이후 러시아 석유와 천연가스의 대대적인 수출로 더 많은 양의 금이 중앙은행 금고로 들어왔다.

　수세대에 걸친 노력을 통해 추출한 천연자원을 금 보유고로 전환하는 것은 경제적 현상이 아니라 정치적 현상이다. 노르웨이는 석유로 얻은 수익을 미국 및 유럽 기업의 주식에 투자한다. 이란을 비롯한 일부 산유국은 자국의 석유 수익을 물리적 생존과 군비에 지출한다. 그러나 러시아의 경우에는 석유를 금으로 교환하는 조치가 유독 중요한 역할을 했다. 2018년 베네수엘라 대통령은 러시아 모델에 따라 세계에서 두 번째로 큰 금 보유고를 확보하겠노라고 약속했다. 하지만 그는 성공하지 못했고 베네수엘라는 초인플레이션으로 고통당하고 있다. 산유국과 국부펀드(sovereign wealth fund: 정부가 원자재 수출 등을 통해 확보한 외환보유고 같은 자산으로 주식·채권 등에 출자하여 미래의 불확실성에 대비하는 투자 펀드—옮긴이)의 세계에서 석유 수익을 금으로 전환하려는 러시아 당국의 전략은 그들만의 특별한 발명품이다.

러시아 국가 경제는 의식적으로든 무의식적으로든 고전적 제국들의 중상주의 정책을 되풀이하고 있다. 자신들이 개척한 식민지에서 자원을 착취한 중상주의자들은 국가정책의 주요 목표란 수입보다 수출이 더 많은 무역수지 흑자 상태라고, 그리고 이는 국고에 금과 은을 비축하는 결과로 이어질 거라고 믿었다. 중상주의 국가는 군주의 영광과 백성의 행복을 위해 존재하는 게 아니라 국고에 쌓아둘 금을 위해 존재했다. 현대 경제사상은 이러한 체제에 대한 비판에서 시작되었으므로, 오늘날 중상주의는 잘 알려져 있으되 케케묵은 어떤 것, 쉽게 이해할 수 없는 무언가로 간주되고 있다. 중상주의 체제는 세계를 '우리와 저들'로 나누고, 둘의 관계를 제로섬 게임 혹은 줄다리기처럼 누군가의 이익은 반드시 다른 누군가의 손실이 되는 관계로 바라보았다. 중상주의자는 사회주의자가 아니었기에, 토지·공장·상품은 여전히 사적 소유로 남아 있었다. 그러나 국가는 늘 상인과 기업가에게 새로운 세금·관세·물품세를 부과했다. 공공 소비의 제약은 이 체제에서 핵심 요소였다. 자급자족 농민은 지역에서 이용 가능한 것은 뭐든 소비할 수 있었지만, 식료품이나 사치품을 수입하려면 금을 지출해야 했기에 이것은 견제당했다. 애덤 스미스의 자유무역 사상과 제러미 벤담의 공리주의 원칙은 중상주의를 설탕 섬, 플랜테이션 노예제, 금 본위제 시대의 낡은 망령으로 만들었다. 중상주의는 이론적으로는 민주주의에서 살아남을 수 없다. 사람들은 행복 추구 권한을 부여받으면 국가가 자금을 쌓아두는 게 아니라 그것을 지출하길 원하기 때문이다. 하지만 실제로 세계에서 가장 강력한 국가 중 일부는 여전히 중상주의를 (비록 적극적으로 설파하진 않는다 해도) 꿋꿋하게 실천하고 있다. 그러나 금 보유고에 대한 과도한 관심이 임박한 재앙을 알리는 신호라는 것은 움직일 수 없는 사실이다.

자원 프로젝트

제국은 사회적 관례였다. 제국의 국가경제학에는 실천가도 비판가도 많았지만 이론가는 거의 없었다. 정치사상가들은 용맹과 영광, 전쟁과 평화에 대해 가르쳤지만, 각국 정부가 군대 유지에 필요한 돈을 어디서 구하는지에 대해서는 논하지 않았다. 왕실의 지출에서 큰 비중을 차지하던 용병은 부채를 탕감해주지 않았으므로 왕실은 어떻게든 돈을 마련해야 했다. 은행을 이용해 돈을 빌린 통치자들로서는 대출금을 상환하는 데 쓸 수입이 필요했다. 정부는 소농에게 부과하는 세금을 인상했지만, 그들은 늘 최저수준의 소득으로 근근이 살아갔다. 오직 '산업', '상업', '식민지'만이 국가 재정의 주름살을 펼 수 있었다. 식민지를 얻기 위해 치른 전쟁들은 부채를 낳았고, 그 부채는 장차 그 식민지들에서 거둔 수입으로 충당해야 했다. 이 체제의 3대 요소인 식민지 수익, 은행 신용 대출, 용병으로 이루어진 군대는 모두 새로 정복한 영토에 있으리라 예상되는 자원에 의존했다. 그러나 이러한 수익은 실망스럽게도 기대에 미치지 못했다. 실패한 관례들의 폐허 위에서 전위적 이론들이 발달했다.

영국제도의 로빈슨 크루소

대니얼 디포(Daniel Defoe)는 아마도 새로운 제국 경제체제의 첫 번째 이론가였을 것이다. 다작의 작가이자 유능한 스파이인 디포는 무엇보다 《로빈슨 크루소(Robinson Crusoe)》의 저자로 기억되지만, 휘그당과 토리당 양자를 위해 수백 편의 분석적 지침서를 작성하기도 한 인물이다. 초기 저서 가운데 하나인 《프로젝트론(An Essay upon Projects)》(1697년)에서 디포는 교육받은 엘리트의 새로운 전문 분야인 세계를 뒤흔드는 선풍적 계략들을 바벨탑에 비유했고, "너무 거창해서 관리할 수 없으며 따라서 허사가 될 가능성이 농후하다"고 평가했다.[1] 그러한 많은 프로젝트가 새로운 식민지와 연관되어 있었다. 일부는 성공했고 일부는 실패했다. 먹어봐야 맛을 아는 법이다.

디포는 스코틀랜드인 친구 윌리엄 패터슨(William Paterson)과 함께 잉글랜드 은행(Bank of England)을 창립하는 일에 매달렸다. 바벨탑보다 야심이 덜한 이 프로젝트는 성공을 거두었다. 1694년 의회법(Act of Parliament)에 따라 설립된 이 새로운 은행은 연리 8퍼센트에 은행주를 판매해 왕실의 전쟁 물자에 소요되는 자금을 댔다. 그뿐만 아니라 선박 톤수에 따라 부과한 세금과 와인 및 맥주에 부과한 관세로 부채를 충당했다. 잉글랜드 은행은 이렇게 안정된 방식으로 식민지 및 국내에서 나온 수입을 한곳에 모았다. 상비군에 관한 팸플릿(1698년)에서 디포가 썼다. "군인의 용기에 대한 생각은 낡은 것, 즉 '고딕풍(Gothic)'인 반면, 전쟁에서 승리를 안겨주는 것은 다름 아니라 부(富)다." 진정한 근대사상가였던 디포는 무자비한 무력, 자급자족 농업, 기사도적 로맨스로 이루어진 영역인 '고딕풍 과거'를 경멸했다. 국가에 필요한 것은 의회의 지원을 받고 정기적 세금과 관세로 재원을 충당하는 상비군이었다.

세계적 베스트셀러인 디포의 《로빈슨 크루소》(1719년)는 100년 전 쓰인 《돈키호테(Don Quixote)》를 반박하기 위한 작품이었다. 선원이자 설탕 농장주이면서 노예 상인이던 로빈슨은, 돈키호테가 사라진 중세 시대를 상징한 것처럼, 초기 자본주의의 이미지를 구현한 존재였다. 그는 두 개의 대양을 건넌 뒤 러시아 모피 탁송물을 싣고 육로를 거쳐 중국과 러시아를 경유해 잉글랜드로 돌아왔다. 그의 모험이 거둔 결실인 러시아 모피는 이상하리만큼 구시대적 상품이었다. 그러나 1728년에 쓴 《영국 상업의 계획(A Plan of the English Commerce)》에서 디포는 유럽과 식민지에 기성품을 공급하기 위해 영국산 양모 가공 공장을 설립하자고 촉구했다. 비국교도인 디포는 네덜란드를 찬미하고 에스파냐를 경멸했다. 열렬한 산업 지지자인 그는 시종일관 중상주의자였다. 1706년 디포는 잉글랜드와 스코틀랜드의 합병을 성사시키고자 스코틀랜드로 떠났다. 그의 파트너는 이번에도 서인도제도에서 큰돈을 번 스코틀랜드인 무역업자 윌리엄 패터슨이었다. 당시 디포는 '스코틀랜드와의 연합법(Union with Scotland Act)'(1706년)을 준비하고 '위트레흐트 조약(Treaty of Utrecht)'(1713년)을 체결한 로버트 할리(Robert Harley)를 위해 일하고 있었다. 국가 재정은 이 조급한 정치가에게 끊임없는 골칫거리였다. 1711년 그는 국가 부채를 주식으로 전환하고 그것을 미래 식민지가 보증하도록 하는 임무를 지닌 남양 회사(South Sea Company)를 설립했다. 이 회사는 왕의 칙허장으로 남아메리카와의 무역 독점권을 얻었다. 영국인들은 이 신규 회사의 주식을 매입함으로써 여전히 에스파냐인 적들이 소유한 은광, 설탕 플랜테이션, 어장에서 나오리라 예상되는 수익에 투자하고 있었다. 신비한 주식시장의 힘은 세무조사원보다 한층 더 효과적으로 전쟁 자금 조달 문제를 해결해주었다.

위트레흐트 평화조약에 따라 에스파냐는 자국의 아메리카 항구들을 영국 무역에 개방해야 했다. 열대 지방에서는 영국산 양모 제품에 대한 수요가 없었지만, 남양 회사는 은과 설탕의 대가로 수천 명에 달하는 아프리카 노예를 에스파냐 플랜테이션에 인도했다. 이런 식으로 그 회사는 서비스를 제공하고 원자재를 얻었다. 그 제국에 걸맞은 임무였다. 1718년 새로운 전쟁이 발발했고, 에스파냐는 남대서양에 있는 많은 영국 자산을 몰수했다. 남양 회사의 주가는 1720년 1년 만에 10배나 상승하며 정점을 찍었지만 뒤이어 붕괴했다. 디포 또한 재산을 크게 잃었고 채무자 감옥에서 시간을 보냈다. 그의 가장 성공적인 프로젝트는 역시 소설이었다. 《몰 플랜더스(Moll Flanders)》(1722년)는 악행과 응징의 장면으로 가득 차 있다. 몰은 대서양을 오가며 식민지의 담배 플랜테이션과 모국의 성(性) 사업을 챙긴다. 그녀는 근친상간, 중혼 및 기타 죄를 회개하면서 섭리의 손길에 감사를 표한다. 중노동 선고를 받은 그녀는 미국으로 도망치고 거기서 플랜테이션을 사들인다. 보아하니 자비로운 섭리는 식민지의 특산품이었다.

남양 회사는 최초의 주식시장 버블 중 하나였다. 다른 많은 '프로젝트'가 그 뒤를 따랐다. 돈키호테의 조상 전래 재산은 삽시간에 로빈슨 크루소의 새 주머니로 흘러들어갔다. 로버트 월폴은 국가재정위원장(First Lord of the Treasury)이 되었고 로버트 할리는 투옥되었으며 디포는 월폴을 위해 일하기 시작했다. 새 정부의 전략은 식민지의 무모한 행위에서 발을 빼는 것이었다. 월폴은 지역 산업에, 주로 양모 가공에 중점을 두었다. 그는 중상주의의 가르침을 실천하며 미국에서의 금속 제조 공장 건설과 대형 선박 건조를 금지했다. 항해조례는 해상 상업을 통제했다. 즉 식민지 상품과 영국 제품은 영국 선박으로만 운송할 수 있었다. 식민지의 임무는 오직 원자재를 생산해 잉글랜드로 실어나르는 것뿐이었다.

다리엔만

그사이 잉글랜드는 가장 가깝고 아마도 가장 중요한 식민지였음이 분명한 스코틀랜드를 합병했다. 비밀 요원으로 활약한 디포는 1707년 그 연방을 준비하는 데 기여했다. 그는 스코틀랜드가 용감하지만 가난한 나라이며, 그 나라에 필요한 것은 자유와 산업뿐이라고 생각했다. 그러나 스코틀랜드는 잉글랜드만큼이나 자유를 누리고 있었다. 스코틀랜드에 부족한 것은 식민지였다. 설탕, 담배 및 기타 상품들이 잉글랜드의 번영에 어떤 역할을 담당했는지는 누구나 알고 있었다. 스코틀랜드는 저만의 식민지 프로젝트를 추진해야 했다. 디포의 동료 패터슨은 지도를 보고 다리엔지협(isthmus of Darien: 파나마 동부와 콜롬비아 서북부 사이에 있는 카리브해의 지형—옮긴이)을 선택했다. 남아메리카와 북아메리카를 잇는 이곳은 현재 파나마운하가 위치한 곳이다. 그곳에 뉴칼레도니아(오스트레일리아 동쪽의 프랑스령 섬—옮긴이) 같은 무역 식민지가 건설되면, 육로를 통해 지름길로 잉글랜드와 인도, 스코틀랜드와 중국 사이를 오갈 수 있을 터였다. 패터슨은 다리엔 원주민들이 착용하고 있던 금에 대한 이야기를 들려주었다. 물고기와 사냥감이 천연 그대로 풍부하게 존재하고 원주민은 우호적이며 에스파냐인은 멀리 떨어져 있고 영국 함대가 무력을 제공해줄 것이었다. 사실 패터슨은 전에 해적이던 이가 집필한 책에서 다리엔에 대해 읽은 적이 있었다. 그는 지역 추장의 딸과 결혼하기로 약속했는데, 그의 지도는 그의 청혼만큼이나 신뢰할 수 없는 것으로 판명되었다.

패터슨은 다리엔 회사(Darien Company)를 설립했으며, 스코틀랜드 의회는 그 프로젝트를 지원했다. 전 국민이 이 회사 주식을 매입했다. 당시 스코틀랜드에서 유통되던 전체 돈의 20퍼센트가 이 회사에 투자된 것으로 추정된다. 그러나 계획된 그 탐험은 런던에 경보음을 울렸다. 다리엔의 운송업이 영국 동인도 회사 소속 선박과 경쟁하게 될 판이었기 때문이다. 1698년 5척의 선박으로 이루어진 함대가 다리엔으로 출항할 준비를 마쳤다. 패터슨이 이끄는 선박에는 금, 향신료, 기타 동양의 보물과 교환할 수 있는 가마솥·그릇·무기 같은 공산품이 잔뜩 실려 있었다. 패터슨은 영국 해군과 대결하는 사태를 두려워했고, 그의 배는 에든버러 북쪽에 위치한 항구인 커콜디를 출발했다. 어떤 이유에서인지 몰라도 이 항구와 그 인근의 파이프 카운티는 경제학의 발상지로 떠올랐다. 경제학자이자 '기획자' 존 로(John Law)는 그 25년 전 파이프에서 태어났다. 그로부터 25년 뒤에는 애덤 스미스가 커콜디에서 탄생하게 된다.

스코틀랜드 탐험대는 다리엔지협에 도착해 50문 대포로 방어하는 요새를 건설했다. 이내 어려움에 직면했는데 가장 심각한 문제는 말라리아였다. 그 식민지는 1년도 버티지 못했으며, 소수 식민지 개척자만 용케 뉴욕으로 도망쳤다. 한편 스코틀랜드인은 또 다른 수천 명의 정착민을 뉴칼레도니아에 보냈다. 디포는 다리엔 재앙을 또 하나의 실패한 프로젝트였다고, 즉 '억지 짜맞추기'였다고 표현했다.[2] 스코틀랜드인 수천 명이 사망하고 숱한 가정이 파산 위기에 몰렸으며 현지 실링화는 평가 절하되었다. 일련의 사건으로 상처 입은 스코틀랜드 엘리트들은 1707년 잉글랜드와의 연합 결성에 동의했다. 데이비드 흄을 연구하는 학자들은 다리엔 트라우마가 그의 저작에 영향을 미쳤다는 사실을 확인했다.[3] 애덤 스미스는 자신이 태어난 마을 출신으로서 항해하다 숨진 동포들에 대한 이야기를 들으며 성장했다. 이는 오늘날에는 거의 잊힌 국가적 트라우마였다.*

섭정과 커피

한편 프랑스 왕 루이 14세는 72년의 재위기간 동안 모든 기록을 갈아치웠다. 그의 통치는 길고 유쾌했지만 그 역시 어쩔 수 없는 필멸의 존재임이 드러났다. 정치적 악의 거장이던 루이 14세는 30억 리브르의 부채와 그 금액의 5퍼센트도 징수하지 못한 세금 제도만 남겨놓고 프랑

---

* 1816년 존 키츠(John Keats)는 다리엔에 대해 글을 썼을 때, 그곳에 서 있는 '다부진 코르테즈(Cortez)'의 모습을 상상했다. "독수리의 눈으로/그는 태평양을 바라보았다/그의 모든 부하들은/거칠게 추측하며 서로 마주보았다/다리엔의 봉우리에서 말없이." 코르테즈와 그의 부하들은 실제로 다리엔에 한 번도 가본 적이 없었다. 나는 키츠가 제국의 잔인함과 탐욕의 상징인 그의 이름을 사용함으로써 불행한 다리엔 사건에 대한 자신의 감정을 표현했다고 생각한다.

스를 떠났다. 이 부채 대부분은 해외 및 유럽 식민지를 둘러싸고 펼쳐진 세계적 분쟁인 '에스파냐 왕위계승 전쟁'에서 프랑스가 패배한 것과 관련되어 있었다. 잉글랜드는 그 전쟁에서 승리했으며, 루이 14세는 비버와 물고기가 있는 캐나다를 잃었지만 그 남쪽의 식민지 한 곳은 유지했다. 1682년 그 왕을 기리고자 명명된 루이지애나(Louisiana)는 황량한 곳이었다. 프랑스 탐험가 로베르 카벨리에 드 라 살(Robert Cavelier de La Salle)은 오대호에서 훨씬 더 북쪽으로 모험을 시작했고, 미시시피강에서도 친절한 원주민과 모피로 덮인 동물을 발견할 수 있으리라 기대했다. 프랑스인은 신대륙의 광활함에 대한 개념이 없었다. 따라서 루이 14세는 드 라 살에게 계속 남쪽으로 가서 페루의 은광을 점령하라고 명령했다. 5년 후 드 라 살은 텍사스에서 자신이 거느린 수병들 손에 목숨을 잃었다. 그러나 그가 기울인 노력의 결과로 프랑스 영토는 오늘날의 루이지애나에서 미네소타까지 확대되어 아메리카 주 8개를 아우르게 되었다. 하지만 이 광활한 영토에서는 비버도 금속도 발견되지 않았다. 사탕수수를 재배하기에는 기후가 지나치게 서늘했다. 프랑스령 아메리카의 백인 인구는 무시할 수 있을 만큼 적은 수준이었다. 유혈낭자한 에스파냐 왕위계승 전쟁이 13년 동안 이어졌고, 미시시피강을 항해한 프랑스 원정대는 단 하나뿐이었다. 그사이 프랑스 자체도 루이지애나와 같은 야생 습지로 변해가고 있었다.

오를레앙 공작 필리프(Philippe)는 작고한 왕의 딸인 제 사촌과 결혼하면서 섭정이 되었다. 볼테르는 나중에 필리프가 자신의 딸인 베리 공작부인과 바람을 피웠고 그녀가 낳은 아이의 아버지라는 소문을 퍼뜨렸다. 이 같은 무례를 저지른 죄로 볼테르는 바스티유 감옥에 수감되었다. 그는 그곳에서 자신의 첫 희곡 《오이디푸스(Oedipus)》(1718년)를 집필했다. 섭정과 그의 딸은 부끄러운 기색도 없이 그 개막 공연에 참석했다. 고대 이집트가 막 유행하던 시기였는데, 이들 프랑스 왕족은 스스로를 황제라기보다 권력이 지나치게 제한적인 파라오에 더 가깝다고 여겼다. 하지만 오를레앙 공작은 개명한 통치자였다. 최근 전쟁에서 그는 성공적인 군사 지도자였으며, 국가 원수로서는 평화 중재자였다. 하지만 국가를 재건할 자금이 없었다. 베르사유 궁전 등 이전 통치기의 대규모 건설 프로젝트가 재정 지출의 원인이었다. 제노바와 암스테르담은 수년 동안 은행을 성공적으로 운영해왔고 심지어 런던에도 은행이 하나 있었다. 하지만 파리에는 은행이 없었다. 그런데도 오랫동안 평화를 갈망해온 엘리트들은 쾌락에 빠져들었다. 러시아의 낭만주의 작가 알렉산드르 푸시킨(Alexander Pushkin)은 그의 역사 소설 《표트르 대제의 검둥이(The Blackamoor of Peter the Great)》에서 이렇게 썼다. "오를레앙 공작은 숱한 빼어난 자질과 온갖 종류의 악덕을 한데 결합했지만, 불행하게도 위선은 요만큼도 지니고 있지 않았다. 팔레루아얄(Palais Royal)에서 벌어진 난교 파티는 파리에서 전혀 비밀이 아니었으며 그 사례는 전염성이 짙었다."4

전염성이 짙은 것은 비단 난교 파티만이 아니었다. 팔레루아얄 주변에 세련된 커피하우스가 속속 문을 열었다. 루이 14세는 오스만제국 대사를 만난 자리에서 처음으로 커피를 맛보았으며 그에게 커피 관목을 선물로 받았다. 전하는 바에 따르면, 이 관목에서 얻은 묘목을 마르티니크섬에 심음으로써 커피 플랜테이션이 시작되었다고 한다. 18세기 중반 대서양의 프랑스령 식민지에서는 수백만 그루의 커피 관목이 자라고 있었다. 역사가 쥘 미슐레(Jules Michelet)는 그 섭정 기간에 대해 "파리 전체가 하나의 커다란 카페로 변했다"고 썼다. 실제로 프랑스혁명이 시작된 것은 팔레루아얄 근처의 커피하우스에서였다. 인권과 시민권에 대해 논의한 혁명가들은 설탕 탄 커피를 마시고 담배를 피웠는데, 설탕·담배·커피 이 모두는 흑인 노예의 노동으로 생산된 것이었다. 라디셰프가 쓴《상트페테르부르크에서 모스크바까지의 여정》(4장 참조)에서는, 두 명의 백인 남성이 멀리 떨어진 러시아에서 커피를 마시며 대화를 나눈다. "내 친구가 언젠가 말했죠. '자네 컵에 담긴 커피와 그 안에 녹아 있는 설탕은 자네와 다를 바 없는 한 사람의 휴식을 박탈한 결과요, 눈물과 신음과 매질과 학대의 원인이었다는 것을 잊지 말게.' 나는 잔을 든 손이 떨려 커피를 쏟고 말았어요."[5] 볼테르의《캉디드, 혹은 낙관주의》에서는 신체를 절단당한 흑인 노예가 말한다. "만약 우리가 일하는 설탕 공장에서 손가락 끼임 사고를 당하면 그들은 우리 손을 자릅니다. 만약 우리가 도망칠 궁리를 하면, 그들은 우리 다리를 절단합니다. 저는 이 두 가지를 모두 겪었습니다."[6]

존 로

오를레앙 공작은 섭정 첫해에 스코틀랜드의 경제학자 존 로에게 설득당해 극히 이례적인 프로젝트에 착수했다. 보석상의 아들인 로는 런던에서 운에 좌우되는 승부에서 운이 좋기로 유명했다. 하지만 그는 결투에서 사람을 죽였는데 무슨 영문인지는 몰라도 감옥에서 탈출한 이력이 있었다. 스코틀랜드에서 국영은행을 설립하려던 시도에 실패한 뒤 그는 파리로 이주했다. 그곳에서 그는 도박꾼이자 난봉꾼이기도 한 그 섭정을 알게 되었다. 이 스코틀랜드 경제학자는 프랑스 섭정에게 신체에 피가 필요하듯 국가에는 돈이 있어야 한다고, 화폐 유통을 재확립해야만 세금 수입이 생길 거라고, 금이 이를 달성하기 위한 필수적 수단이 아니라 다른 수단들이 있다고 설명했다. 섭정에게는 이 중 세 번째 내용이 특히 솔깃했다. 푸시킨이 썼다. "로가 나타난 게 바로 이러한 시대였다. 돈에 대한 탐욕이 쾌락과 향락에 대한 갈망과 손을 잡았다. 영지는 사라졌고 도덕은 땅에 떨어졌다. 프랑스인은 웃고 계산했으며, 국가는 경박한 풍자적 유행가에 맞춰 서서히 허물어져 갔다."[7]

지폐는 존 로가 특별히 관심을 기울인 대상이었다. 잉글랜드는 전쟁 자금을 조달하기 위해 지폐를 도입했으며, 스웨덴, 그리고 심지어 멀리 떨어진 매사추세츠도 은행권을 가지고 실험을 했다. 처음에 이 종잇조각들은 신용 전표로 기능했으며, 정확한 액수의 금이나 은을 보증했다. 은행의 모든 고객이 동시에 은행권을 현금화할 가능성은 그리 높지 않아 보였고, 은행은 자신들이 상환할 수 있는 것보다 더 많은 은행권을 발행했다. 금속이 은행 금고에 보관되어 있는 동안 화폐 공급은 늘어났다. 이제 은행은 돈이 떨어지지 않은 채로 상인·대공·장군에게 융자를 해줄 수 있게 되었다. 로는 잉글랜드가 자국에서 유통되는 종이 지폐를 도로 은으로 바꾸면 그 나라 무역량이 반토막 날 거라고 썼다.[8]

그러던 중 당시 발전하고 있던 확률 이론이 금융에는 완전하게 적용되지 않는다는 사실이 드러났다. 경제 행위자들은 상호의존적이며 동시에 어려움에 봉착하는 경향이 있다. 그렇기는 하나 서로 다른 고객들은 저마다 상이한 이유로 신용거래를 하며, 상이한 순간에 재산을 잃기도 한다. 하지만 그들 모두는 위기가 닥쳐온다고 느낄 때마다 은행에 가서 지폐를 금으로 바꾸었다. 그뿐만 아니라 이러한 느낌은 여러 사람에게서 일시에 일어났다. 유럽 최초의 신문은 지폐가 등장한 것과 거의 같은 시기에 출현했다. 그들은 연일 전쟁터의 현황 보고, 지리상의 발견, 상류 사회의 루머뿐 아니라 주식과 통화의 가치에 대해서도 보도하느라 바빴다. 다양한 투자자들이 모두 같은 신문을 읽었다.

존 로는 잉글랜드와 네덜란드에서 지폐가 금으로 뒷받침된다는 사실을 알고 있었다. 프랑스에는 그런 예비자산이 없었다. 프랑스의 국부는 토지로 이루어져 있었으며, 로는 토지를 담보로 화폐를 발행하는 토지 저당 은행을 설립하자고 제안했다. 모든 화폐 단위는 토지의 일정 비율에 상응하며, 은행은 요구가 있으면 지폐와 교환하는 대가로 그 예비자산에 속한 토지를 분배해야 했다. 식민지 정복의 결과로 은행의 토지 양은 늘어났으며 그에 따라 화폐 양도 증가했다. 존 로는 유통되는 돈이 충분하다면 프랑스에서도 네덜란드에서처럼 경작이 활발해질 거라고 주장했다.

1716년 5월, 섭정은 존 로의 프로젝트를 승인했다. 이 새로운 일반 은행(Banque Générale)은 민간이 운영했으며 누구나 주식을 살 수 있었다. 곧이어 섭정은 자신의 지방 대리인들에게 오직 이 은행의 지폐로만 세금을 징수하라고 명령했다. 로가 수요를 충족할 만큼 빠르게 지폐를 찍어내기에 벅찰 지경이었다. 섭정은 또한 새로운 주식회사를 설립하고, 모든 프랑스 식민지에 대한 경영권을 그 회사에 넘겨주었다. 로의 은행과 합병된 이 회사는 서부 회사(Company of the West), 인도 회사(Company of the Indies), 마지막으로 미시시피 회사(Mississippi Company)로 이름을 여러 차례 변경했다. 이제 프랑스 지폐는 광활한 루이지애나 영토에 의해 보증되었다. 그 섭정의 이름을 따서 명명된 뉴올리언스(New Orleans: '새로운 오를레앙'이라는 뜻—옮긴이)시는 1718년 말라리아가 들끓는 늪지대에 세워졌다. 존 로는 6000명의 백인과 3000명의 '유색인' 정착민을 루이지애나에 보냈다.

이 군주국가 정부는 숱한 **렌티어**(rentier)—즉 정부 발행 채권을 소유한 부자 시민—에게 막대한 전시 부채에 따른 이자를 지불하고 있었다. 이제 섭정은 프랑스 국가 부채 전체를 미시시피 회사로 이전해 루이지애나 늪지대에서 나온 수입으로 충당하도록 조치했다. 이 젊은 섭정은 파리에서 박수갈채를 받았으며, 프랑스인의 신뢰를 잃어가던 '문명화 사명'을 통해 한 가지 수익 창출 방법을 찾아냈다. 이게 바로 일이 되어가야 하는 방식이었다. 즉 그는 제국의 지출을 식민지 수입으로 상쇄해야 한다고 생각했다.

존 로가 아프리카의 프랑스 식민지들을 그 회사에 추가하자 사업은 한층 커졌다. 3년 만에 그 회사의 주식 가치는 140리브르에서 1만 리브르를 상회하는 수준으로 껑충 뛰었다. 암시장에서는 그 주식이 1만 8000리브르에 거래되기도 했다. 그 주식을 구할 수 없는 사람들은 당시의 또 다른 발명품인 옵션과 선물을 사들이기도 했다. 1720년 초 존 로는 재정 총책임자로 임명되었다. 왕립은행(Banque Royale)으로 개칭한 그의 은행은 프랑스 역사상 최초의 중앙은행으로 발돋움했다. 렌티어들은 그 어느 때보다 부유해졌다. 가장 운 좋은 사람들은 '백만장자(millionaire)'가 되었다. 프랑스어로 백만장자라는 용어가 처음 사용된 게 바로 이때였다. 그 회사의 최대 주주들은 미시시피 강둑에 있는 드넓은 토지의 소유권을 손에 넣었다. 신문은 미시시피강 서쪽에서 발견된 은 매장지에 대한 기사를 내보냈다. 그곳의 암석이 분명 페루 광산보다 은이 더 풍부하다는 것이다. 오해의 소지가 있는 기사·이미지·지도가 주가 상승을 부추겼다. 홍보(PR)의 서막이었다.

사실 파리의 백만장자들은 루이지애나에서 생산되는 세 가지 원자재, 즉 담배·설탕·펠트에만 희망을 걸 수 있었다. 담배를 생산하려면 다수의 아프리카 노예를 들여와야 했고, 또한 그들을 먹여 살려야 했다. 생도맹그에서 들여온 사탕수수는 오늘날의 뉴올리언스 한가운데에 심어졌지만 풍년에도 설탕 품질이 좋지 않았으며 추운 해에는 아예 자라지도 않았다. 캐나다를 잃은 뒤 프랑스인은 계속해서 비버를 발견하고 루이지애나에 교역소를 세울 수 있길 희망했다. 그들은 허드슨강 이남으로는 비버가 살지 않는다는 사실을 까맣게 몰랐다. 주식시장 버블은 잃어버린 식민지에 대한 향수에 힘입어 더욱 커졌다. 수익성 없는 루이지애나는 오랜 세월 동안 여러 사람의 손을 거쳐갔다. 존 로 이후 50년이 지난 뒤, 루이지애나는 7년전쟁의 결과로 에스파냐제국에 넘어갔다. 그 후 재탈환에 성공한 나폴레옹은 결국 루이지애나를 미국에 팔아넘겼다. 이 땅은 한참 뒤 노예들이 습지를 배수하고 운하를 건설하고 면화 플랜테이션을 개발하면서 상업적으로 성공을 거두게 된다.

　　필리프 섭정과 파리의 일부 주주가 거둔 이익은 해외 식민지가 아닌 프랑스 국민에게서 나온 것이었다. 하지만 존 로는 자신이 한 약속 가운데 몇 가지를 실제로 이행했다. 그는 국가 부채를 거의 없앴다. 그리고 전환 가능한 통화체계를 마련함으로써 주식은 은행권으로, 은행권은 은으로 교환할 수 있었다. 귀족들은 돈이 주는 쾌락을 맛보았지만, 계좌에 돈이 들고나는 이유는 거의 이해하지 못했다. 로가 구축한 금융 체제는 복잡하기 이를 데 없었으며, 파리 대중은 그의 창조물을 따라잡을 수 있는 금융 노하우를 갖추지 못했다. 주주들의 경험 부족으로 붕괴에 이르기까지 오랜 시간이 걸렸지만, 일단 붕괴하고 나자 모든 게 급속도로 엉망이 되었다. 1720년 봄, 주식 가치가 폭락했고 로는 주식을 금으로 전환하는 조치를 중단했다. 파리에서 빵 가격은 삽시간에 50퍼센트나 치솟았다. 격분한 파리 시민들은 섭정의 궁전 근처에 자리한 금융 본부를 점거했다. 존 로는 파리를 빠져나갔다.

1721년 3월, 러시아의 표트르 대제는 존 로에게 대공 작위, 추밀원 고문관 지위, 성 안드레아 훈장, 그리고 2000개 가구와 6000명의 농노가 달린 영지를 제공하도록 자신의 광산 콜레기움에 명령했다. 또한 로는 도시를 건설하고 외국 공장을 유치하고 무역 회사를 설립할 수 있는 권리도 얻게 될 판이었다. 로는 그 대가로 러시아와 페르시아의 무역을 새로운 기반 위에 구축하고, 은화 100만 루블로 국고를 채우리라 기대되었다. 카스피해 동쪽 해안을 정복한 표트르 대제는 페르시아 무역 회사를 설립해 미시시피 회사와 비슷하게 광범위한 권리를 부여하고 싶었다. 동방은 여전히 보물로 가득 찬 곳으로 여겨졌다. 러시아 영토를 통과해 새로운 비단길을 개척하면 왕실이 관세를 거둘 수 있으리라는 게 표트르 대제의 구상이었다.[9] 카스피해로 흘러드는 쿠라강 어귀에 새로운 도시를 건설하면 네바강 하구의 도시가 오랫동안 해내지 못했던 산업을 제국이 일굴 수 있으리라 여겼기 때문이다. 이 모든 것을 이루기 위해 표트르 대제는 당시 파산한 데다 망명자 신세인 존 로를 필요로 했다. 그러나 로는 표트르 대제의 제안에 응하지 않았다. 아마도 전쟁으로 쑥대밭이 된 카스피해 연안에서 은화 100만 루블을 만들어내는 게 얼마나 무모한 일일지 꿰뚫어보았기 때문일 것이다.

시장 호황이 절정에 달했을 때 로는 왕을 제외하고 당대 최고의 부자로 여겨졌지만, 자신의 주식을 폭락 직전까지 내내 붙들고 있었다. 빌린 마차를 타고 파리에서 탈출한 뒤, 그는 제 자산 중 일부를 살리는 데 성공했다. 8년 후 베네치아에서 사망했을 때 로는 레오나르도 다 빈치와 티치아노(Tiziano)의 유화를 포함해 그림 상자 81개에 이르는 방대한 미술 소장품을 남겼다. 이 소장품은 암스테르담으로 운송될 예정이었지만 그것을 실은 배가 폭풍우를 만나 작품이 모두 물에 젖었다. 그 많은 재산 중 살아남은 것은 고작 그림 몇 점에 불과했다.

1828년 페르시아 주재 러시아 대사이던 또 한 명의 유능한 책략가 알렉산드르 그리보예도프(Alexander Griboyedov)는 트랜스코카서스 회사(Transcaucasian company)에 관한 아이디어를 정부에 제시했다. 페르시아의 무역과 비옥한 캅카스 땅을 활용하겠다는 이 아이디어는 표트르 대제가 로에게 제안한 내용과 같은 것이었다. 그리보예도프는 영국 동인도 회사를 모델 삼아 자신의 '프로젝트'를 계획했다. 그는 러시아 중부에서 데려온 농노를 재정착시킬 권리와 토지를 자기 회사에 부여해달라고, 그리고 50년 동안 모든 세금·관세·징집을 면제해달라고 정부에 요청했다. 그리보예도프의 계산에 따르면, 러시아 상인들은 영국 동인도 회사로부터 천·설탕·염료·건과 등 식민지 제품을 구입하는 데 연간 1000만 루블이 넘는 막대한 금액을 지출하고 있었다. 새로운 트랜스코카서스 회사는 이들 수입품을 자체 제품으로 대체할 계획이었다.[10] 이 계획은 거부당했으며 그리보예도프는 테헤란에서 일어난 학살 때 (19세기 초, 러시아제국과 이란의 카자르 왕조는 캅카스 지역을 두고 분쟁을 벌였으며 1829년 테헤란에서 반러시아 폭동이 일어났다—옮긴이) 살해당했다. 디포와 마찬가지로 그 역시 '기획자'보다 작가로 더 큰 성공을 거두었다. 그는 오늘날 희극 《지혜의 슬픔(Woe from Wit)》을 집필한 작가로 기억되고 있다.

캉티용

프랑스에서 은행업을 개척할 때 스코틀랜드인 존 로는 있을 법하지 않은 또 한 명의 영웅인 아일랜드인 리처드 캉티용과 손을 잡았다. 사회과학 분야의 많은 사람들과 마찬가지로 캉티용도 정치 망명자였다. 그의 부모는 아일랜드인 가톨릭 신자였고, 그들은 영국에 의해 재산을 몰수당했다. 프랑스로 이주한 캉티용은 로가 설립한 새로운 은행에서 처음에는 직원으로, 그다음에는 하급 파트너로 업무를 시작했다. 미시시피 회사로 돈을 번 그는 1719년 호황이 절정에 이르렀다고 판단하고 자신의 주식을 매각했다. 너무 성급했던 것인지 그가 판 주식은 가치가 3배로 뛰고 나서야 휴지 조각이 되었다. 이 주식 매각으로 그는 로와 갈등에 휩싸였고 결국 이탈리아로 떠났다. 그 후 1734년 캉티용은 런던 중심부에 위치한 자신의 집에서 화재로 사망했다. 그의 요리사가 방화범으로 의심을 샀다. 문서와 보석을 챙겨 가지고 사라졌으니 말이다. 나중에 멀리 떨어진 수리남에서 '기사 드 루비니(Chevalier de Louvigny)'라는 사람이 발견되었다. 그는 캉티용 것으로 드러난 서류와 기타 물건을 지니고 있었다고 한다. 캉티용의 전기작가인 더블린 트리니티칼리지의 안토인 머피(Antoin E. Murphy)는 이 기사가 실제로 런던에서 불을 지르고 수리남으로 달아난 캉티용 자신이었다고 믿는다.[11] 만약 그가 수리남에서 20년을 더 살았다면, 그는 캉디드와 캉디드가 우연히 사귄 친구인 신체가 절단된 노예를 만났을지도 모른다. 나는 캉티용이 그들과 이야기 나누는 것을 정말이지 좋아했을 거라고 생각한다.

우리에게 전해진 거라곤 캉티용의 논문 〈경제 이론에 관한 논고(An Essay on Economic Theory)〉(영어판 제목—옮긴이)가 고작이다. 1730년 집필되고 1755년《일반적 상업의 본성에 관한 논고(Essai sur la nature du commerce en générale)》라는 제목으로 출판된 이 프랑스어 책은 당연하게도 애덤 스미스에 의해 언급되었지만 대체로 무시당했다. 한참 후 이 책을 '재발견'하고 영어로 번역한 윌리엄 제번스는 이 책이 "다른 어떤 단일 저작보다 더 분명한 국가경제학의 발상지"라고 평가했다. 토지 없는 노동은 노동 없는 토지와 마찬가지로 무가치하다. 토지를 자유롭게 이용할 수 있는 한, "인간은 헛간의 쥐처럼 번식한다"고 캉티용은 썼다. 가치를 표현하는 일반적 척도는 금이 아니라 토지다. 존 로도 이 이론을 바탕으로 자신의 '시스템'을 구축했지만, 캉티용의 사례는 그 시스템이 어떻게 작동하는지를 더욱 명확하게 보여주었다. 가장 미천한 삶을 근근이 유지하는 데에도 1인당 1.5에이커의 땅이 필요하다. 완제품 가격은 토지 단위로 계산할 수 있다. 1에이커의 땅에 양을 방목하면 양복 한 벌에 드는 충분한 양털을 얻을 수 있지만, 고급 양털로 만든 양복은 방적공과 재단사를 먹여 살리기 위해 10배나 많은 땅을 필요로 할 것이다. 파리의 와인이 부르고뉴의 와인보다 더 비싼 까닭은 운송비 때문인데, 그 운송비 역시 말과 마부가 생계를 유지하는 데 필요한 토지 단위로 계산 가능하다.

노동은 천연 제품의 가치를 몇 배 이상 높일 수 있다. 캉티용에게 이는 조사해볼 가치가 있는 기적이었다. 그는 영국 시계 내부의 강철 스프링에서 재료비와 작업비의 비율이 1 대 100만이라는 사실을 깨닫고 크게 놀랐다. 그의 방법은 토지보다 노동이 우월함을 세상에 널리 알렸다. 자국 노동을 다른 국가의 원자재와 교환하는 국가는 다른 나라를 희생하면서 자국민을 부양하기에 이 무역에서 우위를 점하게 될 것이다. 캉티용은 파리와 브뤼셀 사이의 무역을 예로 든다. 즉 레이스는 연간 은 10만 온스 상당의 샴페인과 교환된다는 것이다. 그는 브뤼셀의 레이스 제조업체가 부가가치를 창출한 플랑드르 아마 단 1에이커의 수확량이 프랑스 포도밭 1만 6000에이커에서 생산한 와인의 가치와 동일하다고 추산한다. 이러한 교환 덕에 많은 이들이 플랑드르의 모든 에이커 땅에서 다른 일—즉 조선업, 군 복무, 학문적 일 등—에 종사하고 부르고뉴를 비롯한 다른 지역으로부터 음식을 구입하면서 살아갈 수 있었다. 노동 생산성이 높아질수록 부를 창출하기 위해 노동이 필요로 하는 토지는 줄어든다. 마치 프랑스가 전쟁에서 일시적으로 땅을 잃은 것처럼, 매년 수천 에이커의 프랑스 땅이 와인 통과 더불어 브라반트(지금의 벨기에 중부 지방으로 중심 도시가 브뤼셀—옮긴이)로 넘어갔다. 이어 캉티용은 브뤼셀에서 동유럽의 문제를 조사하기 시작했다. 만약 폴란드인 지주가 브뤼셀산 레이스를 좋아한다면, 그는 자기 영지에서 재배한 곡물을 판매해 거둔 수입의 6분의 1을 레이스 값으로 지불해야 할 것이다. 만약 그가 부르고뉴산 와인을 좋아한다면 역시 자기 수입의 6분의 1을 추가로 치러야 할 것이다. 그 폴란드인 지주는 브라반트 1에이커의 토지와 부르고뉴 1500에이커의 토지에서 생산되는 제품에 대한 대가로, 자신의 토지 수십만 에이커에서 수확한 곡물을 제공할 것이다. 이런 식으로 네덜란드와 플랑드르는 그들 노동의 결실을 외국 땅에서 생산된 제품들과 교환하면서 자기 인구의 절반을 부양한다. 어떤 단일 제품에 있어 인간 노동의 가치가 높고 원자재의 가치가 낮을수록 그 제품의 무역은 경제에 더욱 유용하다.[12]

캉티용은 에너지와 광산에도 관심을 쏟았다. 그는 잉글랜드가 석탄 매장량 덕분에 번성했다고 썼다. 그리고 영국의 석탄이, 만약 그게 없었다면 목재를 재배하는 데 필요했을 수백만 에이커—300년 후 '유령 에이커'라 불리게 될 바로 그 땅—를 절감해주었다고 추산했다. 캉티용은 어떤 광산은 부를 창출하고 어떤 광산은 돈을 잃는다고 했다. 에스파냐 광산에서 금이나 은을 더 많이 추출할수록 에스파냐인은 더 많은 고기를 사먹고 더 많은 사치품을 구입할 수 있을 것이다. 특정 국가의 토지 가치가 높을수록 다른 모든 상품의 가격도 덩달아 올라간다. 게다가 캉티용의 설명에 따르면, 임금은 계약에 의해 고정되어 있으므로 물가가 올라도 상승하지 않는다. 기업가와 지주는 자기 이익을 셈에 넣고 있는 반면, 노동자에게는 자기 임금으로 구매할 수 있는 상품이 점차 줄어든다는 사실이 자명해질 것이다. 그들 중 일부는 허리띠를 졸라매고 다른 일부는 이민을 떠날 것이다. 불평등을 악화시키는 광산의 부는 농장과 공장에 파괴적인 결과를 안겨준다. 새로운 돈의 일부는 외국 상품을 수입하는 데 쓰일 테고, 국가 자체 산업은 쇠퇴의 길에 접어들 것이다. 빈곤과 방치는 모든 곳에서 분명해질 터다. 이와 같이 캉티용은 '네덜란드병'이라는 메커니즘이 규명되기 수백년 전에 이미 그 현상에 대해 기술하고 있었다.

　파리에서 이루어진 로와 캉티용의 실험은 계몽주의의 스승들에게 교훈을 안겨주었다. 젊은 볼테르는 미시시피 회사의 붕괴를 득의만면하게 지켜보았다. 금융판 리스본 대지진이라 할 만한 미시시피 회사의 몰락은 아마도 낙관주의에 대한 그의 조롱에 영향을 주었을 것이다. 몽테스키외는 로가 이미 불명예스러운 상황에 처해 있을 때 그를 만났고, 그와 심도 있는 대화를 나누었다. 이 경험은 필시 무역과 권력에 대한 몽테스키외의 사상에 반영되었을 것이다. 아베 프레보(Abbé Prévost)는 자신의 인기 소설 《마농 레스코와 기사 데 그리외의 이야기(The Story of the Chevalier des Grieux and Manon Lescaut)》(1731년)에서 그 시대에 대해 기술했다. 부유한 게으름뱅이와 야만적 불평등이 횡행하는 이 세계에서 정부의 은전은 성적 서비스만큼이나 쉽게 구매할 수 있다. 우연히 만난 한 남자가 한 여자에게 집, 마차, 하녀, 시종 3명, 요리사를 선물한다. 기사 데 그리외는 마농과 함께 살지만, 그녀는 매춘부로서 루이지애나로 추방된다. 루이지애나의 마농 레스코는 버지니아의 '몰 플랜더스'처럼 상황이 좋지 않다. 뉴올리언스의 가난에 놀란 데 그리외는 마농이 죽자 그녀를 황야에 묻는다. 1759년《캉디드, 혹은 낙관주의》가 출판될 때까지 이 소설은 계몽주의 시대의 대중이 가장 좋아한 책이었다. 볼테르와 계몽된 그의 친구들은 상당한 대가를 치르긴 했지만 어쨌든 기꺼이 러시아의 예카테리나 여제에게 조언을 들려주었으며, 제국을 확장하고 새로운 영토를 획득하도록 권유했다. 그럼에도 그들은 식민지가 프랑스에는 좋지 않다고 믿었다. 유럽 대륙, 그리고 그에 이은 독립된 미국이 떠안은 과제는 '영국식 체제'에 맞서기 위해 식민지 이후의 새로운 국가경제학 모델을 고안하는 일이었다.

노동과 중상주의 펌프

중상주의자들은 무역의 주요 목표가 국고에 금을 비축하는 거라고 믿었다. 인구의 중요성은 부차적이었다. 17세기 초, 잉글랜드는 인구 과잉으로 보였고, 정치인들은 잉여 인구가 아메리카로 이민 가는 데 만족했다. 사적 개인들이 수행하는 무역은 항상 국가의 지원을 필요로 했다. 영국의 대양 무역은 적과 해적으로부터 상선을 보호하는 영국 왕립 해군이 없었다면 가능하지 않았을 터다. 하지만 영국 왕립해군도 마찬가지로 상선에 의존하고 있었다. 상선이 수병들의 훈련장 역할을 했으니 말이다. 국가의 힘은 재무부의 재력에 달려 있었고, 재무부의 재력은 국가의 힘에 의존했다.

식민지의 이점

용병 군대 시대에는 전쟁을 비롯한 여러 위기 상황에 처했을 때 분명 금이 요긴했을 것이다. 전쟁 자금이 재무부가 아니라 대출을 통해 조달되었음에도 그 이자는 금 보유량에 따라 달라졌다. 재무부가 금을 축적하려면 수출이 수입보다 많은 무역수지 흑자가 필요했다. 모든 교환은 사적 개인들 간의 거래였지만, 지위 높은 규제기관—잉글랜드의 경우 의회—이 국내 소비를 억제하고 수입을 저지하며 수출을 장려함으로써 무역수지를 조절할 수 있었다. 식민지는 모국과 경쟁하는 게 아니라 원자재를 제공하고 과잉 인구를 흡수하고 모국의 상품을 구매함으로써 모국에 이익을 안겨주어야 했다. 세계 무역량은 유한한 것으로 간주되었기에 한 경쟁자의 몫으로 돌아가면 다른 경쟁자는 빈손이 되었다. 이러한 교환의 매출액이 늘어남에 따라 제국의 과세 기반도 증가했다. 결국 재무부는 더 많은 금을 보유하게 되었다.

외부 파트너들은 믿을 수 없었다. 그들과의 무역은 전쟁, 외교적 실패, 자의적 관세 부과 등으로 위험에 빠졌다. 잉글랜드로서는 자국 식민지에 더 많이 의존하고 다른 제국들과의 무역에 덜 의존할수록 한층 유리했다. 중상주의 법칙에 따르면 식민지와의 모든 교류는 모국을 경유해야 했다. 영국 식민지들끼리의 교류는 저지당하거나 금지되었다. 이 모든 것은 국가 권력에 대한 믿음 증가와 관련되어 있었다. 개인 상인은 범선을 조종하는 선원과 같았지만, 이 거대한 기계의 항로를 결정할 수 있는 이는 오직 배의 선장인 군주뿐이었다. 1651년 영국 의회에서 통과되어 200년 가까이 시행된 항해조례는 외국 선박이 영국 식민지에서 생산된 상품을 운반하는 행위를 금지했으며, 식민지들이 오직 영국 항구를 통해서만 원자재를 거래하도록 허용했다. 운송 카르텔을 형성한 항해조례는 식민지 상품의 가격 상승을 초래했다. 그 결과 프랑스 식민지에서 생산된 설탕은 영국산 설탕보다 훨씬 저렴해졌고, 이로써 프랑스는 유럽 시장의 대부분을 장악할 수 있었다. 영국 산업은 항해조례로 인해 어려움을 겪었지만, 상선과 선주들은 이 법으로 이득을 누렸다. 이는 애덤 스미스가 세계의 권력은 상품 생산자가 아니라 상품 수송회사에 있다고 주장하도록 만들었다.

역사가 클라우스 크노어(Klaus Knorr)는 의회와 언론에서 표현된 식민지 지지 논거를 다음과 같이 요약했다. 식민지는 야만인의 개종을 위해 필요하다, 식민지가 없으면 수병을 훈련할 수 없다, 제국은 금과 은 매장지가 필요하다, 식민 본국은 자국의 잉여 인구를 해소해야 한다, 마지막으로 식민지는 국가 수입을 늘려준다.[1] 식민지를 지지하는 가장 흔한 논거는 그곳 원자재가 영국 경제에 필수적이라는 것이었다. 이 기간 동안 영국이 수입한 품목은 첫째, 러시아와 발트해 연안에서 생산된 선박 삭구 및 기타 '해양 용품'과 탄산칼륨, 둘째, 남유럽에서 생산된 소금·와인·건과·비단·설탕·담배, 셋째, 극동 지역에서 생산된 향신료·옷감·염료, 넷째, 건조하거나 염장한 대서양산 생선, 이렇게 4개 범주로 나뉜다. 이들 상품 중 일부는 사치품이었으므로 필요한 경우 수입을 중단할 수 있었다. 하지만 그 밖의 상품들은 잉글랜드에 필수적이었다. 영국 식민지들에서 그 대체품을 찾으려는 시도가 이루어지긴 했지만 말이다. 1700년경 의회는 잉글랜드의 적들이 더없이 중요한 원자재 공급을 통제하고 있다는 사실에 대해 지속적으로 논의했다. 전쟁이 발발하면 이러한 의존은 치명적 결과를 낳을 수 있다. 예컨대 1721년 길버트 히스코트 경(Sir Gilbert Heathcote)이 상원에서 말했다. "우리가 러시아에서 해군 물자를 들여오는 동안 거기에 어떤 가격을 매길지 결정하는 것은 물론이고 심지어 우리가 아예 그것을 수입하지 못하도록 막는 것은 바로 차르의 권한이었습니다."[2] 정치인들은 식민지에서 원자재를 가져옴으로써 이 문제를 해결할 수 있었으면 하고 바랐다. 아메리카는 인도와 유사하다고 여겨졌다. 즉 영국은 아메리카에 무역 기지를 세울 필요가 있었으며, '붉은 인디언(Red Indians: 아메리카 인디언에 대한 경칭—옮긴이)'은 영국 산업이 생산한 제품을 사는 대가로 가죽, 대마, 어류, 목재 및 기타 필수품을 공급하게 될 터였다.

이러한 희망은 오로지 일부만 실현되었으나, 영국은 원래 계획에서는 상상할 수 없었던 규모로 아메리카 식민지를 확장하는 데 성공했다. 식민지 인구는 영국제도의 인구보다 훨씬 더 빠른 속도로 증가했다. 백인 정착민의 소득은 잉글랜드에서의 소득보다 높았으며, 식민지에서의 소비 역시 빠른 증가세를 보였다. 재무부에 금이 유입되었으면 하는 기대는 충족되지 않았다. 찰스 대버넌트는 영국 수입의 25퍼센트만이 양모·주석 같은 국내 품목의 수출에서 나왔고, 그 나머지는 모두 '두 인도(two Indias: 서인도제도와 동인도)'에서 유래했다고 추산했다. 대버넌트는 다음과 같이 주장했다. "식민지는 좋은 규율의 지배를 받는 동안에는 어머니 왕국에 강점으로 작용한다. ……하지만 그렇지 않은 경우에는 국가 정치체제에서 잘려나간 구성원보다 더 나쁘다." 또한 이렇게 경고했다. "만약 중상주의적 항해조례가 지켜지지 않으면, 우리의 플랜테이션들은 우리보다 우리 이웃에게 더 많은 이익을 안겨줄지도 모른다." 대버넌트는 영국 식민지들이 평화시에는 수익성이 충분치 않고 전시에는 온전히 신뢰하기 어렵다고 주장했다.[3] 그는 설탕 섬들은 제국에 유용했지만 북아메리카 식민지들은 그저 자원만 집어삼킨다고 판단했다. 왕립협회 창립자 중 하나인 윌리엄 페티 경(Sir William Petty)은 아일랜드에 아메리카 식민지 개척자들을 정착시키자고 제안했다. 또 다른 이론가 맬러치 포슬스웨이트(Malachy Postlethwayt)는 "식민지에 문화나 예술이 없어야 한다는 것은 식민지의 본질에 근거한 법칙"이라고 밝혔다.[4]

하지만 역사는 불가사의하다. 식민지에도 분명 문화가 있었고, 바로 이 점이 식민지를 (수익이 없는 건 아니지만) 불충실하고 믿기 어렵게 만든 요소였다. 네덜란드인이 합스부르크제국에서 벗어나는 데는 약 1세기가 걸렸지만, 그들이 자기네 식민지를 떠나는 데에는 훨씬 더 많은 시간이 필요했다. 그러나 비교적 평화로운 발트해 연안과의 무역은 네덜란드 상인들에게 '두 인도'와의 무역보다 더 큰 이익을 안겨주었다. 영국으로부터 독립을 쟁취한 미국인은 자유무역을 혁명 원칙의 하나로 밀어붙였다. 그들은 이 제도를 노예무역에도 적용했다. 노예제 폐지 운동을 주도한 것은 다름 아닌 영국인이었다.

두 개의 독점

천연자원의 교역은 유럽의 얼굴을 형성하는 도시 붐을 일으켰다. 고대 로마제국의 도시들은 전략적 요충지의 요새화된 진영에서 발달했다. 이와 대조적으로 현대 유럽의 도시들은 자연조건이 배를 정박하거나 물레방아를 돌릴 수 있는 편리한 장소를 제공해주는 지점에 들어섰다. 장거리 무역과 초기 산업의 세계적 중심지이던 이러한 도시들은 국제 교류의 전초기지였다. 주변 땅과 마을에 무관심한 이 도시들 상당수는 홍수나 해적 공격의 위험 때문에 아직 사람이 살지 않는 지역에, 즉 삼각주나 습지, 둑과 댐 근처 등에 건설되었다. 21세기에는 이러한 도시 중 일부가 지구온난화의 첫 번째 희생양으로 떠오를 것이다.

지역 공간에 불안하게 들어선 거대 세계의 일부인 그러한 도시의 예가 글래스고다. 그 도시에는 편리한 항구, 풍부한 목재, 거대한 부두, 빼어난 대학이 있었다. 글래스고의 주요 상품은 담배였다. 애덤 스미스가 도덕철학 교수가 된 1752년 글래스고에서는 영국의 모든 항구를 다 합친 것보다 더 많은 담배가 가공되고 있었다.[5] 스코틀랜드 상인들은 소규모 농가에서 변동가에 담배를 사들임으로써 경쟁을 피했다. (영국인은 대규모 플랜테이션에서 고정 계약으로 담배를 구매하는 편을 선호했다.) 게다가 스코틀랜드인은 영국의 관세를 피하는 데, 즉 밀수에 노련했다. 그러나 담배 상인들은 적극적으로 당국과 협력했고, 결국 그들 자체가 당국이 되었다. 1740년부터 1790년까지 글래스고 시장을 지낸 모두가 담배 회사를 소유했다. 다른 대서양 횡단 사업들과 마찬가지로 담배 무역은 위험으로 가득 차 있었기에 금융 감각과 자본, 그리고 신의 섭리에 대한 믿음이 필요했다. 따라서 은행, 보험 사무소, 장로교 교회가 부두와 공장 곁에 함께 들어섰다.

1707년 스코틀랜드와 잉글랜드의 합병이 이루어졌고, 애덤 스미스는 식민지 출신 지식인이라면 으레 그렇듯 굴곡진 이력을 시작하게 되었다. 커콜디에서 학교를 졸업하고 글래스고 대학에서 학위를 마친 그는 제국의 옥스퍼드 대학으로 진학했다. 하지만 그곳이 마음에 들지 않아 글래스고로 돌아와 도덕철학을 가르쳤다. 스미스는 대학 행정에 관여한 것 외에는 사업 경험이 전무했다. 그는 교수들이 해군 제독이나 제조업자들과 교류하면서 식민지 무역에 따른 중독성 있는 열매를 소비하는 클럽 및 커피하우스에서 세상에 대한 지식을 얻었다. 스미스는 수년 동안 스코틀랜드 학생들을 가르친 후 어느 영국 귀족 가문의 가정 교사 자리를 받아들이는 데 동의했다. 이후 자유무역을 적극 지지한 그는 스코틀랜드 관세위원회 위원이 되었다.

그의 유명 저서 《국부론(An Inquiry into the Nature and Causes of the Wealth of Nations)》〔정확한 제목은 '국가 부(富)의 본성과 원인에 관한 고찰'—옮긴이〕은 지역 경제의 가장 세세한 부분으로부터 세계 무역의 파노라마로 점차 초점을 옮아가는 광학 기기처럼 구성되어 있다. 모든 가치는 노동에 의해 창출된다. 한 국가의 부는 오직 그 나라 국민의 노동에 의해서만 만들어질 수 있다. 분업은 국가 부의 핵심이다. 스미스는 스코틀랜드의 한 작업장에서 (순수 강철로 만든 반짝이는 작은 물건인) 핀을 하나 만드는 데 18개 작업이 필요하다는 사실을 확인했다. 같은 무역의 받는 쪽에서 러시아 시인 푸시킨은 상트페테르부르크의 부유한 감식가들이 영국 산업의 결실을 어떻게 음미했는지에 대해 이렇게 묘사했다.

꾀 많은 런던은 모든 것을 제공하네.
두둑한 금고와 호화로운 변덕을 지닌 이들을 위해,
그리고 발트해를 통해 우리에게 실어 보내네.
수지와 나무랑 바꿀……
다양한 형태의 강철 줄과 빗,
근대 남성을 위한
직선 가위, 곡선 가위,
크기가 서로 다른 30가지의
머리카락·이빨·손톱을 위한 브러시를.

이 러시아 운문 소설에 묘사된 '근대 남성' 에프게니 오네긴(Evgenii Onegin)은 한창 유행하는 그 밖의 여러 물품 사이를 한가로이 거닐면서 애덤 스미스를 읽었다.[6] 이와 대조적으로, 이 모든 핀과 가위를 만든 런던이나 글래스고의 노동자들은 하루에도 수십 차례 동일 작업을 반복하도록 훈련받았다. 제조업자들은 자신들의 제품이 다른 곳에서 복제되지 않도록 상업적 비밀을 엄수했다. 물론 그중 한 명은 스미스에게 18개 작업을 보여주었지만. 그러한 비밀이 새어 나가지 않는 한, 이 장인들은 일시적으로나마 독점권을 유지했으며 노동자들은 일자리를 지킬 수 있었다.

중요한 점으로, 스미스는 핀을 만드는 데 필요한 강철이 어디서 왔는지를 우리에게 알려주지 않는다. 글래스고에는 자체 광석이 있었지만, 쇠막대기가 스웨덴이나 러시아에서 바다를 건너 글래스고로 들어왔을 가능성이 높다. 원자재가 희귀할수록 그것은 독점의 산물로 떠오르기 때문에, 가격은 그 원자재에 들어가는 노동력을 덜 반영한다. 그러나 이러한 추출의 독점은 지식의 독점과는 크게 다르다. 전자는 오래가고 후자는 일시적이라는 차이가 있다. 원자재를 거래하는 독점 기업은 화물선·항구·운하·부두를 소유했고 해군 전함의 보호를 받았으며, 가격·세금·관세를 책정하는 데 지배적 영향력을 행사했다. 스미스에 따르면, 중상주의 체제는 소비자의 이익보다 생산자의 이익을 앞세웠으며, 그 모든 이익은 상선 운항자들을 위해 희생되었다. 홉스는 국가를 서투른 풋내기 선원(landlubber)이라고 보았으며, 스미스는 리바이어던을 바다 괴물이라는 초기 의미로 되돌려놓았다.

시장에 대한 스미스의 낙관적 시각에서 독점은 일종의 부적절하고 일시적인 일탈이었다. 그는 건전한 독점 이론을 창안하지 못했다. 그

영예는 벤담이 안았다. 독점은 막대한 부가 창출되도록 허락했지만, 시간이 흐르면 '보이지 않는 손'이 이러한 모든 부당한 이점을 없애버릴 것이다. 소규모 제조업 독점이 성공할 수 있는 비결인 상업적 비밀에는 이런 일이 자주 발생했다. 노동은 지식을 기반으로 하며 이 지식은 불균일하게 퍼지지만, 경쟁은 이 같은 차이를 제거해준다. 그러나 대부분의 강력한 독점은 상업적 비밀이 아니라 운송 수단 위에 구축되었다. 스미스는 런던 외곽의 채석장이 좋은 수익을 낳았지만 스코틀랜드에서는 전혀 소득이 없었던 이유를 설명한다. 같은 논리가 임업에도 해당되었다. 잉글랜드 남부에서는 정기적 벌목이 수익을 낳았지만, 스코틀랜드에서는 나무를 그냥 썩게 내버려두었다. 옥스퍼드 근처의 탄광은 이문이 컸지만, 스코틀랜드에서는 많은 탄광이 문을 닫은 상태였다. 이 모든 사례는 상업적 비밀과 아무 관련이 없었으며, 스미스의 핀보다는 푸시킨의 '수지와 나무'에 더 가깝다. 핀과 같은 정교한 장치를 생산했음에도 스코틀랜드는 거리가 멀고 운송비가 비싸며 자원이 확산형이었기에, 자연적 부에서 더 큰 돈을 잃고 있었다.

스미스의 권위 있는 자유무역 개념은 독점이라는 적대적 원칙을 극복하고자 고안되었다. '보이지 않는 손'은 가치 있는 노동의 산물을 개선하고 있었지만, 그것이 희귀한 자연의 결실과 맺는 관계는 여전히 불분명한 채로 남아 있었다. 스미스는 노동을 믿었으며 자연을 인정하지 않았다. 다음 세대 사이에서 유행하게 되는 낭만적인 스코틀랜드의 호수와 산도, 담배와 설탕을 생산하는 열대 섬들도 인정하지 않은 것이다. 그런 것들과 관련한 무역은 상인이나 상점주에게 독점의 위력과 불로소득을 의미했다. 같은 이유로 스미스는 석탄에 대해 할 말이 없었다. 그는 스토브의 연료로 장작이 건강에 더 좋다고 썼다. 훨씬 더 미래

지향적이었던 캉티용과 달리 스미스는 석탄과 관련한 그 어떤 미래도 보지 못했다. 하지만 산업혁명은 글래스고에서 진즉부터 시작되고 있었다. 스미스와 증기기관 발명가 제임스 와트는 친구 사이였다.

근처에는 석탄과 광석이 풍부했다. 글래스고 주변의 일부 광산에서는 이미 100명을 웃도는 노동자가 일하고 있었는데 그들의 미래는 밝을 터였다. 하지만 스미스는 광업은 복권이라고 말했다. 유럽에서 은 가격이 변동하는 사태를 지켜본 그는 은 가격을 곡물 가격과 비교했다. 모든 전개 단계에서 곡물 가격은 노동력의 척도다. 반면 은 가격은 노동과 관련이 없고 예측할 수 없으므로 진정한 의미를 지니지 않는다. 새로운 광산이 문을 열든 오래된 광산이 문을 닫든 문명은 개선되지도 악화하지도 않을 터였다. 스미스는 귀금속을 기반으로 한 에스파냐의 부는 생산적이지 않다고 썼다. 에스파냐는 아메리카 광산에서 나오는 수입이 있었고 폴란드는 그렇지 않았음에도 불구하고, 에스파냐는 폴란드와 다를 바 없이 가난한 상태로 남아 있었다. 그는 다른 제국에 속해 있고 노동 가치 이론의 적용을 받지 않는 해외 보물의 중요성을 부정하는 데서도 거리낌이 없었다. 계몽주의 철학자들이 가톨릭 세계의 악덕에 주목한 것처럼, 스미스는 부에 대한 에스파냐인의 개념을 까발렸다. 그는 "가장 풍부한 광산이라 해도 …… 세상의 부에 거의 더해줄 게 없다"고 일축했다.[7]

분업화하지 않은 노동

수세기 동안 거의 모든 인간은 자급자족 농업에 기대 살아왔다. 대서양 문명의 해안 인클레이브(enclaves)에서 경제성장과 장거리 무역이 발전하는 동안, 침묵하는 대다수 자급자족 농부는 그런 곳과 동떨어져 있었다. 오랜 기간에 걸친 이 같은 공존을 기술하면서 프랑스 역사가 페르낭 브로델은 "따라서 우리는 서로 이질적인 두 개의 우주, 두 가지 생활방식을 지니고 있지만 각각은 상대를 설명해준다"고 썼다. 이 모든 것은 소농·어부·광부가 추출하거나 생산한 물건이 무역 가능한 재화로 바뀌면서 달라지기 시작했다. 자본주의의 확대는 "우리가 살아가는 세상을 서서히 창조하고 있었고, 그 초기에는 우리가 살아갈 세계를 미리 보여주었다".[8]

먼저 한 소농은 지대를 지불하거나 쟁기용 쇠머리를 사기 위해 가까운 도시에 들어선 시장에 가서 달걀이나 닭을 팔았다. 그는 잡일을 하면서 가욋돈을 벌 수 있었고 굴뚝 청소부가 될 수도 있었다. 하지만 그는 상인이 되어 다른 사람들이 만든 물건을 팔 수도 있었다. 이 소농은 그와 같은 일들을 순차적으로 수행할 수 있었다. 이를테면 봄에는 쟁기질을 하고 여름에는 바구니를 짜고 겨울에는 무역을 하는 식이다. 그러던 중 전문화 시대가 도래하자, 한 가지 무역에 집중할뿐더러 한 가지 작업에 주력하는 이들이 한층 경쟁력을 갖추게 되었다. 애덤 스미스는 숙련된 시골 대장장이는 하루에 못을 100개 만들 수 있지만, 평생 못 만드는 일 말고는 아무것도 해본 적 없는 훈련받은 청년은 하루에 못을 2300개 만들 수 있다고 말한다. 핀은 한 사람이 아마 하루에 몇 개 만들 수 있을 것이다. 하지만 분업 덕에 10명이 하루에 핀 4만 8000개를 제조할 수 있게 되었다. 분업은 단순 반복 작업을 인간보다 더 빠르게 수행할 수 있는 기계의 채택으로 이어졌다. 가장 단순한 모직 코트조차 양치기, 양털을 분류하는 자, 양털을 빗는 자(즉 카더),

양털을 염색하는 자, 양털을 얼레 빗질하는 자, 방적하는 자, 방직하는 자, 축융(縮絨: 비누 용액과 알칼리 용액을 섞은 것에 서로 겹친 양모를 적신 다음 열이나 압력을 가하고 마찰한 뒤 털을 서로 엉키게 해 조직을 조밀하게 만드는 모직물 가공 공정―옮긴이)하는 자, 마무리 손질하는 자 등 "숱한 작업자의 공동노동이 낳은 산물"이다.[9] 누군가는 큰 가위를 만들어야 했는데, 스미스는 그 작업과 관련한 모든 직종 목록을 새로 작성했다. 여기에는 상인·운전사·선원도 추가해야 하는데, 이들은 해로나 육로를 통해 한 노동자 집단에서 다른 노동자 집단으로 제품을 실어나른다. 하지만 그뿐 아니라 수레·마구간·선박·마차 등을 만드는 조선업자·돛제작자·목수·대장장이도 고려해야 한다. "가장 하층에 속한 노동자의 연장을 생산하기 위해서도 얼마나 다채로운 노동이 필요한가!" 게다가 이 위대한 노동과 공급 장치는 계좌, 신용 대출 한도액, 화폐 같은 금융 시스템이 없으면 작동할 수 없다. 이를 위해서는 시장·은행·법정, 마지막으로 정부가 모두 필요하다. 이 온갖 정교한 시스템은 분업에 기반을 두고 있다. 스미스의 버전에서 국가경제학은 거친 모직 코트에서 의회―상원의장이 '양털 채운 좌석'에 앉아 있다―에 이르는 사슬을, 그리고 분업에서 삼권분립에 이르는 사다리를 만들었다.

그러나 스미스는 분업이 농업보다는 산업에 더 잘 어울리는 특징이라는 것을 간파했다. 목수가 자물쇠 장수의 일을 하는 경우는 드물지만, 농장에서 쟁기꾼은 양치기, 건축업자, 마차 운전사도 겸한다. 스미스는 농업이 산업과 같은 개선의 대상이 아닌 이유가 바로 여기에 있다고 설명한다. 스미스가 보기에 이것은 엄청난 차이다. 전문화되지 않은 노동은 비생산적이고 태만하며 게으르다. "사람들은 한 종류의 일에서 다른 종류의 일로 전환할 때 일반적으로 다소 한가롭게 군다. ……흔히

들 말하는 바에 따르면, 사람들은 처음 새로운 일을 시작할 때면 ……
그 일에 마음을 주지 않으며, 꽤 오랫동안 효과적으로 적응하기보다 빈
둥거리며 시간을 보낸다."[10] 이 '한가로움'이 소농의 생산성이 낮은 이
유다. 노동자는 오직 분업을 통해서만 시골 생활로 인한 게으름의 악순
환에서 벗어나 개선의 지름길로 도약할 수 있다. 전문화는 진보로 가는
가장 확실한 방법이다. 그러나 '시골 노동자(country workman: 스미스가 소
농을 일컫는 용어)'는 여전히 전문화에 영향을 받지 않는 상태에 머물러 있
다. 스미스는 "실제로 농업의 본질은 제조업과 달리 그렇게나 많은 노
동 세분화도 한 사업과 다른 사업 간의 완벽한 분리를 허용하지 않는
다"고 썼다. "일반적으로 목수의 일은 대장장이의 일과 분리되어 있는
데, 이런 식으로 가축 사육자의 일과 옥수수 농사꾼의 일을 완전히 가
르기란 불가능하다." 그 결과 소농은 항시 게으르고 부주의하고 산만하
고 한가하게 빈둥거린다. 그런데 왜 그의 일은 생산성 법칙을 따르지
않는가?

농사일의 계절적 특성이 그 한 가지 이유를 설명해준다. 농부들은
저마다 다른 작업을 일 년 중 서로 다른 시기에 수행해야 한다. 계절이
달라짐에 따라, 동일한 사람이 언제는 씨를 뿌리고 언제는 소를 치고
언제는 양털을 깎고 언제는 추수를 한다. 스미스는 "한 사람이 그 일 가
운데 어느 하나만 계속하는 건 불가능하다"고 주장한다. 이것이 "농사
일에서의 노동 생산력 향상이 항상 제조업에서의 노동 생산력 향상을
따라잡지 못하는 주된, 하지만 짜증스러운 이유다". 좀더 일반적으로,
소농 노동이 분업화하지 않은 이유는 인간 욕망에 대한 자연의 무관심
때문이다. 사람들은 자연에서 자신의 필요를 충족시키는 단지 몇 가지
를 추출하지만, 그래도 여전히 자연의 다른 온갖 변덕에 휘둘린다. 사

람에게 필요한 것은 봄이나 가을이 아니라 핀이나 빵이다. 사람들은 작업장에서 핀을 만들 때면 계절을 잊을 수 있지만, 들판에서 일할 때는 계절을 존중해야 한다.

모든 독자가 분업에 대한 스미스의 열정에 동의한 건 아니었다. 알렉시스 드 토크빌(Alexis de Tocqueville)은 이렇게 썼다. "장인이 한 가지 물건을 제조하는 데 지속적이고 고유하게 종사할 때, ……그는 날마다 더 숙련되지만 덜 부지런해진다. 노동자로서는 완벽해질지 몰라도 인간으로서는 퇴화한다고 말할 수 있다. 자신의 20년 인생을 핀 대가리 만드는 데 몽땅 쏟아부은 사람에게 우리가 대체 뭘 기대할 수 있겠는가?"[11] 스미스에게 분업은 진보의 원천이었지만, 토크빌에게는 퇴화의 원천이었다. 노동에 압도적 관심을 기울인 마르크스는 분업이 노동자를 비인간화한다고 보았다. 그러나 마르크스는 실제로 다소 양면적인 태도를 취했다. 분업은 자본주의 발전에 필수적이지만 악의 원천인 소외로 이어진다. 미래의 인간은 "오늘 이 일을 하고 내일 저 일을 하기 위해, 그리고 아침에 사냥하고 오후에 고기 잡고 저녁에 가축을 기르고 저녁식사 후 비평하기 위해" 분업을 극복하게 될 것이다.[12] 그러나 마르크스는 그 자신이 표현한 이른바 "농촌 생활의 어리석음"으로 돌아가라고 권유하지는 않았다.

스미스와 마르크스 둘 다 분업이 소농 노동에 적용될 수 없다는 중요한 진리로부터 (더러 모호하긴 하지만) 가치 있는 일반화를 이끌어낼 수 있었다. 그뿐만 아니라 분업은 곡물과 양모, 생선과 광석, 비단과 석탄 등 원자재 추출과 관련한 다른 많은 활동에도 적용될 수 없다. 분업은 상품이 가공 시스템을 통과함에 따라 그 규모가 증가한다. 원자재 추출의 첫 번째 단계에서는 최소치요, 상품 생산의 막바지 단계에서는 최대치인 것이다. 우리는 스미스가 제시한 예에서 이미 이러한 차이를 확인한 바 있다. 양치기는 양 떼를 돌보고 양털을 깎지만 그와 동시에 정원 가꾸기, 마차 운전 및 기타 여러 가지 일까지 챙긴다. 그러나 양모는 이미 수십 가지 개별 무역들로 이루어진 사회적 제도에 의해 가공 처리된다.

그럼에도 불구하고 다양한 종류의 전문 직업이 실제로 마을에서 발달했다. 제분업자와 대장장이들은 뚜렷이 구별되는 저만의 삶을 영위했다. 무두질공과 구두수선공이 하루만 일하느냐 일주일 중 6일 동안 일하느냐는 전적으로 그들 서비스에 대한 수요가 어느 정도인지에 달려 있었다. 그러나 그들은 모두 과수원과 채소밭, 유지 관리가 필요한 집을 보유하고 있었을 것이다. 스웨덴 소농들은 광부를, 영국 농장 노동자들은 방적공을, 러시아 소농들은 도로 건설자를, 노르웨이 소농들은 어부를 겸했다. 그리고 도시가 건설 중인 곳에서는 어디나 소농들이 건설 현장에 뛰어들었다.

분업에 관해 들어본 적 없는 이는 비단 양치기와 쟁기질 소년들만이 아니었다. 직업적으로 채굴 사업에 종사하는 많은 이들에게도 그들 활동이 눈부시게 성장했을 때조차 전문화는 생소한 개념이었다. 노르웨이와 뉴잉글랜드의 어부들은 선박을 건조하지도 그물과 배럴을 만들지도 않았지만, 이 모든 것을 수리하기는 해야 했다. 어업은 계절을 탔으며 어부들은 제 나름의 농사일도 잊지 않았다. 영국 광부들은 석탄을 캐서 깨끗이 손질해 상자에 담았다. 그리고 수평갱도를 새로 짓고 보강하고 환기 시설을 정비했다. 또 필요할 경우 응급처치를 하고 장비를 수리했다. 많은 광산에서 작업은 계절성을 띠었으므로, 지하수가 상승하면 광부들은 제 텃밭과 내지 무역으로 돌아갔다. 분업화한 업무는 보조적인 것들뿐이었다. 즉 탄광에서 일하는 광부들은 배의 선원들처럼 서로 교체가 가능했다. 산업혁명은 금속의 제련 및 단조 같은 수백 가지 새로운 직업을 탄생시켰다. 하지만 광부의 업무는 전문화하기에 그리 적합한 분야는 아니었다. 그들은 일이야 기계의 도움을 받더라도 변화하는 상황에 창의적으로 대응해야 했다. 이는 오늘날에도 상당 정도 해당한다. 자연과 직접 접촉하는 모든 일은 분업화하지 않은 인간의 관심과 창의적 작업을 요구하는 것이다.

분업은 자본주의가 최고 성과를 이룩할 수 있도록 보장했다. 원시 산업화는 몇 가지 기본적 분업을 발전시켰지만, 방직공과 편물공은 젖 짜는 이, 가정부, 정원사도 겸했다. 유럽의 원시 산업이 실질적 분업 체계를 갖춘 자본 집약 공장에 자리를 내준 것은 1840년대에 이르러서였다. 그 이후 '공산주의의 망령'이 유럽에 출몰했다. 그러나 직업적인 상인들조차 오로지 위계구조의 낮은 단계에서만 전문화되었다. 환전상·상점주·행상인은 전문가였지만, 은행가·상인·산업가는 팔방미인일 가능성이 더 컸다. 자본주의는 분업에 기반을 두지만 자본가들은 분업에 별반 관심을 기울이지 않았다. 우리는 야코프 푸거의 초기 보편구제설 (universalism: 결국 인류는 모두 구제받는다―옮긴이)을 기억하지만, 많은 이들은 그의 발자취를 따랐다. 브로델은 18세기 후반의 기업가 안토니오 그레피(Antonio Greppi)에 대해 묘사한다. 그는 밀라노에서 은행을 소유하고 롬바르디아에서 담배와 소금의 국가 독점권을 관리하며 빈을 통해 에스파냐 왕에게 수은을 납품한 인물이다.[13] 17세기 모스크바에서는 차르, 귀족, 군대, 평범한 도회지 사람, 심지어 수도사까지 "모든 이가 무역에 뛰어들었다". 게다가 그들은 상상할 수 있는 온갖 것을 거래했다. 국가는 검사하기 용이하도록 상점들을 논리적 '무역 열(trade rows)'로 배치하고자 노력했다. 그럼에도 제과점 열에 들어선 상점들이 우유·그릇·건초도 팔았으며, 정육점 열에 위치한 상점들이 청어와 리넨도 취급하는 일이 다반사였다.[14] 자본주의의 본질은 '전문가(specialist)'가 오직 사소한 역할에서만 필요하다는 것(비록 이런 역할이 대중적 직업으로 바뀐다 해도), 그리고 도매 및 금융 시장에서는 일반적으로 '제너럴리스트(generalist: 한 분야에 능통하다는 의미로 쓰이는 '전문가'에 대응하는 개념으로, 다방면에 걸쳐 능력을 발휘하는 박학다식한 팔방미인─옮긴이)'가 끝내 승리한다는 것이다. 스미스의 이론과는 달리 자본주의 먹이사슬의 맨 밑바닥과 맨 위층을 차지한 이들, 즉 한편의 소농과 광부, 다른 한편의 기업가와 금융가는 자본주의의 기본 구성요소인 분업에 관심이 없었다.

스미스는 분업이 자급자족 농업에서는 발생하지 않았으며 오직 시장이 출현하면서 이루어졌고 시장의 규모에 따라 달라졌다고 주장했다. 더 나아가 폴라니는 세 가지 종류의 무역─즉 지역 무역, 국내 무역, 장거리 무역─을 구분하고, 이 셋은 모두 서로 독립적으로 발전했다고 밝혔다. 도시에서는 여러 거래가 이루어졌는데, 그러한 거래 중 하나가 바로 무역 그 자체였다. 실제로 많은 도시는 시장을 중심으로 성장했다. 그러나 장거리 무역은 소수 항구에 집중되어 있었기에 저마다 고유한 발전 경로를 따랐다. 원거리 무역로와 지역 무역로가 그곳에서 서로 교차했지만 당국은 그것들을 분리된 상태로 유지했다. 외국 상인은 소매업을 하도록 허락되지 않았으며, 그 대신 도매업에는 현지 규정이 적용되지 않았다. 폴라니가 공식화한 바에 따르면, 도성(都城)은 외부 위협으로부터 지역 시장과 창고를 보호했을 뿐 아니라 주변 시골지역을 시장 상거래로부터 막아주는 역할도 했다. 한자동맹에 속한 여러 지역은 동족보다도 서로간에 더 공통점이 많았으며, "의도적으로 내륙지역을 무역으로부터 차단"했다. 그 지역들은 외국 땅에 자리한 식민지 인클레이브처럼 기능했다. 그 가운데 노브고로드 같은 일부 지역은 실제로 '식민지'라 불리기도 했다. 베네치아·암스테르담·마르세유·상트페테르부르크 등 장거리 무역의 유통 거점 역할을 담당한 제국 도시들은 구조가 상이했다. 바다를 마주보고 있는 이 도시들에는 흔히 성벽이 없었다. 바다로부터 있음 직한 공격은 항구가 막아주었고, 노동력은 멀리서, 심지어 강제로 끌려왔다. 하지만 주변 인구와의 관계는 크게 중요하지 않았다. 시골 벽지에서는 사람들이 소규모 농지에 기댄 삶을 시종 이어갔다. 폴라니가 말했다시피, 이 시기 유럽의 무역 지도는 "시골 마을을 백지상태로 남겨두었다".

스미스 이후 국가경제학은 개인 간의 교환과 분업에서 시작해 지역시장으로 이동한 다음 장거리 무역에까지 확장되었다. 폴라니는 이러한 논리를 뒤집었다. "현재 지식에 비추어보면, 우리는 그 주장의 순서를 거의 거꾸로 뒤집어야 한다. 즉 진정한 출발점은 재화의 지리적 위치에서 비롯된 장거리 무역인 것이다."[15] 먼 시장에서 이국적이고 중독성 있는 상품이 당도했다. 새로운 취향, 새로운 습관과 유행이 생겨났고, 결국에는 새로움 그 자체에 대한 사랑이 피어났다. 글로벌 무역, 국제적 분업, 비교우위 법칙은 스미스가 핀 공장에서 감명받은 전문화와는 거의 공통점이 없었다. 그것들은 오히려 자원의 지리적 분포와 운송로가 낳은 결과였다.

살아 있는 괴물

카를 마르크스는 런던에서 《자본》을 집필할 당시 식민지 상품을 수입하던 네덜란드 친척과 맨체스터에서 면화 공장을 운영하던 독일인 친구로부터 재정적 지원을 받았다. 후자인 프리드리히 엥겔스(Friedrich Engles)가 더 잘 알려져 있지만, 전자인 리온 필립스(Lion Philips)도 그 못지않게 영감을 준 인물이다. 개종한 유대인인 그는 플랜테이션을 소유하지는 않았으나 네덜란드에 담배 공장과 커피 유통 회사를 설립했다. 가공은 추출보다 수익은 더 많았고 위험은 더 적었다. 필립스는 부유하고 행복하게 살다 죽었는데, 마르크스는 그의 "훌륭한 볼테르주의적 아이러니"에 대해 언급했다.[16] 그의 손자이자 상속인이 세계 최대의 전구 제조업체 필립스(Philips)를 설립했지만, 그 커피와 담배의 작은 일부는 《자본》이라는 텍스트로 전환되었던 것이다.

마르크스는 무역을 사람들이 수행하되 이해하지는 못한 것으로 여겼다. 스미스가 '보이지 않는 손'을 믿었다면, 마르크스에게 무역은 기묘한 비밀과 신비로운 망령으로 가득한 것처럼 비쳤다. "일부 경제학자들이 상품에 내재된 물신주의에 얼마나 오도되고 있는지는 …… 무엇보다 교환가치의 형성에서 자연이 맡은 역할에 관한 지루하고 따분한 논쟁을 통해 잘 알 수 있다." 마르크스는 자연은 가치 창출에서 통화 교환 과정을 바로잡는 것보다 더 큰 역할을 하지는 않는다고 생각했다. 이에 동의하지 않는 사람들을 위해, 마르크스는 사람들이 노동의 역할을 이해하는 대신 자연을 물신화한다고 썼다.

예컨대 코트 같은 모든 물건에는 물질과 노동이라는 두 가지 요소가 결합되어 있다. 마르크스는 코트의 물질성을 부정하지는 않지만, 그것을 노동이 극복하고 초월할 수 있는 삶의 단조로운 측면으로서 받아들인다. 그는 자연적 물질과 인간 노동 간의 관계를 규명하기 위해 여러 은유를 시도했다가 폐기했다. 노동은 원자재를 "사용"하거나 "마구 집어삼킨다". 노동은 상품의 형태로 "결실을 맺는다". 노동이 없는 원자재는 아무짝에도 쓸모없으며, 철이 녹슬고 목재가 썩고 면화가 망가지듯 제아무리 강한 원자재라도 끝내 상하고 만다. 오직 노동만이 원자재를 구제할 수 있다. 즉 "살아 있는 노동이 이러한 것들을 붙잡아 죽음의 잠에서 깨워야 한다". 노동은 원자재를 닥치는 대로 집어삼키기도 하고 그것을 새로운 생명으로 부활시키기도 한다. "노동의 불에 휩싸여 …… 그 과정에서 제 기능을 수행하기 위해 살아난" 사물들은 원자재에서 가치 있는 상품으로 탈바꿈한다.[17] 이러한 맥락에서 마르크스는 신진대사 같은 생물학적 은유를 부활 같은 종교적 은유만큼이나 빈번하게 사용한다.[18]

'노동 과정'이라는 제목의 장에서 마르크스는 새로운 발걸음을 내딛는다. 노동은 노동도 물질도 아닌 세 번째 범주를 창출한다. 독자들이 이 과정을 이해하는 데 도움을 줄 은유를 찾기 위해 마르크스는 초기 영국의 중상주의자 윌리엄 페티에 기댄다. 그러면서 노동은 사용가치의 아버지이고 땅은 사용가치의 어머니라는 페티의 말을 인용한다. '물신주의'로 회귀하지 않고 그들의 성관계 과정을 어떻게 정의할 수 있을까? 또 다른 은유를 찾기 위해 마르크스는 사람에게서 원자재로 행위주체성을 옮기는 은유를 제안한다. 예컨대 면이나 석탄 같은 물질의 기능은 인간 노동을 '흡수(aufsaugen)'하는 것이다. "원자재는 이제 단지 일정량의 노동을 흡수하는 역할을 할 뿐이다." 이를테면 원사는 "면화가 흡수한 노동의 척도에 지나지 않는다". 노동은 원자재를 소비하고 자연은 노동을 흡수한다. 이는 일종의 대칭관계를 낳는다. 마르크스는 물질과 노동에 적용된 섭취 은유—즉 마구 집어삼키기, 흡수하기, 먹어 치우기—를 그가 페티에게서 확인한 성관계 은유보다 한층 호소력 있는 것으로 받아들인다. 방적공이 10파운드의 원사를 생산하려면 6시간의 수작업이 필요하다. 따라서 면화는 이만큼의 노동 시간을 흡수해야 원사가 된다. 그런 다음 이 원사는 훨씬 더 많은 노동 시간을 흡수함으로써 코트가 된다. 이 같은 이치로 한 트럭 분의 석탄은 일정 수의 광부가 들인 노동 시간을 흡수한다. 상업에서 재화는 상호작용하며 증식한다. 이렇게 해서 자본이 생성되는데, 자본은 저만의 고유한 생명을 지니게 된다. 투자하고 소비하고 파괴하고 부활하고 다시 증식하는 과정을 되풀이하는 것이다. 마르크스의 마지막 공식은 놀라울 정도로 탁월하다. "자본가는 …… 살아 있는 노동을 …… 죽은 물질과 결합함으로써 그와 동시에 가치(물질화한 과거의 죽은 노동)를 자본으로, 즉 '가치를 품은 큰 가치(value big with value)'로, 마치 몸에 사랑을 품고 있는 것처럼* '일'하기 시작하는 살아 있는 괴물로 전환시킨다."

살아 있는 괴물, 즉 자본주의적 리바이어던은 우리를 홉스에게 되돌려보낸다. 하지만 지배하는 괴물이 "몸에 사랑"을 품고 있을까? 우리는 마르크스의 자본을 마치 자위하듯 스스로를 위해 '일'하는 살아 있

---

* Marx, *Capital*, Vol. 1, pp. 134~136. 마르크스에서 이 구절은 괴테의 《파우스트》〔1권, 96쪽, 내가 참고한 버전은 앨버트 G. 래섬(Albert G. Latham)의 영어 번역본〕에서 인용한 "자궁에 사랑을 품은 것처럼(als hatt es Lieb im Leibe)"으로 끝난다. 엥겔스가 편집한 《자본》 영어판은 괴테의 이 인용문을 구약성서에 나오는 구절 "생육하고 번성하라"(창세기 1장 28절)는 구절로 대체했다. 더 자세한 내용을 알고 싶으면, Etkind et al., 'Erotika teksta' 참조.

지만 고독한 괴물로 이해해야 할까? 이 고독하지만 폭발적인 행동이 "가치를 품은 큰 가치"의 비밀인가? 마르크스는 '일'을 따옴표 안에 넣었는데, 이 따옴표는 그 그림에 약간의 아이러니를 더해준다.* 스스로 쾌락을 느끼며 끝없이 자본을 창출하는 그로테스크한 괴물 국가 이미지는 마르크스가 그 선대들이 내놓은 감상적인 '어머니 자연, 아버지 노동' 모델에서 벗어나도록 도와주었다. 그 모델은 자연 물질, 죽은 물질, 유한한 우주에 지나치게 큰 역할을 부여했다.

공기 펌프와 중상주의 펌프

하층 계급의 계몽과 그들의 세련화와 진보는 대량 소비를 자극했다. 만약 그러한 대량 소비가 없었다면 자본주의는 사치품을 교환하는 귀족에게만 국한되었을 것이다.(4장 및 8장 참조) 이 과정의 내적 측면은 결정적으로 중요했다. 우리는 제국과 식민지 간의 무역 관계 시스템으로서 중상주의에 대해 많은 것을 알고 있다. 하지만 문제는 이 고도의 정책이 어떻게 모든 마을, 소규모 농지, 궁극적으로 가족 내부의 관계로 이어졌느냐다.

중상주의 체제는 곡물에서 양모로의 전환이라는 중대한 자원 위기

---

* 자연과 노동의 관계를 설명하는 것 역시 벤야민에게는 난해한 일이었고, 그가 선택한 다음의 핵심 은유는 마르크스의 은유만큼이나 위험했다. "자연을 착취하는 것과는 거리가 먼, 〔노동은〕 지금 자기 자궁 속에 잠들어 있는 창조물을 낳는 데 도움이 될 것이다.(Benjamin, 'On the concept of history', in *Selected Writings*, pp. 393~394)

를 초래했다. 폴라니는 영국이라는 국가가 어떻게 이러한 변화를 시작하고 또 늦추려고 노력했는지 설명한다. 시골 빈민 중 가장 가난한 축에 속하는 사람들은 생존을 위한 식량 보조금을 지급받았다. 1795년 처음 실시된 스핀햄랜드 제도(Speenhamland System: 잉글랜드 남부 버크셔주의 치안판사들이 스핀햄랜드에서 구빈법의 원외 구제를 목적으로 실시한 제도−옮긴이)는 농업 보조금의 초기 버전이었지만, 토지가 없는 노동자에게도 보조금이 지급되었다는 점에서 그와 달랐다. 지역 교구들이 빈민에게 원조를 분배했다. 해외 식민지에서 얻은 이익은 영국 농촌 빈민층을 위해 재분배되었다. '생존권'에 대한 이러한 초기 인식은 토지를 박탈당하고 일에서 아무 의미도 찾지 못하는 빈민 계급을 형성하는 결과로 이어졌다. 당대의 가장 뛰어난 지성들이 이들에 대해 글을 썼다. 예컨대 맬서스와 버크는 이들에게 보조금을 지급하는 데 반대했으며, 벤담은 보조금을 팬옵티콘 형태의 구빈원으로 대체하자고 제안했다. 토지 시장은 빈민층을 도울 수 있지만 아직껏 존재하지 않았다. 만약 가난한 소규모 자작농이 본인의 토지를 매도할 수 있었다면 지주들은 굳이 토지를 '울타리로 에워쌈(enclose)' 필요가 없었을 테고, 그 소규모 자작농은 얼마간의 돈을 손에 쥐었을 것이다.

처음에 물레방아로, 이어 증기기관으로 구동되는 초기 공장들은 '가내수공업'보다 생산성이 더 높았다. 그러나 산업혁명은 수십 년 동안 이 원시산업과 공존했다.[19] 섬나라인 식민 본국을, 원자재를 수입하고 상품을 수출하는 거대한 공장으로 탈바꿈시킨 것이야말로 중상주의의 요체였다. 이 새로운 시스템에서 중심 고리는 내가 **중상주의 펌프**(mercantile pump)라고 부르는 역동적 기제였다. 중상주의 펌프는 장거리 무역의 요구사항을 소농 가족 내부의 변화 내용으로 삼았다. 이 펌프는 상품에서 물을 빼내고 그 상품을 건조시킴으로써, 무역이 오직 그 자리에서만 소비할 수 있는 날것이자 썩기 쉬운 원재료의 국지적 유통에서부터 건조 상품의 장거리 무역으로 달라지도록 도왔다. 그것은 자급자족 농업으로부터 토지와 노동력을 빨아들여 수출용 상품 생산에 투입했다. 또한 중독성 있는 식민지 상품을 이용해 농촌 노동자들에게 유인을 부여하고 그들의 일을 환금작물 재배와 가내수공업 생산으로 전환했다. 인클로저는 소농에게서 그들이 기대어 살아가는 땅을 빼앗았지만, 이제 소농이 사는 마을에는 그날 받은 임금을 건조 상태인 달콤한 (때로는 짠) 외국 식품과 교환할 수 있는 식민지 상점이 들어섰다. 중상주의 펌프는 날것을 건조 상품으로, 지역의 것을 수입품으로, 집에서 만든 것을 상점에서 구입한 것으로 대체했다. 중상주의 펌프는 자급자족 농업을 국내 및 세계 시장에 노출시킴으로써 노동을 빨아들였으며 그것을 중독으로 대체했다.

중상주의 펌프는 17세기 중반 런던 왕립협회의 위대한 업적 중 하나인 로버트 보일의 공기 펌프와 같은 방식으로 작동했다.(6장 참조) 로버트 보일의 아버지는 잉글랜드를 위해 아일랜드의 상당 부분을 식민지로 삼은 아일랜드 재무장관 리처드 보일이었다. 먼스터(아일랜드 남서부―옮긴이)에 있는 그 자신의 플랜테이션은 다른 플랜테이션 개발의 모델이 되었으며 그를 돈더미 위에 올려놓았다. 아일랜드의 최고위직에 임명된 그는 왕실에 돈을 빌려주기도 했다. 그 무렵 정복당한 아일랜드의 영국 플랜테이션들은 버지니아에 식민지를 건설했던 바로 그 사람들에 의해 만들어졌다. 아일랜드의 목축업자들은 대규모 뿔 달린 짐승 떼를 한 목초지에서 다른 목초지로 몰고 다녔는데, 이는 에스파냐에서의 양 이동방목과 별반 다르지 않은 전통이었다. 영국인은 부패하기 쉬운 이 육류를 필요로 하지 않았으며, 밀을 재배하길 원했고, 담배를 가지고 실험했다. 농장주들은 아일랜드인에게 정착 생활을 하라고, 밀을 파종하라고, 그리고 개신교로 개종하라고 부추겼다. 그리고 스코틀랜드인과 영국인을 아일랜드로 대량 이주시키기 위해 자금을 대주기도 했다. 이러한 상품화 계획은 보잘것없는 감자가 방해하지만 않았던들 아마 성공했을 것이다. 그 자체로 무역 가치가 없는 감자는 지역 인구의 증가를 부채질했다. 중상주의 펌프를 모면한 아일랜드 소농들은 게으르고 나태해 보였지만 "생육하고 번성했다". 물기가 많고 부패하기 쉬운 감자는 거래 가능한 건조 상태의 밀을 그들이 필요로 하지 않도록 도와주었다.

그럼에도 리처드 보일은 새로 도착한 정착민에게 토지를 임대해 막대한 부를 쌓았다. 그는 1641년 아일랜드 반란(Irish Rebellion)으로 모든 것을 잃었지만, 그의 아들들이 아버지의 플랜테이션을 되찾았다. 로버트 보일은 아일랜드 소농의 노동으로 번 돈을 왕립협회와 자신의 발명품에 투자했다.[20] 훗날 토머스 뉴커먼(Thomas Newcomen)은 보일의 실험을 기반으로 증기 기계를 만들었다. 공기 펌프와 중상주의 펌프의 만남은 산업혁명을 가능케 했다. 그러나 노동과 자연의 관계에 대한 중요한 질문은 여전히 풀리지 않은 채로 남아 있었다.

대영제국은 아메리카에서의 전쟁에 패배하긴 했으나 대서양의 설탕 섬들이라는 가장 마력적인 부분만큼은 꿋꿋이 지켜냈다. 영국의 급진주의자들은 군사적 패배에 경악했고 식민지에서 거둔 상업적 이익에 실망했다.[21] 잉글랜드는 자유무역을 통해 육군과 해군 비용을 지불하지 않고도 동일한 원자재를 공급받을 수 있었다. 그러나 '새로운 식민지 체제'는 중상주의적 전통과 크게 다르지 않았다. 파리 조약(1783년)

이후 대영제국의 이익은 인도와 캐나다로 이전되었다. 그렇다고 이것이 그 제국으로 하여금 오스트레일리아와 아프리카에 새로운 식민지를 획득하지 못하도록 막지는 못했지만. 그러던 중 나쁜 소식이 들려왔다. 1801년 주권국가인 미국 주들이 프랑스로부터 루이지애나를 매입함으로써 나폴레옹이 전쟁 준비 자금을 조달할 수 있도록 해준 것이다. 상황이 이렇게 전개되면서 대영제국 모국은 모든 식민지를 다 합한 것보다 더 큰 비용을 치러야 했다.

실패한 자원들

관념은 감정과 서로 얽혀 있다. 이 둘은 함께 숭고한 열망을 환멸에 빠뜨리는 일련의 격랑 속으로 지적 역사를 몰아넣는다. 특정 종류의 원자재가 '가장 중요한 것'으로 손꼽힐 때면 **자원 공황**(resource panic)이 발생한다. 필수 자원이 바닥나면 전쟁과 봉기는 피할 수 없는 듯하다. 반면 뒤늦게 깨닫게 되는 바지만, 전쟁과 혁명은 통치자의 탐욕이나 어리석음에 의해서가 아니라 토양, 석유 또는 기타 필수 공급품의 고갈에 의해서 설명할 수 있다. 사실 이것이 사회과학의 출발점이었다. 이 장르의 규칙에 따르면, 자원 프로젝트에서 환멸은 대개 식량, 에너지, 심지어 토지 같은 핵심 상품과 관련되어 있다. 세상의 종말에 대한 이미지가 중세를 정의한 것처럼 '자원 공황'은 근대를 정의했다.

반제국주의적인 프랑스

식민지 모험, 금융 피라미드, 자원 전쟁은 정치사상에서 탈(脫)재앙 운동의 형성으로 귀결되었다. 캉티용의 저작 아래에는 아일랜드 식민지 '플랜테이션'과 관련한 쓰라린 경험이 깔려 있었다. 스미스의 저작은 스코틀랜드를 가난하게 만든, 오직 '상점주들의 나라에만 맞춘 잉글랜드의 프로젝트'에 대한 화답이었다. 중농주의자들의 사상은 존 로의 프로젝트가 프랑스에 안겨준 충격에 대한 반응이었다.

중상주의 체제와 식민지 투기에 반대한 중농주의자들은 국가 경제의 전통적 기반인 농업을 재발견했다. 그들은 오직 비옥한 토지와 소농의 노동력만이 자본을 창출할 수 있다고 생각했다. 산업, 장거리 무역, 사치품, 궁극적으로는 금융업 등 그 밖의 모든 것은 땅을 일구는 사람들을 등쳐먹는다. 수학적 경제 교환 모델링을 개척한 프랑수아 케네(François Quesnay)의《경제표(Economic Table)》(1758년 제창한 경제 모델로 중농주의 경제파 설립에 기여했다. 농업 과잉이 실질적인 경제의 원동력임을 입증했다―옮긴이)는 밀에 초점을 맞추었다. 다른 상품들과 달리 곡물은 경제의 핵심이었다. 곡물 교역은 자유로워야 하는데도, 중농주의자들은 식민지 무역과 사치품에 높은 관세를 부과하고 싶어 했다. 산업은 부를 창출하지 않는다. 장인과 상인은 '무익한' 계급에 속하며 오직 농업만이 생산적이다. 상업은 통상거류지와 관료가 필요 없는 지역 시장으로 국한되어야 한다. 베르사유를 중심으로 활약한 '경제 분파'인 중농주의자들은 프랑스혁명의 이론적 토대를 일부 마련했다.

케네는 루이 15세의 주치의였으며, 왕의 공식 정부인 퐁파두르 부인(Madame de Pompadour)을 치료했다. 당시는 상류사회 여인들이 농업,

특히 낙농업에 커다란 관심을 쏟던 때였다. 퐁파두르 후작 부인은 파빌리온을 여러 개 보유하고 있었다. 말쑥한 차림의 농부들이 이탈리아산 대리석 바닥에 소를 키우고 중국 도자기에 치즈를 보관하는 암자 같은 장소였다. 케네는 후작 부인의 열병·히스테리·불감증에 대한 치료법으로 신선한 우유를 마시고 산책을 하도록 처방했다. 그들은 함께 중농주의 경제학자들과 계몽주의 철학자들을 위한 '살롱'을 열었다. 곡물 생산 문제에 대한 그들의 공통된 관심은 궁정 여성들이 유제품에 기울인 관심과 유사했다. 철학자들과 궁정의 총신들은 농업의 개선, 작물의 윤작, 비료, 곡물 가격에 대해 논의했다.[1] 식민지 모험에 환멸을 느낀 그들은 설탕에서 밀로, 커피에서 우유로 관심을 돌렸다. 이것은 '근원으로 돌아가자' 운동의 초기 베르사유 버전이었다. 그러나 이 같은 낭만적 사색도 식민지 모험이 지속되는 사태를 막지는 못했다.

중농주의자들은 프랑스령 서인도제도의 재앙을 익히 알고 있었다. 그들 중 일부는 레날이 쓴 《두 인도의 역사》에 기여했다. 더 유명한 '미라보 후작(Marquis de Mirabeau: 프랑스의 중농주의 학파 경제학자—옮긴이)'의 남동생 '미라보 기사(Chevalier de Mirabeau)'는 7년전쟁 기간 동안 과들루프섬의 총독을 역임했다. 관습법을 적용받지 않는 프랑스령 서인도제도는 해군 장관이 직접 통치했다. **독점적인**(exclusif) 중상주의 체제는 농장주들이 설탕을 오로지 프랑스 선박을 통해서만, 그리고 오로지 프랑스로만 운송할 수 있다는 것을 의미했다. 7년전쟁 이후 25년 동안 프랑스령 서인도제도의 흑인 인구는 갑절로 불어났다. 1789년에는 그 섬들에 미국 주 전체에서 살아가는 수만큼의 노예가 기거하고 있었다. 그 혁명적 해에 프랑스 재무부는 플랜테이션들에서 국가 세수의 8분의 1을 거둬들였다. 이는 모든 프랑스 소농이 지불한 인두세(人頭稅)에 상당하는 금액이었다. 멀리서 살아가는 노예들이 창출한 이 수입원은 소농에 대한 왕의 의존도를 줄여주었다. 이는 길가메시 시대 이후 모든 전제 군주가 목표한 바였다. 그러나 그 섬들에서는 밀수와 해적질이 기승을 부렸다. 설탕 가격은 이미 하락하고 있었다. 대부분 프랑스에서 도망친 위그노교도로 이루어진 농장주들은 서서히 아메리카 대륙으로 이주하고 있었다. 미라보 형제는 둘 다 악의 근원을 베르사유에서 찾게 되리라고 믿었다. 동생 미라보가 과들루프섬에서 총독으로 재직하는 동안, 형 미라보는 저술 탓에 파리에서 감옥살이를 했다. 그 후 그 총독은 프랑스로 돌아와 자신의 쓰라린 경험을 케네 집단에게 들려주었다.[2]

중상주의 체제에서 가장 중요한 제도는 재무부와 식민지를 연결하는 정부 수입의 직접적 원천인 관세였다. 계몽주의 시대의 주요 지식인 중 일부는 세관 관리를 겸했는데, 이 업무는 그들에게 비판적 이론의 토대가 되는 자료를 제공해주었다. 영국 철학의 아버지 존 로크(John Locke)는 제국 세관 분야에서 무역 및 농장 위원회 비서관으로 경력을 시작했다. 찰스 대버넌트는 30년 넘게 소비세 담당 고위 관리로 재직하면서 무역·전쟁·식민지에 관한 저서를 집필했다. 자유무역의 선전가 애덤 스미스는 스코틀랜드 관세위원회(Scottish Customs Commission)의 위원으로 활동했다. 러시아 정치사상의 아버지 알렉산드르 라디셰프는 상트페테르부르크에서 세관장을 역임했다. 그는 그 업무의 복잡성을 적절하게 요약한 글을 우리에게 남겼다. "여름철 세관 부두를 걸으면서 설탕·커피·염료 등 아메리카의 잉여 상품과 그것을 생산하느라 흘렸을 작업자의 땀·눈물·피가 채 마르지도 않은 귀중한 제품을 우리에게 실어다주는 선박을 바라볼 때면, **나의 만족감은 이내 분노로 바뀌었다.**"[3]

그들의 동료는 프랑스령 서인도제도의 비공식 수도 마르티니크섬의 감독관(intendant) 르메르시에 드 라 리비에르(Lemercier de La Rivière)였다. 드 라 리비에르는 섬의 밀수 문제를 타개하기 위해 독점 체제를 완화함으로써 중립국 선박이 마르티니크섬에 하역하고 상품을 설탕으로 교환할 수 있도록 허용했다. 자유무역이 독점 체제를 무너뜨릴 수 있다는 것을 깨달은 농장주들은 드 라 리비에르를 프랑스로 소환했다. 자유로운 지식인인 드 라 리비에르는 당시 프랑스·러시아·폴란드 정부를 위한 고문역으로 활동했지만 대체로 성공하지 못했다. 1767년 예카테리나 대제가 상트페테르부르크를 방문한 뒤 볼테르에게 편지를 띄워 말했다. "드 라 리비에르는 우리가 네 발로 기어다니는 줄 알았으며, 우리에게 똑바로 서서 걷는 법을 가르치기 위해 마르티니크섬을 떠나는 커다란 수고를 마다하지 않았습니다."[4] 하지만 볼테르 역시 그녀에게 오스만제국을 분할하라고 독려함으로써 똑바로 서서 걷는 법을 가르쳤다. 예카테리나 대제는 콘스탄티노플(지금의 이스탄불)을 획득하고 비잔티움을 러시아제국의 새로운 식민지로 부활시킨 뒤 손자 콘스탄틴(Constantin)에게 물려줄 계획이었다. 전쟁을 거듭한 그녀는 크림반도 장악에는 성공했지만 비잔티움 탈환에는 실패했다. 프랑스 소설의 열혈 독자인 그 여제는 몇 년 전 볼테르 역시 콘스탄티노플을 그의 캉디드에게 맡겼다는 것을 기억하고 있었을지도 모른다. 프랑수아 케네의 《경제표》가 나온 것과 같은 해(1759년)에 출판된 볼테르의 《캉디드, 혹은 낙관주의》는 주인공이 제가 속한 소규모 살롱(사교 모임—옮긴이)에게 정원을 가꾸라고 촉구하는 것으로 끝난다.("하지만 우리의 정원은 우리가 가꾸어야만 합니다."—옮긴이) 그러나 베스트팔렌 출신의 고아 캉디드가 자신의 정원을 만들게 되는 곳은 콘스탄티노플이다.

　미시시피 회사의 몰락, 7년전쟁에서의 패배, 캐나다 상실, 서인도

제도의 위기, 보스포루스해협에서의 기회 상실, 이 모든 것이 프랑스 중농주의자들로 하여금 우유를 마시고 밀 가격에서 삶의 비밀을 찾고, 국가 경제의 내적 작용에 집중하도록 이끌었다. 국가 부채는 설탕 섬, 비버 댐을 차지하기 위해 모호한 가능성에 기대를 걸면서 식민지 전쟁을 벌인 결과였다. 관세와 소비세, 인두세와 염세는 아이티 반란과 바스티유 감옥 함락으로 귀결되었다. 그러나 프랑스 중농주의자들의 반제국주의 사상은 제국 본국에서 해방된 또 하나의 나라, 즉 미국에서 비옥한 토양을 발견했다.

탈식민주의적인 미국

건국의 아버지들이 보기에 미국은 상인이나 제조업자가 아니라 농부의 땅이었다. 토머스 제퍼슨은 파리에서 중농주의자들과 아이디어를 주고받았다. 그는 미국으로 돌아오자마자 자유무역을 옹호하는 지주 무리를 이끌었다. 정치적 평등은 토지에 대한 접근과 공화국 운영에 대한 일반적 참여를 기반으로 할 터였다. 새로운 미국은 낡은 유럽과 달리 국고도 귀족계급도 길드도 없을 예정이었다. 제퍼슨에게 있어 지주들(그중 다수는 노예 소유주이기도 했다)은 곧 국가였다. 그는 미국에서 공장과 노동자를 보고 싶어 하지 않았다. 헌법의 저자들은 산업보다 농업, 도시보다 농지를 선호한다는 내용을 그 안에 명시했다. 이 같은 낭만적 전망은 지금도 여전히 미국 선거법을 규정하고 있다. 제퍼슨은 도시에는 건축업자가 필요하고 마을에는 대장장이가 필요하다는 것을 이해했지만, 대규모 제조업은 유럽에 맡겼으면 했다. 그는 구세계가 철강 제품과 섬유 제품을 미국의 담배·어류·밀가루와 교환할 수 있도록 했다. 무역은 자유로워야 했다. 영국 중상주의의 상징인 관세는 악의 근원이었다. 몬티첼로에 위치한 제퍼슨의 도서관에는 중상주의자들과 애덤 스미스가 집필한 서적들이 소장되어 있었다. 국가 부채가 중상주의 체제에 따른 결과라고 믿은 제퍼슨은 연방은행 창설에 반대했다. 국가는 빚을 짐으로써 미래 세대에 부담을 떠안겨선 안 된다. 헌법은 19년마다 재검토되어야 하며, 경작지는 세대가 바뀔 때마다 재분배되어야 한다. 제퍼슨은 러시아의 알렉산드르 1세와 편지를 주고받았으므로, 러시아 소농들이 실시하고 있던 '세대별 토지 재분배(많은 낭만주의 성향의 사상가들이 이 내용을 무척 좋아했다)'에 대해 잘 알고 있었을 것이다. 토머스 페인(Thomas Paine)도 그와 비슷하게 미래 세대에 대해 우려했다. 그는 "인간은 스스로 남길 재산이 없으며, 어떤 세대도 다음 세대들에게 남길 재산이 없다"고 말했다. 풍부한 토지와 무제한적 이민은 중산층, 즉 자신들의 수확과 행복을 전적으로 신에게만 의존하는 거대 부농 집단을 빚어낼 것이다. 벤저민 프랭클린(Benjamin Franklin)은 농업 경제가 사치에 대한 청교도들의 불신과 관련 있었다고 주장했다.[5]

1791년 미국의 재무장관 알렉산더 해밀턴은 이 같은 프랑스와 미국의 사상들에 반박하며 〈제조업에 관한 보고서(Report on the Subject of Manufactures)〉를 의회에 제출했다. 해밀턴은 농업과 공업 중 어느 쪽이 더 생산적이고 수익성 있는지에 대해 소상히 밝혔다. 생산성은 분업, 기계 사용, 효율적 시간 관리에 따라 달라진다. 이러한 측면은 모두 제조업과 한층 관련이 깊다. 농업 노동은 계절성을 띠는 반면, 공장은 부단히 일할 수 있다. 마지막으로, 산업은 농업 노동의 생산물에 대한 수요를 확대해준다. 광산과 공장이 없는 국가는 그런 것들을 둔 다른 국가들에 의존하게 될 것이다. 이 보고서는 지적 역사에서 처음 이루어진 천연자원에 대한 체계적 조사였다. 해밀턴은 가죽에서 화약, 철에서 종이, 대마에서 비단, 목화에서 석탄에 이르기까지 숱한 자원을 소상히 다루었다. 정부의 지원이 필요한 새로운 산업 분야에 대해 글을 쓰면서 그는 '유치산업'이니 '배아기 산업' 같은 표현을 사용했다. 나중에 이러한 접근 방식은 프리드리히 리스트(Friedrich List)와 다른 산업 정책 이론가들에게 영감을 불어넣었다. '교육자로서의 국가'와 '정원사로서의 정부'라는 이미지를 제시한 이가 바로 해밀턴이었다. 그런 국가와 정부라면 미성숙하고 어린아이 같은 산업 분야의 성장에 유리한 조건을 마련해줄 수 있을 터였다.

맬서스

애덤 스미스가 분업과 자유무역이 죄악에 빠진 세상을 더 나은 쪽으로 바꿀 거라고 주장하며 새로운 시대를 반겼다면, 로버트 맬서스는 자신의 학문을 대표해서 그 새로운 시대를 규탄했다. 인간 본성의 법칙들은 결코 달라질 수 없다. 첫 번째 법칙은 인간은 반드시 먹어야 한다는 것이다. 두 번째 법칙은 번식하려는 열정을 지닌다는 것이다. 두 법칙 다 새로운 건 아니지만, 여기서 충격적인 점은 맬서스가 밝힌 이 두 가지 법칙의 양립 불가능성이다. 모든 사람을 먹여 살릴 수 있는 식량이 충분하다면, 미국 식민지들에서 그랬던 것처럼 인구는 25년 안에 갑절로 불어날 것이다. 그렇게 되면 토지를 무한정 이용할 수 있어야 한다. 그런데 만약 토지에 한계가 있다면 인구 증가 속도는 언제나 노동생산성 증가 속도를 앞지르게 될 것이다.

존 메이너드 케인스는 맬서스의 《인구론(Essay on the Principle of Population)》을 "젊은 천재의 저작"이라고 추켜세웠다.[6] 이 책의 대부분은 기아가 아니라 사랑에 관한 내용이었다. 하나님은 이 지구를 인간으로 채우기 위해 아담과 이브에게 "생육하고 번성하라"고 명령하셨다. 맬서스가 보기에 이는 신세계를 식민지로 삼은 제국의 사명이기도 했다. 그는 남녀 간의 정열은 시간이 지나면 사그라들 수 있으며, 이것이 인간과 사회를 개선하는 길이라고 낙관성을 담아 설파한 철학자 윌리엄 고드윈(William Godwin)의 견해에 동의하지 않았다.〔아이러니하게도 고드윈은 페미니스트 작가 메리 울스턴크래프트(Mary Wollstonecraft)의 남편이자 《프랑켄슈타인(Frankenstein)》의 작가 메리 셸리(Mary Shelley)의 아버지다.〕맬서스는 원죄 이후 "지금껏 남녀 간 정열의 소멸을 향한 그 어떤 관찰 가능한 진전도 이루어지지 않았다"고 밝혔다. 성적 열정과 그로부터 비롯된 부모의 보살핌이 없다면, 인간은 "노동을 혐오하는 무기력하고 굼뜬 존재"에 머물러 있을 것이다. 사람들은 오직 성에 의해 자극받고 그 정열의 결실에 대해 염려할 때만 땅을 일군다. 이것이 일반적 법칙이다. 즉 "성적 정열은 의심할 여지 없이 부분적으로 적잖은 악을 낳지만 …… 그 악을 훌쩍 뛰어넘는 정도의 선을 이끌어낸다".[7]

맬서스가 윌리엄 고드윈, 애덤 스미스와 벌인 논쟁은 경제적 가치에 대한 그들의 서로 다른 이해에서 비롯되었다. 하지만 그 이면에는 그들이 인간을 이해하는 방식의 차이가 드리워 있었다. 스미스는 국가(nations)의 부(富)에 대해 썼는데, 여기서 nations가 의미하는 바는 민족(peoples)이 아니라 국가(states)였다. 반면 맬서스는 인구를 다중으로 이해했다. 부유하든 가난하든 무역을 수행하고 번식하는 일정 수의 개인들로 말이다. 맬서스는 인구통계학에 대한 관심 덕에 스미스를 비롯한 19세기의 많은 경제학자보다 앞서나갔다. 고드윈은 칼뱅파 목사였고, 맬서스는 영국 국교회 사제였으며, 스미스는 장로교 평신도였다. 세 사람 모두 대영제국이 해외 영토를 식민지화하는 작태에 비판적이었으며, 어떤 경우에는 그 제국을 떠나기도 했다. 고드윈은 나중에 서적 출판업으로 방향을 틀었다. 하지만 나머지 두 사람은 제국 정책과 직접적으로 연관된 직업을 가졌다. 즉 스미스는 스코틀랜드 관세위원회에서 수익성 좋은 직책을 차지했으며, 맬서스는 동인도 회사 대학에서 역사 및 국가경제학을 가르치는 교수가 되었다. 스미스도 맬서스도 해외 식민지를 방문하진 않았지만, 둘 다 인접한 식민지 점령 지역에 대해 잘 알고 있었다. 스미스로서는 고향인 스코틀랜드가, 맬서스에게는 학문적 관심의 대상인 아일랜드가 그러한 지역이었다. 그리고 두 사람 모두에게 멀리 떨어진 미국은 새로운 제국주의 경제의 흥미로운 사례였다. 식민지를 차지하기 위한 전쟁이 벌어졌고, 주둔군이 그곳에 배치되었으며, 그들을 위해 소함대가 출항했다. 이 모든 일은 무엇 때문에 일어났을까? 이러한 비용을 무엇으로 정당화할 수 있었을까? 스미스에서부터 벤담 및 그의 맨체스터 추종자들에 이르는 이들이 보기에 자유주의는 제국을 비판하는 이론이었다.

맬서스가 쓴 《인구론》의 주요 원천은 아메리카에서 온 뉴스였다. 맬서스는 프랭클린, 아베 레날, 쿡 선장, 훔볼트 및 기타 탐험가와 이민자에 대해 언급했다. 이들의 여행기 대부분은 진보에 대한 믿음, 노예제를 향한 비난, 에스파냐에 대한 불신, 아메리카 식민지를 향한 동경을 담고 있다는 점에서 주목할 만했다. 맬서스는 아메리카의 성장률이 결단코 영국제도로 전이될 수 없다고 썼다. 오늘날 우리가 말하는 이른바 '식량 안보'를 부르짖던 그는 아메리카, 러시아, 발트해 연안에서 들여온 수입 곡물이 영국 전체 인구의 20퍼센트 이상인 약 200만 명을 먹여 살렸다고 추산했다. 맬서스는 1813년 의회가 곡물 수입을 제한하는 1차 곡물법을 통과시켰을 때 박수갈채를 보냈다. 옥수수 가격이 치솟고 곡물 생산량이 증가했다. 맬서스보다 자원 공황을 더 잘 표현한 사람은 없다. 맬서스는 영국 경제가 자국 곡물에 대한 의존도를 점차 낮추게 되자 곡물 부족 전망에 겁을 먹었다. 자나 깨나 곡물을 우려하던 그는 영국이 대서양의 식민지로부터 다른 상품들을 대량으로 공급받는 사태를 고려하지 않았다. 주요 수입 자원인 설탕은 다량의 저렴한 칼로리를 영국인에게 보장했다. 그런데 맬서스는 《인구론》에서 설탕에 대해서뿐 아니라 영국령 대서양의 노예 농장에 대해서도 언급하지 않았다.

하지만 맬서스는 노예제도와 설탕을 특징으로 하는 열대 세계와 매우 밀접한 관계를 맺고 있었다. 그의 친할아버지 시드넘 맬서스(Sydenham Malthus)는 남양 회사의 이사였는데, 악명 높은 버블이 생겨나고 한참 뒤인 1741년 임명된 그는 로버트가 태어나기도 전에 사망했지만 다채로운 추억을 간직한 보물창고가 될 수도 있었다. 그러나 로버트가 살아 있는 동안 맬서스 가문은 여전히 자메이카에 대규모 플랜테이션을 두고 있었다. 로버트는 수백 명의 노예 소유주인 제 친척들과 긴밀히 연락을 주고받았으며, 그 플랜테이션에서 유래한 부를 물려받았다.[8] 역시나 서인도제도의 노예무역에 의존한 제인 오스틴(Jane Auston)은 자기 소설에서는 툭하면—그리고 더러 비판적으로—설탕 플랜테이션에서 비롯된 뉴스에 대해 언급했다.[9] 맬서스에게서 이러한 주제를 찾아보기는 어렵다.

맬서스는 《인구론》으로 유명세를 탔다. 하지만 그 후에도 수십 년 동안 가르치고 글 쓰는 일을 이어갔으며, 훗날 《경제학 원리(Principles of Political Economy)》(1820년)에서 자신의 결론을 제시했다. 그는 이 책에서 친구 데이비드 리카도의 저술과 지대 개념을 바탕으로 자신의 이론을 정립할 수 있었다. 맬서스에게 지대는 가장 가치 있는 토지의 특성, 즉 그 땅 위에서 일하는 사람보다 더 많은 이들을 먹여 살릴 수 있는 능력을 의미했다. 리카도의 '고전이론(classical theory)'은 경제학에서 인류학과 인구통계학을 배제했지만, 맬서스는 100년 후 존 메이너드 케인스가 그렇게 하듯, 그것들을 다시 결합했다. 《경제학 원리》에서 논의된 주요 의제 중 하나는 '나태'였다. 맬서스는 멕시코와 아일랜드에서 발견되는 서글픈 유사성에 대해 언급했다. 즉 식량을 쉽게 구할 수 있는 두 나라에는 공히 '나태와 게으름'이 만연했다는 것이다. 멕시코의 옥수수와 마찬가지로 아일랜드의 감자는 곡물 작물보다 생산성이 높았다. 그 결과 아일랜드는 '고용 가능한 정도보다 훨씬 더 많은 인구'를 부양할 수 있었다. 맬서스가 보기에 이러한 불일치가 바로 게으름으로 치닫는 원천이었다. 자본 흐름은 그 상황을 거의 해결하지 못할 것이다. 주된 문제는 외부 자본이 아니라 내부 수요에 있다고 그는 말한다. "취향과 습관은 …… 변화 속도가 무척이나 느리다. 그렇지만 취향과 습관이 변하지 않는 한, 공장을 건설하고 그와 유사한 프로젝트를 추진하는 데 필요한 자본은 유입되기 어렵다."[10]

맬서스는 아일랜드의 천연자원은 잉글랜드보다 더 풍부하다고, 필요한 개발만 이루어진다면 아일랜드가 "잉글랜드와 비교할 수 없을 만큼 부유해질 수 있다"고 주장했다. 이러한 경제성장을 위해서는 "하층 계급의 취향과 습관 변화로 …… 그들이 국내 공산품과 외국 상품을 구매할 의지와 역량을 키워야 한다".[11] 맬서스는 누에바에스파냐(현재의 멕시코—옮긴이)와 영국령 아일랜드를 비교 분석한 결과, 비옥한 국가들의 빈곤은 문화 및 문명의 부족과 결부되어 있다는 최종 결론에 도달했다고 밝혔다. 오직 "하층 계급의 취향과 습관 변화"만이 공산품에 대한 유효 수요를 창출할 수 있다는 것이다. 따라서 계몽주의는 마침내 자신의 경제적 역할을 습관 형성과 취향 교육으로 공식화했다. 소비는 문화를, 무역은 소비를, 생산은 무역을 따라간다. 반대로 자본 과잉, 즉 은의 수입은 성장을 저해한다. 맬서스는 150년 후 경제학자들이 도달하게 될 결론을 선점한다. (예컨대 구아노 또는 석유의 수출에 따른 결과인) 자본의 공급은 만약 내부 수요를 초과할 경우 국가에 파괴적 영향을 끼친다. 발전을 위한 모든 조건 중에서 '유효수요'가 가장 핵심 역할을 하며, 이 유효수요는 하층 계급의 문화적 성향에 좌우된다. 케인스는 이 개념을 맬서스의 공헌 가운데 가장 중요한 것으로 꼽았다.

맬서스는 에스파냐령 아메리카와 영국령 아일랜드가 '나태'에 대처하지 못하는 것을 악순환이라고 보았다. 19세기 말, 프로이센 동부와 폴란드 서부에서도 감자로 생계를 이어가는 '나태한 소규모 자작농'과 곡물 무역 기업 간에 비슷한 갈등이 빚어졌다. 독일 식민지 개척자들은 슬라브 마을을 비생산적이라고 생각했다. 그 정착민들은 영국인이 아일랜드인에게 한 것처럼, 국고 보조를 없애고 폴란드 농민을 착취하거나 축출했다. 젊은 사회학자 막스 베버(Max Weber)는 이러한 '내부 식민지화(internal colonisation: 해당 국가의 정치적 경계 내에서 식민주의적 행정과 지식의 관행을 이용하는 것으로, 그 단초는 유럽 주변부 식민지로서의 러시아 이미지에서 시작되었다—옮긴이)'(프로이센인이 사용한 개념이다)에 과학적 정당성을 부여했다. 그의 초기 저서들에는 슬라브인의 나태와 결을 같이하는 인종차별적 구조가 담겨 있었다.[12]

맬서스는 작가로서의 재능에서는 흄이나 스미스만 못했지만, 역사적 경험만큼은 그들보다 한층 풍부했다. 독자들은 맬서스의 《경제학 원리》를 자세히 읽으면 읽을수록, '노동하는 계급'에 대한 그의 연민과 부유한 지주에 대한 불신을 더욱 분명하게 알아차릴 수 있다. 일국의 부는 자본의 창출뿐만 아니라 자본의 분배에도 달려 있다. "몹시 가난한 농민들에게 둘러싸인 한 사람의 몹시 부유한 지주는 유효수요에 가장 불리한 재산 분배 형태다."¹³ 여러 영지를 소유한 지주는 제아무리 세련된 인물이라 하더라도 매년 자신의 성을 개조하지는 않을 것이다. 하지만 만약 그가 40명의 농부에게 땅을 나눠주면, 그들은 수많은 장인과 상인에게 일거리를 제공함으로써 수요를 창출할 수 있다. 국부의 가장 큰 비밀은 '중산층'에 있다. 오직 그들만이 자신의 노동으로 재화와 서비스에 대한 대가를 지불하는 유효수요를 창출할 수 있다. 따라서 위기와 재앙의 예언자 맬서스는 생애 말기에 이르러 중산층이 경제에서 차지하는 중요성을 새로이 인식했다.

케인스는 맬서스의 진가를 인정하면서 그를 공식적 가격 형성 법칙으로 경제학의 미래에 영향을 끼친 리카도와 비교했다. 그리고 잠시의 주저함도 없이 리카도의 단순화된 분석보다 '좀더 모호한 맬서스의 직관' 쪽에 섰다. "〔맬서스〕는 그 이야기를 결론에 한층 더 가깝게 받아들임으로써 현실세계에서 기대됨 직한 것을 더욱 확고하게 파악할 수 있었다." 케인스의 판단에 따르면, 리카도는 경제학을 "인위적 틀에 가둔" 반면, 맬서스는 비판적 사고의 "악마를 드러내주었다". 경제이론은 실질적 결과를 낳았다. "리카도 대신 맬서스가 19세기 경제학의 모태가 되었다면 오늘날의 세상은 한층 더 현명하고 풍요로운 장소로 달라졌을 것이다!"¹⁴

제번스

맬서스의 예측을 비웃기라도 하듯 대영제국의 들판·광산·식민지의 총 생산은 인구 증가를 훌쩍 앞지를 만큼 급성장했다. 이러한 발전의 주요 원천은 석탄이었다. 맬서스가 《인구론》을 썼을 때 이미 영국 광산에서 는 수천 대의 뉴커먼 엔진(Newcomen engines: 양수 펌프용 초기 증기기관—옮 긴이)이 작동하고 있었으며, 제임스 와트는 새로운 엔진에 대해 특허를 획득했다. 맬서스는 석탄에 관심이 부족했고 증기에 대해서도 일언반구 없었지만, 당시 영국 경제에서 석탄은 곡물만큼이나 중요한 역할을 하 려던 참이었다.

석탄이 곡물을 가뿐히 추월하자 자원 공황에 대한 맬서스의 논리는 곧장 석탄으로 번졌다. 1865년 경제학자 윌리엄 스탠리 제번스는 《석 탄 문제(The Coal Question)》라는 저서를 통해 영국제도의 석탄 공급이 이내 고갈될 거라고 경고했다. 제번스에 따르면 1800년에서 1865년 사 이 잉글랜드 인구는 갑절 증가한 데 반해 석탄 생산량은 8배나 껑충 뛰 었다. 19세기 초부터 잉글랜드 인구는 10년마다 10퍼센트씩 증가했고, 잉글랜드의 식료품 소비도 덩달아 늘어났다. 그러나 도시 인구는 훨씬 더 빠르게 증가하고 있었다. 28년마다 2배로 뛰었는데, 이는 맬서스 시 대에 북아메리카 인구가 불어나던 속도만큼이나 빠른 정도였다. 채굴되 는 석탄 양은 한층 더 급속하게 늘었다고 제번스는 썼다. 영국 도시들 이 전례 없이 팽창한 것은 곡물 생산량 증가 때문이 아니라 석탄 산업 의 성장 때문이었다. 땅을 깊숙이 파서 탄광을 조성하는 것은 아메리카 의 변경, 심지어 '우리 검은 인도(Black Indies: 쥘 베른(Jules Verne)의 소설 제 목에서 따온 것으로 지하도시, 즉 탄광을 일컫는다—옮긴이)의 더 먼 해안'을 탐험하는 것이나 마찬가지였다. 그는 그만큼이나 의기양양하게 "우리는 아직 경계가 잘 알려져 있지도 느껴지지도 않는 풍요로운 새 나라로 뻗어 나가는 정착민과 같다"고 말했다.[15] 제번스는 산업의 발전과 자유무역으로의 전환이 맬서스식 함정에서 벗어날 수 있는 방도를 제시한다고 밝힌다. 하지만 이내 거기서 한 발 물러선다. 석탄의 종말은 피할 수 없고 임박한 일인 것이다. 석탄 매장량은 한정되어 있고, 광산을 깊게 파는 데는 한계가 있으며, 광산이 깊어질수록 석탄 채굴은 한층 위험하고 비용도 더 커진다. 석탄 연소 효율 역시 무한정 좋아질 수는 없었다. 물론 광산 펌프, 철도 엔진, 강 증기선, 증기 동력 쟁기 등 증기기관들은 시간이 지날수록 효율성이 개선되었다. 생산 단위당 석탄 소비량이 줄어든 것이다. 그러나 이러한 기계가 점점 더 많아지자 국가가 필요로 하는 석탄도 그에 따라 불어났다. 이 시점에서 제번스는 천연자원의 효율성을 높이는 온갖 조치는 그저 소비를 증가시킬 따름이라는 새로운 역설을 공식화했다.

제번스는 석탄과 곡물을 비교하고, 자신의 고갈 이론과 맬서스의 이론을 비교하면서 석탄 위기가 한층 파괴적일 거라고 주장했다. 농부의 밭 생산성은 정체기에 접어들 수는 있지만, 그럼에도 수확은 계속될 것이다. 반면 고갈된 광산은 경우가 완전히 다르다. 광산은 석탄 생산량이 줄고 노동력은 더 많이 필요하므로 수익성이 이내 떨어진다. 이 시점에 이르면 광산 소유주는 운영을 중단한다. 광산은 침수되거나 붕괴된다. 제번스는 이러한 사례들에 대해 잘 알고 있었다. 일반적으로 그는 경제성장이 멈추는 시기가 임박했다고 예측했다. "우리는 철로의 길이, 선박·교량·공장의 규모를 항상 두 배로 키울 수는 없다."[16]

석탄이 고갈되면 그것을 무엇으로 대체할 수 있을까? 제번스는 서

둘러 다른 대안을 모색했지만 거의 위안거리를 찾을 수 없었다. 그는 풍력, 수력과 조석의 힘에 대해 이야기하고 토탄에 관해 논한다. 이 모든 것은 나름의 장점을 지녔지만 신뢰하기 어렵고 특정 지역에만 몰려 있으며 석탄의 적수가 되지 못한다. 그는 석유에 대해 알고 있었고, 그것이 석탄을 능가할 만한 잠재력을 지녔다는 것을 간파했다. 그렇기는 해도 그에게 석유는 그저 액체 형태의 석탄에 지나지 않았다. 석탄이 고갈되면 석유도 없을 거라고 제번스는 생각했다. 어쩌면 사람들은 아직 알려지지 않은 방법으로 태양 에너지를 확보하는 법을 터득하거나, 완전히 새로운 원천에서 열을 얻게 될지도 모른다. 그러나 그는 이 점에 대해서도 비관적이었다. 태양 광선이 석탄을 대체하면 잉글랜드가 비교우위를 잃게 될 테니 말이다.

케인스

프랑스의 중농주의자들과 달리 영국의 경제학자 스미스·맬서스·리카도는 정확히 석탄의 시대, 석탄의 나라에서 활약 중이었다. 그러나 그들은 석탄의 열과 에너지를 사용하면서도 스스로에 대해서는 곡물 중심 사회에서 살아가는 존재로 여기는 편을 선호했다. 석탄 문제를 본격적으로 다룸으로써 경제학을 '인위적 틀'에서 구해낸 이는 다름 아니라 제번스였다. 케인스는 남다른 애정을 담아 제번스에 대한 글을 썼으며, 그를 중요한 선배로 꼽았다. 그는 제번스가 맬서스의 사망 이듬해에 태어났다는 사실로 추도 에세이를 시작했다. 하지만 자신이 제번스의 사망 이듬해에 태어났다는 사실은 언급하려다 관두었다.[17] 이 세 사람 모두 인류가 사용하는 자원은 한정되어 있고 거의 고갈되어간다는 느낌, 그리고 이러한 자원을 노동과 관련해 분석하는 것이 경제학의 본질이라는 느낌을 공유했다. 케인스의 표현을 빌리자면, 이 같은 "느낌의 이례적 연속성"은 "영국 인문과학의 전통에 깊이 뿌리내리고 있었다".[18]

그런데 그것은 비단 **느낌**에 그치는 게 아니었다. 케임브리지 대학 교수로 인도 재정 관리에서 실무 경험을 쌓은 케인스는 자기 이력이 이러한 '영국적 전통'과 맥을 같이한다고 생각했다. 그는 1919년 제1차 세계대전 이후 유럽의 운명을 결정짓기 위해 승전국들이 모인 파리 평화회의에 참가했다. 베르사유 조약(Versailles Treaty)의 경제적 결과를 다룬 저서에서 케인스는 유럽 차원에 걸친 맬서스적 위기를 예측했다. 19세기 말 유럽 대륙은 식량 자급자족 능력을 상실했다. 잉글랜드가 약 1세기 전 그 능력을 잃은 것처럼 말이다. 인구는 증가했고, 유럽은 잉글랜드와 마찬가지로 공산품을 판매함으로써 점점 더 많은 양의 농산물을 구매할 수 있었다. 10년마다 산업에 투자된 노동 단위는 식료품 구매력을 증가시켰다. 여기서 케인스는 근래 제번스가 되살려놓은 캉티용의 유구한 아이디어를 재현하고 있었다.(프레비시와 싱어는 결국 케인스의 그 아이디어를 재현하게 된다.)(1950년 제시된 프레비시-싱어 가설을 말한다. 그들은 자유무역이 경제성장에 미치는 부정적 효과를 주장했다. 즉 경제가 성장하면서 제1차 생산물인 농산품에 대한 수요는 '서서히' 증가하지만, 제2차 생산물인 공산품에 대한 수요는 '급속도로' 증가해 개발도상국의 교역 조건이 악화된다는 게 골자다—옮긴이) 케인스의 미국 동료 리처드 일리(Richard T. Ely)와 소스타인 베블런(Thorstein Veblen)은 토지·자원·진보에 비판적으로 접근한다는 점에서 그와 가까웠다. 그러나 케인스가 경제적 엘도라도라고 부른 19세기의 평화로운 종말은 새로운 공리주의 이후 세대를 낳았다. 케인스에게 공식화한 낙관주의보다 더 생소한 것은 없었다. 또 하나의 '균형이론'을 정립함으로써 신(新)팡글로스학파(팡글로스는 볼테르의 소설 《캉디드, 혹은 낙관주의》에 나오는 주인공 캉디드의 스승으로, 무모한 낙천주의의 상징 — 옮긴이)의 시작을 알린 것은 다름 아니라 예일 대학의 경제학자 어빙 피셔(Irving Fisher)였다. 1929년 10월 16일, 피셔는 〈뉴욕타임스〉에 주가가 "영구적으로 높은 고원상태에 도달했다"고 썼다. 10월 24일 주식 시장이 폭락했고 대공황이 도래했다.

케인스는 유럽의 성장 비결은 미국과 러시아가 유럽에 곡물을 대주었기 때문이라고 설명했다. 하지만 미국과 러시아의 인구는 더욱 빠르게 증가했고, 그 결과 이 유럽 서쪽의 강대국(미국)과 유럽 동쪽의 강대국(러시아)은 더 이상 구세계에 식량을 대줄 수 없게 되었다. 뛰어난 예견가 케인스는 새로운 전쟁이 터질 거라고 내다봤다. 하지만 20세기 농업과 관련한 그의 맬서스식 예견은 빗나갔다. 맬서스가 석탄의 힘을 보지 못한 것처럼, 케인스도 석유의 힘을 제대로 간파하는 데 실패한 것이다. 제1차 세계대전이 발발하기 얼마 전 폴란드계 유대인이자 독일인 애국자 프리츠 하버는 암모니아 합성에 성공했다. 하버의 공법에 힘입어 최초의 질소 비료와 새로운 종류의 폭발물이 세상에 나왔다. 군수품을 연구하던 그는 최초의 화학 무기를 발명했다. 하버는 1915년 이프르(벨기에 서부 소도시 — 옮긴이)에서 염소가스 공격을 감독했으며, 이후 나치가 가스실에서 사용한 청산가리 기반의 살충제 자이클론 B(Zyklon B)를 발명했다. 그의 아내와 아들은 둘 다 자살했으나, 오늘날 인류의 절반은 하버 공법의 도움을 받아 재배한 농산물을 먹고 살아간다. 하지만 이러한 식량을 재배하려면 다량의 에너지가 필요하다. 질산암모늄 비료 1킬로그램은 같은 양의 석유를 소비하기 때문이다. 공기 및 천연가스로 생산되는 비료와 석유를 연료로 삼는 기계가 함께 작용한 결과 인류는 기아의 위협에서 벗어날 수 있었다. 프리츠 하버와 헨리 포드(Henry Ford)의 발명품(자동차—옮긴이)은 맬서스와 제번스의 두려움을 딛고 승리를 거두었다.

　여러 사건을 관찰한 케인스는 원자재 가격이 규제된 노동의 가치를 반영한 공산품 가격보다 한층 변덕스럽다고, 즉 더 급격하고 더 빈번하게 변동한다고 주장했다. 1938년 케인스는 지난 10년간의 원자재 가격을 분석했다. 고무 가격은 불안정하기로 악명이 높았다. 최대치와 최소치 사이의 변동 폭이 매년 평균 96퍼센트에 달할 정도였다. 그런가 하면 매년 밀도 70퍼센트, 심지어 면화도 42퍼센트나 오르내렸다. 케인스는 이러한 변덕스러움을 주요 악으로 꼽았다. 그리고 경기침체나 전쟁으로 귀결될 수 있는 만큼 국제적 통제를 통해 그것을 방지해야 한다고 생각했다. 이를 위해 케인스는 1942년 국제연맹〔League of Nations: 유엔(UN), 즉 국제연합(United Nations)의 전신—옮긴이〕의 후원 아래 그 자신이 상품통제국(Commodity Control)이라 이름 붙인 새로운 조직을 창설하자고 제안했다. 케인스는 이 아이디어의 역사적 뿌리가 고대 중국의 '정부 보유 곡물 저장고' 개념이라고 밝혔다. 상품통제국은 단순한 카르텔 이상의 조직으로서 고무 위원회, 밀 위원회 등 모든 상품에 대한 특별 집행위원회와 자체 저장 시설을 둘 참이었다. 각 위원회는 상품 가격, 저장 수준, 국가별 할당량을 결정하고, 가격 변동 폭을 20퍼센트 이내로 제한하며, 매년 가격 변동 폭을 재검토할 예정이었다. 나머지 경제는 행정의 통제를 받지 않는 상태로 내버려둘 참이었다. 기본적으로 케인스는 임금(노동조합에 의해 통제되기는 하지만)과 노동 생산물에 대해서는 상대적으로 자유로운 무역 체제를 유지하는 한편, 주요 원자재에 대해서는 그것을 관리하는 세계 정부를 수립하는 이원적 경제를 구상하고 있었다. 원자재의 '완충 재고'를 확보하면 경기변동에 따른 충격을 예방할 수 있을 터였다. 비판에 직면한 케인스는 자신의 계획이 소련, 심지어 전쟁에서 승리했다면 나치 당국이 세계경제와 관련해 제안했을 내용과 부분적으로 중첩된다는 사실을 시인했다.[19]

상품통제국은 결국 시행되지 못했다. 하지만 베르사유 조약이 파괴적 결과를 낳으리라는 케인스의 예측은 현실이 되었다. 히틀러는 뮌헨 감옥에 수감되어 있던 초기에 폴란드와 우크라이나의 식민지화 계획을 세우기 시작했다. 식민지를 빼앗기고 원자재 부족에 허덕이던 독일은 동유럽에서 새로운 '레벤스라움(Lebensraum: '생활권'이란 의미로 국가와 민족의 생존과 발전에 필요한 공간 영역을 뜻하는 지정학 용어. 독일의 영토 확장을 뒷받침하는 개념으로 활용되었다-옮긴이)'을 획득해야 했다. 히틀러는 유독 곡물에 관심이 깊었다. 곡물은 심지어 베르사유 조약에 따라 독일이 몰수한 석탄보다 그를 더욱 신경 쓰이게 했다. 히틀러는 초기 저서에서 석유에 대해 거의 언급하지 않았는데, 석유는 나중에 그가 벌이는 전쟁의 향방을 좌우하게 된다. 그는 자신이 과학과 공예의 후원자 프리드리히 대왕의 후계자라고 상상했다. 그러나 그는 과학을 믿지 않았으며, 나중에 질소 비료를 유대인이 발명한 허튼수작으로 치부했다. 또한 무역에 대해서도 영국인이 발명한 뻘짓이라며 신뢰하지 않았다. 히틀러는 "미시시피강의 우리 버전은 니제르강이 아니라 볼가강이 될 것"이라고 말했다. 빠르고 잔인한 방법으로 레벤스라움을 획득하는 미국 방식은 광활한 유라시아 땅에서 되풀이되어야 할 이상이었다. 히틀러는 비스마르크 아래 발전한 '내부 식민지화' 개념을 차용해, 독일 정착민이 유라시아 중앙에 건설할 새로운 개척지를 꿈꾸었다. 유대인은 몰살될 것이고,

이 내부 아메리카에 살아가는 슬라브족은 '인디언'처럼 순종적이 될 터였다. 독일 정착민은 조국에 원자재를 공급하면서 필요한 만큼 그 개척지를 동쪽으로 더 멀리 확대해갈 것이다.

양차 대전 사이 기간 독일은 베르사유 조약으로 인해 자원 확보에 어려움을 겪었다. 빈곤과 실업, 루르 탄광의 상실, 금속의 부족, 식량 위기는 히틀러가 권력을 쥐는 데 도움을 주었다. 그러나 그의 식민지 비전은 그 자신의 이익과 충돌했다.[20] 그가 폴란드와 우크라이나의 밀 재고를 모두 몰수했음에도, 그것으로 석유·고무·면화 등 독일제국에 필요한 다른 자원들을 대체할 수는 없었다. 소련 영토를 직접 통치하려면 그곳에 수백만 명의 독일인을 재정착시키고 그들에게 식량을 공급해야 했다. 한편 독일-소련 전쟁이 시작되기 직전까지 소련은 곡물·목재·석유·모피·면화·점결탄·철광석·희귀 금속 등 가능한 모든 종류의 원자재를 부지런히 독일에 공급했으며, 그 대가로 독일 산업이 생산한 기성품과 무기를 가져갔다. 독일과 소련의 대표들이 세계 가격을 기준으로 상품을 선택하고 흥정하고 계약을 체결했다는 점에서 무역은 자유로웠다. 스탈린이 히틀러가 그의 점령지에서 추출할 수 있었을 법한 것보다 더 많은 자원을 그에게 제공했다는 것은 의심할 나위가 없다. 나치가 소련을 공격해 자원 공급원을 빼앗기 전까지는 자원 공황이 일어날 아무런 이유가 없었다. 무역은 전쟁보다 저렴한데도 독재자들은 결코 그 점을 이해하지 못했다. 그들의 공황은 잘못된 것이지만, 자기충족적(self-fulfilling) 예언이기도 하다.

3부
에너지의 역사

경제학자들은 노동과 자본의 관계, 소비와 축적, 재산권과 국가의 역할에 대해 논쟁을 벌였다. 하지만 우리가 자원경제의 역설적 효과, 즉 국가가 무역을 독점하고 소비를 규제하며 추출을 확대하는 악순환에 대비할 수 있게 하지는 못했다. 경제이론을 무시하는 자원 의존 국가는 정치적 행동의 영역을 제 자신의 이익에 맞게 재해석한다. 이런 국가들의 주권 정치는 국민을 규율하고 우방과 적을 구분하는 수준을 훌쩍 넘어선다. 게다가 천연자원과 인적자본의 관계, 즉 부족과 과잉, 고갈과 재생, 국유화와 불모화, 지리적 가변성과 플랫폼 전환을 중심으로 한다. 이런 국가들은 중세의 왕처럼 유형의 몸과 신성한 몸, 이렇게 두 개의 몸을 지니고 있다. 이 중 첫 번째는 국민으로 구성되고, 두 번째는 자연에서 가져온 원자재 상품으로 이루어진다. 국가는 이 두 몸을 마음대로 합치고 나누면서 신성한 권력을 발전시킨다.

토탄

인류의 에너지 사용은 양분을 위해 태양을, 이동을 위해 바람을 이용하는 기술에서 시작되었다. 범선은 소달구지나 썰매길, 대상(隊商)의 낙타보다 한층 뛰어났다. 풍차는 곡물을 분쇄하고 물레방아는 산업 기계의 축을 돌렸다. 수력 재생 에너지는 구세계를 지배하는 데 도움을 주었으며, 풍력 재생 에너지는 신세계를 발견할 수 있도록 거들었다. 그러나 그 이후 등장한, 습지를 배수하고 운하를 건설하는 북유럽의 기술은 화석 에너지의 엄청난 중요성을 처음으로 세상에 드러내주었다.

　네덜란드의 기후는 꽤나 쌀쌀했다. 네덜란드 거장들이 그린 이름난 유화에서 우리는 눈에 덮이고 추위에 얼어붙은 운하를 볼 수 있다. 이 시기가 바로 소빙기였다. 이 동일한 운하들이 네덜란드인에게 따뜻함도 안겨주었다. 그 나라는 인구밀도가 높았고, 17세기 중반에는 상업용 목재가 남아 있지 않았다. 그들은 들판을 배수하고 운하를 파는 과정에서 수백만 톤의 토탄을 추출해 가정과 공장으로 전달하고 난로에 사용했다. 이 과정을 거치면서 자연환경이 극적으로 달라졌다.

중세에는 바다에서 내륙까지 수십 킬로미터가량 펼쳐진 이 해안 지역 전체가 토탄 소택지로 덮여 있었다. 지금도 여전히 저지대국이라 불리는 지역이다. 토탄은 석탄과 석유가 생성되는 기나긴 과정 가운데 첫 번째 단계이며, 토탄 지대는 비교적 최근이랄 수 있는 5000년 또는 1만 년 전에 형성된 지형이다. 소택지 식물의 잔해가 고인 물에서 분해되고 지표면 위아래에서 썩은 결과 해수면 위로 1미터, 해수면 아래로 몇 미터, 이렇게 양방향으로 토탄층이 형성되었다. 그것은 홍수와 가뭄에 강한 안정된 생태계다. 네덜란드인은 배수로를 파고, 삽으로 말라가는 토탄을 잘라 나무 상자 속에 차곡차곡 쌓은 다음 뚜껑을 덮어 건조시켰다. 그러지 않으면 배를 타고 그물로 토탄질 슬러시를 샅샅이 훑기도 했다. 그 슬러시를 해변으로 실어가 짓밟아 물을 짜냈는데, 이는 밀가루를 반죽하는 것과 얼추 비슷한 과정이었다. 토탄 1세제곱미터를 태울 때 발생하는 열은 동일 양의 장작을 연소시킬 때와 같다. 토탄에서 나오는 재는 장작불에서 얻은 재보다 인이 많이 함유되어 있어 품질이 더 우수하다. 토탄 재와 거름을 섞으면 최고의 비료를 얻을 수 있다. 토탄은 항구와 운하를 건설하고, 수로의 밑바닥을 깊게 깎고, 들판을 배수하기 위해 도랑을 파는 활동을 통해 탄생했다. 약간 도도록한 소택지 해안에 도시들이 들어섰으며, 좁다란 바지선들이 그 동일한 운하를 따라 토탄을 실어날랐다.[1]

전체 부피의 90퍼센트가 물로 이루어진 토탄은 마치 스펀지처럼 물을 머금고 있다. 네덜란드인은 물을 빼내거나 증발시키고, 토탄을 태워 그 재를 흙으로 돌려보냄으로써 땅의 수위를 낮추었다. 운하가 건설되기 전에는 해안지대가 안정적이었다. 토탄 소택지는 인간에게는 거의 쓸모가 없는 서식지이지만, 그 소택지의 지표면은 해수면보다 높았다. 토탄 소택지에서 물을 빼내자 홍수가 발생했으므로, 배수가 계속될수록 홍수를 방지하기 위해 더 많은 노력을 기울여야 했다. 바닷물을 막기 위한 제방은 담수를 배수하기 위한 운하만큼이나 반드시 필요했다. 이 모든 방어물은 현지에서 구할 수 있는 재료로 만들어졌다. 토탄층 아래에는 점토층이 있었다. 운하의 밑바닥을 깊이 깎으면 제방을 더욱 튼튼하게 쌓을 수 있었다. 반대로 제방을 보강해야 할 필요가 생길 경우 운하를 한층 깊이 파야 했다. 들판에서 물을 퍼올리는 풍차는 15세기 이후 풍경의 전형적 특징을 이루었다. 하지만 사람들이 계속 토탄을 태웠고, 그 결과 지표면의 평균 수위는 점점 더 해수면 아래로 떨어졌다. 파괴적인 홍수가 수십만 명의 목숨을 앗아갔다. 집단적 홍수 방어 제도들은 중세 시대에 이미 마련되었다. 그 후로는 국가가 이 역할을 떠안았다. 루소 이후의 철학자들은 네덜란드 시골지역의 홍수 방어를 공동체적 연대, 사회계약, 국가의 필요성을 말해주는 고전적 예로 꼽았다. 그들은 홍수가 자연의 배신 탓이 아니라 인간 행동과 '공유지의 비극' 때문이라는 것—즉 어느 자연(이 경우 토탄)의 주인이 없을 경우, 사람들은 그것을 부당하게 사용해 결국 그 자원과 제 자신까지 소멸로 내몬다는 것—을 인식하지 못했다. 네덜란드에서는 홍수를 '물늑대(waterwolf)'라고 표현했다. 리바이어던은 재산권을 창출하고 보존하기 위해 물늑대를 길들였다. 군주는 제방·수문·둑에 대해 책임을 졌으며 땅과 물을 분할했다. 물 샐 틈 없는 감시, 주식회사, 무수히 많은 이름 없는 추출자를 거느린 이 소택지 문명은 환경을 파괴했지만, 번영하는 사회와 위대한 문화를 창조했다.

네덜란드 영토에서는 모두 600만 세제곱미터가 넘는 토탄이 추출되었다. 지표면에서 진행된 작업의 규모는 급속도로 커졌다. 토탄을 추출한 후에는 토양을 새로 만들어야 했다. 도시 시장에서 돌아오는 토탄 채취업자의 바지선은 분뇨와 섞은 재를 실어왔다. 그래서 사람들은 거의 따로 비용을 들이지 않고도 도시를 난방하고 도시 간 교통을 조직하고 새로운 밭을 조성할 수 있었다. 만약 네덜란드에 토탄이 없었다면 같은 양의 열을 생산하는 데 오늘날 네덜란드 영토의 25퍼센트에 해당하는 잘 관리된 삼림 80만 헥타르가 필요했을 것이다. 만약 네덜란드에 운하가 없었다면 이 장작을 운송하는 데 너무 많은 수의 말이 필요했을 테고, 말을 먹여 살리기 위한 귀리 재배에 드는 면적이 국토의 3분의 1을 차지했을 것이다.[2]

네덜란드는 꽤 오랫동안 토탄 의존 국가로 남아 있었다. 그 나라는 영국산 석탄을 일부 수입했지만 그것을 필요로 한 것은 오직 대장장이들뿐이었다. 마른 토탄은 자연 발화할 수 있는데, 이렇게 붙은 불은 웬만해서는 꺼지지 않았다. 토탄을 저장하기 위해서는 의식에 비견될 정도의 정교한 안전수칙을 준수해야 했다. 외국인 여행객을 놀라게 하는 네덜란드의 청결함과 시간 엄수는 이러한 일상 가운데 일부였다. 도처에 산재해 있는 데다 눈에 띄지 않는 토탄 산업은 거의 세금을 발생시키지 않았다. 토탄 추출은 도리어 세금의 원천인 경작지를 파괴함으로써 국가를 잔뜩 긴장하도록 내몰았다. 하지만 도시에 필요한 곡물은 대량수입되었으며, 네덜란드는 자국 식민지 및 발트해 연안 지역과의 장거리 무역에서 거둔 수입으로 눈을 돌렸다. 그 결과 오늘날 역사가들이 여전히 인상적이라고 평가하는, 국가와 사회 간의 평화롭고 생산적인 관계가 조성되었다. 자본 투자를 필요로 하지 않는 노동 집약적 확산형 자원인 토탄은 네덜란드의 문화적·정치적 특징에 영향을 끼쳤다.

소농과 어부들은 봄과 초여름에 걸친 연중 약 3개월 동안에는 토탄을 잘라냈고, 그 나머지 기간에는 다른 일을 했다. 값싼 연료 덕에 거의 전적으로 현지 원자재 및 수입 원자재의 열처리에 기반을 둔 산업이 성장할 수 있었다. 양조장, 소금·비누·벽돌 생산 공장, 옹기·도자기·유리 공방, 빵집, 훈연실 및 기타 사업체들은 하나같이 토탄을 연료로 삼았다. 암스테르담은 값싼 토탄 에너지를 이용함으로써 영국산 설탕을 정제하는 중심지로 떠올랐다. 하를럼은 독일 전역에서 들여온 리넨을 표백하는 도시였다. 네덜란드 토탄은 주조 공장에서 숯을 대체하기에 충분한 온도를 만들어내지는 못했지만, 토탄을 사용해 숯을 생산할 수는 있었다. 그러나 토탄은 증기기관 연료로서는 적합지 않았다. 게다가 만약 토탄의 연료 버전이 있었다 해도 몹시 다루기가 거추장스러웠을 것이다.

전쟁과 홍수에도 불구하고 네덜란드 토지는 가격이 상승했으며, 이는 투자자들을 움직이도록 만들었다. 17세기 중반, 그들은 네덜란드 북부의 여러 호수를 배수하는 데 자금을 투자했다. 그 결과 이 지역의 경작지 면적이 25퍼센트가량 늘어났다. 투자자들이 이 프로젝트에 쏟아부은 돈은 네덜란드 동인도 회사와 네덜란드 서인도 회사의 시가총액을 합한 액수보다 많았다. 내부 식민지 개척은 외부 식민지 개척보다 더 많은 투자를 필요로 했는데, 이 경우에는 커다란 수익을 안겨주기도 했다.[3] 잉글랜드와 네덜란드는 북해 및 전 세계 해양을 장악하기 위해 각축을 벌였다. 잉글랜드는 막대한 석탄 매장량에도 불구하고 오랫동안 뒤처져 있었다. 잉글랜드의 석탄이 제공하는 인구 1인당 킬로줄(kilojoule)보다 2배나 많은 에너지를 토탄이 네덜란드 경제에 공급해주었기 때문이다. 식량 자급자족에 집착하는 영국 통치자들은 곡물 수출을 막고 곡물 소비를 제한했다. 반면 네덜란드는 발트해 연안 곡물을 다량 사들였고 하나같이 생산하는 데 에너지가 드는 도자기·유리·술 같은 상품을 수출함으로써 그 대금을 치렀다. 네덜란드는 값싼 에너지를 값비싼 노동력, 자유무역과 결합함으로써 근대성의 길로 들어섰다.

네덜란드의 영향으로 제방·운하·수문·풍차는 중유럽 및 북유럽의 여러 나라에서 흔히 볼 수 있는 풍경으로 자리 잡았다. 네덜란드 전문가들은 스코틀랜드와 이스트앵글리아 전역에서 소택지를 배수했다. 노퍽 브로즈(Norfolk Broads: 잉글랜드 동쪽 끝의 습지대—옮긴이)는 토탄 추출로 인해 인위적으로 조성되었다. 네덜란드 엔지니어 코르넬리위스 페르마위던(Cornelius Vermuyden)은 케임브리지셔의 늪지대를 배수함으로써 네덜란드 전체 면적보다 약간 작은 16만 헥타르의 땅을 '개량'했다. 영국 소택지는 네덜란드 소택지보다 토탄이 적었지만, 그들에게는 벽돌 공장에서 사용할 수 있는 다른 연료가 없었다. 17세기에는 대부분 네덜란드인인 토지 매립 전문가들이 이탈리아에서 모스크바 대공국에 걸친 유럽 전역을 누비며 맹활약했다. 네덜란드 이민자들은 프랑스의 칼뱅파 항구인 라로셸 주변에서 그랬듯이 프로이센의 소택지를 배수했다. 나중에 가톨릭 신자들도 이 작업에 뛰어들었다. 로마에서 멀지 않은 폰티노 습지의 배수 비용은 교황청이 댔다. 토탄 소택지들은 유럽의 강 상류까지 뻗어 있었다. 포메라니안·슐레지엔·쿠를란트는 대부분 습지였으며, 이제 번성하는 도시가 들어선 오데르강과 비스와강 삼각주는 통과할 수 없었다. 항해를 개선하고 토탄을 추출하기 위해 라인강의 거의 모든 강바닥이 재정비되었다. 라인강 공사는 200년 동안 이어진 대규모의 초국가적 프로젝트로서, 대부분 네덜란드 장인의 지휘를 받은 폴란드 노동자들 손으로 이루어졌다.

1730년 프로이센 왕의 장남인 젊은 왕세자 프리드리히는 궁정 생활의 따분함을 피해 연인인 육군 준장 한스 헤르만 폰 카테(Hans Hermann von Katte)와 함께 도망치기로 결심했다. 잉글랜드로 향하던 그들은 퀴스트린(오늘날의 폴란드 서부)에서 체포되어 이탈죄로 투옥되었다. 왕의 명령에 따라 폰 카테는 왕세자가 보는 앞에서 참수형을 당했고, 두 달 동안 지하감옥에 갇혀 있던 프리드리히는 아버지에게 용서를 구했다. 왕은 아들에게 지방 행정부에 대한 회계감사를 맡기고 "밑바닥부터 농업"을 배우도록 명령했다. 이것이 바로 미래의 프리드리히 대왕이 습지 배수에 관심을 갖게 된 경위다. 그의 첫 번째 프로젝트 중 하나는 오데르 강둑을 배수하는 것이었다. 주요 운하를 설계한 이는 프리드리히가 상트페테르부르크에서 꼬드겨 데려온 스위스 수학자 레온하르트 오일러(Leonhard Euler)였다. 7년전쟁이 발발하기 전까지 수십 년 동안 유럽 군주들은 천문학자·통계학자·화학자의 도움을 서로 받으려고 신경전을 벌였다. 그러나 수력학은 다른 어떤 분야보다 실제를 통한 이론 검증이 극적인 성격을 띠었다. 프리드리히 대왕은 오직 전쟁이 터졌을 때만 소택지에 대한 열정에서 놓여날 수 있었다. 그는 네덜란드의 배수 기술을 물질에 대한 정신의 승리이자 계몽주의의 구현이라 생각했다. 네덜란드 엔지니어들은 프랑스 작가들이 지면에서 설파한 것을 현장에서 이행했다. 프리드리히는 볼테르에게 띄운 편지에서 "토양을 개량하고 황폐해진 땅을 경작하고 습지를 배수하는 사람은 모두가 야만을 정복하는 자"라고 썼다. 그는 프로이센 동부와 서부 출신인 이주민 30만 명을 그들이 배수한 간척지에 정착시켰다. 다른 곳에서는 이행하기 어려운 군사적 합리주의가 물에서 되찾은 땅에서는 힘을 얻었다.[4] 규칙적인 격자형 도랑이 밭을 나누었다. 그곳에는 새로운 윤작 제도가 도입되었다. 영국의 양과 덴마크의 소가 간척지 초원에서 방목되었다. 유럽과 북아메리카에서 말라리아가 근절된 것은 습지 배수가 낳은 직접적인 결과였다.

프리드리히는 프로이센 습지에서 이루어진 작업을 꼼꼼하게 문서로 남겼다. 군인들은 습지에서 이동할 수 있도록 목재 둑길을 조성했는데, 이는 전체 작업 가운데 가장 위험한 부분이었다. 가까운 강과 연결하기 위해 파낸 배수로와 운하 네트워크가 땅의 물을 빼주었다. 진창이 꾸덕꾸덕해졌을 때 군인들은 밝은색을 띠는 토탄의 최상층을 떼어냈다. 그 아래에 검은 토탄이 깔려 있었다. 그들은 이것을 잘게 조각내 말린 다음 도시 시장으로 실어날랐다. 스쿠너(schooner: 돛대가 2개 이상인 범선—옮긴이)에 모래를 실어왔는데, 그 모래를 흰 토탄과 섞어 지면을 높게 다졌다. 이 혼합물에 밀이나 메밀을 파종할 수 있었다. 그러지 않을 경우 물을 반쯤 뺀 늪지에 불을 지르고 그 재 위에 작물을 파종했다. 점차 공식적으로 '소택지 식민지(bog colony)'라 불리는 마을들이 이런 장소에서 발달했다. 실제로 세계에서 가장 아름다운 도시 중 상당수는 습지를 개간한 땅에 들어섰다. 베네치아·케임브리지·상트페테르부르크·프린스턴·상하이·뉴올리언스가 비근한 예다.

사람들이 땅의 열매로 살아가던 오랜 기간 동안 습지는 군주에 속해 있되 아무도 살지 않는 상태에 머물러 있었다. 군주가 대학이나 수도를 다른 곳이 아니라 습지 위에 건설하기로 결정한 것은 미심쩍기는 하나 정치적으로 나쁘지 않은 판단이었다. 상트페테르부르크의 건설은 이러한 결정 가운데서도 단연 중요한 것이었다. 러시아인은 습지가 풍부한데도 오랫동안 토탄 추출에 관심을 기울이지 않았다. 스코틀랜드인과 네덜란드인이 지금 상트페테르부르크가 들어선 그 땅을 개간했다. 그들은 토탄 전문가였지만, 그곳에서는 장작이 무한정 공급되었으므로 토탄에 대한 수요가 없었다. 1759년 러시아 자연과학의 창시자 미하일 로모노소프(Mikhail Lomonosov)가 토탄 연구에 뛰어들었다. 그는 아르한 겔스크 지역의 습지에서 자랐음에도 토탄이 마치 낯선 특산품인 양 이렇게 썼다. "토탄은 늪지대에서 그물로 추출되며 …… 네덜란드인이 땔 감 대신 사용한다. ……상인과 제조업자에 대한 재미난 속담이 생겨났다. '토탄을 거래하는 자는 자신의 땅, 제 조국을 팔아먹는 것이다.'"[5]

19세기 초, 알렉산드르 1세는 영국 퀘이커교도 농부 대니얼 휠러 (Daniel Wheeler)에게 상트페테르부르크 주변 습지를 배수해달라고 요청했다. 휠러는 러시아에 15년 동안 기거하면서 10만 에이커가 넘는 왕실 영지의 습지를 배수했다. 그러나 러시아제국에서 토탄의 산업적 생산은 19세기 중반에 이르러서야 시작되었다. 그리고 볼셰비키가 자신들의 전력 사용 프로그램을 위해 현지 에너지원을 찾던 시기인 1920년대에 절정을 이루었다. 무솔리니는 라치오의 말라리아 습지를, 스탈린은 크림반도의 말라리아 습지를 배수했다. 제국주의 국가들이 권력의 최정점에 올랐을 때 수행한 이러한 사업은 내부 식민지화를 추구한 초인적 업적이었다. 일부 프리드리히 대왕 추종자들에게, 폴란드 북부와 벨라루스에 있는 광대한 폴레시아 습지와 프리피아트 습지가 배수되지 않은 채 방치되어 있다는 사실은 현지 주민인 슬라브인과 유대인에게 문명화 사명을 수행할 능력이 없음을 드러내는 증거로 보였다. 이 주민들을 없애버리거나 노예로 삼으면 그 습지들을 배수하고 그 땅을 식민지화할 수 있는 길이 열릴 것이다. 이 프로젝트는 완전한 성공을 거두지는 못했고 유럽에는 아직까지도 습지가 많이 남아 있다. 게다가 더 많은 소택지가 생겨날 가능성도 있다.

토탄은 여전히 가장 널리 분포해 있는 에너지 자원이다. 오늘날 지구 표면의 3퍼센트가 토탄으로 덮여 있을 정도다. 더군다나 토탄은 삼림보다 재생 속도가 느리긴 하나 재생이 가능한 자원이다. 하지만 우리는 더 이상 토탄을 말리거나 태우지 않을 것이다. 토탄이 에너지 단위당 석탄보다 더 많은, 석유보다는 훨씬 더 많은 이산화탄소를 배출하기 때문이다. 사람의 손길이 닿지 않은 소택지는 활동 중인 탄소흡수원(carbon sink)이지만, 일단 추출로 인해 파괴되면 거꾸로 이산화탄소를 내놓는다. 배수된 토탄지대는 수십 년 동안 불모지로 남으며 심각한 화재 위험을 드러낸다. 대규모 토탄 화재는 진화가 불가능하므로, 수개월, 수년, 때로 수십 년 동안 타면서 엄청난 양의 스모그와 탄소를 쏟아낸다.

모스크바 근처의 토탄 밭은 대부분 방치되었지만, 거기서 발생하는 화재는 러시아 수도를 괴롭히는 유해 스모그를 발생시키고 있다. 가장 치명적인 산불은 2010년 8월에 일어난 것으로, 당시 사람들은 몇 주 동안 햇빛을 보지 못했으며 사망자 수도 월평균보다 35퍼센트나 늘어났다. 1919년 볼셰비키가 토탄 생산에 뛰어드는 바람에 수십 년 동안 그 작업을 이어온 모스크바 인근 샤투라 소택지에서 고질적인 화재가 발생했는데, 그 화재는 지금까지 40년 동안 진화되지 않은 채 이어지고 있다. 토탄 화재는 동남아시아에도 막대한 피해를 안겨주었다. 전 세계적으로 계속되고 있는 토탄 화재는 온실가스 배출량의 15퍼센트를 차지한다. 이는 지구상의 모든 연소 엔진에서 배출되는 것과 거의 맞먹는 수치다.[6] 핀란드·러시아·캐나다를 비롯한 일부 북부 국가에서는 매년 수량이 감소하고 있긴 하나 여전히 토탄을 생산하고 있다. 2018년 아일랜드는 토탄 채취를 금지한다고 발표했으며, 영국제도의 마지막 토탄 연료 발전소는 바이오매스로 전환했다.

하지만 토탄은 역사에서 일정한 역할을 담당했다. 근대성의 기수인 네덜란드는 토탄이 없었다면 그렇게나 크게 도약하진 못했을 것이다. 또한 네덜란드가 그렇듯 첨단을 달리지 않았다면 잉글랜드도 급속한 발전을 이룩하긴 어려웠을 것이다. 황금시대의 창시자는 위대한 화가도 은행가도 탐험가도 아닌 바로 토탄 바지선을 끈 소박한 선장이었다.

석탄

석탄은 장작보다 무게 단위당 3배나 많은 에너지를 생산한다. (커다란 더미에 불과한) 석탄 1톤을 태우면 숲 1에이커에서 얻은 장작과 비슷한 열량을 생산할 수 있다. 석탄은 토탄보다 화재 위험이 적으며, 물을 흡수하지 않으므로 덮개를 씌워 보관할 필요가 없다. 석탄을 연소시키면 일부 작업에 결정적으로 중요한 훨씬 더 높은 온도를 얻을 수 있지만, 다른 한편 장작이나 심지어 토탄보다 더 많은 불순물이 방출되기도 한다.

잉글랜드에서 석탄은 로마 시대부터 가정 난방에 쓰였다. 노출된 석탄층이나 지표면 근처에서 캐낸 석탄은 채석된 석재가 그렇듯이 육로로는 멀리까지 운송되지 않았다. 근대 초기에 잉글랜드에서 '바다석탄(sea coal)'이라 불린 이것은 항상 바다를 통해 런던으로 들어왔다. 바닥이 평평한 바지선들이 타인강을 따라 잉글랜드 북부의 갱과 광산에서부터 뉴캐슬까지 석탄을 운반했다. 항해용 범선에 옮겨 실은 석탄은 동쪽 해안을 따라 템스강으로 이동했다. 1550년부터 1700년까지 이러한 석탄 선적량은 20배 넘게 증가했다. 에스파냐 은이 유입되면서 런던에서는 심각한 인플레이션이 야기되었지만, 석탄은 양이 풍부했으므로 가격이 오르지 않았다. 한동안 은과 석탄 사용 증가 사이에서 특이한 균형이 이루어졌다. 영국 석탄의 선적 톤수는 나머지 모든 상선의 총 선적 톤수를 앞질렀다. 이들 선박에 승선한 선원들은 전시에는 해군 예비군으로 복무했다.[1] 그 나라의 외딴 지역들은 사상 처음으로 진짜 돈을 만져보게 되었다. 노천 채석장에서 시작된 추출은 광산으로 전환되었다. 비용이 증가했지만 산업 규모도 덩달아 커졌다. 석탄은 금에, 영국 시골 마을은 에스파냐 식민지에 비유되었다. 어느 익명의 저자는 1651년 〈뉴캐슬 뉴스(News from Newcastle)〉에 이런 글을 남겼다.

> 잉글랜드는 완벽한 세계다. 두 인도가 그랬던 것처럼!
> 지도를 수정하라. 뉴캐슬이 페루다! ……
> 버르장머리 없는 에스파냐인이 승리하게 그냥 놔두자,
> 그가 거무스름한 우리 광물이 그들의 금을 정화한다고 실토할 때까지.[2]

석탄 가격의 안정성은 영국 경제의 커다란 비밀 중 하나였다. 정부는 끊임없이 곡물 가격 유지에 집착했지만, 석탄 가격은 스스로 조정되었다. 석탄 생산은 수요에 탄력적으로 대응했으며, 이 모든 것이 영국 내에서 관세의 개입 없이 이루어졌다. 치솟는 장작 가격의 압박으로 벽돌·소금·비누의 제조, 석회석 연소, 설탕 정제 등을 포함하는 거의 모든 연료 의존 산업이 석탄으로 갈아탔다. 그러나 양조장과 제철소만큼은 변함없이 숯을 연료로 사용했다. 석탄에는 맥주를 오염시키고 금속을 훼손하는 불순물이 포함되어 있었기 때문이다. 1킬로그램의 선철

을 생산하려면 8킬로그램의 숯이 필요했으며, 그만큼의 숯을 얻는 데는 40킬로그램의 장작이 쓰였다. 18세기 중반, 영국 산업은 연간 약 100만 톤의 장작을 요구했다. 장작 가격이 천정부지로 치솟은 결과, 잉글랜드와 스코틀랜드에 우수 광석이 매장되어 있었음에도, 그들은 스웨덴과 러시아에서 선철을 사들여야 했다.

1603년 귀족 출신의 시인이자 자연주의자 휴 플랫 경(Sir Hugh Platt)은 "눈 뭉치를 빚는 방식처럼" 석탄 가루와 양토(loam, 壤土: 필요한 성분이 골고루 든 비옥한 흙―옮긴이)를 혼합하도록 제안했다. 벽난로에서 공처럼 생긴 이 뭉치들은 '매력적으로' 보였고 '그을음'도 덜 생겼다. 수십 년 후 더비셔의 양조장에서는 점토와 혼합된 석탄 더미에 불을 붙여 만든 코크스를 사용하기 시작했는데, 이 새로운 연료는 페일에일(pale ale) 맥주와 주철을 발명하는 데 결정적 역할을 했다. 1709년 퀘이커교도 에이브러햄 다비가 코크스를 처음으로 이 용도에 사용했다.

용광로는 점점 더 높게 지어지는 반면 탄광은 점점 더 깊게 파헤쳐졌다. 탄광에서는 지하수를 퍼내야 했다. 1705년 이후 침례교 목사 토머스 뉴커먼은 물을 채운 보일러에서 석탄을 태워 물을 끌어올리는 방법을 발견했다. 증기가 상승하면서 보일러에 진공상태를 만들고 광산에서 물을 끌어올렸다. 이 '용기(用氣) 기관'은 다량의 석탄을 사용했지만, 광산에는 충분한 양의 석탄이 있었다. 1763년 스코틀랜드 조선업자의 아들 제임스 와트는 좀더 효율적인 엔진을 발명했다. 그는 에든버러 대학에 실험실을 만들었고, 애덤 스미스는 행정부와의 협상에서 그를 거들었다. 하지만 원형 엔진을 개발할 자금이 없었다. 이 프로젝트가 마침내 실현될 수 있었던 것은 제조업자 매슈 볼턴(Matthew Boulton)이 와트와 사업 파트너십을 맺으면서부터였다. 덩치가 무척 큰 그들의 엔진은 위치를 변경하면 작동을 멈출 수 있기에 각각 몇 미터 깊이의 견고한 토대를 둔 별도의 건물을 필요로 했다. 그뿐만 아니라 이 모든 증기 펌프는 보일러에 물을 대기 위해 강물 흐름에 의존해야 했다. 특허에 따르면, 와트와 그의 투자자는 각 기계가 절약한 석탄의 3분의 1에 해당하는 액수를 받도록 되어 있었다. 산업혁명이 성공할 수 있었던 까닭 중 하나는 잉글랜드가 발명가에게 후한 보상을 제공하는 특허법을 실시했기 때문이다. 안타깝게도 와트의 삶에는 환상이 끼어들 여지가 없었다. 그는 부유하게 죽었지만, 만약 많은 돈을 가진 볼턴이 없었다면 특허를 등록하기 어려웠을 것이다. 최초의 기관차를 만든 조지 스티븐슨(George Stephenson)은 노섬브리아 탄광들 가운데 하나에서 증기 펌프를 다루던 화부(火夫)의 아들이었다. 그의 아버지가 광산 사고로 실명했는데, 조지는 아마 이 경험을 계기로 폭발을 일으키지 않고 불을 붙일 수 있는 광부용 램프를 처음 고안하게 되었을 것이다. 1814년 스티븐슨은 아버지가 감독하던 증기 펌프의 개선된 버전을 바퀴에 장착했다. 그의 모든 기술적 경험은 탄광과 관련되어 있었으며, 기관차의 첫 임무는 탄광에서 강으로 석탄을 운반하는 것이었다.

수력

석탄은 난방용으로는 둘도 없는 연료였다. 하지만 석탄으로 구동되는 증기기관은 더 오래된 에너지원인 물레방아와 경쟁하고 있었다. 아시아에서 발명된 물레방아는 물을 끌어올려 논밭에 관개하는 데 쓰였다. 물질을 가공 처리하기 위한 수력 에너지 사용은 유럽 경제와 그 동양 라이벌—중국, 인도, 그리고 이슬람교를 믿는 레반트—사이에 드러나는 가장 큰 차이점이었다. 축으로 물레방아에 연결된 목재 기구는 물을 끌어올리고 곡물을 제분하고 목재를 톱질하고 돌을 잘라 다듬었다. 물레방아는 광산에서 광석을 퍼올려 분쇄하고, 제련용 용광로를 위해 풀무를 가동시키고, 금속을 망치로 두드렸다. 물레방아를 동력 삼아 구동되는 복잡한 기계는 섬유를 방적 및 방직했다. 이미 1086년에 잉글랜드의 모든 토지 재산을 조사한 《둠즈데이 북(Domesday Book)》에는 물레방아가 6000개 있다고 기록되어 있었다. 이들 물방앗간은 무척 값비싼 구조물이었다. 물레바퀴는 특별히 복잡하지는 않았지만, 물레방아에 물을 보내는 데 필요한 수문학 기술이 까다로웠다. 둑(weir)은 물 수위를 높여 상류 땅을 침수시켰다. '밀 레이스(mill race: 물방아를 돌리는 물이 지나는 길—옮긴이)'라 불리는 좁은 나무통은 그 둑을 우회해 물레바퀴로 물을 보냈다. 물레바퀴의 톱니들은 바퀴의 운동을 왔다 갔다 하는 풀무·톱·망치의 운동으로 전환했다. 이 거대한 구조물은 삐걱거리고 흔들리고 진동했다. 그러나 이 목재 바퀴는 20년 동안이나 작동할 수 있었고 최초의 증기 동력 기계보다 더 믿을 만했다. 단점이라면 강물의 수위에, 그에 따라 기후·계절·지세에 의존한다는 것이었다.

이러한 물레방앗간 중 상당수는 끝내 살아남았다. 오래 사용할 수 있도록 설계되었기 때문이다. 과거에는 산업 도시였던 번화한 도시 중심부의 강둑과 연못에 들어선 이들 물방앗간 대부분은 크게 사랑받는 주거지로 개조되었다. 하지만 사실 대부분의 물방앗간은 물 위에 떠 있었다. 급류에 정박해 있는 바지선에 물레바퀴 한두 개가 설치되어 있었고, 이런 유형의 물방앗간은 10년 동안 밀을 빻거나 널빤지를 톱질할 수 있었다. 고정형 물방앗간보다 저렴한 이 같은 부유형 물방앗간은 댐을 필요로 하지 않았으며 수위에 영향을 받지도 않았다.

곡물을 빻는 단순한 물방앗간 하나만으로도 50~60명의 일꾼(주로 여성)이 고된 육체노동에서 벗어날 수 있었다. 경제를 달라지게 만든 물방앗간은 댐·연못·수문·송수로와 함께 생태계를 변화시키기도 했다. 어느 땅은 물에 잠기고, 다른 땅은 물이 빠지고, 세 번째 땅은 늪지로 변모했다. 공장 주변의 들판과 숲에 새로운 도시가 들어섰다. 최소한의 노동력을 투자해 거래 가능한 건조 상태의 상품을 생산하는 공장들은 자본 집중의 중심지였다. 거액을 투자하고 장기 수익을 기다릴 준비가 된 수도사 등 막강한 지주들은 자기 땅과 강을 자본의 원천으로 삼았다. 스트라스부르에서 볼로냐, 탐페레(핀란드 남서부 도시—옮긴이)에서 루한스크(우크라이나 동부 산업 도시—옮긴이)에 이르는 유럽 내륙의 많은 도시가 빠르게 성장할 수 있었던 것은 수력으로 가동되는 공장 덕분이었다.

물레방아는 멈출 수 없었다. 마음대로 멈췄다 다시 시작할 수 있는 것은 증기기관의 큰 장점이었다. 그러나 증기기관도 보일러에 물을 대기 위해 강물의 흐름에 의존한다는 점은 같았다. 한 세기 동안 공장들은 증기기관을 그저 물레방아의 보완품쯤으로만 사용했다. 건기에는 증기기관이 물을 공장 연못으로 퍼올려 수위를 유지했지만, 기계들은 여전히 물레방아로 구동되었다. 증기로의 전환 직전에 스코틀랜드의 수문 공학자 로버트 톰(Robert Thom)은 수력으로 굴러가는 공장의 동력을 큰 폭으로 증가시킬 수 있는 근본적으로 새로운 프로젝트를 창안했다. 그의 설계는 주요 강 상류의 거대한 저수지에 물을 가두고 송수로를 통해 그 물을 인공 저수지로 보내는 것이었다. 이렇게 하면 강 하류에 공장 수십 개를 건설할 수 있었다. 이러한 댐과 송수로는 석탄 에너지의 대안이 될 수 없었다. 사실 그것은 벽돌을 무제한으로 구워낼 수 있는 지역 석탄이 있어야만 실현 가능했다. 톰은 클라이드강(스코틀랜드 남서부를 흐르는 강—옮긴이)의 흐름을 바꾸고 다른 대형 댐을 여러 개 건설할 계획이었다. 그의 프로젝트는 의회와 런던 신문들에서 논의되었지만 아무도 그에 관심을 기울이지 않았다. 이러한 프로젝트들은 재산법의 대대적 개편을 전제로 했다.* 저수지와 송수로는 정부 통제하의 기업 소유로 여겨졌으며, 민간 생산자에게 물과 토지를 임대했다.[3]

자본주의의 발전으로 귀결된 '보이지 않는 손'은 그와 다른 유형이었다. 산업 자본주의는 이러한 실험을 위해 탄생한 게 아니라, 그와 반대로 자연과 국가의 통제에서 벗어나고자 노력했다. 공장주들은 증기기관을 선호했다. 증기기관은 비싸고 신뢰할 수 없는 에너지원이었지만, 개인이 소유할 수 있었다. 다른 자원 전환들의 경우와 마찬가지로, 증기기관이 물방앗간을 상대로 승리를 거둔 것은 경제적 이유가 아니라 정치적 이유 때문이었다. 19세기 중반에 이르러 증기기관은 석탄에서 섬유, 금속에 이르는 모든 중요한 원자재와 이것으로 만든 상품을 생산하는 데서 낡은 물레방아를 대체했다.

유령 에이커

1700년에 잉글랜드·스코틀랜드·웨일스에서는 200만 톤이 넘는 석탄이 채굴되었으며, 석탄은 그 나라에서 소비되는 전체 에너지의 절반을 제

---

* 만약 산업혁명이 이런 식으로 발달했다면, 나일강과 인더스강 유역의 고대 국가들처럼 새로운 '수력 제국'이 탄생했을 것이다.(Wittfogel, *Oriental Despotism*)

공했다. 1850년에 이르자 석탄은 채굴량이 30배로 불어났고, 에너지 균형에서 차지하는 비중도 90퍼센트에 달했다. 이러한 기하급수적 성장은 설탕과 면화 소비의 폭발적 증가와 흡사했다. 지하 또는 해외에서 채굴된 이 새로운 원자재 상품들은 수백만 '유령 에이커'를 창출했다. '유령 에이커'란 포메란츠가 가상(virtual)이지만 중요한 토지 전용을 지칭한 용어다. 유령 에이커의 표면적 제곱피트당 광산의 에너지 생산량은 최고의 농장이나 플랜테이션의 생산량보다 수백 배 더 많다. 영국 산업의 석탄 연소, 코크스 제련 제품은 전례 없는 효율성을 뽐내면서 식량·목재·금속·석유는 물론 해외의 노동력 및 지식과도 거래되었다. 1865년 제번스가 썼다. "사실 석탄은 다른 모든 상품의 '옆'이 아니라 '위'에 놓여 있다. 석탄은 국가의 물질 에너지, 즉 보편적 보조물이자 우리가 하는 모든 일과 연관된 요소다. 석탄이 있으면 거의 모든 위업이 가능하거나 손쉬워진다. 반면 석탄이 없으면 우리는 초기의 고달픈 빈곤으로 도로 내던져진다."[4]

석탄은 산업혁명의 진정한 기반이었다. 석탄이 없었다 해도 산업혁명이 일어날 수는 있었겠지만 그 양상은 사뭇 달랐을 것이다. 석탄은 적은 토지, 많은 노동력 및 자본을 요구하는 국지형 자원이다. 그 덕분에 제한된 수의 광산이 몇몇 카운티에만 집중되었고, 그로 인해 영국제도의 3분의 2가 농업과 도시 성장에 쓰일 수 있었다. 만약 1750년에 소비된 모든 난방 에너지를 장작으로 공급했다면 영국 영토의 13퍼센트에 해당하는 삼림 430만 에이커가 동났을 테고, 1850년에는 영국 영토의 150퍼센트에서 나온 장작이 필요했을 것이다.[5] 물론 장작 일부를 북해 건너편에서 들여올 수도 있었겠지만, 만약 그랬다면 잉글랜드의 양상은 판이해졌을 터다. 국가의 노력은 곡물 가격을 통제하고 제조업을 장려하는 대신, 국내외의 삼림 보호와 아마도 삼림 국유화에 집중되었을 것이다. 인구 증가, 특히 도시 성장은 맬서스가 예견한 방식으로 저지되었을 게 분명하다. 식민지 개척과 제국주의 전쟁은 남쪽 바다에서가 아니라 스칸디나비아·프로이센·러시아 등 북쪽 가까운 곳에서 펼쳐졌을 것이다. 이 제국은 다른 형태의 제국, 즉 중상주의 제국이 아닌 관방 제국으로 달라졌을 가능성이 높다. 그리고 자국민과 외국 국민들로부터 삼림을 보호하기 위해, 시장의 '보이지 않는 손'이 아니라 (주로 산림에 의존한 독일 공국 정부들과 흡사한) 경찰국가에 의존했을 것이다. 석탄은 토지의 삼림파괴와 노동해방 둘 다에 간접적이지만 결정적인 영향을 끼쳤다. 삼림벌채는 극도로 힘든 작업이다. 석탄이 없었다면 수백만 명이 땔나무를 모으고 나무를 베느라 분주했을 테고, 수천 명이 나무를 지키거나 새로 심느라 바빴을 것이다. 석탄이 없었다면 영국은 수입 곡물 의존도 증가에 따른 비용을 감당하기 어려웠을 터다.

하지만 다행히 석탄은 **있었다.** 추출량이 증가했지만 입증된 매장량은 훨씬 더 빠르게 늘어나는 중이었다. 제번스는 석탄에 대해 속속들이 알고 있었으나 단 한 가지만큼은 잘못짚었다. 석탄은 고갈되지 않았다. 게다가 앞으로도 결코 고갈되지 않을 것이다. 석탄을 동력으로 삼는 엔진은 5개 대륙에 걸쳐 인류의 삶을 탈바꿈시켰다. 철도는 범선이 설탕에서, 유조선이 석유에서 한 것과 동일한 역할을 담당했다. 그리고 단일자원 경제의 본질적 의미를 규정하는 요소였다. 원재료를 (금속·섬유·도자기·화학물질·식품 같은) 상품으로 가공하는 모든 산업 부문은 증기기관으로 옮아갔다. 석탄으로 구동되는 새로운 기관차와 선박들이 석탄과 그 덕분에 생산된 상품을 실어날랐다. 기계는 점차 효율성이 높아졌지만 석탄을 점점 더 많이 소비하게 되었다. 제번스의 역설이 본격적으로 작동하기 시작했다. 다음 돌파구는 석탄을 연료로 삼는 발전소에서의 전기 생산이었다. 인간이 자연을 상대로 거둔 최종적 승리 가운데 하나인 발전(發電)은 장소에 대한 의존으로부터 에너지를 해방시켰다. 또 하나의 승리는 깊은 광산에서 현대식 채석장, 즉 노천광 채굴로 전환한 조치였다. 이로 인해 인간 입장에서는 석탄 채굴이 좀더 저렴하고 안전해졌지만, 자연은 한층 더 큰 대가를 치러야 했다. 석탄 덕분에 자본주의는 가장 큰 승리 가운데 몇 가지를 일구었지만, 그와 더불어 골치 아픈 사회적·생태적 문제가 야기되기도 했다.

석탄을 동력으로 움직이는 증기기관은 철도와 공해상에서 군사적 혁명을 낳았다. 석탄 시대에는 피비린내 나는 전쟁이 여러 가지 이유로 맹렬하게 지속되었는데, 꼭 탄광 그 자체를 차지하기 위한 것만은 아니었다. 하지만 증기 구동 선박의 우세는 중세 시대에 화기의 우위와 다를 바 없었다. 증기선은 더욱 크고 빠르긴 했으나 범선과 같은 자율성을 지니지는 못했다. 영국 왕립해군은 실론섬(스리랑카)에서 플로리다에 이르는 곳곳에 증기선에 연료를 재급유하기 위한 석탄 발전소를 두었다. 이 제국의 해결책은 새로운 문제를 낳았다. 석탄 기지는 내륙으로부터의 공격에 취약했던 것이다. 석탄 운송은 광산 도시의 저항 행동으로 위험에 몰렸다. 영국 해군을 석유로 전환하고자 한 전략적 결정은 초대 해군 장관 자리에 오른 윈스턴 처칠(Winston Churchill)에 의해 이루어졌다. 석유는 함선의 속도와 자율성을 높여주었지만, 석유로의 전환은 그들이 페르시아, 펜실베이니아 또는 바쿠(카스피해 서쪽 항구도시로 현재 아제르바이잔의 수도—옮긴이)에서 공급되는 석유에 의존해야 한다는 것을 뜻했다. 제1차 세계대전 직전에 독일은 2개는 석탄으로, 2개는 석유로 구동되는 4개 엔진을 장착한 신형 구축함을 건조하고 있었다. 영국은 단순히 석탄에 석유를 추가함으로써 화실(火室)에 두 연료를 혼합하는 방식을 취했다. 어느 쪽이든 그것은 외국에서 공급되는 이국적인 석유와 신뢰하기 힘든 광부들 손에 달린 국내산 석탄 사이에서 균형을 잡는 까다로운 일이었다. 두 연료 모두 보장된 건 아니었지만 각기 위험의 양상이 달랐으므로, 양다리 걸치기야말로 성공적인 전략이었다.

파업

석탄 채굴은 산업혁명을 부채질했지만, 다른 많은 산업이나 심지어 농업에 비해 산업혁명의 영향을 덜 받았다. 광부들의 생산성은 느리디느리게 증가했다. 17세기에 영국의 광부 한 명은 연간 200톤의 석탄을 채취해 지표면으로 실어날랐던 반면, 영국에서 석탄 추출이 절대적 최대치에 달한 1913년에도 평균 생산성은 연간 260톤에 그쳤던 것이다. 이 기간 동안 영국 농부의 1인당 생산성은 4배로 불어났다. 자본 투자와 기술적 기발함에도 불구하고 광부의 노동력은 1인당 생산성 증가를 보장할 수 있는 전문화에 적합지 않았다.

버밍엄 서쪽 지역은 석탄 가루와 그을음으로 온통 뒤덮인 '블랙컨트리(Black Country: 영국의 대표적인 중공업지대—옮긴이)'로 알려졌다. 1840년대 초 영국 광산을 방문한 프리드리히 엥겔스는 "작업자가 옆으로 누운 자세로 곡괭이를 가지고 석탄을 떼어낸다. ……석탄을 운반해야 하는 여성과 어린이들은 벨트와 사슬(흔히 양다리 사이를 통과한다)로 광차(tub: 광석을 실어올리는 두레박—옮긴이)에 고정된 채 두 손과 무릎으로 기어다닌다. 한편 그들 뒤에서 남성은 손과 머리로 그 광차를 밀고 있다".[6] 광부들은 소규모로 무리지어 지상과 교신이 단절된 채 일했다. 동료 작업자의 실수는 곧 자신의 죽음으로 이어질 수 있었다. 바다에서의 삶도 그만큼 위험했지만, 선원들은 자기 상황을 광부들보다는 더 잘 통제할 수 있다고 느꼈다. 두려움과 상호의존성은 노동자 간의 연대감을 조성해 주었는데, 그 연대감은 다른 어떤 산업에서보다 광업에서 더욱 탄탄했다. 섬유 사업가 엥겔스는 섬유 노동자와 더 관련이 깊었지만, 영국 광부들 사이에서 자신이 관찰한 집단적 활동에 감탄을 금치 못했다. 그럼에도 그는 '블랙컨트리'의 광산이 아니라 랭커셔의 섬유 공장을 노동자 운동의 발상지로 보았다. 〈공산당 선언(The Communist Manifesto)〉은 광산이 아니라 공장을 언급했으며, 두 저자는 프롤레타리아 계급이 공장 노동자로 이루어져 있다고 생각했다. 하지만 만약 유럽을 괴롭히는 유령이 있다면 그것은 광부의 유령이었다.

경제지리학의 창시자 앨프리드 마셜(Alfred Marshall)은 '규모의 경제' 개념을 통해 거대한 산업 집합체의 이점을 설명했다. 즉 규모가 클수록 더 효율적으로 일할 수 있고 제조된 제품의 가격도 저렴해진다는 것이다. 그러한 신도시는 공동의 노동시장, 지식의 교환, 수송로 공유를 통해 이득을 누리고 성장할 수 있었지만, 그 위치는 주로 원자재 출처에 의해 결정되었다. 금속 한 단위를 생산하려면, 중량을 기준으로 할 때 광석보다 더 많은 석탄이 필요했으므로, 석탄이 광산으로 실려가기보다 광석이 탄광으로 실려오는 경우가 더 많았다. 루르, 슐레지엔, 돈바스 (현재 우크라이나 남동쪽—옮긴이), 펜실베이니아, 우랄 하류의 금속 생산 단지는 탄광 옆에 들어섰다. 이후 정유 산업 및 석유화학 산업도 유전 인근으로 이동하기보다 그와 동일한 석탄 기반 중심지에서 발달했다. 성곽이나 제방이 없는 석탄-금속 집합단지들은 구시가지와는 다른 방식으로 성장했다. 이 장소들은 산업 세계를 지배하긴 했으나 수도로 부상하지는 못했다. 당국은 더럽고 불안한 석탄 및 광부들과 거리를 두는 편이 낫다고 판단해 그들과 너무 가까이 접촉하는 것을 피했으며, 오래된 재정-군사적 수도를 그대로 유지했다.

모든 대륙에는 자체 탄광이 있었으며, 거의 모든 석탄은 해당 지역에서 자체적으로 사용되었다. 석탄은 광산에서 공장으로 수송되었지만, 장거리 수송은 거의 이루어지지 않았다. 이 점에서 석탄은 설탕이나 면화 같은 식민지 시대의 원자재나 석유 및 천연가스와는 판이했다. 프리드리히 리스트, 오토 비스마르크, 세르게이 비테의 이상이었던, 부와 인구를 일국의 국경 안에 묶어두는 19세기 후반의 새로운 보호주의 경제는 석탄에 기반을 두었다. 그러나 노동 집약적 석탄 산업은 파업, 노동조합, 사회민주주의 운동 등 노동자가 주도적 역할을 담당하는 조직적 정치 활동에 적합했다. 잉글랜드에서 기존의 길드를 밀어낸 노동조합 조직은 처음에 광부들 사이에서, 이어 섬유 노동자들 사이에서 결성되었다. 연간 가장 많은 나날을 파업에 할애한 것은 단연 광부들이었다. 금속 노동자, 이어 섬유 노동자들이 그 뒤를 따랐다. 모든 거대 국가에 적어도 한두 개의 탄광이 있을 정도로 북반구 전역에 걸쳐 고르게 분포하는 석탄의 지리적 특성은 대규모 정치적 사회체들이 광산 중심지에 의존하도록 만들었다. 석탄의 지리학은 사회적 관계에 지역성을 부여했다. 즉 노동계급은 버밍엄, 루르 지방, 돈바스 인근, 펜실베이니아에 몰려 산 반면, 사업 엘리트 및 관료 엘리트는 런던·베를린·상트페테르부르크·뉴욕에 거주하면서 제 영향력을 넓혀갔다. 해상 무역 시대나 수력 발전 공장 시대에도 수도의 정치 세력이 국내 주변부나 식민지 주변부의 사회운동에 이토록 취약한 적은 결단코 없었다. 광산 및 산업 집합단지에 집중된 조직적인 프롤레타리아 계급은 파업이라는 독특한 정치권력의 원천을 획득했다.

1842년 영국에서 발생한 파업은 역사상 최초로 발생한 파업이자 최대 규모의 파업 중 하나였다. 광부들 사이에서 불붙은 파업은 섬유 노동자들에게로 확산되었다. 둘 중 하나꼴인 50만 명의 노동자가 파업에 참가했다. 파업은 무력으로 진압되었다. 당국은 파업 참가자들을 향해 무기를 사용했으며 그중 1500명을 체포했다. 1844년 4만 명의 탄광 노동자가 다시 파업에 돌입했고, 뉴캐슬은 석탄 없는 도시가 되었다. 이들 파업은 민주적 권리를 쟁취하기 위한 광부 및 산업 노동자의 조직적 투쟁인 차티스트 운동(Chartist movement)이 펼쳐지는 데 중추적 역할을 했다. 1908년 '영국 광산노동조합 연합(Miners' Federation of Great Britain)'은 모든 지하 노동자를 위해 하루 8시간 노동권을 쟁취했다.[7]

광산은 깊게 팔수록 한층 더 위험해졌다. 1896년 펜실베이니아주 피츠턴에 자리한 '쌍둥이 수직갱 탄광(Twin Shaft Colliery)'의 지붕이 무너져 대부분 최근 이민자이던 노동자 58명이 목숨을 잃었다. 이듬해에는 펜실베이니아주 라티머 광산에서 역시 동유럽 출신의 이민자인 광부들이 파업에 돌입했다. 지역 보안관은 발포 명령을 내렸고 결국 광부 19명이 숨졌다. 이 사건은 미국에서 그 같은 종류 가운데 가장 중요한 조직인 '광산노동자 연합(United Mine Workers)'을 강화하는 계기가 되었다. 1902년 미국 광부들은 6개월 동안 파업을 벌였다. 1905년에는 독일제국의 루르 분지와 러시아제국의 도네츠크 분지에서 광부들이 파업에 뛰어들어 석탄 생산을 중단시켰다. 1906년에는 프랑스 쿠리에르 탄광에서 폭발 사고로 광부 1000여 명이 사망하는 참사가 빚어졌으며, 파리에서 총파업이 뒤따랐다. 1942년 중국 번시(本溪: 중국 동북 랴오닝성의 광

공업도시—옮긴이)에서는 1500명이 사망한 인류 역사상 최악의 광산 사고
가 터졌다.

미첼 명제

정치학자 티모시 미첼(Timothy Mitchell)은 산업의 석탄 의존을, 19세기 후
반과 20세기의 정치에 영향을 끼친 사회민주주의 운동을 이해하기 위한
핵심 요소로 꼽았다. 광부들이 계급투쟁에서 적극적 역할을 떠안게 된
데는 네 가지 요인이 있었는데, 모두 석탄의 자연적 특성에서 비롯된 것
이었다.[8] 석탄층은 오직 소수 탄전의 경우에만 지표면 가까이에서 발견
된다. 노동 집약적 추출 작업은 노동자들을 광산 주변에 모여들게 만든
다. 석탄 수송의 어려움으로 인해 보조적 무역들이 광산 근처에서 이루
어지므로 프롤레타리아 계급의 결집도가 높아진다. 광산 노동은 그 특성
상 노동자 사이에 연대감과 자율성을 심어준다. 미첼은 자신의 빼어난
저서 《탄소 민주주의(Carbon Democracy)》에서 상이한 화석연료 형태는 서
로 다른 정치적 특성을 띤다고 주장한다. 석탄에서 석유로의 에너지 전
환은 정치가 사회민주주의에서 신자유주의로 전환하도록 영향을 끼쳤
다. 미첼의 경험적 사례는 영국과 중동에 국한되어 있으므로, 그의 결론
은 동유럽·러시아·중국에서, 그리고 석탄·석유·천연가스·셰일(shale)
등 다양한 종류의 탄소 연료 전반에 걸쳐 검증되어야 한다.
　　처음으로 전국적 파업을 감행한 것은 광부들이었다. 하지만 혁명
은 그들로부터 멀리 떨어진 수도들에서 일어났다. 그럼에도 석탄 공급
을 막을 수 있는 광부의 힘은 철도·발전소·무기공장의 가동을 멈추

게 했다. 1926년 영국노동조합총회(British Trades Union Congress)는 100만 명의 광부가 작업을 중단하는 총파업을 선언했다. 그럼에도 석탄 가격이 하락함으로써 그 사태는 정리해고와 실업으로 이어졌다. 제2차 세계대전으로 온갖 종류의 원자재에 대한 수요가 증가하고 새로운 불황이 닥쳤다. 양차 세계대전의 원인 중 하나는 루르 분지를 둘러싼 분쟁이었다. 루르 분지는 프랑스와 독일의 국경지대에 자리한 대규모의 탄광 및 산업 도시 집결지였다. 루르는 베르사유 조약의 조건에 따라 국제적 통제하에 놓였지만, 1923년 다시 프랑스 군대에 의해 점령당했다. 독일 산업은 원자재를 확보하지 못해 서서히 멈춰섰으며, 독일은 초인플레이션에 시달렸다. 1936년 나치군이 루르의 일부를 점령했고, 그 사건을 기화로 새로운 전쟁이 펼쳐졌다. 전쟁이 끝나자 프랑스는 자기네가 장악한 루르 지역을 포함해 자국의 석탄 산업을 국유화했다. 1951년 유럽 통합의 숨은 실력자 장 모네(Jean Monnet)의 주도 아래 프랑스 정부는 유럽석탄철강공동체(ECSC: European Coal and Steel Community) 창설을 제안했다. 이 새로운 기구는 전쟁을 "상상할 수 없을뿐더러 물리적으로 불가능하도록" 만들기 위해 루르를 직접 통제했다. 오랫동안 꿋꿋하게 버틴 유럽 산업의 중심지에서 케인스의 오래된 아이디어를 실현시킨 이 초국적 조직은 원자재를 책임졌으며, 기성 제품은 민간 및 공공 선수들에게 맡겼다. 유럽석탄철강공동체는 본시 6개 회원국으로 구성되었으나, 이어 유럽경제공동체(Common Market)로, 그다음에 유럽연합(European Union)으로 변신했다. 루르 분지는 전후 새로운 유럽의 출발점이었으며, 원자재에 대한 공동 통제는 유럽연합의 주요 존재이유이자 명분으로 떠올랐다.[9] 석유 시대는 이러한 관점을 완전히 바꾸어놓았다.

1946년 새로운 노동당 정부는 영국의 석탄 산업을 국유화했다. 새로운 국영 독점은 80만 명의 광부를 고용하는 약 1000개의 광산이 포함된 방대한 규모였다. 계획경제는 생산량을 키웠지만, 석탄은 석유와의 경쟁으로 인해 그 수요가 감소하기 시작했다. 전기로 가동되는 새로운 광산 기계에 힘입어 작업자의 생산성이 높아졌고, 1970년대 초에는 광부 수가 3분의 1로 감소했다. 1984년과 1985년 사이 숱한 광부가 탄광 폐쇄에 항의하며 일손을 놓았고, 이는 영국 역사상 최장의 광부 파업으로 이어졌다. 마거릿 대처(Margaret Thatcher) 총리는 광부들을 '내부의 적'이라고 몰아붙였다. 그녀는 북해 연안에서 발견된 석유와 천연가스의 손을 들어주었다. 이내 '네덜란드병'이 뒤따랐지만, 그사이 사회민주주의적 석탄 시대는 저물고 신자유주의적 석유 시대가 동텄다.

자원 전환은 까다로운 것으로 판명났지만, 석탄과 광부로부터의 탈피를 꿈꾸던 이들은 석유와 오일맨(oilman)에서 행운을 안았다. 1981년부터 영국은 자국이 수입한 것보다 더 많은 석유를 수출했다. 석유와 천연가스는 무역수지를 개선해 오랫동안 잊힌 중상주의적 아이디어들을 되살려주었다. 항존하는 노조와 장기 계약을 특징으로 하는 석탄 산업과 달리, 석유 산업은 자유무역을 바탕으로 번성했다. 선박이 디젤 연료로, 발전소가 천연가스로 전환함에 따라 광산은 민영화 및 폐쇄 수순을 밟았다. 잉글랜드의 마지막 깊은 광산은 2015년 문을 닫았다. 영국의 광산촌은 유럽에서 가장 빈곤한 장소로 전락했다.

광산과 광부는 동유럽의 해방 운동에서 주도적 역할을 했다. 폴란드 자유노조(Solidarność: '연대'라는 뜻으로 폴란드 민주화 운동을 이끈 노동조합—옮긴이)의 투쟁에서 중요한 순간은 1981년 슐레지엔 부예크 광산에서 일어난 파업이었다. 이 파업에서 시위대를 향한 총격으로 광부 9명이 사망했다. 소련 역사상 최초의 합법적 파업은 1989년 시베리아 쿠즈네츠크 분지의 광부들 사이에서 일어났다. '개혁 운동'이 실패했을 때 광부들은 다른 부문의 노동자들보다 한층 더 적극적이었고 결속력도 강했다. 하지만 어떤 파업도 경제침체를 이길 수는 없다. 석유와 천연가스를 대안으로 내세운 정부는 광부들의 위협을 가뿐히 묵살했으며, 더 나아가 그들의 힘이 약화하고 잊힐 때까지 탄광업 전체를 압박할 수 있었다.

오늘날 석탄은 대부분 노천광에서 채굴된다. 지표면에서 이루어지는 작업은 노동 집약도가 낮고 덜 위험하지만 환경에 더 많은 피해를 안겨준다. 노천 탄광은 광산 집합체의 전통을 달라지게 만들었다. 지하에서의 위험이 없어지면서 지상에서의 연대도 실종되었다. 연대가 없으면 파업도 없고, 파업이 없으면 권력도 없다. 2010년대에 석탄은 인류가 사용하는 에너지의 약 3분의 1을 생산했지만, 탄소 배출량 가운데 절반의 원인으로 떠올랐다. 석탄은 석유나 천연가스보다 에너지 단위당 훨씬 더 많은 탄소를 배출한다. 광산과 석탄 발전소 또한 다른 어떤 산업보다 많은 오염물질을 만들어내며, 이러한 오염은 바이러스의 에어로졸 확산과 연관되어 있다. 예컨대 2020년 폴란드의 광산 지역은 다른 곳들보다 코로나19로 인해 훨씬 더 심각한 피해를 입었다. 주로 석탄으로 야기된 우리의 생태 위기는 다른 수단을 통해 광부들이 했던 파업을 이어가고 있다. 당연히 지구의 파업은 한층 더 효과적일 것이다. 2015년 미국 경제의 석탄 부문은 이미 시가총액의 4분의 3을 잃었다. 유라시아는 여전히 석탄에 의존하고 있지만 상황은 점차 달라지고 있다. 영국은 2025년까지, 독일은 2038년까지 모든 석탄 화력 발전소를 폐쇄하기로 약속했다. 지구온난화를 국제적으로 합의된 한도 내로 유지하려면 알려진 석탄 매장량의 92퍼센트를 추출하지도 연소하지도 말아야 한다는 계산이 나왔다.

석유

석유가 석탄과 크게 다른 점은 액체라는 것이다. 무역은 움직임으로, 마찰을 극복하는 게 관건인데, 액체는 고체보다 마찰에 대한 저항이 적다. 이게 바로 석탄 에너지 1칼로리보다 석유 에너지 1칼로리를 생산하는 데 노동력이 덜 드는 이유다. 탄광에서는 수백, 심지어 수천 명의 사람이 일하지만, 유전에서는 기껏해야 수십, 수백 명이면 족하다. 석유는 액체 상태이므로 이것을 퍼올리려면 작업자는 지표면에 머물러 있어야 한다. 오일맨의 일은 광부의 일보다 꼭 덜 위험한 건 아니지만, 한층 통제하기 쉽고 눈에 더 잘 띄며 덜 자율적이다. 광부와 달리 오일맨들은 파업에 뛰어들지 않는다. 게다가 외딴곳에서 소규모 팀으로 일하는지라 쉽게 대체될 수 있다.

석유는 습기를 흡수하지도 부패하지도 않으며 수십 년 동안 보관할 수 있다. 하지만 인화성이 강하고, 누출·유출·화재의 위험에 늘 노출되어 있다. 따라서 유전·송유관·저장소·정유공장을 안전하게 보호하는 게 관건이다. 석유 가격은 생산 비용이 아니라 추출·운송·유통을 보증하기 위한 보호 비용에 좌우된다. 석탄 경제에서는 주요 선수가 광부이고 주요 위협이 파업이었던 반면, 석유 및 천연가스 경제에서는 주요 선수가 보안 요원이고 주요 위협은 테러리스트의 공격이다.

석유의 세 번째 특징은 석유가 항상 인구 밀집 지역에서 멀리 떨어진 산이나 사막, 습지나 해저에서 발견된다는 점이다. 이는 널리 분포하는 석탄과는 매우 다른 점이다. 석탄은 독점화가 어려운 경쟁시장에 적합하다. 반면 전 세계적으로 지극히 편파적으로 분포되어 있는 석유는 기업 독점, 국제 카르텔, 그리고 궁극적으로 석유 생산에 특화된 국가에 유리하게 작용한다. 20세기는 석유의 세기였으며, 석유 분포의 지리적 불균등은 금융 집중화와 경제적 불평등으로 이어졌다. 꾸준히 증가하는 석유의 흐름이 점증하는 돈의 흐름에 수렴하자, 전 세계의 국가와 은행은 유정에 원천을 둔 강력한 자본을 지닌 국가와 은행에 점점 더 의존하기 시작했다. 풍부한 석유, 고르지 않은 분포, 중독적 성격의 석유 소비는 부단한 경제성장을 위한 최적의 조건—즉 생산량의 증가 **그리고** 선택된 원자재 상품의 가격 상승이 이상적으로 결합한 상태—을 빚어냈다. 석유는 내가 '오일리가르히(석유재벌)〔oiligarchs: 석유(oil)와 러시아의 신흥 재벌 '올리가르히(oligarchs)'를 합성한 조어. '올리가르히'는 그리스 과두정치(소수 지배 독재)를 뜻하는 올리가르키아(oligarkhia)의 러시아식 표기로, 소련 붕괴 후 정경유착을 통해 부와 권력을 얻은 세력을 가리킨다—옮긴이〕'라고 부르는 초부유층 기업가 그룹을 형성했다. 석유 보유 영토가 **산유국**(petrostates)으로 전환하도록 뒷받침하기 위해서는 이러한 규모의 경제 발전이 필요했다.[1] 나는 국가의 지위가 석유를 퍼올리는 리바이어던으로—즉 마르크스가 말한 것처럼 "죽은 물질을 살아 있는 노동과 결합함으로써 …… '가치를 품은 큰 가치'로 전환하는" 살아 있는 괴물로—급격하게 변신한 이 같은 상황에 대해 강조하고 싶다.

유정과 파이프라인

전 세계 모든 국가가 석유를 소비하지만 석유를 추출하는 국가는 극소수에 그친다. 따라서 석탄과 달리 대부분의 석유는 지금껏 항상 수출되어왔다. 1859년 최초의 시추공이 뚫린 이래 전 세계적으로 수만 개의 유전이 발견되었다. 그중 상업적으로 이용 가능한 유전은 극소수이며, 매장량이 생산적 수준에 도달한 유전은 거의 모두 다른 자원들을 확보하기 위해 훨씬 이전에 국경을 형성한 세계 제국들로부터 멀리 동떨어진 주변부에서 발견된 것들이다.

석유는 한 손으로는 인류에게 주고, 다른 손으로는 인류에게서 빼앗아간다. 지구상의 모든 국가에서 1인당 석유 **소비**와 다양한 인간발달 지표(교육·기대수명 등)의 상관관계는 꽤 높다. 그러나 석유 **추출** 수준과 인간발달 사이의 상관관계는 무시할 수 있을 정도이거나 되레 부적(negative)이다. 평균적으로 '선진국(developed country)' 시민은 '개발도상국(developing country)' 거주민보다 10배나 많은 석유를 소비한다. 그러나 많은 석유 추출은 '개발도상국'에서 이루어지는데, 이 국가들은 그들의 '선진국' 파트너에게 석유를 공급한다. 이 무역 규모는 방대하다. 달러로 계산할 경우, 석유 무역 규모는 금 무역 규모의 10배에 달하며, 그어떤 다른 단일 원자재 상품의 무역 규모보다 훨씬 더 크다. 전 세계적으로 한 국가에 석유가 존재하면 내전이 발생할 가능성이 2배로 증가

하고 권위주의 정권이 집권할 가능성이 커진다.[2]

　제1차 세계대전은 석유 때문에 시작되진 않았지만 석유의 공급으로 인해 종식되었다. 제2차 세계대전에서도 석유는 주요 전리품 중 하나였다. 냉전으로 인해 석유지대(oil rent)는 민간 생산자에게서 국가 소유로 재분배되었으며, 중동·아프리카·남아메리카의 대규모 산유 지역은 분쟁 지역으로 전락했다. 오늘날 대부분의 석유는 국가 소유 매장지에서 추출되며, '재래식 석유'는 대부분 국가 소유 석유다. 역설적이게도 전 세계 자본주의 시장에서 가장 규모가 큰 무역은 민간 기업이 아니라 국가에 의해 이루어지고 있다. 전 세계 석유 매장량의 5분의 4를 소유하고 있는 카르텔인 석유수출국기구(OPEC)의 결성은 세계적 무역 독점을 창출할 수 있는 독특한 기회를 부여했다. (현대 국가를 이루는 특성인) 폭력 독점과 에너지 독점의 결합은 OPEC 회원국들이 국제 문제에서 전례 없는 권력을 휘두르도록 거들었다.[3] 그 권력이 약화한 것은 오직 두 독점의 불완전한 특성인 국내적·상호적 불일치로 인한 결과일 따름이었다.

　석유는 주로 에너지원으로 쓰이며, 석유를 연료로 삼는 차량은 전쟁에서부터 일과 여가 생활에 이르는 다양한 인간활동의 효율성을 크게 증진시켰다. 하지만 석유는 플라스틱·합성섬유·비료 등을 만드는 데 사용되는 원자재이기도 하다. 원유 15배럴 중 1배럴은 화학 산업에 쓰이고 나머지는 연료로 소비된다. 그러나 석유를 발견하고 추출해 소비자에게 전달하는 것 자체에도 추출된 분량의 일부인 에너지가 소요된다. 20세기 초부터 그 수치는 1퍼센트에서 20퍼센트로 불어났다. 더군다나 모든 공정 단계에서 이산화탄소가 배출된다. 배출 단위당 달성되는 유용한 작업은 20분의 1로 감소했다. 다른 원자재 생산과 마찬가지로 석유 추출도 '수확체감 법칙'의 지배를 받는다. 기존 유전들이 폐쇄되면 더 깊은 유정에서 석유를 퍼올려야 했다. 유정이 고갈되면 엄청나게 복잡한 기술을 동원해 퇴적층에서 남은 연료를 쥐어짜야 했다. 그 후 셰일과 오일샌드(oil sand) 같은 '비전통적' 원천이 발견되었다. 석유는 품질이 떨어짐에 따라 한층 더 복잡한 정유 과정을 거쳤다. 하지만 연료 가격이 오르는 한 석유 산업은 내내 확대되었다.

석유는 천연가스와 관련되어 있기는 하다. 그러나 석유는 액체고 천연가스는 기체라는 점에서 둘은 확연한 차이가 있다. 천연가스는 저장하기가 석유보다 훨씬 더 까다롭다. 이런 까닭에 마치 부패하기 쉬운 과거의 제품처럼 거래되곤 했다. 해상 운송이 불가능한 천연가스는 내륙 상품으로 남아 있었다. 고정된 파이프라인 네트워크를 통해 거래되는 천연가스는 장기적이고 보장된 계약에 기반해 판매되었다. 따라서 천연가스는 계획경제에 이상적이었다. 자유시장은 석유 쪽을 선호했다. 석유가 자본주의에 적합했던 것처럼, 천연가스는 사회주의에 딱 알맞았다. 천연가스를 액화하는 새로운 기술이 등장하면서 이러한 정황이 달라졌고, 그 정치적 특성까지 변화되었다. 액화 천연가스는 이제 저장이 가능하므로 필요에 따라 거래할 수 있고, 가격도 '그 자리에서' 결정할 수 있으며, 석탄이나 석유처럼 시장 상품으로 자리 잡았다. 액화 천연가스는 석유보다 비싸지만 연소시 배출되는 이산화탄소가 더 적어 덜 해롭다. 이 점은 천연가스의 미래를 달라지게 만든다. 즉 석유 소비는 줄어들 테지만, 천연가스 소비는 늘어날 것이다.

멀리 떨어진 귀퉁이

여러모로 불을 활용하는 인간은 땅속에서 인화성 기름이 흘러나오거나 자신들이 쉭쉭거리며 분출하는 천연가스를 발견한 이국적 장소에 항상 매료되어왔다. 최초의 석유 가공 작업은 오스트리아-헝가리제국의 외딴 지역인 갈리시아 동부의 한 귀퉁이에서 시작되었다. 1854년 약사 이그나티우스 루카셰비치(Ignatius Lukashevich)는 램프에 고래지방 대신 석유를 사용하는 방법을 터득했다. 지역 석유는 풍부했다. 그는 그저 유정만을 필요로 했지만, 그의 정유 작업장은 제법 정교했다. 그러나 갈리시아는 아라비아나 시베리아처럼 소비자로부터 멀리 동떨어진 곳이었다. 당국이 그곳에 철도를 놓기 전까지는 등유를 보낼 곳이 없었다. 하지만 인건비가 너무 싸서 지역 마을에 불을 밝히는 것만으로도 수익이 났다. 루카셰비치는 이 수익금으로 러시아제국에 맞선 1863년 폴란드 봉기에 자금을 댔다. 1880년 프란츠 요제프(Franz Joseph) 황제가 갈리시아를 방문했다. 그는 그 이후 석유 산업을 괴롭혀온 문제, 즉 과잉 생산을 확인하고 아마 놀랐을 것이다.

어두운 밤에 익숙하던 세계는 19세기 중반의 유혈 낭자한 전쟁을 치른 뒤 등유 조명을 즐겨 사용했다. 초기의 오일맨은 급진적인 이상주의자들이었다. 트리니다드섬(서인도제도 최남단 섬—옮긴이)에는 해적들이 배의 구멍을 메우는 데 사용한 역청을 보유한 호수가 있었다. 1850년대에 울름 출신의 독일인 콘라트 슈톨마이어(Conrad Stollmeyer)는 이 역청으로 등유를 생산하는 방안을 고안해냈다. 그는 등유를 램프 연료로 사용했으며, 사탕수수 폐기물과 함께 태워 설탕 수액을 끓이기도 했다. 슈톨마이어는 플랜테이션에서 고된 노동에 시달리는 흑인 노동자를 해방시키고자 희망했지만, 결국 농장주의 배를 불리는 데 성공했을 따름이다. 슈톨마이어와 루카셰비치는 자신들이 치른 전투에서 패배했고, 고생하는 노동자를 해방시키는 데도 실패했다. 하지만 그들의 발명은 최소한 고래 수천 마리의 목숨을 구해주기는 했다.[4]

1858년 펜실베이니아에서 석유 붐이 일기 시작했다. 예일 대학 화학과 교수 벤저민 실리먼(Benjamin Silliman)은 이전에 염수에 사용하던 석탄 연료 엔진으로 석유를 끌어올리는 데 성공했다. 무연(無煙) 램프로 불을 밝힌 미국 도시들은 등유를 엄청나게 소비했다. 석유 추출이 호황을 누리자 공급이 이내 바닥날 거라고 모두가 예상했다. 하지만 거꾸로 석유가 남아돌아 거품이 꺼지고 가격도 하락했다. 수백 명의 기업가가 석유 굴착 장치를 처분했는데, 그것들을 거의 모두 인수한 이가 바로 존 록펠러(John D. Rockefeller)였다. 1890년까지 그의 스탠더드오일 회사 (Standard Oil Company)는 미국 생산량의 91퍼센트를 쥐락펴락했다. 이 새로운 독점으로 인해 자기 아버지가 몰락하는 모습을 지켜본 저널리스트 아이다 타벨(Ida Tarbell)은 그 석유 거물을 고소했다. 시어도어 루스벨트(Theodore Roosevelt)는 그녀를 '추문폭로자(muckraker)'라고 불렀는데, 이는 급진적인 언론인 세대에게 붙은 꼬리표였다. 반면 우드로 윌슨(Woodrow Wilson)은 그녀를 지지했다. 그 역시 독점을 달가워하지 않은 것이다. 1911년 대법원은 스탠더드오일을 34개의 독립 법인으로 분리하도록 명령했다.[5]

석유를 램프 연료로 정제하는 작업 역시 오늘날 바쿠가 위치한 아브셰론반도에서 시작되었다. 그곳에서는 유정에서 채취한 석유를 점토 램프에 태워 사용했다. 1860년대에 고의식파로 이루어진 포모르족 공동체 출신인 또 한 명의 유능한 기업가 바실리 코코레프(Vasily Kokorev)

가 바쿠의 석유에 관심을 기울였다. 소금 생산 경험을 지닌 그는 그곳에서 시추 기술을 사용한 최초의 인물이었다. 1873년 코코레프는 높이가 60미터에 달하는 자신의 첫 번째 '분출 유정(spouter)'을 시추했다. 그는 훗날 원소 주기율표를 창안하게 되는 젊은 화학자 드미트리 멘델레예프(Dmitry Mendeleev)와 손잡고 석유에서 등유를 증류하는 공정을 완성했다. 증류 탱크는 석유 불꽃으로 가열되었으며 분출 유정 바로 옆에 위치했다. 석유 4통에서 등유 1통이 생산되었고, 그 찌꺼기는 바다에 버려졌다. 화재가 빈발했는데 진화는 불가능했다. 코코레프는 유전을 장기 임대하는 '파밍아웃(farming out)' 제도로는 사업 확장에 한계가 있다고 판단했다. 그는 수도에서 뇌물을 찔러줌으로써 규정을 바꿀 수 있었고, 바쿠는 경매를 통한 판매로 전환했다. 노동자의 근로조건은 여전히 형편없었지만 임금은 높았다. 노동자의 4분의 3이 이민자였다. 1888년 알렉산드르 3세는 갈리시아에서 프란츠 요제프가 보인 모범을 따라 바쿠에 왔다. 10년 뒤에는 세계 석유의 절반 이상이 바쿠에서 생산될 예정이었지만, 상트페테르부르크의 제국 정부는 이상하리만큼 소극적이었다. 역사가 알렉산드르 푸르센코(Alexander Fursenko)는 멀리 떨어진 상트페테르부르크의 재무부가 바쿠 석유의 수익보다 국채에 더 관심이 있었다는 사실을 입증해 보였다.[6] 이 채권의 배후에도 각축을 벌이는 잉글랜드와 미국의 석유 거물들이 포진해 있었고, 게임은 무척이나 복잡했다.

　제국에서 이 귀퉁이는 너무 외따로 떨어져 있었다. 등유를 바쿠에서 상트페테르부르크까지 운송하는 비용은 펜실베이니아에서 상트페테르부르크까지 운송하는 비용보다 2배나 많이 들었다. 미국산 등유에 높은 관세를 부과하는 1876년 러시아 관세법은 가격 차이를 균등화했다.

그럼에도 바쿠에서 수도까지 도달하려면, 등유 참나무통을 소의 등에 실어 산을 넘고 배로 바다를 건너고 바지선을 타고 볼가강을 따라 이동한 다음 옛 제국 운하를 지나 곡물의 길을 따라가야 했다.(2장 참조) 멘델레예프는 바쿠와 바투미(현재 조지아의 항구도시로 흑해 남동 연안에 위치—옮긴이)를 잇는 송유관을 건설해 인구밀도가 높은 러시아 남부로 정유 산업을 이전하도록 하려고 로비를 펼쳤다. 하지만 정부는 군사적으로도 이용할 수 있는 철도 건설 쪽을 선호했다. 오일맨과 정부 관리들 간에 지속된 논쟁으로 송유관 건설은 수십 년 동안 지연되었다.[7] 석유와 관계된 사람이라면 다들 바쿠로 몰려들었고, 로스차일드와 록펠러의 회사들은 석유에 접근하기 위해 현지인과 경쟁을 벌였다. 그들 대부분은 주식과 유전을 사들이고 뇌물을 뿌리고 권모술수를 부리면서 등유를 수출하고 석유 찌꺼기를 내버리는 탐욕스러운 사업을 키우느라 수십 년을 보냈다.

스웨덴 출신의 러시아 기업가 가문인 노벨(Nobel) 가문은 1876년 바쿠에 최초의 정유 공장을 설립했다. 아버지 노벨은 수십 년 동안 러시아 해군을 위한 장비를 만들어왔는데, 세 아들이 상트페테르부르크에서 부친의 사업을 물려받았다. 1873년 로베르트 노벨(Robert Nobel)은 새로운 모델의 소총을 만드는 데 필요한 호두나무 목재를 구입하려고 캅카스로 갔지만, 그렇게 하는 대신 자신의 자금으로 유전을 사들였다. 1916년 노벨 형제가 설립한 회사 브라노벨(Branobel)은 러시아 석유의 3분의 1과 세계 최대 민간 선단을 손아귀에 쥐었다. 그들은 등유를 유조선—최초의 유조선 이름은 '조로아스터호(Zoroaster)'였다—에 실어 카스피해를 가로지른 다음, 볼가강을 거슬러 올라가며 수송했다.[8] 노벨 가문을 위해 복무한 러시아의 뛰어난 엔지니어 바실리 슈호프(Vasily

Shukhov)는 등유 생산 후 남은 찌꺼기를 최초로 사용한 인물이었다. 그는 1876년 필라델피아에서 열린 '국제 예술 및 제조 전시회(International Exhibition of Arts and Manufactures)'에 다녀온 뒤, 증기기관이 석유 연료를 사용할 수 있게 해주는 분사 노즐을 발명했다. 그의 발명에 힘입어 러시아 남부에서는 선박과 기관차가 석탄 대신 석유를 사용하게 되었다. 이는 진보의 신호탄이었다. 당시만 해도 석유를 그토록 광범위하게 사용한 곳은 없었으니 말이다.

캅카스 지역의 엘도라도인 바쿠의 인구는, 다닥다닥 붙어살면서 민족 사업을 운영하는 이들의 유입으로 크게 불어났다. 러시아인과 독일인은 유정탑을 작동했고, 아르메니아인과 여러 유럽인은 무역을 통제했으며, 이슬람교를 믿는 아제르바이잔인은 미숙련 노동자로 일했다. 그루지야(현재 조지아—옮긴이) 총독이 이끄는 러시아 행정부는 지나치게 정력적인 아르메니아인을 통제했다. 유전에서는 사회민주주의 선전물이 유포되었다. 스탈린이라는 비밀명으로 통한 어느 젊은 그루지야인이 그 선전을 이끌었다.(그루지야 출신인 스탈린의 본명은 Ioseb Dzhugashvili. 스탈린은 '강철의 사나이'란 뜻—옮긴이) 1904년 12월, 그는 석유 노동자들이 일으킨 성공적 파업에 가세했다. 노벨 유전에서 수십 대의 석유 굴착기가 불태워졌고, 고용주들은 하루 9시간 노동에 동의했다. 스탈린은 훗날 "파업 덕분에 모종의 질서, 즉 모종의 '헌법'이 자리 잡았다"고 썼다.

1888년 런던 킹스 칼리지(King's College) 졸업생인 젊은 칼루스트 굴벤키안(Calouste Gulbenkian)이 바쿠에 도착했다. 그는 알렉산드르 만타셰프(Alexander Mantashev) 밑에서 일했다. 만타셰프는 말을 타고 자신의 유전들을 돌아다니며 말에서 내리지도 않은 채 현금을 나눠주던 이색적인 아르메니아인 백만장자였다. 굴벤키안은 유럽 전역에서 난교 파티를 벌이고 다닌 사실로 이름이 높았다. 아르메니아 대학살을 피해 도망친 망명자인 그는 석유 회사를 설립하고 매각하는 일을 이어갔다. 셸(Shell), 토탈(Total) 등 회사를 설립할 때마다 5퍼센트의 소유권을 확보했다. 그는 "작은 파이의 큰 조각을 취하는 것보다 큰 파이의 작은 조각을 챙기는 편이 낫다"고 말하곤 했다. 굴벤키안은 중개자 역할을 함으로써 자신만의 석유 제국을 건설할 수 있었다. 최근 출간된 그의 전기 제목에는 야코프 푸거와 마찬가지로 '(세계) 최고 갑부'라는 문구가 포함되어 있다.[9] 〔조너선 콘린(Jonathan Conlin)이 쓴 그의 전기 제목은 《미스터 5퍼센트: 세계 최고 갑부 칼루스트 굴벤키안의 다채로운 삶(Mr Five Per Cent: The Many Lives of Calouste Gulbenkian, the World's Richest Man)》, 그레그 스타인메츠(Greg Steinmetz)가 집필한 야코프 푸거의 전기 제목은 《지금껏 살았던 사람 가운데 최고 갑부: 야코프 푸거의 삶과 시대(The Richest Man Who Ever Lived: The Life and Times of Jakob Fugger)》—옮긴이〕

해마다 석유 수요가 증가하자 바쿠는 호황을 누렸다. 하지만 1905년 아르메니아인과 아제르바이잔인 사이에서 유혈 충돌이 빚어졌다. 연일 수백 명의 사람들이 거리에서 싸우다 숨지고 총독이 살해되었으며 수천 가족이 그 도시를 떠났다. 바쿠에서 일어난 사건은 상트페테르부르크의 공장 노동자들이 일으킨 파업과 동시에 벌어졌으며, 러시아 최초의 혁명을 위한 토대가 되어주었다. 1905년 8월, 바쿠에서 엄청난 규모의 화재가 발생해 대부분의 유전과 정유소가 화염에 휩싸였다. 러시아산 등유 수출이 반토막 나고 세금 수입이 감소했으며 러시아 수도에 대한 빵 공급마저 위태로웠다. 1906년 마침내 흑해까지 이어진 송유관이 개통되었는데, 이 기획을 후원한 이는 등유 왕 알렉산드르 만타셰프였다. 로스차일드 가문의 카스피해 회사(Caspian company)도 흑해까지 철도를 확장했다. 수송로가 개통된 때는 유전이 화재나 사보타주로 인해 대부분 파괴되어 석유 생산량이 급감한 바로 그 순간이었다.

바쿠의 불안은 계속되었다. 그 석유 식민지는 제국의 무덤을 파는 장소로 전락하고 있었다. 도네츠크 석탄 분지에서도 강력한 파업이 무장봉기로 번졌다. 인구 과잉에 난개발된 바쿠는 돈바스의 광산촌들과 흡사했지만, 바쿠의 피비린내 나는 혼란은 그와 달랐다. 광부들은 1905년 혁명과 총파업에 참여함으로써 러시아 의회를 탄생시켰다. 파괴적이고 산발적인 바쿠 사건들은 주로 민족 갈등, 지역적 선동 및 폭력의 악순환으로 촉발되었다. 그러나 실제로 소비에트 권력의 요람은 모스크바나 돈바스가 아니라 바쿠였다.

1910년 스탈린은 북부 망명지에서 탈출해 바쿠로 돌아왔다. 동료인 그루지야인 라브렌티 베리야(Lavrenty Beriya: 옛 소련 정치가, 비밀경찰 총수—옮긴이)는 노벨 형제의 공장에서 비밀 조직을 결성했으며, 이후 1930년대에 소련 테러의 조직가가 되기 전까지 바쿠를 여러 차례 방문했다. 바쿠 폭동과 화재는 수년간 이어졌다. 하필 석유가 가장 절실한 순간이던 제1차 세계대전 중에 석유 추출량은 4분의 1로 곤두박질쳤다. 그 전쟁이 끝나고 수천 명의 아르메니아 군인이 1915년 종족학살의 기억을 생생하게 간직한 채 바쿠로 돌아왔다. 캅카스 지역의 혁명 지도자는 스테판 샤우미안(Stepan Shaumian)이었다. 만타셰프가 돈을 대준 덕분에 베를린 대학에서 철학을 전공할 수 있었던 아르메니아인 샤우미안은 만타셰프의 딸과 약식으로 약혼한 상태였다. 1918년 6월, 바쿠 코뮌의 수장이던 샤우미안은 석유를 국유화하고 농민에게 토지를 분배하고 하루 8시간 노동제를 도입했다. 그러나 이제 튀르크 군대가 바쿠로 진격해오고 있었다. 새로운 대학살이 이어졌고, 투표수로 샤우미안의 반대를 물리친 시 의회는 영국군을 불러들였다. 영국군은 왔으나 이내 다시 바쿠를 떠났다. 영국은 석유가 필요했을 뿐 화재와 대학살을 막으려 하지는 않았다. 캅카스 지역의 이슬람 군대가 그 도시를 점령하고 아르메니아인을 말살했다. 샤우미안을 비롯한 정치위원들은 도망쳤지만 이동하는 도중 살해당했다.[10]

그사이 국제 유가는 상승했다. 제1차 세계대전은 동력화한 전쟁으로 판명되었으며, 값싼 석유 시대는 완전히 막을 내렸다. 러시아 적군(Red Army, 赤軍)이 바쿠에 입성했다. 적군 장교 가운데는 장차 소련의 산업화를 이끌게 되는 세르게이 키로프(Sergey Kirov)와 아나스타스 미코얀(Anastas Mikoyan)이 포함되어 있었다. 1920년 4월, 볼셰비키는 바쿠 석유를 국유화했다. 네덜란드 동인도 회사의 서기로 셸의 회장 자리에 오른 헨리 데터딩(Henri Deterding)은 평가절하된 바쿠 유전의 임차권을 사들였다. 소련 권력이 급속하게 붕괴하리라는 데 베팅한 것이다. 하지만 그는 결국 거액을 잃고 전술을 바꾸었다. 1924년 그는 바쿠를 점령하려는 그루지야 민족주의자들의 음모에 자금을 댔으며, 심지어 러시아 루블화 지폐를 위조하기까지 했다. 이 음모가 실패하고 나서는 독일 나치당에 실제 돈을 상당액 제공했다. 그의 경쟁자 굴벤키안은 자기 자본을 그보다 더 잘 굴렸다. 1928년 레닌그라드에 자리한 국영 에르미타주 미술관에서 수십 점의 고전 회화작품을 구입한 것이다. 이후 또 한 명의 석유 거물 앤드루 멜런(Andrew Mellon)도 이 대대적 구매 행렬에 동참했는데, 그는 옛 제국 소장품을 약탈함으로써 소련의 산업화에 필요한 자금을 대주었다.[11] 바쿠에서 거둔 수익을 가장 잘 활용한 곳은 멀리 떨어진 스톡홀름이었다. 1895년 노벨 형제 중 한 명이자 다이너마이트의 발명가이면서 바쿠 유전의 공동 소유주인 알프레드 노벨(Alfred

Nobel)은 자신의 재산 대부분을 노벨상 제정을 위해 내놓았다. 노벨 회사의 마지막 소유주이던 젊은 엠마누엘(Emmanuel)은 1918년 러시아를 탈출했고 자신의 재산을 잃었다.[12] 그사이 바쿠에서 경험을 쌓은 또 한 명의 엔지니어 레오니트 크라신(Leonid Krasin)은 새로 들어선 볼셰비키 정부의 대외무역 인민위원이 되었다. 그는 유럽 수도들에서 협상을 벌이는 동안 미국 경쟁업체에 바쿠 등유를 고정 가격으로 공급하는 무역 협정을 체결함으로써 록펠러를 능가했다. 이 석유 거물들의 성격과 유산은 저마다 크게 달랐지만, 그들 다수는 끔찍한 실수를 저질렀다. 그들의 성공은 멘델레예프 같은 과학자, 슈호프 같은 엔지니어 또는 크라신 같은 정치가에게 달려 있었고, 그들의 실패는 제 자신의 몫이었다. 그럼에도 그들은 자기가 고용한 사람보다 비교도 할 수 없을 정도로 많은 돈을 거머쥐었다. 많은 이들이 노력했지만, 누구도, 심지어 볼셰비키조차 이 사태를 바꿀 수는 없었다.

독일에는 석탄은 많았지만 석유는 거의 없었다. 나치 독일은 이전 10년간 활약한 화학자들의 연구에 힘입어 합성 연료 산업을 조성했다. 제2차 세계대전 동안 나치 독일은 이 석탄 기반 연료를 석유만큼이나 많이 소비했다. 거의 모든 독일 비행기가 합성 휘발유를 연료로 사용했다. 하지만 그것은 공급이 부족했으며, 휘발유 공장은 높고 눈에 잘 띄어 적의 폭격기들이 노리기 쉬운 표적이었다. 소련과의 전쟁에서 히틀러의 우선순위는 모스크바가 아니었다. 그는 첫 번째 단계로 돈바스와 캅카스 지방을 점령하라고 자신의 군대에 명령했다. 그러나 그들은 결코 바쿠에 도착하지 못했다. 세계 제국들의 변방에 위치한 이 석유 매장지의 기이한 특성 때문에 그곳을 무력으로 점령하기란 버거웠던 것이다.

소련에게는 외딴 바쿠가 중심이었다. 스탈린·베리야·크라신·키로프·미코얀, 그리고 카메네프(Kamenev)·리트비노프(Litvinov)·오르조니키제(Ordzhonikidze)·비신스키(Vyshinsky) 등 그 나라의 가장 중요한 지도자 가운데 일부가 바쿠의 혼란 와중에서 경험을 쌓았다. 그들이 마음에 새긴 교훈 중 하나는 손바닥만 한 땅에서 막대한 수익을 창출하는 방법이었다. 소농과 장인의 아들이던 이들에게 이것은 꽤나 중요한 경험이었다. 소련 당국은 흔히 그렇듯 테러와 감시를 동원해 바쿠의 평화를 회복시켰다. 그러나 그들이 고삐를 늦추자마자 반아르메니아 대학살이 다시 시작되었다. 1905년과 마찬가지로 1990년 바쿠에서 새로 발생한 민족 폭동에 이어 1991년에는 수도(이제 모스크바)에서 쿠데타가 시도되었다.

국가의 생명줄

영국 왕립해군과 경쟁하던 미국 함대는 일찌감치 증기 동력에서 디젤로 갈아탔다. 제1차 세계대전에서 미국은 연합국에 그들 석유 제품의 80퍼센트를 공급했다. 1920년대에는 이미 가솔린 자동차가 미국 도시를 가득 메우던 마차와 석탄으로 생산된 전기로 운행되던 트램을 모두 대체하고 있었다. 제2차 세계대전이 시작될 무렵 석유는 미국에서 소비되는 에너지의 3분의 1을 공급했는데, 이는 서유럽, 소련, 또는 일본에서 소비되는 양보다 훨씬 더 많았다. 이제 석유는 왕이었다. 석유가 없었다면 비료도, 밀을 경작하기 위한 트랙터도, 그 밀을 시장으로 실어다줄 대형 트럭도 없었을 것이다. 석유가 없었다면 아메리칸드림을 정의해주는 집·자동차·잔디밭도 없었을 것이다. 핵미사일을 제외한 모든 차세대 무기는 종전 세대 무기보다 더 많은 석유를 소모했다. 오늘날까지 이는 새로운 세대의 사람들이 등장할 때마다 동일하게 적용된다.

20세기 중반, 미국과 소련은 자국의 수요를 충족할 만큼 충분한 석유를 자국 국경 내에 지녔는데, 강대국 가운데 그런 경우는 그 두 나라뿐이었다. 영국과 프랑스는 중동에서 석유 채굴권을 얻었다. 독일과 일본은 평화시에는 석유를 무제한으로 구매할 수 있지만, 기본적으로 석유에 접근할 수 없었다. 제2차 세계대전이 끝나자 유럽에 에너지 위기가 닥쳤다. 루르 지역 탄광은 파괴되었다. 폴란드 석탄과 거의 모든 유럽 유전이 소련의 통제하에 놓였다. 마셜 플랜(Marshall Plan)에 의거해 제공된 미국 원조의 10퍼센트는 미국 기업들이 중동에서 유럽으로 들여온 석유였다. 지역의 혁명들이나 전 세계의 냉전에 힘입어 다국적기업들이 물러났으며 수입에서 그들이 차지하는 몫도 줄어들었다. 미국은 베네수엘라와 중동에서 현지 당국과 50 대 50의 조건으로 생산을 공유하기로 합의했다. 멕시코·이란·이집트에서 일어난 쿠데타는 석유의 국유화와 추출량 감소로 이어졌다. 그러나 석유 시장은 시종 성장했고 유가도 상승했다. 1945년에서 1973년 사이 미국의 1인당 석유 소비량은 2배로, 차량 수는 4배로 불어났다. 선진국들은 북해와 알래스카에서 새로운 유전을 시굴했다.

소련의 석유 의존도는 미국과 엇비슷했지만, 그 사용처는 미국과 크게 달랐다. 볼셰비키 정부는 바쿠 모델에 따라 석유를 자국의 전략 자원으로 이해했다. 석유는 (주로 군사-산업적 목적을 위한) 국내 사용과 (석유를 대가로 해외의 무기, 재화와 서비스를 공급할 수 있는) 대외무역으로 구분되어야 했다. 이 두 가지 기능 간에 균형을 유지하는 일은 까다로웠다. 러시아, 그리고 그 후 소련의 주요 무역 파트너는 두 차례의 세계대전에서 적국이던 독일이었기 때문이다. 나치가 침공하기 직전인 1940년에도 소련은 독일이 필요로 하는 석유의 3분의 1을 공급해주었다. 반면, 1930년대의 대규모 산업화로 석유 소비량이 엄청나게 증가했음에도 국내 석유 제품 소비는 억제되고 있었다. 독일과 미국 기업들은 원자재의 대가로 자동차, 대형 트럭, 트랙터 및 차량 제조 공장 자체를 소련에 부지런히 공급했다. 그러나 자동차 소유자 및 주택 소유자의 국내 소비를 촉진하는 미국의 관행과 달리, 소련은 국가가 통제하는 낭비적 사업에 석유를 공급했다. 대중교통이 주를 이루었고 개인 소유의 자동차 수는 극히 적었다. 하지만 석유에 대한 열정만큼은 한이 없었다. 유명한 시인 니콜라이 아세예프(Nikolai Aseev)는 1935년에 이렇게 썼다.

우리는 모든 곳에 석유를 공급하고 있다,
인화성 강하고 진한 석유를……
석유는 우리에게 식물과 물보다 더 중요하다.
온갖 외딴 귀퉁이에서……
우리는 시추, 시추, 시추를 계속하고 있다.
집요하게 지칠 줄 모르고.
자동차 오일, 디젤 연료,
그것은 우리에게 생명줄과 같다,
우리 땅의 구멍들에서 내장까지 활기를 불어넣는다.
시간이 지나면서 우리는 석유를 향수로 정제할 것이다……
오일맨이야말로 우리의 거인 아닌가,
우리의 진정한 영웅 아닌가?[13]

바쿠의 석유는 바닥을 드러내고 있었지만, 소련은 새로운 유전을 열었다. 자신들의 초기 경험을 기억해낸 당국은 타타르스탄과 우랄 지역을 '제2의 바쿠'로, 서부 시베리아 지역을 '제3의 바쿠'로 불렀다. 1960년대 초, 시베리아에서 석유와 천연가스가 발견된 후, 그 추출 속도는 너무 빨라서 공급이 무궁무진해 보였다. 석유 역사가 마리아 슬랍키나(Maria Slavkina)가 지적했다시피, 예상치 못한 시베리아 석유의 횡재로 인해 소련 지도부는 경제개혁에 착수하려던 애초 계획을 처음에는 연기하고 나중에는 단념할 수 있게 되었다. 그러나 '수확체감 법칙'은 사회주의 국가에도 어김없이 적용되었다. 1975년에서 1990년 사이 시베리아 석유 공급량은 거의 증가하지 않았지만, 자본 투자는 4배, 유전 수는 10배로 불어났다.[14] 그러나 집단 농장의 생산성은 유전의 생산성보다 훨씬 더 빠른 속도로 떨어졌다. 1982년 소련은 식량계획에 착수했다.(2장 참조) 석유를 식량으로 교환하려는 대규모 계획은 소련을 냉전 상대국들에 전적으로 의존하도록 내몰았다. 새로운 송유관이 시베리아 서부에서 서유럽으로 석유와 천연가스를 공급했지만, 거기에 쓰이는 중요한 부품들은 독일이나 미국에서 제조되었다. 호황을 누리던 시베리아 유전에서는 노동력·장비·식량 등 모든 것이 부족했다. 모스크바는 자체적으로 부과한 제약을 무시하고 과거에 소련에서 석유가 풍부했던 지역인 우크라이나·아제르바이잔·타타르스탄에서 수천 명의 노동자를 시베리아로 데려왔다. 그리고 그들이 자국에서 받을 수 있었을 액수보다 훨씬 높은 급료를 그들에게 지급했다. 1980년대 내내 매일 수십 편의 전세기가 우크라이나 서부에서 수천 명의 지원자를 서부 시베리아로 실어날랐다. 그들은 돌아가며 거기서 2주 동안 일하고, 다시 집으로 돌아가 2주 동안 쉬는 생활을 되풀이했다.[15] 그러자 유가가 하락하기 시작했다. 자원 제국들의 역사적 기준에 따르면 유가 하락은 빠르긴 했으나 크게 가파르지는 않았다. 노르웨이에서 베네수엘라에 이르기까지 다른 많은 산유국은 위기를 무사히 헤쳐나갔다. 오직 소련만이 무너졌다.

민영화, 수입 장비 및 외국의 전문지식은 소련 국가계획위원회(Soviet State Planning Committee)가 수십 년 동안 씨름해온 숱한 문제를 해결해주었다. 그러나 새로운 러시아 국가는 자국 유전은 매각했지만, 전체 송유관 네트워크만큼은 계속 손에 쥐고 있었다. 아이러니하게도 이 결정은 오래전 애덤 스미스가 얻은 결론, 즉 가장 중요한 독점은 생산자가 아니라 운송업자에게 있다는 사실을 재확인해주었다. 자유무역의 주요 장애물은 다름 아닌 운송업자들이다. '오일리가르히(석유재벌)'는 기술, 전문지식, 훈련된 인력을 현지에서 만들어낼 필요 없이 그들 비용의 작은 일부만 들여도 사들일 수 있다는 사실을 깨달았다. 소비에트 시대의 위대한 지식체제였던 과학아카데미·학교·대학은 이제 수요에 비해 공급 과잉인 것으로 판명되었다. 2004년 크렘린의 최고 지도부는 서부 시베리아 최대의 석유 회사 유코스(Yukos)를 재국유화했다.

석유국가

20세기 내내 지질학자들은 지구상에서 점점 더 많은 석유와 천연가스를 발견했고, 기존 매장지가 고갈되기 전에 새로운 매장지를 찾아냈다. 일부 발견은 비밀로 유지되었으며, 일부 발견은 기업적·국가적 자부심의 상징으로 떠오르기도 했다. 석유 산업의 주요 문제는 석유 과잉으로 인한 가격 상승이었다.[16] 1930년에 텍사스 동부에서 대규모 석유 매장지가 발견되었다. 이는 유가를 급격하게 떨어뜨림으로써 대공황의 원인이 되었다. 베네수엘라에서 쿠웨이트에 이르기까지 전 세계적으로 석유 채굴권을 사들인 석유 회사들은 생산량을 늘리는 게 아니라 제한하는 것을 목표로 삼았다. 석유 회사들이 스스로를 위해 구상하고 있는 이상적 세계에서는 세계적 소비량의 증가가 추출량을 능가할 것이다. 실제로 유가는 인플레이션보다 더 느리게 상승했다. 소비는 그 체제에서 병목으로 작용했으므로 늘어나야 했다. 미국 문화는 포디주의(Fordism: 미국 자동차회사 포드식 대량생산 방식), 할리우드, 휘발유를 많이 잡아먹는 자동차, 변화하는 패션, 고속도로와 교외 지역의 매력 등을 유럽과 전 세계에 과시했다.[17] 자가용이 대중교통을 대체했다. 엔진은 그 어느 때보다 강력해졌다. 성 평등이 드물게 승리를 거둔 결과 남녀 공히 차를 몰았다. 집과 직장, 집과 학교, 일과 여가 사이의 이동 시간이 점점 더 길어졌다. 근대성과 동일시되는 새로운 속도 숭배는 그 이전 시대 영국의 설탕 생산업자들과 동일한 논리를 따랐다. 즉 생산업자들은 중독성 있는 쾌락을 귀족 소비의 영역에서 대중을 위한 즐거움으로 새롭게 자리매김함으로써 비록 가격에서는 패배했지만 거래량에서는 승리했던 것이다.

전후 시대에 서유럽 국가들은 미국식 근대화를 표방하면서 각축을 벌였는데, 이는 필연적으로 석유 소비의 증가를 의미했다. 달러 또는 현물로 제공된 마셜 플랜의 자금은 유럽이 중동으로부터 석유를 구매하는 데, 그리고 미국식 조립라인(그 조립라인을 통해 완성된 자동차가 굴러나와 주유소로 달려가 탱크에 기름을 채우게 된다)을 구입하는 데 기여했다. 그럼에도 유럽의 휘발유 소비량은 미국 수준에 미치지 못했다. 서유럽의 휘발유세는 미국보다 약 3배 높으며, 서유럽 국가들의 수입에서 10퍼센트 정도 차지한다. 유럽의 생활방식은 대중교통(점차 전기차가 늘고 있다)에, 그리고 연비 좋은 소형차, 도심에 조성된 보행자 구역과 변두리의 공원, 그리고 이제 자전거와 전기 스쿠터에 기반을 두고 있다. 자동차를 위해 건설된 대부분의 미국 도시에서는 이 중 어느 하나도 먹히지 않을 것이다.

석유는 엄청난 수익을 안겨주었지만 그 생산 비용은 여전히 미스터리로 남아 있었다. 외진 입지 특성과 비공개 체제는 유례없는 규모의 수익 흐름을 창출했다. 이 모든 게 낯설었다. 석탄 및 제조 산업에서는 생산비에 임금이 포함되었고 노동조합이 이를 통제했으니 말이다. 1972년 경제학자 모리스 에델만(Maurice Edelman)은 중동에서 석유 1배럴당 추출 비용은 채 10센트가 되지 않지만, 이익은 1달러 정도라고 추산했다. 그 이후 각 수치는 증가했지만 둘 간의 비율은 거의 변함없었다. 성장하는 시장에서 높은 가격을 유지할 수 있는 것은 오직 독점 기업이나 그에 준하는 국가 간 조직인 카르텔뿐이었다. 전 세계 공급량의 절반가량을 통제하는 석유수출국기구(OPEC)는 추출량과 유가를 둘 다 조정했다. 배럴당 가격이 4배나 껑충 뛴 1973년의 석유 위기 이후 그 영향력은 더욱 커졌다.

석유의 저주(oil curse)란 화석연료 추출이 한 국가의 정치 및 경제 발전을 저해하는 현상을 지칭한다. 역설적이게도 석유가 풍부한 국가들은 석유가 없는 그 인접국들보다 더 가난하고 더 불행하다. 그 모든 석유 수익은 대체 어디로 가는가? 왜 개발이 가속화되지 않는가? 어째서 이 특별한 부는 행복을 가져다주지 않는가? 인류학자 페르난도 코로닐은 석유 탓에 망가진 국가의 교과서적 사례인 베네수엘라를 다룬 연구에서 석유국가(petrostate) 개념을 도입했다. 석유가 발견되기 전까지는 약소국이던 베네수엘라가 커피로 수익을 냈다. 베네수엘라는 새롭게 석유를 통해 자국(자국 영토 통일체에 속한 국민과 자연)과 해외기업들을 이어주는 중개자 역할을 발견했다. 후자는 엄청난 이익을 누렸고, 베네수엘라는 세계 최대의 석유 수출국으로 부상했다. 그 나라는 손가락 하나 까딱 않고 이익을 거두었다. 미국 기업들이 석유를 시추해 수출했고, OPEC에 속한 아랍의 파트너 국가들이 게임의 규칙을 정했으며, 쿠바는 석유를 대가로 의료 서비스와 교육을 도왔다. 베네수엘라는 미래의 이익을 예상하고 훨씬 더 많은 돈을 빌려 세수를 늘리고 서서히 다가오는 위기를 악화시켰다. 이 석유국가는 국가를 탈바꿈시키겠다고, 즉 근대화하고 부유하게 만들고 공장과 병원을 짓고 대학을 설립하겠다고 약속했다. 하지만 이 가운데 어느 것도 실현되지 않았다. 건물은 미완성 상태로 방치되었으며 졸업장은 상상 속에서나 가능했다. 국가 지출은 이례적 속도로 증가했지만 엘리트들은 국가를 관리할 능력이 없는 것으로 드러났다. 석유는 석탄과 달리 산업에 가하는 비용이 한층 저렴하므로, 산업이 유전 가까이 이동하는 경우란 거의 없다. 베네수엘라 정부의 경제 실험은 석유 추출량 감소, 초인플레이션, 경제적 붕괴로 치달았다. 또 하나의 사회주의 석유국가인 소련에서도 비슷한 일이 벌어졌다. 베네수엘라는 세계에서 가장 풍부한 석유 매장량을 보유하고 있는데도 현재 휘발유를 수입하고 있다.

자연은 여전히 부의 원천이지만 국가는 진보의 원천이기를 표방한다. 그리고 당연히 국민에게 감사를 기대하는 건 자연이 아니라 국가다. 베네수엘라에서 평화와 정의를 약속한 장군들이 잇달아 등장했다. 쿠데타가 일어날 때마다 지도자가 바뀌었지만 문제는 그들이 아니라 석유였다. 외채로 증폭된 천연 부는 정치인들을 마술사로 바꿔놓았다. '진보'를 제 마술쇼의 핵심 트릭으로 내세우는 마술사 말이다. 성공의 물결 속에서는 국가가 물신숭배의 대상으로 탈바꿈한다. 반면 실패에 빠지면 그 국가는 저주로 전락한다. 석유 의존 국가들에서는 국민이 노동을 통해 돈을 벌지 않는다. 대신 국가가 자연으로부터 수입을 얻고 그것을 국민과 공유한다. 이러한 국가들을 좌지우지하는 석유는 일회성인 인구보다 더 영구적이고 유의미한 그들의 성스러운 '제2의 몸'이다.[18]

소련과 베네수엘라는 석유 부와 사회주의적 가르침 사이의 깊은 친화력을 보여주는 예다. 역사적으로 이러한 가르침은 돈 벌기가 아니라 돈의 재분배에 관한 것이었고, 그 실질적 성공은 석유 같은 이미 준비된 가처분 국가 소득원에 달려 있었다. 그러나 사회주의는 석탄 시대에 탄생했으며, 프롤레타리아 계급의 규율을 바탕으로 대규모 노동자 집단의 삶을 반영했다. 바이마르공화국 시기의 독일, 뉴딜 시대의 미국, 일부 북유럽 및 서유럽의 복지 국가들은 모두 전후 시기에 형성되었다. 이들의 이념은 석유 시대에 살아남지 못했다. 이번에도 유토피아적 좌파 정당이 통치하던 소련이 신자유주의 경제와 사회적 보수주의를 표방하는 러시아연방으로 변모한 게 좋은 예다. 그들은 이념적으로는 상극이지만, 대다수 관찰자는 두 나라의 사회·경제 시스템이 놀라우리만큼 유사하다는 데 동의한다. 석유 의존은 석유국가가 계속되도록 보장한다. 자국민의 소비를 억제함으로써 매장량을 축적한다는 석유국가의 핵심 임무는 사회주의, 신자유주의 또는 권위주의 모델이 아니라 제국주의 시대에 흔히 볼 수 있는 중상주의적 국가 모델에 기반을 두고 있다. 이 급변하는 분야에서는 천연자원 및 그 정치적 특성에 초점을 맞춘 경험적 차이가 이데올로기적 차이보다 더 많은 것을 설명해준다.

저주의 과학

역사가가 기술하는 세계와 달리 정치학은 엄격하다. 그러나 정치학자
들은 일단 상관관계를 따져보고 회귀분석을 하고 나면 원시 종교에서
가져온 은유에 의존한다. 이것이 바로 정치학자들이 '석유의 저주' 또
는 소수 의견이긴 하나 '자원의 축복(resource blessing)'에 대해 이야기하
는 이유다. 통계에서 무엇을 얻느냐는 무엇을 집어넣느냐에 따라 달라
진다. 정치학자 마이클 로스(Michael Ross)는 2001년 발표한 획기적인 논
문에서 석유와 광물 수출에 의존한 결과 '렌티어 효과〔rentier effect: 렌티
어(rentier)는 이자·배당·임대료 등 투자수당으로 생활하는 금리생활자를 말한다—옮긴
이〕'와 '자원의 저주'에 취약해진 쿠웨이트부터 키르기스스탄에 이르는
50개국을 분석했다. 러시아도 소련도 이 통계에 포함되지 않았다. 그러
나 10여 년 뒤 그가 저술한 저서 《석유의 저주(The Oil Curse)》(2012년)에
는 러시아를 다룬 길고도 독창적인 장이 포함되어 있다.[19]
 로스는 전 세계에 걸친 '석유지대'의 네 가지 특징을 열거한다. 첫
째, 규모가 크다. 석유국가의 정부는 석유가 없는 주변국 정부보다 규
모가 2배나 크다. 둘째, 직접적이다. 재무부는 국민으로부터 거둔 세금
이 아니라 주로 국유 재산에 따른 수입에 의존한다. 셋째, 일국의 통
제를 넘어서는 국제 유가에 의존하므로 불안정하다. 넷째, 시민의 적
극적 참여 없이 국가와 자연의 직접적 관계에서 비롯되는지라 불투명
하고 비밀스럽다. 이 모든 것으로 인해 '석유지대'는 엘리트를 부유하

게 만드는 최적의 수단으로 변질된다. 주 수입원인 석유 추출이 노동 집약적이지 않기 때문에 석유국가는 인구에 의존하지 않는다. 엘리트들은 본인의 뛰어난 기술, 마술적 기량, 고귀한 약속을 통해 스스로의 존재를 정당화한다. 석유국가는 병원을 짓거나 식량을 구매하거나 통화를 지원하는 등 수입 일부를 국민의 이익을 위해 재분배한다. 그러나 이러한 축복의 수혜자가 그에 영향을 미칠 수 없는 한, 지출은 비생산적 상태로 남아 있다. 석유국가는 세금에 의존하지 않으므로 민주주의의 규범적 원칙인 '대표 없이 과세 없다'가 제대로 작동하지 않는다. 석유국가는 규범적이라기보다 경험적인 또 다른 원칙, 즉 '과세 없이 대표 없다(no representation without taxation)'는 원칙을 설파하고 실천한다.[20] 전체 인구의 과세를 대체할 수 있을 만큼 큰 소득 흐름을 창출할 수 있는 것은 오로지 석유뿐이다. 은·설탕·대마·면화 등 초기 자원들에 대한 의존 형태는 부분적이었다. 엘리트들이 제 이익을 추구하기 위해 국민 일부를 노예로 삼았지만 나머지는 자유인으로 남아 있었던 것이다. 하지만 석유의 경우에는 국민 전체가 온통 석유국가에 의존하고 있다.

국가 간 통계를 보면, 한 국가의 석유 및 천연가스 수출은 그 나라의 민주적 발전을 저해하고 인적자본의 성장을 가로막으며 다른 국가 수입원을 파괴한다는 것을 알 수 있다. 탄화수소(액체 탄화수소가 곧 석유─옮긴이) 수입의 1퍼센트 증가는 다른 수입의 0.2퍼센트 감소와 관련된다.[21] 그러나 나머지 국가들보다 더 성공적으로 석유에 대처해온 국가들도 없지는 않다. '자원의 저주'를 다룬 문헌의 주요 결론은 '자원의 저주'가 반드시 운명적이지는 않다는 것, 위험에 대한 지식을 바탕으로 진지하게 집중적으로 노력하면 '자원의 저주'를 극복할 수 있다는 것이다. 자원 의존성은 저주도 미리 운명지어진 결과도 아닌, 자유로운 선택, 정치적 의지의 표현이라고 볼 수 있다. 그러나 이러한 의지는 변화하는 조건, 가격 등에 따라 달라진다. 유가가 오르고 나머지 국가경제 부분의 생산성이 떨어질수록, 오일리가르히(석유재벌)라는 덫의 유혹은 한층 커진다.

1990년대 초, 러시아 부총리 겸 재무장관 예고르 가이다르(Yegor Gaidar)는 소련의 몰락에 대해 유가의 불안정성과 다각화의 실패 탓이라고 설명했다.[22] 나이지리아·이란·리비아·베네수엘라도 '석유의 저주'를 보여주는 또 다른 역사적 사례들이다. 이들 나라는 자본도피, 불평등 심화, 부권사회, 비효율성 등 석유국가의 전형적 특징을 잘 보여준다.

탄소와 성(性)

석유는 연료를 공급하고, 연료는 근대적 부권사회의 핵심 가치 중 하나인 속도를 제공한다. 조립라인이 발명된 이래 자동차는 남성 소비의 모범적 대상으로 떠올랐다. 점점 더 많은 노동자가 자동차 생산에 참여하고 있으며, 점점 더 많은 자동차가 조립 라인에서 굴러나온다. 점점 더 많은 노동자가 자동차를 구매하며, 그들은 점점 더 많은 자동차를 만든다. 그리고 자동차는 점점 더 많은 휘발유를 소비한다.

마이클 로스는 여러 아랍 국가에서 여성의 지위를 비교한 결과, 여성은 석유 부재 국가에서 교육 기간이 더 길고 직업을 가질 가능성이 더 높다는 사실을 확인했다. 그러한 국가들은 다른 생산 산업들—흔히 섬유 산업―을 발전시키기 때문이다. 섬유 제조업은 석유보다 수입이 적지만 더 많은 성 평등과 계급 평등을 허용한다. 이들 국가는 모두 이슬람 국가지만 각각의 차이는 상당하다. 어떤 나라에서는 여성 노동력이 전체의 4분의 1을 차지하지만, 또 어떤 나라에서는 5퍼센트 미만에 그치는 것이다.[23] 유엔 통계에 따르면, 전 세계적으로 광물 자원 추출은 군산복합체나 마찬가지로 극심한 성 불평등을 특징으로 하는 경제 부문이다.[24]

로스의 비교 방법을 러시아 대 우크라이나, 아제르바이잔 대 아르메니아, 카자흐스탄 대 키르기스스탄에 적용하면 흥미롭다. 러시아에서는 인구의 오직 1퍼센트만이 석유 및 천연가스 산업에 종사하는데, 그들 대부분은 남성이다. 우리는 여기에 송유관을 지키고 수입원을 보호하고 오일리가르히와 그들의 자산을 지키는 등 보안업에 종사하는 5퍼센트의 인구를 더해야 한다. 이들 군인·감시인·경호원도 모조리 남성이다. 또한 분쟁 해결에 종사하는 대규모 법조인 집단도 있다.(이들은 러시아에서 전체 인구의 약 1퍼센트를 차지하는 집단으로, 그 비중이 독일에서보다 훨씬 더 크다.) 담배와 설탕 무역에서 핵심 과제 중 하나가 해적으로부터의 보호인 것처럼, 석유 의존 경제에서 보안 요원의 업무는 중차대하다. 약한 고리는 석유의 추출이 아니라 운송, 특히 석유의 보안이다. 이러한 이유로 석유 업계 출신이 석유 추출 국가의 지도자가 되는 경우는 드물다. 매번 그 나라 지도자는 장군이거나 아니면 보안 전문가인 전직 첩보기관원 출신인 것으로 드러났다. 이들은 국가 경제에서 가장 중요한―심지어 유일하게 중요한―부분을 담당하기에 가장 두둑한 급여와 혜택을 누린다. 무언가를 지키는 사람이 그것을 소유한다. '나는 생각한다, 고로 존재한다(Cogito ergo sum)'의 추출 버전이랄 수 있는 '나는 보

호한다, 고로 의무를 지운다(Protego ergo obligo)'는 카를 슈미트가 이 정
치철학의 기본적 진실을 공식화한 것이다.[25]

석유 사업의 전통과 그 필요조건인 보안은 러시아의 많은 관찰자
가 주목한 바와 같이 극심한 성 불평등을 초래한다. 나는 이러한 인간
유형의 경제적·성적·심리적 특성을 반영하기 위해 그들을 '석유마초
(petromacho)'라고 부른다. 석유와 천연가스를 추출·운송·보호하는, 인
구의 약 7퍼센트에 해당하는 남성들이 러시아연방 예산의 절반 이상을
쓸어가고 있다. 귀중한 자원을 추출하고 보호하고 거래하는 소수 특권
층 남성과 이 거래로 인한 소득 재분배에 의존하는 나머지 국민, 이렇
게 두 부류의 시민이 공존한다. 이상적 형태에서라면 이러한 국가는 오
직 화석연료 거래만을 책임진 석유 및 천연가스 기업처럼 될 것이다.
그러나 국민의 존재가 이 구도를 복잡하게 만든다. 석유 수출에 기대
살아가는 국가에게 그 나라 국민은 그 목적에 비춰볼 때 남아도는 불필
요한 존재다. 하지만 러시아에서 추출되는 천연가스의 3분의 2와 석유
의 4분의 1은 국내 소비에 할애된다. 귀중한 자원이 해외시장으로 나가
지 못하도록 막는 이러한 현상은 정부가 줄이고자 노력하는 부담이다.
국민이 남아돌고 불필요하다는 사실이, 그들이 고통받거나 죽어야 한다
는 뜻은 아니다. 국가는 그들을 돌볼 테지만, 오로지 정부가 하고 싶은
방식대로만 그렇게 할 것이다. 국민은 국부의 원천이 아니라 국가가 베
푸는 자선의 대상으로 전락한다.

중독성 있는 독점은 불평등으로 이어진다. 이러한 수준의 불평등
을 유지하는 것이 러시아·나이지리아·인도네시아·베네수엘라, 그리고
최근의 멕시코 등 인구가 많은 석유국가에게는 더욱 어렵다. 다시 한번
러시아가 전형적인 예다. 2018년 통계는 석유 및 천연가스 추출에 종사

하는 1퍼센트 인구가 국가 예산의 절반가량을 제 몫으로 챙겼다고 밝히고 있지만, 실제 수치는 절반을 훌쩍 뛰어넘는다. 석유 수익은 막대하지만, 엘리트층의 수요를 충족하고 국민 전체를 부양하는 두 가지 과제를 수행하기에는 충분치 않다. 권위주의 정권의 목표는 이 두 과제 간 균형을 맞추는 것인데, 이는 성장기에는 쉽지만 침체기에는 버거운 일이다. 석유에 대한 의존은 종종 중독과 비교되곤 한다. 경기 침체로 인해 수백만 명이 고통당하는 것과 개인적 병리현상 간의 유사성을 밝히면서 말이다. 2006년 조지 W. 부시 대통령이 "미국은 석유에 중독되어 있다"고 말했다. 러시아에서는 비평가들이 러시아가 정맥에 꽂아넣은 '석유주사(oil needle)'에 대해 지적한다. 소련 이후의 러시아 정부는 다각화와 근대화를 위한 프로그램을 되풀이해 발표해왔다. 그러나 민주주의 전통이 취약한 이 거대 국가는 석유에 대한 중독을 스스로 치료하기가 불가능하다는 것을 깨달았다.

석유국가에서 남녀는 자기 노동력이 아니라 엘리트가 나눠주는 자선에 의존한다. 양자 모두 외부 힘에 기대며, 그들은 자기들끼리 흥정하는 게 아니라 다른 누군가와 흥정한다. 신, 자연, 우연 또는 다른 어떤 힘이 관여해 석유가 종교와 관련을 맺도록 안내했다. 이슬람 국가들은 전 세계 석유 매장량의 62퍼센트를 소유하고 있으며 전 세계 석유의 절반 이상을 수출한다. 또 다른 5퍼센트 매장량은 기독교 정교회 국가에 속해 있다.[26] 석유는 이데올로기와도 연관성을 띤다. 즉 추출된 석유의 4분의 1이 러시아·베네수엘라·카자흐스탄 등 3대 탈사회주의 국가에 집중되어 있다. 오직 종교적 논리와 민족주의적 논리만이 일부 국가에는 자원을 풍부하게 부여하고 다른 국가들에는 전혀 자원을 제공하지 않은 운명적 우연에 대해 설명할 수 있다. 자신들이 누리는 축복의 원천을 이해할 수는 없지만 스스로가 예외적이고 특별나다고 느끼는 석유 부유층 엘리트는 신비주의와 민족주의, 오만과 탐욕을 한데 버무려 선택받은 민족이라는 이데올로기를 재구성했다. 자원 민족주의는 엘리트들이 국가의 자선을 누려야 할 자국민과 누려선 안 되는 외부인을 구분하도록 도와준다. 엘리트들이 보기에, 그들이 베푸는 자선은 선택된 민족이라는 자기인식을 확인시켜준다. 반면 국민이 보기에는 엘리트의 자선이 시민을 빈곤층으로, 이주민을 별 볼 일 없는 존재로 바꿔놓는 것이다. 이는 악의 악순환이다.

석유 본위제

21세기 초에 석유를 비롯한 거의 모든 천연자원 가격은 장기적 추세에 도전하면서 큰 폭으로 상승했다. 2014년 이들 자원의 가격이 정점에 달했을 때 뉴욕증권거래소에서 에너지 부문에 포함된 주식의 총 가치(2조 달러에 육박)는 금융 부문 주식의 총 가치(2조 달러를 약간 상회)에 바싹 다가갔다. 그 이후로 많은 변화가 이어졌지만, 세계는 여전히 연료를 태우고 대기를 오염시키는 식으로 거의 모든 에너지를 얻고 있다. 은행의 자산처럼 땅속에 묻혀 있는 화석 탄소는 국가 통화의 가치와 국가 예산의 규모를 좌우한다. 석유 달러, 가스 루블, 석탄 즐로티(zlotie: 폴란드의 화폐 단위—옮긴이)를 위시한 여러 탄소 통화는 글로벌 시장에서 유통되며 노동·교육·의료 및 생활 자체의 가격을 결정한다. 석유 1배럴의 가격은 세계 경제의 주요 지수로서, 유가의 궤적을 충실히 따르는 금 가격보다 더 중요한 지표다. 금 본위제는 수십 년 전 폐지되었다. 오늘날에는 '석유 본위제(oil standard)'에 대해 논하는 게 더 사리에 닿지 않을까 싶다.

칼 폴라니가 보여준 바와 같이 금 본위제는 19세기 유럽이 안정적으로 유지되는 데 핵심적 역할을 했다. 그는 "리카도와 마르크스가 한마음이었던 19세기는 의심을 몰랐다"고 썼다.[27] 그러나 독일은 제1차 세계대전 중 금 본위제를 포기했으며, 영국과 미국은 대공황기에 금 본위제를 폐지했다. 1944년 브레턴우즈 협정(Bretton Woods Agreement: 미국 브레턴우즈에서 국제환 금융에 대해 맺은 협정으로, 이에 의거해 국제통화기금과 세계은행이 창설되어 전후 국제 통화 제도와 경제체제, 무역 확대의 기초를 다졌다―옮긴이)은 달러와 동맹국의 다른 통화들 간에 고정 환율 체제를 구축했다. 거의 전량 달러로 거래되는 석유는 이미 국제 무역에서 가장 중요한 상품으로 떠올랐다. 달러는 금에 고정된 상태로 유지되었지만 석유 가격(금 1온스에 대한 석유 1배럴의 환율)은 유동적이었다. 소련은 이 협정의 서명국이었고, 금 본위제를 유지하는 것은 금과 석유를 추출하는 국가에 유리했다. 브레턴우즈 협정은 영국 대표 존 메이너드 케인스와 (나중에 소련의 첩자로 밝혀진) 미국 재무부 고위 관리 해리 덱스터 화이트(Harry Dexter White)의 논의를 통해 성사되었다. 두 사람은 세계은행(World Bank), 국제통화기금(IMF)에 더해, 석유·고무·금속 등 전략 자원의 세계적 공급을 책임질 제3의 국제기구를 만들자고 제안했다. 이 국가 간 기업은 원자재를 대규모 창고에 저장함으로써 가격 인상을 완화하고 국가별 할당량에 따라 원자재를 공급할 예정이었다. 분명 이 체제는 자원 생산자들에게 이득이 될 것이다. 이 프로젝트는 '소련 국가계획위원회'가 꿈꿔온 것과 흡사했지만, 신자유주의 운동의 창시자들조차 그 프로젝트를 승인했다. 일례를 들자면, 프리드리히 하이에크(Friedrich Hayek)는 금 본위제를 '국제 원자재 준비 통화(international commodity reserve currency)'로 바꾸자고 제안했다.[28] 각국 통화는 석유를 포함한 일련의 '표준 저장 가능 원자재들(standard storable raw materials)'에 연동될 터였다. 케인스의 논문에는 유사한 지수에 대해 개괄한 내용이 담겨 있었다.[29] 케인스와 하이에크가 한마음이었던 20세기는 "의심을 몰랐다". 1944년 8월, 미국과 영국은 국제 석유 위원회를 창설하자는 데 합의했다. 이 위원회는 OPEC의 초기 버전이자 그보다 더 광범위하고 강력한 조직이었다. 화이트가 취한 사전예방적 입장에 비추어 판단하건대, 그가 모신 소련 지도자들도 이 프로젝트에 깊은 관심을 보였을 것이다.

이 아이디어는 채택 가능성이 없었는데, 그 이유를 이해할 필요가 있다. 달러로 표시된 배럴당 가격은 그와 교환할 수 있는 재화 및 서비스의 양을 의미한다. 석유 가격이 높아질수록 노동력과 노동 집약적 상품 가격은 더 싸진다. 본질적으로 배럴당 가격은 석유와 경제 간 비율이다. 유가는 변동하지만 임금은 상대적으로 안정적이다. 이게 바로 장기적 유가 차트가 무질서한 톱날처럼 들쭉날쭉하게 보이는 이유다. 달러를 배럴에 고정하면 임금 불안정으로 이어질 것이다. 금 본위제가 석유 본위제로 대체되고 국가 통화가 석유 배럴에 의해 뒷받침된다면, 노동·서비스·부동산 가격은 크게 요동칠 것이다.

1971년 닉슨 대통령은 달러의 금 태환을 중단했다. 만약 그런 조치를 취하지 않았다면 1973년 유가가 4배나 상승하면서 화폐 공급량 증가에 대응할 금이 부족해져서 은행 위기가 초래되었을 것이다. 그 후 달러는 다른 통화들과 관련해 변동해왔다. 일반적 인플레이션을 고려할 때 금 가격은 유가보다 더 빠르게 상승했다. 금 공급이 석유 공급보다 느리게 증가했기 때문이다. 그러나 유가는 금 가격보다 변동성이 더 크다. 둘은 평화시에는 나란히 변동하지만, 전쟁이나 위기 상황이 닥치면 크게 달라진다. 석탄에 대한 석유의 승리 덕에 대권을 장악한 신자유주의 경제는 유가가 차분하게 상승할 때만 번성했다. 아마도 석유 본위제는 금 본위제 같은 가격 등가물로서가 아니라 예측 가능한 성장의 규제 과정으로서 작용할 것이다. '시장 안정화'가 OPEC의 공식 목표였다.

1960년 아랍 국가들, 이란, 베네수엘라가 창립한 이 카르텔 OPEC은 현재 15개국이 참여하고 있으며, 전 세계 석유 추출량의 44퍼센트를 통제한다. 러시아, 노르웨이 등 다른 몇몇 국가는 참관자 자격으로 OPEC 회의에 참석한다. 미국은 비공식적이지만 영향력 있는 참관자다. 역설적이게도 글로벌 자본주의에서 가장 빈번하게 거래되는 상품(석유)의 가격은 시장에 의해 결정되는 게 아니라 OPEC 회원국 간의 합의에 따라 달라진다. 미국은 자유무역을 선호했음에도 OPEC 설립을 막지 않았다. 존 F. 케네디 행정부는 다국적기업보다 국가 카르텔과 합의하는 편이 한결 쉬울 거라고 기대했다. 그러나 1973년 10월, 아랍-이스라엘 전쟁이 이어지자 OPEC은 대미 석유 공급 금수 조치를 발표했고 유가는 크게 치솟았다. 한 세기 전 록펠러가 그런 것처럼, OPEC은 독점을 정당화하는 논리인 유가 안정성 약속을 지키지 않았다. 1974년 6월, 미국 재무장관 윌리엄 사이먼(William Simon)은 사우디아라비아와 협정을 맺었다. 그에 따라 미국은 사우디가 미국 재무부 채권에 석유 달러를 투자하는 조건으로, 새로운 가격 수준에 합의했다.[30] OPEC은 배럴당 가격을 생산 원가보다 훨씬 더 높게 책정했다. 이로써 전 세계 주유소의 연료 가격이 결정되었고, 소비자들은 달리 대안이 없기에 그 가격을 받아들여야 했다. 주유소 소유주와 석유 수출업자들이 이익을 나누어 가졌고, 후자는 미국 재무부 채권을 매입해 은행 금리를 낮춤으로써 기업의 근심을 덜어주고 자산 시장에 거품을 만들었다. 이것은 미국의 돈뿐 아니라 자국 경제들에서 빨아들인 돈을 지구상에서 가장 큰 재무부에 투자하는, 최고 수준의 중상주의 펌프였다.

은행과 주식시장은 전 세계가 공유하는 허구, 즉 금 본위제의 유사물을 필요로 한다. 배럴당 가격은 석유 그 자체만큼이나 유동적이지만 탄탄한 뒷배를 두고 있다. 지질학자들은 석유 1배럴이 소비될 때마다 지구의 '입증된 매장지'에 또 다른 2배럴이 더해진다는 사실에 주목했다. 고체 상태의 한정된 금이 유동적이고 불어나는 석유로 대체되면서 신자유주의 세계관은 아연 활기를 띠었다. 하지만 케인스의 예측대로 유가는 큰 폭으로 출렁거렸다. 전후 각국 정부는 '거래가격 변동폭 제도(price corridors: 유가 변동폭을 설정해 가격 급등을 막기 위한 것—옮긴이)'를 도입하거나 국가 비축량을 조성하는 식으로 이러한 변동성에 대처했다. 이 중 첫 번째 방법은 대개 제대로 작동하지 못했다. 두 번째 방법은 가령 루이지애나와 텍사스의 소금 광산에 거대한 석유 저장 시설인 '전략 석유 비축기지(Strategic Petroleum Reserve)'를 설립하는 결과로 이어졌다. 1975년부터 그곳에 석유가 저장되어왔으며, 오늘날 이 저장고는 필요성이 생길 때 모두 꺼내려면 6개월이나 걸릴 정도로 많은 양의 석유를 보관하고 있다. 이 거대한 저장 시스템은 '피크오일(peak oil: 오일 생산 정점—옮긴이)' 개념이 널리 회자되던 시기에 탄생했다. 자원 공황의 일종이랄 수 있는 '피크오일'은 미국의 지질학자 매리언 킹 허버트(Marion King Hubbert)가 정립한 개념이다. 1948년 허버트는 제번스의 오류를 되풀이하면서 석유가 곧 바닥날 거라고 주장했다. 그는 석유 추출량이 1970년 정점에 도달하고 나서 고갈, 비용 상승, 수확 체감으로 인해 서서히 감소할 거라고 예측했다. 1973년 그와 전혀 다른 이유들 때문에 유가가 급등했을 때, 사람들은 그가 내놓은 예측에 대해 논의했다.[31] 소련은 미국의 석유 비축에 맞서 대규모 천연가스 지하 저장 설비를 건설했다. 그런데 아이러니하게도 그 시설들은 모두 현재 러시아의 경쟁국인 우크라이나 영토에 들어섰다.

1970년대 이후 몇십 년 동안 유가가 2배, 많게는 5배까지 변동하지 않은 10년은 없었다. OPEC가 공식 목표로 내세운 '시장 안정화'는 이루어지지 않았다. 대신 우리는 하나의 위기에서 군사·금융·정치·생태·유행병 등 다른 위기로 옮겨다녔다. 금 본위제가 성공적이긴 했으나 잠정적 조치였다면, 석유 본위제는 애당초 가망이 없는 것이었다. 화석 자원 대부분은 결코 사용되지 않을 것이다. 2015년 BP(British Petroleum: 영국의 세계적인 석유 회사—옮긴이)는 입증된 석유·천연가스·석탄 매장량의 3분의 1만 추출 및 사용될 거라는 예측을 내놓았다. 만약 그보다 더 많은 탄소가 연소되면 지구 평균 기온이 섭씨 2도 이상 상승하는 결과로 이어질 테고, 이는 우리가 알고 있는 문명에 치명적이기 때문이다. 그 이후 입증된 에너지 매장량의 증가와 현실적인 에너지 수요의 감소는 더한층 분리되어왔다. 주요 석유 회사들의 시가총액이 석유 매장량에 의존하는 한, 이러한 분리는 막대한 재정적 손실을 뜻한다. 미국 셰일은 석유 매장량을 새롭게 증가시켰으며, 석유와는 다른 비전통적 동역학을 지닌다. 즉 가격 변동에 더 탄력적인 셰일오일(shale oil)은 석유 시장에서 충격 흡수제 노릇을 한다.[32] 그러나 모든 흡수제에는 견딜 수 없는 수준의 충격이 가해질 수 있다. 2020년에는 석유 소비가 급감했으며, 러시아와 사우디 같은 산유국들이 유가를 지지하는 데 합의하지도 못했다. 또한 그해에는 유럽 국가들로부터 '녹색 회복(green recovery)'에 대한 새로운 약속도 불거졌다. 팬데믹이 발생한 결과, 유가는 정보적 가치를 상실했다. 세계경제와 분리된 배럴당 가격은 내내 변동하겠지만, 예측불허의 움직임으로 인해 시장에 미치는 영향은 줄어들 것이다. 2020년 독일은 이미 에너지 대부분을 재생 가능 에너지원으로부터 생산하고 있다. 다른 많은 유럽 국가도 대체로 석탄과 석유의 연소 금지를 뜻하는 '탄소 중립(carbon neutrality)'을 실현하기 위한 일정을 마련했다.

영어와 독일어는 모두 '아무개는 더럽게 부자다(so-and-so is stinking rich)'라는 관용구를 사용한다. 지그문트 프로이트는 민속학에서 따온 "악마가 애인에게 준 금은 그가 떠난 뒤 똥으로 변한다"는 표현을 썼다.[33] 부와 똥의 밀접한 관계는 자원 플랫폼이 바뀔 때마다 한층 명확해진다.

러시아병

1977년 〈이코노미스트〉는 북해의 흐로닝언 앞바다에서 대규모 천연가스전이 발견된 후 네덜란드에서 이어진 예기치 못한 사태를 설명하고자 '네덜란드병'이란 용어를 만들어냈다. 국가 통화가 강세를 보이면서 실업·인플레이션·이민을 초래했다. 과거에도 수차례 일어난 바와 같이, 원자재에서 거둔 이익은 노동자의 임금을 평가절하했다. 그러나 네덜란드, 노르웨이 및 기타 '선진' 국가들은 '자원의 저주'에 대처할 방안을 찾아냈다. 인기를 누린 해결책은 '국부펀드'였다. 이는 석유 달러를 '불태화(sterilisation, 不胎化: 중앙은행이 외화를 매입하거나 매출하여 생기는 본원 통화의 증감을 상쇄하고, 공개 시장 조작을 통하여 채권을 매각하거나 매입하려는 정책―옮긴이)'하고 유통되지 못하도록 막고, '미래 세대를 위해' 돈을 비축하는 임무를 지닌 국영 금융 제도다. 소비를 장려하는 '복지 국가'의 공리주의적 경제학과 달리, 이 '불태화 펀드'는 국내 지출을 억제하는 중상주의적 목표를 내세운다. 과거의 금 보유고와 마찬가지로 이 펀드는 불특정 미래를 위해 석유 달러를 모은다. 둘의 차이점이라면 독재적 통치자는 국고를 완전히 좌지우지할 수 있었던 데 반해, 이 국부펀드의 지출은 수많은 규칙과 절차를 따른다는 것이다. 이를 운영하기 위해 국가는 강력한 의회, 독립적 사법부, 자유로운 언론 등 '좋은 제도'를 요청한다. '좋은 제도'는 경제학자들은 어떨지 몰라도 역사가로서는 감히 쓰기 어려운 표현이다.

노르웨이의 국부펀드는 수조 달러에 달하는데, 모두 석유와 천연가스를 통해 조성되었다. 그 나라 정부는 연금 및 기타 필요를 위해서는 그 펀드가 거둔 연간 수익의 오직 3퍼센트만 지출할 수 있으며, 그외 지출을 위해서는 의회의 전체 투표를 통해 승인을 얻어야 한다. 이 펀드는 담배 회사의 주식을 전부 매각했고, 최근에는 석탄 회사의 주식도 팔아치웠으며, 석유 회사의 주식도 서서히 매각하겠다고 약속했다. 하지만 노르웨이 기업들은 해저에서 연료를 퍼올리고 그것을 판매하고 생산을 확대하고 노동자에게 임금을 지급하면서 전력을 다하고 있다. 노르웨이가 자체적으로 사용하는 에너지 대부분은 수력 발전소에서 얻는다. 결과적으로 노르웨이의 석유와 천연가스를 연소시키는 것은 해외 소비자들인데, 그들은 우리 공통의 대기를 오염시키고 노르웨이 시민에게는 아무런 혜택도 안겨주지 않는다. 하지만 그 국가가 자원 수입을 묶어두었기 때문에 시민들은 오직 스스로의 노동에만 의존하고 있으며 잘 헤쳐나가고 있다. 노르웨이가 이러한 색다른 해법을 궁리해낸 것은 자국이 겪은 자원경제로서의 경험 덕택이었다. 200년 전 노르웨이는 가난한 나라였고 의존적인 식민지에 불과했다. 그 나라의 주요 수입원인 어류·목재·곡물은 확산형 자원으로 독점에 적합지 않았다. 발전에 결정적 역할을 한 것은 정치 평론가들이 생각하는 것처럼 기존 제도가 아니라 기존 자원일까? 그리고 석유가 지구를 오염시키고 그에 따라 사람들이 그 이익을 '불태화'하느라 분주한 것보다 차라리 그냥 석유가 지구에 묻혀 있었다면 더 낫지 않았을까?

경제사상사는 국가 세수에 비견되는 가치를 지닌 막대한 소득 흐름의 '불태화' 같은 것을 예측하지 못했다. 고전경제학자들은 새로운 시대가 마주한 중대 질문—즉 어떻게 경제에서 부를 제거할 것인가—이 자신들의 질문과 정반대가 되리라곤 결코 상상할 수 없었을 것이다. 이 여러분의 부는 이미 창출되었으므로 모든 시민에게 골고루 분배하는 편이 더 낫지 않을까? 이것이 알래스카가 운용 중인 유사한 펀드의 작동 방식이다. 이 펀드는 모든 알래스카 주민에게 매년 배당금을 지급한다. 투명한 공식을 거쳐 계산된 이 금액은 연간 1000달러에서 2000달러 사이를 오간다. 1977년 조성된 이 펀드는 경험은 많되 관료주의는 거의 없다. 러시아는 노르웨이 모델을 본떠 2004년에 안정화 펀드(Stabilisation Fund)를 조성했다. 석유 및 천연가스에서 얻은 수입의 불태화라는 목표 또한 노르웨이 모델과 흡사했다. 그러나 이 러시아 펀드는 안정성도 불태화 능력도 부족했다. 그것은 수차례 분할, 합병 및 개혁 과정을 거쳤다. 러시아연방에 속한 그 어떤 기관도 그렇게나 빈번하게 이름을 변경한 곳은 없었다. 이 펀드는 대통령과 정부의 감독 아래 돈을 지급하는데, 최근 몇 년 동안 그 규모가 큰 폭으로 축소되었다. 아랍에미리트에서 베네수엘라에 이르는 다른 산유국에서도 그와 유사한 기금이 조성되어 있다.

경제학자들이 말하듯, 이 모든 펀드는 제도에 의존한다. 하지만 나는 여기서 그 방식이 저마다 근본적으로 다르다는 점을 덧붙여 강조하고자 한다. 우리는 러시아·이란·베네수엘라·나이지리아·리비아 등 '나쁜 제도'를 둔 국가에서는 자원 의존의 악순환을 목격할 수 있다. 이들 사회는 원자재를 추출하고 수익의 불태화에 실패하면서 인적자본의 가치를 떨어뜨리고 있다. 그뿐만 아니라 자신들의 제도를 약화시킴으로써 점점 더 자원 의존성을 키우고 있다. 이러한 사회는 이 위기 저 위기를 거듭하면서 자연환경과 인공환경을 오염시킨다. 그 결과 이전에 달성한 교육 및 평등 수준을 상실하고 사회가 서서히 마비되며 국가가 독단적 행위를 자행하는 등 탈근대화가 야기된다.[34] 러시아는 자국 자원의 부, 불확실한 재산권, 정치적 권위주의, 기록적 불평등 수준을 지닌 '나쁜 제도'의 전형적 사례다. 따라서 나는 자원 의존성과 '좋은(또는 얼추 수용 가능한) 제도'의 결합은 네덜란드병이라고, 자원 의존성과 나쁜 제도의 결합은 러시아병(Russian disease)이라고 부르겠다.

러시아 경제에서 석유와 천연가스가 담당하는 역할은 배럴당 가격에 따라 해마다 달라진다. 2013년 석유와 천연가스의 추출은 러시아연방의 GDP 가운데 11퍼센트를 차지했으며, 그 해외 매출액은 수출 수익의 3분의 2, 그리고 국가 예산의 절반에 달했다. 그러나 이는 해외 무역을 통한 직접적 수입일 뿐이다. 석유와 천연가스의 상당 부분은 자국 내에서, 흔히 보조금을 지급받는 가격으로 소비된다. 국가가 에너지 판매로 얻는 수익을 추정하려면, 국내에서 판매되는 석유와 천연가스의 양에 세계 가격을 곱해야 한다. 이와 같은 계산에 따르면 GDP의 3분의 1 정도 수치가 나온다. 이 수입은 국내 비용과 보조금으로 인해 훨썬 더 늘어난다. 예컨대 국가가 석유로 벌어들인 돈을 써서 임금을 지불하거나 농업 기업에 연료를 공급하면, 이는 국가가 세금 형태로 국고로 돌아가는 수입 가운데 일부만 취하는 꼴이 된다. 하지만 이 세금은 석유 수익을 세탁한 것이다. 중공업과 군수 산업, 금속 공장, 철도는 모두 보조금을 지급받는 가격으로 전기(또는 전기를 생산하기 위해 연소시키는 천연가스)를 공급받는다. 이러한 보조금만 해도 GDP의 5퍼센트를 차지한다. 농업은 할인 가격으로 연료를 공급받고 국제 가격으로 곡물을 수출한다. 이렇게 해서 석유 수익은 급증한다. 한층 더 중요한 점은 러시아 통화인 루블화가 상대적으로 안정적인 것은 오직 석유와 천연가스 수출 덕택일 뿐이라는 사실이다. 석유와 천연가스 수출이 없다면 루블화의 태환성은 상상하기 어렵다.[35] 안정적 통화는 공공재이며 그 나라는 이에 책임을 져왔다. 석유와 천연가스 판매로 벌어들인 수십억에 달하는 달러와 유로가 이 작업에 쓰이고 있다. 그러나 2020년에 러시아 루블의 가치는 유로 대비 20퍼센트 넘게 하락했다. 1920년대에 활동한 마르크스주의 역사가 미하일 포크롭스키(Mikhail Pokrovsky)는 세계 곡물 가격이 상승할수록 러시아제국의 정치가 더욱 공격적으로 변했다고 밝혔다. 밀 수출 증가는 크림전쟁의 발단이 되었다.[36] 21세기에도 크림반도와 관련해 동일한 논리가 반복되었다. 유가가 오를수록 러시아 당국의 말과 행동은 한층 공격적으로 변했다. 그리고 반대로 가격이 하락하면 러시아 당국은 긴장의 끈을 늦춘다.

미국 학자 클리퍼드 개디(Clifford Gaddy)와 배리 이키즈(Barry Ickes)는 러시아 경제를 논의하면서 그 석유국가를 뒤집어놓은 깔때기에 비유했다.[37] 에너지와 자본은 좁은 목 부분을 통해 그 나라에 유입된다. 깔때기가 넓어지는 부분에서 산업들은 무기, 파이프, 트랙터 또는 철로를 제조하기 위해 에너지와 자본을 사용한다. 이 부문에 종사하는 노동자는 임금을 받고, 그 돈을 깔때기의 가장 넓은 부분을 형성하는 서비스와 소비재에 지출한다. 이러한 거래에서 발생하는 세금은 에너지 흐름을 방어하고 분쟁을 해결하고 재산을 보호해야 하는 보안 서비스용 자금으로 쓰인다. 그리고 남은 금액이 학교·병원·연금 등 '사회적 영역'으로 들어간다. 비효율성·부정부패·탈세는 이러한 수입 흐름의 일부를 엘리트 계층을 위한 보조금으로 바꿔놓는다. 깔때기는 공감을 불러일으키는 이미지지만, 나는 자원 국가를 뚜렷하게 구분되는 두 개의 순환고리—즉 혈액에 산소를 공급하는 폐 회로와 신체의 그 나머지에 영양을 공급하는 거대한 조직 회로—로 이루어진 인체에 비유하고 싶다. 시추공, 파이프라인 및 수출작업 네트워크를 관통하는 작은 회로에서는 동맥혈이 신선하고 전환 가능한 자본으로 가득 차 있다. 이 산소는 큰 회로를 통해 다른 모든 장기와 사지에 도달해 모세혈관에 정체되고 정맥을 막고 죽어가는 혈관 벽에 침전된다. 두 회로는 심장에서 만나는데, 심장판막이 그 시스템의 미천한 주변부에 산소를 얼마만큼 전달할지 결정한다.

탄소 본위제

생태적 관점에서 볼 때, 유가는 높아야 한다. 고유가는 연료 소비를 억제하고 배출량을 줄여주며 대체 에너지원을 개발하도록 동기를 부여한다. 그러나 정치적 관점에서 보자면, 고유가는 권위주의적 석유국가에 재정적 지원을 함으로써 그들에게 전쟁을 일으키고 불평등을 확산하며 배출량을 늘려주는 새로운 기회를 제공한다. 생태학·정치학·경제학은 늘 불화하지만, 지금이야말로 그들이 조화를 꾀해야 할 때이며, 이 새로운 질서는 분명 생태학이 이끌어가게 될 것이다. 생태학(ecology)과 경제학(economics)은 둘 다 '가정(household)'을 의미하는 그리스어 어원에서 유래한 단어임을 기억할 필요가 있다.

전 세계 차원에서 고유가 시대는 공급 다각화로 이어졌다. 새로운 에너지원은 항상 기존 에너지원보다 비싸지만, 사람들은 비경제적 이유로 그것을 더 선호한다. 태양광 패널과 풍력 발전소는 점점 더 저렴하게 전기를 생산하지만, 이 에너지를 유통시키고 저장하려면 고가의 희귀 금속을 비롯한 여러 재료가 필요하다. 역청 모래는 여전히 비싸고 그것을 가공하는 과정은 환경에 해를 끼친다. 셰일오일은 전망이 그보다 밝다. 자동화에 구애받지 않는 셰일오일 추출은 노동 집약적이며 현지 지식을 필요로 하기 때문이다. 시추공은 물레방아를 멈추기 어려운 것만큼이나 뚜껑을 닫기 힘든 반면, 수압 파쇄 방법은 필요에 따라 작업을 중단하거나 재개할 수 있다. 셰일오일 추출 지역은 널리 퍼져 있다. 셰일오일 추출 지도는 유전들의 특징인 국지형 구조보다 탄광들이 몰려 있는 넓은 공간에 걸친 클러스터에 더 가까운 모습이다. 그리고 마지막으로, 미국의 셰일오일 부지들은 여전히 개인 소유에 머물러 있다. 노천 탄광에서 석탄을 추출하는 것은 전통적 석유의 경우와 유사하지만, 셰일오일에서 에너지를 추출하는 것은 새로운 기술 수준에서 볼 때 탄광의 경제학으로 회귀하는 것을 의미한다. 액화 천연가스는 계획경제에 더없이 매력적이던 송유관으로부터 천연가스 거래를 해방시켜준다. 이 새로운 기술들은 미첼 명제를 수정하거나 심지어 뒤집는 것일까?

역사의 여러 시대에 토지·금·석유는 교환가치의 보편적 등가물 역할을 했다. 앞으로는 이 역할을 탄소가 맡게 될 것이다. 공기는 모두의 것이다. 따라서 최대의 오염 유발자는 가장 높은 가격을 지불해야 하며, 그 지불금은 오로지 국가만 징수할 수 있다. 기후재앙이 시시각각 다가옴에 따라, 에너지 정책—가격, 세금, 보조금, 단계와 목표 등—은 점점 더 중요한 배출량 규제 기제로 떠오를 것이다. 지금까지 탄소 배출량은 에너지의 생산 및 소비와 더불어 증가해왔다. 하지만 애초에 제한해야 하는 것은 수요나 공급이 아니라 배출량이다. 이러한 접근 방식은 배출량을 규제의 주요 요소로 삼는다. 리카도의 고전경제학은 토지·노동·자본이라는 생산의 3요소를 가정한다.(고전경제학은 모든 원자재가 토지와 관련되어 있다고 본다). 탄소 배출량은 이 고전적 3요소와 구별되는 네 번째 요소다. 노동은 무한하고 자본은 상관적인데 오직 토지만 유한하다. 그러나 이제 우리는 대기가 먼저 끝장날 거라는 사실을 깨닫게 되었다. 모든 사업 계획은 기업들이 토지·노동·자본의 사용에 비용을 지불하는 것과 같은 방식으로, 탄소 배출량을 고려하고 그에 비용을 치러야 한다. 사람들이 비옥한 토지의 가치에 기반한 고대의 회계 전통으로부터 맑은 하늘에 대한 비용을 추가하는 새로운 관행으로 전환함에 따라, 부자와 빈자 사이의 관계도 달라질 것이다. 첫 번째 조치는 화석 연료 생산자들—그리고 그에 따른 탄소 배출자들—이 오늘날에도 여전히 누리고 있는 세금 특혜를 없애는 것이다. 미국에서만 그 액수는 1조 5000억 달러에 다다를 텐데, 우리는 이를 그린뉴딜(Green New Deal) 정책에 사용할 수 있다. **탄소 본위제**(carbon standard)는 좀더 급진적인 조치가 될 것이다. 이에 따르면, 모든 재화와 서비스의 가격을 결정하는 것은 생산 과정에서 발생하는 탄소 배출량이다. 금 본위제의 머나먼 후예인 탄소 본위제는 시장경제를 과도하게 급진적으로 변화시키지는 않을 것이다. 우리가 사용하는 재화와 서비스의 소비자 가격은 이미 그 에너지 비용과 상관관계를 보이기 때문이다. 그럼에도 모든 경제적 교환 행위를 지구 행성의 구원 및 파괴에 대한 기여도와 연결 짓는 단일 원칙의 도입은 무척이나 중요하다. 모든 노동 행위와 교환 행위는 태초 이래 인류가 잃어버린 의미와 정당성을 되찾을 수 있을 것이다.

석유에서 식량으로

앞서 살펴보았다시피, 존 메이너드 케인스는 미국과 러시아의 인구 증가로 유럽에 곡물이 공급되지 않아 구대륙이 기아에 시달릴 수 있다고 예측했다.[38] 하지만 그런 일은 일어나지 않았다. 화학자·엔지니어·식물 육종가의 혁신에 힘입어 곡물은 맬서스 시대와 달리 더 이상 땅·태양·노동의 산물이 아니게 되었다. 이제는 곡물 1톤을 생산하는 데 화석연료 1배럴이 투입되는 것이다. 경작과 가축 사육은 땅·태양·노동으로부터 약간의 도움을 받아 석유를 식량으로 전환하는 **석유농업**의 일부로 자리 잡았다.

석유농업은 물리적·재정적 석유 전환 방법을 사용한다. 비료는 천연가스로 만들어진다. 기계류는 석유 제품을 연료로 삼는다. 이 둘을 함께 사용하면 농업 생산성이 크게 향상된다. 19세기 초, 잉글랜드에서는 식품 12칼로리를 생산하는 데 연료 1칼로리가 필요했다. 21세기 초에는 식품 1칼로리를 생산하는 데 연료 2칼로리가 소비되었다. 그러나 재정적 전환은 훨씬 더 큰 규모로 일어나고 있다. 북반구 국가들은 농업 보조금을 사용해 산업과 농업, 남과 북, 그리고 궁극적으로는 석유와 식량 간에 자본을 재분배한다. 농업 보조금은 개별 국가들뿐 아니라 EU의 주요 예산 지출 중 하나다. 거기에 더해 여러 회원국은 곡물 및 기타 주요 산물의 구매 가격에 보조금을 지급한다. 이 지원을 모두 합하면 자그마치 1000억 유로가 넘는다. 다른 선진국들과 중국도 그들의 국방 예산과 맞먹는 막대한 금액을 농업 보조금에 쏟아붓고 있다. 모든 국가에서 이러한 재정 흐름의 상당 부분은 석유 회사, 주유소, 자동차 운전자에 부과한 세금과 에너지 집약적 재화 및 서비스에 매긴 부가가치세에서 나온다. 전체적으로 볼 때, 이는 간단명료한 배출세의 경우보다 훨씬 더 광범위하고 훨씬 덜 분명하게 정의된 과세 영역이다. 현재의 가격 체계에서 전 세계적으로 곡물 및 식량 제품은 지나치게 저가에, 석유 및 연료 제품은 지나치게 고가에 거래된다. 우리는 이러한 불균형이 발생하는 까닭에 대해, 석유 같은 국지형 자원의 소유주는 그들 산물에 대해 독점 가격 또는 카르텔 가격을 부과하는 능력을 지녔다는 것, 반면 생산 비용에 훨씬 더 가깝게 가격을 책정하는 확산형 식량 생산자들은 서로 경쟁을 벌인다는 것 때문이라고 설명할 수 있다. 토지, 곡물 및 육류 같은 관련 제품들은 가장 광범위한 천연자원의 몇 가지 예다. 이러한 확산형 시장에서는 경쟁이 치열하고 독점의 기회가 적으며 이들 제품의 가격이 시장가격에 가깝다. 시장 메커니즘으로 이러한 왜곡을 바로잡을 수 없는 국가들은 독점 부문에서 경쟁 시장으로—즉 석유에서 식량으로—수입을 재분배한다.

맬서스는 도시와 시골 간 교환이 당시 알려진 역사상 가장 큰 시장이었다고 썼다. 이제 이 교환은 가장 큰 시장 왜곡의 원천으로 떠올랐다. 새로운 화학·유전학·금융 기술의 등장에 힘입어 토지와 노동, 심지어 자본조차 더 이상 생산을 제한하는 요소가 아니게 되었다. 이제 생산을 제한하는 요소는 다름 아닌 메탄과 탄소 배출량이다. 세계 농업은 전체의 25퍼센트에 달할 만큼 메탄과 탄소 배출량에 막대하게 기여하고 있다. 이 수치는 운송을 비롯한 다른 어떤 단일 산업에서 배출되는 탄소 배출량보다 많다. 또 다른 요인은 역시나 지구온난화에 기여하는 지구의 삼림벌채에서 농업이 맡은 역할이다. 논밭과 목초지는 숲보다 산소는 덜 생산하고 탄소는 덜 포집한다. 탄소 배출은 고전적인 '공유지의 비극'을 상기시킨다. 그 어떤 개인도 공동으로 소유한 것은 돌보지 않는다. 게다가 우리는 여전히 석기시대 사람들이 토지에 대해 그랬던 것처럼, 지구의 대기를 무한한 자원으로 간주하고 있다. 그러나 그때 찾은 해결책—즉 가장 좋은 부분부터 시작한 토지 사유화—이 대기의 경우에는 제대로 작동할 수 없을 것이다.

중농주의 '종파'가 베르사유에서의 유행에 영향을 끼친 이래 많은 것이 달라졌다. 2018년 프랑스 에마뉘엘 마크롱 대통령의 '환경세' 인상 계획은 대중적 저항을 불러일으켰고, 정부는 이 조치를 포기할 수밖에 없었다. 문제는 신뢰 부족이었다. 새로운 세금으로 거둔 세수가 정직하게 환경 프로젝트에 쓰였다면 결과는 달라졌을지도 모른다. 세계 경제에서 농업 부문은 의외로 비판적 관심을 거의 받지 않아왔다. 그런 관심은 비슷한 규모의 국방이나 석유보다도 적었다. 전 세계적으로 보조금은 주로 밀·대두·면화 등 대규모의 에너지 집약적 주요 산물로 흘러들어간다. 유럽의 경우에는 보조금이 소규모의 전통적 농업 형태에 지원되기도 한다. 모든 곳에서 불균형하다 할 정도로 많은 양의 보조금이 가축 사육에 투여되고 있다. 미국에서는 그 비율이 63퍼센트로 추정될 정도다. 중국이 막대한 보조금을 지급하면서 내세우는 공식적 목표는 농업 생산의 균형을 곡물에서 대두(주로 가축 사료로 쓰이는)로 전환하는 것이다. 보조금이 낳는 이점은 전혀 명확하지 않은 반면, 그로 인한 폐해는 더없이 명백하다. 보조금은 가격을 왜곡하고 배출량을 증가시키며 모든 종류의 불평등을 악화한다. 또한 식량 가격을 인위적으로 낮춤으로써 가난한 나라로부터 그들의 세수를 박탈한다. 보조금은 대농장을 지원하고 도시화를 방해하지만, 그 기능은 농부들을 더욱 평등하게 만드는 게 아니다. 보조금은 환경에 가장 해로운 농업 부문, 특히 가축 사육을 선택적으로 장려한다. 소련의 실패를 되풀이하는(2장 참조) 이것은 전 세계 차원의 식량계획이다.

사회의 파괴

러시아는 석유와 천연가스 덕분에 소련 해체 이후 무역수지 흑자를 기록해왔다. 그 나라는 매년 수입보다 수출이 평균 10퍼센트가량 더 많았으며, 그에 힘입어 18년 동안 누적 성장률이 200퍼센트를 넘었다. 하지만 희한하게도 국유든 민간 자산이든 국내 자산은 거의 불어나지 않았다. 해외로의 자본도피 때문이다.[39] 러시아의 관료, 오일리가르히(석유재벌) 및 그 측근들이 해외로 빼돌린 부는 자그마치 1조 달러에 육박한다. 해외에 보관된 이 부는 러시아 국경 내에 있는 모든 금융 자산을 합한 수치와 맞먹는다. 다시 말해 정부·기업·개인 등 모든 경제 활동 주체가 그들 자본의 절반을 해외에, 절반을 국내에 보유한 셈이다. 토마 피케티(Thomas Piketty)가 제시한 추정치에 따르면, 1퍼센트의 러시아인이 국민 소득의 25퍼센트를 장악하고 있다. 이는 러시아의 불평등이 미국과 비슷한 수준이고, 프랑스보다 높으며 중국의 거의 2배에 이른다는 것을 뜻한다. 러시아는 자국 경제 규모에 비해 억만장자 수가 다른 어떤 대국보다 많다. 해마다 가장 부유한 영국 국민은 러시아인인 것으로 드러나고 있다. 더군다나 러시아연방 내의 지역적 불평등은 미국이나 다른 어떤 유럽 국가의 경우보다 한층 더 심각하다.[40]

1990년대와 2000년대의 '자유주의적' 정부들은 어째서 석유와 천연가스로부터 거둬들인 수입을 자국의 국민과 환경을 위해 재분배하는데 그토록 소극적이었을까? 그들의 논리는 자유주의 전통이 아니라 중상주의 전통에 입각해 있었다. 원자재 수출, 국내 소비 억제, 금 보유고 증가, 신뢰받는 엘리트층 배 불리기, 이 모든 것이 중상주의적 정책이다. 그들의 이론적 근거는 18세기 영국의 '오래된 식민지 이론'에서 찾아볼 수 있다. 소련 해체 이후 가장 영향력 있는 경제학자 예고르 가이다르의 연설은 러시아 국민에 대한 깊은 불신을 담고 있었다. 그는 러시아 국민이 자격 없고 비생산적이라고, 한마디로 나태하다고 표현했다. 반면 그는 엘리트층에 투자하면—즉 관료 집단과 판사의 급여를 끌어올리거나 새로운 석유재벌들이 자본을 늘리도록 허용하면—부정부패를 막고 국가 관리의 질을 개선할 수 있다고 기대했다. 이러한 세계관에 따르면, 민중은 그렇지 않지만 엘리트는 개혁할 준비가 되어 있었다. 그로 인해 석유 달러는 그들의 준비도에 따라 다르게 분배되었다.

유가가 상승하면 노동의 가치는 하락한다. 불만은 커지는데도 오일맨들은 파업을 하지 않는다. 석탄 시대의 정치적 아이디어들이 석유 시대에는 유효하지 않다. 부자는 더 부유해지고 가난한 사람은 더 가난해지고 엘리트는 더 멍청해진다. 새로운 사회 이론은 근대의 삶을 화석 자원에 비유하지만, 그것을 어떻게 변화시킬 수 있는지는 말해주지 않

는다. 지그문트 바우만(Zygmunt Bauman)의 '액체 근대(liquid modernity: 온
갖 견고하던 것들이 녹아내리는 근대의 징후를 지칭하는 표현—옮긴이)' 개념은 석유
의 액성 개념과 맞닿아 있다. 브뤼노 라투르의 행위자-네트워크 이론
(actor-network theory: 세계의 모든 존재는 그것이 사회적이든 자연적이든 지속적으로
변화하는 상호관계 속에 존재한다는 이론적 접근법—옮긴이)은 천연가스 파이프라
인과 유사한 도해를 만들어낸다. 석유는 전 세계적으로 신자유주의 국
가들을 안정화하고 그들에게 보조금을 지원해줌으로써, 결국 그들의
민영화 정책에서 제외될 수 있었다. 즉 그 나라들은 다른 사업들은 매
각했지만 석유 부문은 건드리지 않았다. 그와 반대로 2000년대 들어
새로운 국유화 물결이 베네수엘라·볼리비아·에콰도르·러시아를 휩쓸
었고, 이로써 석유 추출 기업들은 국가 통제 아래 놓이게 되었다. 엄
청난 가격 변동은 일부 투기꾼을 돈방석에 올려놓은 반면 다른 이들을
빈곤에 빠뜨렸으며 시장의 금융화를 부채질했다. 국가 간, 계층 간, 성
별 간, 집단 간을 막론하고 온갖 종류의 불평등이 한층 심화되었다.

　불평등을 도덕적으로 정당화하는 근거는 무엇인가? 더 열심히 일
할 수 있도록 좋은 노동자가 더 잘 살아야 한다. 하지만 문제는 더 심
각하다. 애덤 스미스는 비록 개별 개인의 행동은 악으로 이어질 수 있
다 해도, 무수히 많은 이들의 거래는 선을 낳으리라고 기대했다. 존 메
이너드 케인스는 부의 집중이 '고정 자본', 즉 인프라에 대한 대대적 투
자를 가능케 한다고 믿었다. 그는 자본이 균등하게 분배되었다면 철도
는 건설되지 않았을 거라고 썼다.[41] 1971년 하버드 대학의 철학자 존
롤스(John Rawls)는 정의의 두 가지 원칙을 공식화했다. 그중 첫 번째 원
칙에 따르면 부자는 더 부유해진다 해도 괜찮다. 두 번째 원칙에 따라
가난한 사람이 덜 가난해지기만 한다면 말이다. 롤스와 레이건 시대 이

후 이에 따른 총체적 결과는 '낙수효과 경제(trickle-down economy)'로 알려져 있다.[42] 브랑코 밀라노비치(Branko Milanović)는 세계은행과 손잡고 일국 내 차이가 아니라 국가 간 차이가 세계적 불평등의 주범임을 실제로 증명해 보였다.[43] 여러 국가가 농가에 보조금을 지급하고, 의료 서비스에 자금을 지원하고, 낙수효과를 장려함으로써 자본을 재분배한다. 하지만 국가 간에 자본을 재분배하려면 세계 정부가 필요할 것이다. 독점은 도덕철학이 다루는 또 한 가지 사안이다. 기업가들이 도덕적 정당성을 원한다면 훔친 재산이나 독점 거래에 기반해 사업을 추진해선 안 된다. 앞서 보았듯이 예컨대 야코프 푸거는 자원 독점에 힘입어 실로 엄청난 부를 차지했다. 루터는 상인, 그리고 심지어 은행가들에게도 축복을 내려주었지만, 푸거에게는 지옥 불에 떨어뜨리겠다고 위협했다. 스미스의 '보이지 않는 손'은 독점과 카르텔을 방치했다. 벤담은 독점과 카르텔을 노예제로 가는 길이라 여기며 저주했다. 하지만 자원 독점은 지금도 여전히 근대 자본주의에서 큰 부분을 차지한다.

롤스의 제자 레이프 웨나(Leif Wenar)는 석유 무역과 장물(도난당한 상품) 매수 간의 유사성에 주목했다.[44] 웨나는 전 세계의 거의 모든 국가가 지하자원은 국민의 것이라는 헌법 규범을 두고 있다고 말한다. 볼테르는 이 개념을 조롱했다. 캉디드에게 "이 세상의 모든 좋은 것은 모두의 것이라고, 모든 사람은 그것을 향유할 수 있는 동등한 권리가 있다"고 가르친 이가 다름 아닌 팡글로스였던 것이다. 실제로 전 세계 석유의 절반 이상이 권위주의 국가들 손에 의해 채굴되고 있는데, 이들은 채굴에 대해 자국민의 동의를 구하지 않는다. 이러한 석유는 말하자면 도난당하는 셈인데, 장물 무역과 관련한 모든 규범이 이 경우에 적용된다고 웨나는 지적한다. 그는 석유 무역에서 노예 무역과의 유사성을 발견한다. 투쟁은 길었지만 끝내 노예제 폐지론자들이 승리를 거두었다. 그는 세계 조직들이 자국민에 대한 최소 수준의 민주주의적 책임성마저 외면하는 그 어떤 정부로부터도 석유를 사들이지 말아야 한다고 제안한다. 이러한 국가 블랙리스트를 작성하기는 쉽다. 하지만 이러한 법을 시행할 수 있는 국제기구를 상상하기란 어렵다. 소비자의 힘은 공정무역 같은 시민연합체를 통해 잘 입증되었다. 그러나 소비자의 압력이 커피와 바나나 플랜테이션에는 변화를 가져왔지만, 석유국가들에 대해서도 그와 유사한 통제를 확립하는 일은 아직 이루어지지 않았다. 여기서 차이는 다른 농장의 산물들이 최종 산물에 섞여들어가는 방식에서 발생한다. 중독적 소비자는 쉽게 특정 브랜드를 거부하고 다른 브랜드로 갈아탈 수 있지만, 만약 모든 브랜드가 섞여 있다면 소비자는 그 상품 전체를 거부해야 한다. 이것이 과일·담배·커피 같은 **브랜드** 상품과 설탕·면화·석유 같은 **분류** 상품 간의 차이점이다. 전자에서 결정적인 소비자 권력이 후자에까지는 적용되지 않는다.

자본은 노동보다 더 많은 수익을 제공한다. 상속받은 부의 가치는 임금 수준보다 더 빠르게 증가한다. 가공 산업의 소유주들은 토지 소유주나 최고 수준의 고용 노동자들보다 더 빨리 부자가 된다. 이 모든 것이 불평등이 커지는 이유다. 수백만 명을 희생시킨 전쟁과 혁명은 평등의 토대를 닦는 가장 강력한 요소지만, 석유 기반의 자본주의는 불평등을 부채질한다. 자원 의존 국가와 노동 의존 국가 간 무역에 대해 살펴보자. 이는 국제관계 분야에서 흔히 볼 수 있는 상황으로, 두 선수 중한쪽이 상대 선수가 판매하는 귀중한 자원을 구매하고 자국민의 노동으로 생산한 제품을 그 대가로 제공하는 경기다. 노동 의존 국가는 내부 경쟁을 장려하고 재산권을 보호하며 기술 발전을 보장하고 공적 재화와 서비스를 촉진한다. 자원 의존 국가와 자원 독점 국가에서는 이 가운데 아무 일도 일어나지 않는다. 그런 국가에서는 제도가 발전하지 않고 자연이 훼손되며 국민이 풍요를 구가하지 못한다. 이 모든 것은 자원 의존 국가에게는 저주이지만 그 파트너 국가에게는 축복이다. 자원 부국의 통치자들은 자국 내에서 재산권이 보장되지 않으므로, 자기 자본에 의존할 수도 그것을 제 자식들에게 물려줄 수도 없다. 그들은 국민과 마찬가지로 공정한 정의나 맑은 공기 같은 공공재의 부재로 고통받는다. 그 배우자들은 노동 의존 국가만이 제공할 수 있는 사적 재화를 필요로 한다. 또한 그 자녀들은 다른 나라에서만 받을 수 있는 양질의 교육을 요구한다. 그 부모들 역시 좋은 의사와 병원을 필요로 한다. 그러나 섬유나 가전제품은 외국에서 들여올 수 있다 해도, 안전한 공원, 깨끗한 해변, 좋은 학교와 병원은 수입할 수 없다. 따라서 다음 단계가 뒤따른다. 자원 의존 국가의 엘리트들이 노동 의존 국가의 은행에 예금을 드는 것이다. 그 엘리트들은 바로 이를 통해 분쟁을 해결하고 집을 매수하고 가족을 꾸린다. 석유와 천연가스가 전환된 형태인 자본의 수출은 스위스의 은행 계좌로, 프랑스의 대저택으로, 독일의 사업체 또는 미국 기업의 주식으로 바뀐다. 어느 기준으로 봐도 이 중요한 자본은 그 수취인에게 이익을 안겨준다. 스위스 은행은 일정 비율의 수익을 떼먹고, 런던의 부동산 가격은 치솟으며, 신생 기업들은 자신들을 유치한 국가에 세금을 납부하는 것이다. 이 부는 낙수효과를 낳지만, 그 혜택을 누리는 이들은 그 부를 추출하거나 퍼올린 곳에서 아주 멀리 떨어져 있다. 역설적이게도 자원을 보유한 엘리트들은 해외의 사법기관·대학·공원 등에 투자하는데, 그것은 그들이 자국 내에서는 무시하거나 심지어 파괴하는 기관들이다. 소련 해체 이후 유형의 이중경제에서 롤스의 첫 번째 원칙은 지구의 한쪽 끝에서 실현되지만, 두 번째 원칙은 지구의 다른 쪽 끝에서 구현된다. 부는 어떤 나라에서 창출되는데, 낙수효과를 누리는 것은 또 다른 나라다. 일부가 누리는 축복은 다른 많은 이들이 겪는 저주와 균형을 이루지 못한다. 즉 행복의 총합은 감소하고 불평등은 증가한다.

러시아 록그룹 스매시 & 벤게로프(Smash & Vengerov)의 뮤직비디오 〈나는 석유를 사랑해(I love oil)〉(2013년)는 이 다층적 동역학을 재기발랄하게 담아낸다. 오프닝 장면에서 러시아의 한 석유재벌이 석유 한 통을 들고 으리으리한 침실로 씩씩하게 걸어들어와서 기뻐하는 아내와 아이들에게 선물한다. 장면은 이탈리아의 세련된 신발 가게로 바뀌고 화면에는 같은 여성이 하이힐을 구입하는 모습이 비친다. 그녀가 구매 대금을 지불하려고 핸드백을 거꾸로 들어올리자 끈적한 검은 석유가 감지덕지해 하는 점원의 손 위로 콸콸 쏟아진다. 그 젊은 여성은 "러시아에 석유가 있는 한 나는 밀라노를 즐길 거야"라고 노래한다. 그녀가 몸담은 화려한 사교계는 석유 속에서 파티를 벌이고 석유 속에서 수영하고 석유를 마신다. 그런가 하면 은행 강도 사건을 저지른 팬토마임 악당 무리는 석유 자루를 훔쳐간다. "나는 러시아를 사랑해, 나는 석유를 사랑해"라고 여성은 노래한다. 그녀의 파트너는 "내가 이 석유, 내가 이 천연가스"라고 노래로 화답한다. 석유에 중독되어 이 물신을 핸드백에 넣어다니고 침실에서 숭배하는 이 사람들은 그럼에도 불구하고 여전히 노동의 산물인 집·자동차·옷, 그리고 법과 깨끗한 공기를 필요로 하며, 그것들을 자국이 아니라 이탈리아에서 구입하는 편을 선호한다. 예언적인 마지막 장면에서 이제 모든 것을 잃고 노숙자로 전락한 이전의 석유재벌은 모자 한가득 담긴 쓸모없게 된 석유를 제 머리에 들이붓는다.

맺음말

리바이어던이냐 가이아냐

증기와 전기는 생산적 노동력이 마구간·물레방아·풍차 등 에너지를 공급하는 고정된 특정 장소에 의존해야 했던 유구한 관행에서 벗어날 수 있도록 해주었다. 새로 얻은 이 자유는 산업과 무역, 자원 소비, 환경오염의 전례 없는 증가로 이어졌다.[1] 화석연료 덕분에 생산은 "거친 대지의 속박에서 벗어났다(slipped the bonds of surly earth)".〔미국인 조종사 존 길레스피 매기(John Gillespie Magee)가 1941년 지은 시 〈고공비행(Hight Flight)〉에서 따온 구절—옮긴이〕 하지만 추출은 여전히 천연자원과 인간 노동력이 만나는 그런 장소들에 얽매여 있다. 우리가 재택근무를 하거나 제가 사는 도시들을 쏘다니는 데서 볼 수 있듯이, 우리 가운데 점점 더 많은 수가 휴대용 기기들 속에 나날의 일거리를 담아 가지고 다닌다. 하지만 우리는 여전히 언덕 위의 삼나무 숲을 점령한 길가메시에 의존하고 있다.

산업 기술들로 무장한 우리는 이제 화석연료에서 풍력·수력·태양광으로 돌아가고 있다. 이 같은 전환은 쉽지 않을 것이다.[2] 재생 에너지가 오늘날의 농업 및 운송 수요를 충족할 수는 없을 테니까. 에너지 소비를 급격하게 줄이는 조치가 필수 불가결하지만, 이를 위해서는 수십억 명이 생활방식을 바꿔야 한다. 나는 2020년에 이 글을 쓰고 있는데,

지금 상황은 마치 이 과제를 완수할 수 없는 인간이 그것을 바이러스에게 아웃소싱한 것처럼 보인다. 우리는 더 이상 여행도 다니지 못하고 외식도 즐길 수 없지만, 탄소 배출량은 여전히 용납할 수 없을 만큼 높다. 풍력 발전 지대, 태양광 패널 및 정교한 배터리로 전환하면 모래에서 희귀 금속에 이르기까지 다양한 종류의 신구(新舊) 원자재에 대한 필요성이 급증하게 된다. 21세기에 재생 에너지의 성장은 19세기의 증기력 발전보다 한층 더디다. 네 번째 에너지 전환은 달성할 수야 있지만, 너무 오래 시간을 끄는 무척이나 지난한 과정이 될 것이다. 열정으로 밀어붙이는 '친환경(green)' 정치인은 이러한 어려움을 과소평가하고 있다. 그렇더라도 과학자들은 자신의 지식을 대중과 공유해야만 한다.

가이아 가설

약 50년 전, 의사이자 기후학자인 제임스 러브록(James Lovelock)은 가이아 가설을 공식화했다.[3] 지구는 바다·대기·지각뿐 아니라 인간 및 기타 생명체들로 이루어진 살아 있는 유기체라는 것이다. 고대 여신 가이아(Gaia)를 기리는 이름을 얻은 이 살아 있는 행성은 적응하고 발전하며 어려움을 극복할 수 있다. 그러나 다른 유기체들과 마찬가지로 가이아의 자기조절 능력에도 한계가 있다. 어떤 상처들은 회복되고 다른 상처들은 악성으로 번질 수도 있다. 러브록은 인류가 이 과정의 일부라고 생각한다. 인간이 가이아를 위태롭게 만들 경우, 가이아는 지구를 건강하게 유지하기 위해 필요하다 싶으면 바로 그 인간을 희생시킬 것이다. 고대 신화에 따르면 가이아는 우라노스의 아내인데, 자신의 아들 크로 노스를 사주해 제 아비를 거세하도록 만들었다. 전 세계에 흩뿌려진 정액 방울에서 티탄족(Titans)이 탄생했다. 피렌체의 베키오 궁전에는 이 행위를 묘사한 조르조 바사리(Giorgio Vasari)의 회화작품이 전시되어 있다. 가이아는 크로노스가 우주 창조자인 제 아비에게 치명타를 가할 때 그의 팔을 이끄는 모습으로 표현되었다.

브뤼노 라투르는 러브록의 아이디어를 한 걸음 더 발전시켰다. 라투르는 강력하고 무시무시한 가이아를 인류에 맞서 들고일어서는 자연의 상징으로 내세운다. 이 철학자는 가이아의 특이성과 육체성을 강변하지만, 그녀에게 영혼이나 계획이 있다는 의인화적 개념은 거부한다. 인간과 자연으로 이루어진 가이아는 상반된 요소들을 아우르는 단일 독립체다. 그녀는 양육하는 어머니임과 동시에 거세자다. 가이아가 과거에는 고혹적인 면모와 섬찟한 면모를 동시에 지니고 있었다면, 오늘날에는 오직 섬찟한 모습만 우리에게 보여주고 있다. 전 지구적 차원에서 우리를 위협하는 재앙은 만인에 대한 만인의 투쟁이 아니라, 인간을 포함한 많은 자연적 세력이 제 자체의 생존을 두고 벌이는 하이브리드 전투다. 이 같은 전투가 제아무리 끔찍하다 하더라도 지역의 리바이어던들은 그것을 멈출 수 없다. 전 세계적 가이아 앞에 선 이 지역의 거인들은 그저 난쟁이처럼 보인다. 권력의 새로운 이미지는 남성이 아니라 여성이고, 정치적이 아니라 생태적이며, 국가적이 아니라 우주적이다. 하지만 그 이미지는 과거와 마찬가지로 여전히 숭고하고 무시무시하다. 시간의 어머니인 괴물 같은 가이아는 공포에 질린 세상을 향해 거세하겠다고 윽박지른다. 이는 우리의 구태에 대한 그 철학자의 경고다.

라투르는 홉스를 자주, 그리고 비판적으로 언급한다.[4] 그가 찾고 있는 것은 리바이어던을 대체할 수 있는 적절한 대안이었는데, 가이아의 이미지에서 그것을 발견한다. 리바이어던은 중상주의 국가의 강압적 권력을 상징하는 존재였다. 극적이지만 계산적인 이 남성 괴물은 만인에 대한 만인의 투쟁을 중단시키지만, 오직 그가 이미 점령한 땅에서만 그러하다. 홉스는 전쟁과 혁명의 세기를 살았으며, 국내 평화는 가능하고 더없이 바람직하나 국가 간에는 만인에 대한 만인의 투쟁―즉 자연 상태―이 지속되리라는 사실을 알고 있었다. 그의 유일한 희망은 주권자(군주)가 자립적 섬에서는 내전의 중지를 명령할 수 있다는 것이었다. 국민으로 구성된 리바이어던은 오직 그 안에서만, 즉 국가 내에서만 폭력을 막을 수 있을 뿐 전 지구적 문제를 해결할 수는 없다. 자연과 맞붙은 세계 전쟁에서 모든 국가는 저마다의 이해관계를 가지며, 이는 대개 전쟁 지속으로 이어진다. 어떤 단일 국가도 혼자서는 기후재앙이나 팬데믹을 막을 수 없다. 이것은 행성 규모인 데다 여성인 새로운 괴물만이 달성할 수 있는 일이다. 그녀는 군주들이 사회의 개별 구성원을 두려워하는 것처럼, 군주들을 두려워한다. 또한 군주들이 그들 사회의 개별 구성원을 공포로 몰아넣는 것처럼, 그 군주들을 위협한다. 그들 모두, 즉 군주들과 그 피지배자들이 자연에 맞서 싸우는 사태를 끝장내기 위해서는 가이아가 필요하다.

이것은 라투르의 믿음이다. 나는 그 안에 진실도 거짓도 담겨 있다고 생각한다. 가이아는 실재하지만 전체는 아니다. 그녀는 인류만큼이나 무수히 많고 사회만큼이나 다원적이다. 악의 자연사는 무궁무진한 다채로움을 자랑한다. 모든 자원은 저마다 인간과 자연 사이의 특별한 상호작용과 관련되어 있기에 다들 제각각이다. 각 천연자원은 나름의 고유한 정치적 특성을 띤다. 각 자원은 그것을 추출하고 가공하고 거래하는 인간들과 함께, 자연이 정한 규칙에 따라 작동하는 사회적 제도다. 인간과 자연을 통합하기 위해서는 자연현상에 시민권을 부여하고, 인간의 목소리뿐 아니라 자연의 이야기도 국민투표에 반영해야 한다. 이것은 요원한 유토피아다. 하지만 만약 우리가 살아남는다면 우리는 그곳에 도달할 것이다. 그동안 우리는 이와 정반대 방향으로 막다른 골목을 향해 치달았다.

1974년 윌리엄 노드하우스(William Nordhaus)는 '카우보이 경제(cowboy economy)'에서 '우주선 경제(spaceship economy)'로의 전환을 예측했다. 카우보이는 자연을 순종적이고 무한한 존재로 여기기에 쓰레기를 얼마나 발생시키든 원하는 만큼 소비한다. 반면 우주비행사는 삶을 지탱하는 데 쓸 수 있는 한정된 자원에 집중하며 자신이 소비한 것을 재활용한다. 그로부터 몇십 년이 지난 2018년, 노드하우스는 이 연구로 노벨경제학상을 수상했다. 하지만 그의 예측은 실현되지 않았다. 인류는 초원에 착륙한 우주비행사라기보다 제 스스로가 우주선에 올라탔음을 발견한 카우보이처럼 굴고 있다. 생육하고 번성한 인류는 노드하우스가 기후재앙의 해로 지목한 2030년에 다가가고 있다. 빙하는 녹아내리고 기온은 큰 폭으로 오르내린다. 여름은 참을 수 없을 만큼 덥다. 도끼질을 이기고 살아남은 숲이 산불로 속절없이 파괴된다. 비옥한 땅이 사막으로 변한다. 영구동토층은 습지처럼 질퍽거리고 표면 아래에서 이상한 거품들이 부글거린다. 문화와 자연 사이의 경계는 여전히 움직이고 있으며, 자연의 영토는 줄어드는 중인데다 바이러스는 뜻하지 않은 장소에서 튀어나오고 있다.[5]

20세기 동안 톤 단위로 계산한 물질적 자원의 총 소비량은 8배나 증가했다. 세계 인구도 증가했지만, 1인당 물질적 자원 추출량은 그 세기를 지나는 동안 갑절로 불어났다. (물을 제외한) 천연자원의 총 소비량은 2008년에 620억 미터톤이었는데, 2020년이 되자 1000억 미터톤으로 늘어났다. 이 계산에 물을 포함하면, 그 결과는 중량 기준으로 3배가 될 것이다. 세계는 매년 약 1000억 톤의 담수를 사용하는데, 그 대부분은 농업에 쓰인다. 국가가 부유할수록 그 나라 국민은 더 많은 물질을 소비한다. 2011년에 1인당 천연자원 소비량이 인도는 4톤, 캐나다는 25톤 이상이었다. 미국인은 인도인보다 30배나 많은 에너지를 사용한다. 자원 소비량의 차이는 인구밀도에 따라 달라진다. 즉 인구밀도가 낮은 국가일수록 1인당 원자재와 에너지 소비량이 더 많은 것이다. 도시는 농촌보다 더 적은 원자재와 에너지를 필요로 한다. 도시화는 에너지를 절약하고, 이산화탄소를 흡수하는 숲이 자랄 수 있도록 토지를 남겨놓는다. 그러나 도시에는 일자리가 필요하다. 정보·금융·교통·오락 등 모든 서비스는 상당한 양의 에너지를 요구하며, 이 세상의 에너지 대부분은 화석연료에서 나온다. 현대의 상품은 '비물질화(dematerialisation)' 과정을 거치고 있다. 컴퓨터는 훨씬 더 작아지고 있으며, 오늘날에는 스마트폰이 여러 대형 기기가 해오던 일들을 척척 해낸다. 그러나 인류가 소비하는 원자재 총량은 절대적 수치로도 1인당 수치로도 매년 증가하고 있다. 안타깝게도 물질의 절약은 에너지 지출을 늘려야 달성할 수 있는 일이다.

배출량은 확실히 경제성장의 족적을 따라간다. 2014년부터 2020년까지 전 세계 총생산—전 세계에서 생산·구매·판매되는 모든 '(좋은) 재화(goods)'와 '나쁜 재화(bads: 'goods'의 상대어로 경제성장에 도움이 되는 상품이나 경제 행위지만 동시에 환경적·사회적 문제를 일으키는 재화—옮긴이)'의 총합—은 매년 3~4퍼센트씩 성장했으며, 전 세계 탄소 배출량은 2~3퍼센트씩 증가했다. 이 두 과정의 분리에 대해 경제학자들이 논의하고 관료들이 약속했지만, 그런 일은 일어나지 않았다. 1997년 교토의정서(Kyoto Protocol)와 2015년 파리협정(Paris Agreement)으로 정점을 찍은 일련의 국제회의에서 각국 정부는 선의에 입각해 서명했다. 그러나 그 어떤 선진국도 자국이 파리협정의 일환으로 약속한 의무를 이행하지 않았다. 합의된 목표는 지구의 평균 기온을 1880년 대비 1.5도 상승으로 제한하자는 것이었다. 하지만 실상 지구의 평균 기온은 2050년까지 2도, 심지어 3도까지 상승할 것으로 예상된다.

석유는 아직껏 세계 경제의 엔진으로 남아 있다. 가장 오염이 심한 연료인 석탄은 계속해서 채굴 및 연소되고 있다. 경제성장은 예나 지금이나 지구상에 존재하는 모든 정부가 원하는 목표다. 재생 에너지 사용은 예상보다 빠르게 증가하고 있지만, 이런 간헐적 좋은 소식들은 엄청난 기세로 쏟아져나오는 나쁜 소식들에 비할 바가 못 된다. 미국 트럼프 행정부는 오바마 행정부가 배출량을 제한하기 위해 도입한 잠정적 조치들마저 폐지했다. 2018년 폴란드 석탄 산업의 전통적 중심지 카토비체에서 열린 정상회의에서, 유엔 전문가들은 인류가 배출량을 2분의 1로 줄이기 위해—우리는 오직 이렇게 해야만 2050년까지 지구온난화를 1.5도 상승으로 제한하겠다는 오래된 목표를 달성할 수 있다—필요한 조치들을 취할 수 있는 시간이 10년밖에 남지 않았다는 데 동의했다. 하지만 이는 공식적 결론이 아니었다. 미국·러시아·사우디아라비아·쿠웨이트 등 4대 석유 강국이 그 조치의 채택을 거부했기 때문이다.

기후는 이미 빙하기 이전만큼 따뜻해졌지만, 지금 해수면은 그때보다 30미터나 더 높다. 온난화가 더 진행되면 산호초가 파괴되고 섬나라와 항구도시들이 침수되며 전 세계적으로 생산 위기가 닥치고 인구가 대규모로 이동할 것이다. 수십 개의 크고 작은 국가들이 비상사태를 선포할 것이다. 기후변화는 향후 전 세계 생산량을 10~25퍼센트 감소시킬 것으로 예측된다. 이러한 예측 중 일부는 이미 현실이 되었다. 1950년 이후 홍수 발생 건수는 15배, 산불 발생 건수는 7배나 불어났다. 가장 먼저 희생당하는 이들은 우리와 지구를 공유하고 있지만 우리와 달리 자신들을 보호해줄 의복도 집도 에어컨도 없는 사람들이다. 지난 50년 동안 척추동물 개체수는 60퍼센트 감소했다. 과학자들은 곤충이 사라지는 사태에 대해 우려를 표시한다. 곤충의 총 바이오매스는 매년 2.5퍼센트씩 줄어들고 있다. 어떤 조치를 취하지 않는다면 금세기말에는 더 이상 곤충이 남아 있지 않을 것이다. 미국 꿀벌 개체수의 절반 이상이 이미 자취를 감추었다. 수많은 식물의 수분(受粉)을 담당하는 곤충은 어류와 조류의 먹이원이다. 따라서 어류와 조류 수천 종도 사라질 것이다.

재앙에 대한 예상은 그 자체로 매혹을 발휘한다. 그러나 가장 심각한 재앙은 뜻하지 않게 닥칠 것이다. 이를테면 무수히 많은 도시, 철도, 천연가스 파이프라인이 영구동토층 위에 건설되었다. 기후가 따뜻해지면 영구동토층은 어디서나 녹아내릴 텐데, 현재 수백만 명의 사람들과 수십억 달러가 지표면이 무너질 가능성이 있는 장소에 의존하고 있다. 예측은 과거에 이루어진 관측을 기반으로 추론한 결과지만, 기후변화는 되먹임 고리(feedback loop)를 낳는다. 살아 있는 습지는 숲만큼 이산화탄소를 흡수하는 능력이 뛰어나다. 하지만 기온이 상승하면 습지는 소멸하고 메탄을 방출한다. 그러면 악순환에 빠지게 된다. 점진적 변화와 급격한 폭발이 번갈아 나타나는데 이들은 예측 불가능하다. 이게 바로 악의 본성이다.

각국 정부는 이주(移住)처럼 자신들이 늘상 싸워온 문제들과 내내 씨름할 것이다. 그들은 홍수, 싱크홀, 도시 파괴에 어떻게 대처해야 할지 모른다. 지리와 관련한 모든 일이 그러하듯 사건은 균일하지 않게 일어날 것이다. 동남아시아의 해안 국가들이 가장 심각한 타격을 입을 것이다. 그러나 세계 무역을 위해 발전한 대서양의 항구도시들도 그들 몫의 고통에 허덕일 것이다. 베네치아에서 암스테르담, 뉴올리언스에서 상트페테르부르크에 이르는 고전적인 거대도시들은 물에 잠기기 십상이다. 그리고 리스본 지진의 경우는 아무 잘못도 저지르지 않은 인간에게 죄를 물을 수 없었지만, 기후재앙은 그와 달리 인간의 잘못으로 인해 빚어진 결과일 것이다.

제번스의 예측은 오직 부분적으로만 실현되었다. 석탄은 아직 고갈 단계에 들어서지조차 않았고, 석유 역시 굳건히 버티고 있다. 그러나 모든 종류의 원자재를 효율적으로 사용할수록 더 많은 양의 원자재가 소비된다는 제번스의 역설은 확실히 사실로 드러나는 중이다. 지금껏 인류가 기술 진보 덕에 종전보다 덜 쓰게 된 원자재는 종이가 유일하다. 숲은 더 이상 관료주의적 서류작업 때문에 벌목되지 않는다. 오늘날 삼림벌채는 다른 목적들 탓에 이루어지고 있다. 사물 인터넷을 꿈꾸고 그 자리에서 물건을 제조할 수 있는 3D 프린터가 설치된다 해도, 운송의 필요성은 줄어들 테지만 종이의 경우와 같은 정도로 원자재와 에너지를 대폭 절약하지는 못할 것이다. 2018년 카토비체 정상회의에서 전문가들은 석유 및 천연가스의 생산량을 2030년까지 20퍼센트, 2050년까지 55퍼센트 감축하자고 촉구했다. 전혀 씨알도 먹히지 않은 건 아니었다. 미국의 막강한 투자자 워런 버핏(Warren Buffet)이 '친환경' 전력 생산에 300억 달러를 투자했으니 말이다. 또 한 사람의 억만장자 활동가 일론 머스크(Elon Musk)는 도로를 전기자동차로 채울 계획이다. 수조 달러를 주무르는 일부 글로벌 펀드는 석유 투자에서 손을 뗐다. 팬데믹에 직면한 유럽연합은 야심찬 '녹색 회복' 계획을 받아들였다.

기생 국가

1740년 어느 프로이센 대공이 《반(反)마키아벨리》라는 제목의 짧은 책을 썼다. 그는 군주의 임무는 영광을 추구하거나 국고를 채우는 게 아니라 공공선을 창조하고 국민을 번영의 길로 이끄는 것이라고 했다. 그러나 이 저자가 프리드리히 대왕이 되었을 때, 그는 다채로운 난관에 직면했다. 군주는 공공선을 원하고 엘리트는 부에 집착하며 백성은 살아남기를 열망한다. 그러나 재분배 형태는 가용 자원에 따라 달라진다. 감자보다는 곡물에, 금보다는 은행 계좌에 세금을 매기는 편이 더 쉽다. 1917년 러시아혁명으로 종전의 화폐는 폐지되었지만, 여전히 곡식은 헛간에, 금은 돈궤에 보관되어 있었다. 새로운 국가는 당연히 공익을 내세우면서 그것들을 몰수하고자 했다. 무장한 군대가 곡물 징발에 뛰어들었는데, 금과 보석류는 그들의 탈취를 피해 은닉하기가 한결 쉬웠다. 따라서 좀더 창의적인 전략이 펼쳐졌다. 정부는 토륵신이라는 국영 전당포를 개업한 뒤 시민들에게 금을 빵과 교환하도록 요청했다. 1920년대에 대마와 모피 수출에 관여하던 정보원들은(3장 참조) 국민에게서 금을 빼내는 일로 갈아탔다. 기근 기간에 이 전당포는 엄청난 수익을 거둬들였다. 절망에 허덕이던 지방 인민들은 모스크바의 관리들이 정한 유례없는 고가에 식량을 구입하지 않을 수 없었다. 인민의 금은 공장과 기술을 사들이는 데 쓰였으며, 토룩신은 스탈린의 산업화에 필요한 수입품의 3분의 1에 해당하는 대금을 지불했다.[6] 기아는 국고를 채워주었고 국가의 '발전'을 위해 사용되었다. 이는 군주의 이익이 인민의 번영과 완전히 상반된 중상주의 펌프의 극단적 예다. 그러나 국가는 언제 어디서나 국가의 이익이 공익에 부합한다는 허구를 퍼뜨려왔다.

19세기와 20세기 초, 자본주의가 번성한 세계는 헤로도토스가 살던 세계와 크게 다르지 않았다. 멀리 떨어진 식민지가 제국의 중심부에 이국적 재료를 공급했으며, 지배적 국가들은 노동력과 지식으로 부를 창출했다. 그러나 대중사회 또한 진정 새로운 것을 만들어냈다. 즉 대중의 질 높은 삶이 국가의 성공 조건으로 떠오른 것이다. 페르시아의 크세르크세스 1세도 제국의 중상주의자들도 이 사실을 간파하지 못했다. 설탕, 면화 또는 아편과 관련한 제국 무역의 성장은 이러한 과거 사치품이 평등주의적 대중에게까지 가닿는 낙수효과에 의존했음에도, 고전적 논쟁은 대중의 소비를 성장의 원동력으로 간주하지 못했다. 제2차 산업혁명은 새로운 경제의 심각한 역설—즉 부는 과시적 소비로 마구 몰려가지만 대중 시장에 의해 형성된다—을 드러내주었다.[7] 사치품(가령 자동차)은 오직 대다수 사람이 감당할 수 있을 만큼 충분히 저렴해질 때만 경제성장을 가져온다. 아메리칸드림의 척도가 미국 '건국의 아버지들'에게는 가구당 소유한 농지 면적이었지만, 포드주의자들에게는 가구당 소유한 자동차 대수였다.

낙관주의자들은 새로운 국민 이익과 국가 이익 간의 연관성을 새 시대의 보편적 법칙으로 받아들였다. 하지만 실제로 그것은 20세기 중반을 넘기지 못한 일시적 이상 현상에 그쳤다. 벨라루시 출신의 미국인 경제학자 사이먼 쿠즈네츠(Simon Kuznets)는 경제가 성장함에 따라 처음에는 소득 불평등이 증가하다가 산업화가 일정 수준에 도달하면 감소하기 시작한다고 믿었다.[8] 그는 1971년 노벨경제학상을 수상했으며, 국가 경제의 성장과 시민 소득의 불평등 간 관계를 보여주는 '쿠즈네츠 곡선'은 많은 교과서에 실려 있다. 하지만 세계 시민이자 가이아의 일부인 우리 모두는 여전히 이 곡선이 하향 전환하길 기다리고 있다. 불평등은 설비투자로 이어진다는 케인스의 믿음을 반박이라도 하듯, 불평등은 더욱 커졌으되 인프라에 대한 투자는 21세기 초반에 20세기 후반보다 더 줄어들었다. 매년 국가 최고위층은 물질 자원, 에너지, 공기의 더 많은 몫을 소비하고 있다. 전 세계적으로 불평등은 지구온난화보다 훨씬 더 빠르게 증가하고 있으며, 지구온난화의 원인으로 작용하는 중이다. 소련 사회주의는 과거의 유물이지만, 미국의 포드주의도 마찬가지다. 냉전 이후 엘리트들은 스스로의 유용성에 대한 환상에 투자하길 그만두었다. 냉소적 이성의 시대가 펼쳐졌다. 이 지구 행성에서 가장 막강한 사람들은 이제 신화를 꾸며내는 데 지친 나머지 현실을 부인하기 시작했다.

노동 집약적 경제에서는 불평등에 한계가 있다. 반면 자원 의존 경제에서는 독점이 무제한으로 성장하며 불평등도 그만큼 커진다. 원자재의 독점적 생산자이거나 그러한 생산 카르텔의 일원인 각국은 정의·경쟁·법치를 지지할 이유가 딱히 없다. 이 같은 국가는 세금에 의존하지 않으므로 국민에 기대지도 않는다. 반면 그 나라 국민은 국가에 의존한다. 고위 관료층은 제 몫을 넉넉하게 따로 떼어놓고 그 나머지 부를 국민에게 재분배한다. 정치 논객들은 이러한 유형의 국가에 대해 지대 국가, 신세습 국가, 마피아 국가, 도둑정치 국가, 초추출 국가 …… 등 각

양각색의 이름을 붙였다. 재난에 적합한 이름을 찾기 위한 이 경쟁에서 내가 낙점한 것은 '기생 국가(parasitic state)'다. 오늘날 의학에서 사용되어 낯익은 단어 '기생충(parasite)'의 원래 그리스어 의미는 '(무슨 이득을 노리고 유명인이나 주요 행사의) 주위를 어슬렁거리는 자(hanger-on)'였다. 이제 이 유용한 단어를 사회과학에 되돌려줄 때다.* **기생 국가**는 국가의 속성은 유지하되 그 기능을 수행하지는 못하는 정치 공동체다. 내가 보기에 기생주의는 중상주의의 극단적 버전이다. 기생 국가는 중상주의 국가의 숱한 특성을 보유하고 있다. 특히 기생 국가가 금 보유고를 늘리는 데 주력할 수 있는 것은 원자재 수출과 대중 소비의 억제 덕분이다. 하지만 전성기에는 본국 영토 내에서(물론 식민지에서는 그렇지 않았다) 국가의 기능을 실현한 중상주의 제국과 달리, 기생 국가는 심지어 자국민을 위해서도 이러한 기능을 충족시키지 못한다. 공공재는 이용할 수 없거나 허구이며 사회자본은 악화하고 사람과 돈은 그 나라에서 **빠져나간다**. 우리는 오래된 제국의 '진보' 대신 케케묵은 신념, 탈근대화, 부패가 승리하는 모습을 지켜보고 있다.

선택한 자원에 의존하는 기생 국가는 몇 가지 특정 조건이 갖춰져야 형성된다. 첫째, 노동력과 인간에 대한 의존에서 벗어나게 해주는 주요 원자재 상품에 기댄다. 둘째, 이 원자재 상품은 이 국가에 단독으

---

* 마르크스주의 전통에서 광범위하게 사용되던 이 단어를 철학자 미셸 세르(Michel Serres)가 2008년에 다시 채택했다. 시카고 출신의 역사가 윌리엄 하디 맥닐(William Hardy McNeill)은 2017년 엘리트의 기생주의라는 개념을 시험해보았다. 동양 사회의 문화적 접촉을 연구한 그는 엘리트의 거시 기생주의와 박테리아의 미시 기생주의를 비교했는데, 둘은 그의 모델에서 마치 한 벌의 맷돌처럼 작용함으로써 인구수를 조절한다.

로든 카르텔 형태로든 독점가를 형성할 기회를 제공하도록, 확산형이 아닌 국지형이어야 한다. 셋째, 해당 원자재 상품은 중독성이 있어야 하며, 따라서 무한한 수요 증가를 약속하는 것이어야 한다. 한나 아렌트가 식민지 사회와 전체주의 사회를 연구하며 언급한 것처럼, 이러한 국가에서는 인구가 불필요하게 많다.[9] 이 같은 사회는 정부에게 "대표 없이 과세 없다"고 말할 수 없다. 핵심 기업들이 상대적으로 적은 노동력만을 필요로 하게 되면 노동자는 파업을 일으킬 수 없다. 국가의 부가 국민의 노동력과 지식에 의존하지 않으면, 의료 서비스와 교육은 국가 경제의 관심사에서 멀어지게 된다. 국민은 국부의 원천이 아니라 국가가 베푸는 자선의 수혜자로 전락한다. 이러한 기생적 생물정치에서는 국민이 쇠약해지거나 번성하는 데 실패하는데, 이는 고의적 박멸 정책이 아니라 그 나라 특유의 방치에 따른 결과다. 국가는 천연자원에 의존할수록 인적자본에 대한 투자를 게을리한다. 인적자본 수준이 낮은 국가일수록 자원 추출에 대한 의존도는 더욱 커진다. 악순환이 펼쳐지는 것이다.

진보와 카테콘

제2차 세계대전 이후 수십 년은 세계 인구가 기하급수적으로 증가하고 원자재 소비가 그보다 더 빠른 속도로 불어난 '거대한 가속(Great Accel-eration)'의 시기였다.[10] 증가일로이던 세계적 불평등은 냉전에 의해 일시적으로 저지되었지만 소련제국이 붕괴하자 이내 자제력을 잃었다. 지난 30년 동안 정치적 악의 근원인 경제적 불평등은 (승리한 제국이 새로운 식민지들을 점령했을 때를 제외하고는) 역사상 그 어느 때보다 빠르게 증가했다. 구소련 국가들의 석유재벌들과 관리들은 동서양의 부자, 조상 전래의 자산을 물려받은 이, 온라인으로 부를 거머쥔 사람들과 함께 이 잔치에 동참했다. 당황한 미래 도덕주의자들은 인류세 사람들이 어째서 이전 시대에는 한층 성공적으로 억제하거나 다른 데로 방향을 틀었던 본능을 맘껏 발산하게 되었는지 그 이유를 찾아 헤맬 것이다. 라투르는 이것이 잠재적으로 다가오는 기후재앙을 인식한 결과인 마지막 발악이라고 믿는다.[11] 헤로도토스 시대부터 사람들은 역사를 기지의 과거에서 미지의 미래로 가는 여정으로 간주해왔다. 그러나 성장으로서의 역사라는 사회 진보 개념은 마키아벨리에서도 거의 찾아볼 수 없다. 그 개념은 대제국 시대에 등장한다. '진보'라는 단어를 처음 사용한 인물은 잉글랜드의 가장 성공적인 팽창을 감독했던 프랜시스 베이컨(Francis Bacon)이다. 계몽주의 시대는 농업 '개선' 및 산업 '발달'의 시대였다. 설탕의 시대에 발전한 흄과 스미스의 전통은 만족할 줄 모르는 욕망 개념을 주장했다. 개인의 풍요와 결합한 진보의 추구는 그 자체로 중독이 되었다. 모험과 발명은 부를 안겨줌으로써 유럽인의 삶을 끌어올렸지만, 정작 광산이나 플랜테이션에서 땀 흘리는 이들은 나 몰라라 했다. 대중의 환멸은 20세기에 시작되어 1968년 이후 정점에 달했다. 학생들이 더 나은 프롤레타리아가 될 거라는 교수들의 기대는 실현되지 않았다. 이는 진보적 정치 및 진보 그 자체에 대한 믿음을 거부하는 현상으로 이어졌다. 성장은 지속되었지만, 도덕적 진보는 중세 연금술사들이 추구한 플로지스톤처럼 가공의 것에 머물러 있었다.

1968년 실업가이자 반파시스트 운동가 아우렐리오 페체이(Aurelio Peccei)와 화학자 알렉산더 킹(Alexander King)은 경제성장의 종말이 불가피하다고 선언했다. 탄소 배출량 제로로 성장할 수 없다면 우리는 성장 없는 세상에서 살아야 할 것이다. '로마 클럽(Club of Rome)'을 결성한 두 사람은 성장의 한계(Limits to Growth) 아이디어를 썩 괜찮은 프로젝트로 전환하는 데 성공했다. 2000년 미국 선거 역사상 가장 환경친화적인 공약을 내세운 앨 고어(Al Gore)는 텍사스 출신의 석유업자 조지 W. 부시에게 패배했다. 2005년 배출량 제한을 촉구하는 교토 협정이 시행되기로 예정되어 있었다. 하지만 미국이 비준하지 않으면서 이 조약은 휴지 조각이 되었다. 2009년에는 해커들이 선도적인 기후학자들의 문서 수천 건을 훔치는 사건이 발생하면서 시비 논란이 불거졌다. 그 해커들은 '기후변화란 인간 활동이 빚어낸 결과'라는 주장을 과학적 음모처럼 비치도록 만들기 위해 문서를 선택적으로 편집함으로써 학계의 논의를 왜곡했다. 2016년 대통령 선거 운동 기간에도 그와 비슷한 민주당 문서 '유출' 사건이 터져서 도널드 트럼프가 지구온난화를 부인하는 데 커다란 도움을 주었다. 그러나 2018년에는 심지어 언론의 논조조차 바뀌기 시작했다. 이를테면 BBC는 기후변화에 대한 토론에서 양측 주장을 모두 제시해야 한다는 종전의 결정을 뒤집었다. 2020년을 살아가는 우리는 1968년의 선배들보다 훨씬 더 명확하게 알 수 있다. 산업 확장을 중단해야 하는데, 그 이유는 자원을 고갈시키기 때문이 아니라 대기를 오염시키기 때문이라는 사실을 말이다. 석탄과 석유는 절대 바닥날 일이 없을 것이다. 그렇게 되기 한참 전에 우리의 공기가 먼저 결딴날 테니까.

현재의 역사는 진보보다는 카테콘(katechon: 신약의 〈데살로니가후서〉에 나오는 말로, 적그리스도의 출현을 지연시키는 '억지력', '억지자'라는 뜻. 현대 정치철학에서 카를 슈미트가 '종말을 저지시키는 자'라는 의미로 다시 사용했다―옮긴이)을 향한 움직임처럼 느껴진다.[12] 신비주의자들과 마법사들이 상상한, '인류의 사명은 다가오는 종말에 저항하거나 그것을 저지하는 것'이라는 개념, 즉 카테콘 개념은 2008년부터 2020년 사이 우리가 목격한 이례적 사건들이 왜 일어났는지를 확실하게 설명해준다. 진보를 믿는 이들은 진보에는 친구도 적도 있다는 것, 즉 진보를 밀어붙이는 사람도 어떻게든 진보를 가로막거나 되돌리려 애쓰는 사람도 있다는 것을 알고 있다. 카테콘도 마찬가지다. 전염병이 창궐하는 시기에는 축제가 언제나 인기 있는 환상이었지만, 21세기 정치는 마지막 전투에 더 가까워지고 있다. 부유하고 똑똑하고 힘 있는 자들은 남보다 더 빨리 공황에 빠진다. 아마도 재난의 징후를 누구보다 먼저 알아차리거나 잃을 게 더 많기 때문일 것이다. 진보에 환멸을 느낀 부자들은 미래에 투자하지 않는다. 힘 있는 자들은 휴전을 중개하는 대신 마지막 기회를 이용해 묵은 원한을 풀려고 한다. 현재를 두려워하는 특권층은 끊임없이 과거에 대해 이야기한다. 엘리트들은 무수한 기회와 도전을 보려 하지 않고 그것을 배제한다. 그들은 변화를 거부하고 행동에 참여하지 않음으로써 스스로를 가이아의 방관자로 만들어버렸다.

'거대한 가속'은 재앙이 예견되는 상황에서 글로벌 정치 위기와 함께 끝났다. 코로나19의 유행으로 새로운 임상생태학이 과거의 국가경제학과 결합했지만, 그것은 급진적 변화의 필요성을 설파하지는 못했다. 우리는 바이러스가 신선식품 시장(wet market: 아시아에서 흔히 볼 수 있는, 신선한 생선과 육류, 농산물을 취급하는 시장—옮긴이)에서 비롯되었다는 것을 알고 있지만, 이 같은 섬뜩한 곳에서는 거래가 계속되고 있다. 우리는 기후 위기의 판도를 뒤집으려면 육식 포기가 휘발유 포기보다 훨씬 더 중요하다는 것을 알고 있다. 하지만 대중의 투표에 의존하는 어떤 정부도 사람들 행동에 그토록 과감하게 개입하지는 못할 것이다. 이러한 요구는 초기 기독교인이 했던 일, 또는 러시아 볼셰비키가 원했던 것만큼이나 급진적이다. 2020년 팬데믹 기간에 사람들은 제 의지로 행동을 바꿀 수 있는 능력이 현저히 부족해졌고 국가는 봉쇄 조치를 도입했다. 기후 위기는 훨씬 더 풀기 어려운 숙제다. 국가는 사람들을 재교육하고 그들의 생활방식을 다시 점검하고, 필요하다면 배급을 시행해야 할 것이다. 리바이어던은 친환경적으로 변하거나 아니면 자폭해야 한다. 나머지는 가이아에게 달려 있다.

우리는 지금 지독히 인기 없는 조치들에 대해 이야기하고 있다. 국가는 에너지 거물들의 탐욕과 물에 잠기는 도시들의 비극 사이에 서 있는 유일한 힘이다. 장기적이고 보편적이며 조정력 있는 조치를 시행해야 하는 주체 말이다. 이것이 바로 우리에게 국가가 필요한 이유다. 기후재앙은 나중에 일어날 테지만, 우리가 고삐를 죄어야 할 때는 바로 지금이다. 사람들은 자진해서 그렇게 할 만큼 현명하지 않다. 홍수는 네덜란드에서 시작되겠지만, 스위스에서 육류와 휘발유 사용을 삼가야 할 필요가 있다. 사람들이 행동하도록 안내하기 위해서는 그 사실을 상기시켜야 한다. 신성한 제국들과 세계대전을 견디고 살아남은 인류에게 오늘날보다 사회적 협정이 더욱 절실했던 적은 결코 없었다. 이는 개별 시민들 간의 계약이 아니라 인간과 자연 사이의 평화조약이어야 한다. 이 조약은 양측 모두의 희생 없이는 체결되기 어렵다. 만약 민주적 정치가 힘을 발휘하지 못한다면 결정은 비상사태 아래 내려질 것이다. 러시아 오프리치니나의 후기 버전인 예외상태에서는 법치가 중단될 것이다. 국가적 노력만으로는 생태 위기에 대처하는 데 충분치 않을 것이다. 여기에 '공유지의 비극'과 관련한 또 한 가지 측면인 무임승차자 문제가 놓여 있다. 통제 및 강제 기제가 없다면, 공동의 노력은 참가국 중 하나의 사보타주로, 그리고 궁극적으로는 참가국 모두의 사보타주로 좌초되고 말 것이다. 노드하우스의 계획이 1990년대에 전 세계 차원에서 시행되었다면 지구온난화를 예방할 수 있었을 것이다. 하지만 여기에 함정이 있다. 이 미국 경제학자는 소비는 늘리되 오염은 줄이는 방향으로 동료 시민을 설득하고자 희망했다. 그러나 그는 경제적 이유라기보다 문화적 이유에서 멕시코부터 중국에 이르는 전 세계의 다른 국가들에서는 그런 설득의 기회를 얻지 못했을 것이다. 어쨌든 만약 전 세계의 다른 국가들이 계속 오염을 일으킨다면 미국이 오염을 멈추려는 동기를 갖기란 어려울 것이다. 개별 국가들 간에는 공동의 이해관계가 없기 때문에 국제관계는 국내 문제와는 다른 것으로 간주된다. 해적으로부터의 보호나 금 본위제의 확립 같은 공동의 이해관계가 생겨난다면 정치적 동맹 역시 발전한다. 기후재앙의 위협이야말로 진정한 인류의 첫 번째 공동 관심사이자 여러 부분으로 나눌 수 없는 글로벌 이슈다. 사회학자 울리히 벡(Ulrich Beck)은 그의 마지막 저서에서 지구온난화만이 우리를 구원할 수 있다고 설파했다. 그러나 많은 사람들, 그리고 기독교 교회의 학자들 역시 이 사실을 똑똑히 알고 있으면서도 전혀 구원받기를 원치 않는다.

전 지구적 그린뉴딜

코로나19 팬데믹으로 인해 전 세계 많은 정부들은 탄소 중립을 달성하고, 석유 생산업체에 제공하던 악명 높은 보조금을 없애고, 재생 에너지에 보조금을 지급하고, 환자와 소외계층을 지원하는 등의 행동 강령을 공식화하지 않을 수 없었다. 하지만 역시나 팬데믹으로 인해 이러한 아이디어는 대부분 문서상으로만 남아 있다. 미국에서 실현되길 기다리는 프로젝트의 이름인 그린뉴딜은 대공황으로부터 구제해준 정책을 암시한다. 그 뉴딜 역시 그린(green, 친환경적)이었다. 루스벨트 행정부가 '루스벨트의 삼림군(Roosevelt's Forest Army)'이라고도 불리는 25만 명의 인력을 고용한 '민간 산림보호단(Civilian Conservation Corps)'을 창설했으니 말이다. 1933년부터 1942년까지 민간 산림보호단은 나무 30억 그루를 심어서 여러 주를 괴롭히던 모래 폭풍을 잠재웠다.[13] 바라건대 그린 뉴딜은 그보다 훨씬 더 많은 일을 하게 될 것이다. 유럽에서는 야심 차되 자금이 부족한 '녹색 회복' 프로젝트가 코로나19의 압박 속에서 받아들여졌다.

'녹색 회복'은 경제를 정치에, 그리고 정치를 생태에 종속시킨다. 새로운 **인정과 재분배**〔recognition and redistribution: 악셀 호네트(Axel Honneth)와 낸시 프레이저(Nancy Fraser)는 '인정'과 '재분배'의 관계를 둘러싸고 논쟁을 벌였다. 이 논쟁에서 낸시 프레이저는 현대사회 갈등의 두 축이 문화적 차원에서의 '무시'와 경제적 차원에서의 '불평등'에서 비롯된다고 주장했다—옮긴이〕 프로그램이랄 수 있는 '녹색 회복'은 우리가 과거에 보았던 재건 및 복지 프로그램보다 한층 더 포괄적이다. 미국의 철학자 낸시 프레이저는 현대사회의 정의를 비판적으로 분석하는 글에서 '인정'과 '재분배' 개념을 발전시켰다.[14] 나는 이러한 유용한 개념들이 인간뿐만 아니라 비인간 행위자까지 포함하도록 확대되어야 한다고 생각한다. 곤충에서 영구동토층에 이르는 자연의 다양한 요소가 생명의 지속성에 더없이 중요한 존재로 '인정'받는다면, 역시 자연에서 추출되지만 인간의 노동력과 지식에 의해 부가가치가 더해지는 다양한 자원은 그들에게 유리하도록 '재분배'되어야 한다. 이에는 많은 숲을 복원하고, 가축 농장을 폐쇄하고, 성장을 중단하는 것 같은 자연의 부분적 탈상품화가 포함될 것이다. 화폐로 계산되는 총생산은 상품화한 자연과 노동력을 측정하는 척도다. 천연자원마다 정치적 특성이 다르다면 이들 모두를 재화와 서비스로 합산하는 것은 무의미하다. 각국 정부가 계속 존속하는 한, 그들의 위상은 대기 중으로 방출되는 탄소량으로 가늠될 것이다. 하지만 우리 모두가 살아남으려면 각국은 국내 생산의 성장을 위해서가 아니라 자국 배출량의 감축을 위해서 경쟁해야 할 것이다. 이는 탄소발자국이 보편적 등가물로서 금을 대신하는 '탄소 본위제'의 시행에 상응할 것이다. 경제적 관점에서 보면 꽤나 현실적임에도, 이 말은 현재로서는 유토피아적 발상처럼 들린다. 하지만 그 시행을 가로막는 모든 장애물은 정치적인 것이다.(13장 참조)

한계 없는 성장에 대한 생각을 내려놓긴 어렵지만, 우리는 지금껏 소중하게 간직해온 개념의 상당수—이를테면 진보—를 이미 포기해야 했다. 우리 부모와 조부모는 우리보다 더 형편없이 살았지만 우리 자녀와 손주들은 우리보다 더 잘살 것이다, 이러한 가정은 사랑 및 자부심의 정서적 패턴과 일치한다. 하지만 부국에서는 몇백 년 만에 처음으로 30대 미만이 제 부모나 조부모보다 더 가난해진 세대로 떠오르고 있다. 지금보다 1도나 2도 더 따뜻해질 세상에서는 삶이 훨씬 더 불편해질 것이다. 홍수와 화재로 수조 달러의 손실이 발생해 노동시장이 한층 더 악화될 터다. 팬데믹과 전쟁은 기대수명을 단축하고 대량이주를 촉발함으로써 정치 풍조를 더욱 악화시킬 것이다. 아마도 소박한 삶이 선사하는 일상적 축복, 즉 집, 자동차, 관광 여행, 시골지역에서 보내는 휴가, 궁극적으로 '자연' 그 자체는 사치품이 될 것이다.

지난 100년을 돌아보면 우리는 현대사회에서 계급 불평등이 전쟁과 혁명으로 인해 그저 잠시 감소했을 뿐 거의 변하지 않았다는 것을 알 수 있다. 성 불평등은 여성이 정규직 노동시장에 진출한 데 힘입어 서서히 줄어들고 있지만, 여전히 성별 격차는 심각한 상태다. 국가 간 불평등은 자연과 역사의 가변성을 반영하며, 지구온난화는 이러한 차이를 더욱 두드러지게 만들 것이다. 다양한 연령집단 간 불평등은 자녀를 위해 최선을 다하도록 부모에게 거듭 촉구해온 도덕사상가에게는 낯익을지 몰라도, 사회과학에서는 비교적 새로운 주제다. 종말을 앞둔 세계에서 집단 간 평등이라는 이상은 정말이지 중요하다. 우리는 과연 우리의 노력으로 미래 세대의 고통을 막을 수 있을까?

사회는 자연을 떠나 살 수 없으며, 경제생활은 그에 따른 생태적 결과와 별개가 아니다. 개인이 소비행위를 할 때마다 또 한 번의 탄소가 대기 중에 배출되는데, 식물·동물·사람 등 우리 모두 그것을 들이마신다. 생태 개혁은 혁명에 버금갈 만한 인간 행동의 변화에 달려 있으며, 그와 마찬가지로 급진적 국제관계의 변화 없이는 불가능하다. 재앙은 오로지 글로벌 공동체 차원에서만 피할 수 있으며, 다시 한번 강조하거니와 혁명은 전 세계적일 때만 성공을 거둘 수 있다. 뉴딜은 한 개별 국가에서 효과가 있었지만, 그린뉴딜은 전 지구적 규모로 추진되어야만 효력을 발휘할 것이다. 임박한 재앙의 규모는 글로벌 주권의 확립에 버금간다. 그로 인한 공포는 리바이어던이 아니라 가이아로부터 비롯될 것이다.

캉디드가 어쩌다 햇볕이 잘 드는 우리 세상에 등장한다면 자신에게 낯익은 주제들을 이내 알아차릴 것이다. 그는 지금의 팬데믹에 놀라지 않을 것이다. 훨씬 더 끔찍한 전염병에 대해 들어서 알고 있기 때문이다. 그는 성병에서 완치된 팡글로스를 보며 기뻐하고, 기술을 둘러싸고 발전하는 우리 엘도라도의 온갖 장치를 보고 놀랄 것이다. 그러나 택시기사들이 물가와 석유재벌들, 교통체증과 산불에 대해 지겹게 떠들어대는 소리를 들으면 한층 더 놀랄 것이다. 그는 리스본 지진이 정말이지 단순하고 이해하기 쉬운 재앙이었다는 사실을 깨달을 것이다. 지진은 인명을 앗아갔지만 인간성을 훼손하지는 않았다. 희생자는 수천 명을 헤아렸으나 가해자는 없었다. 반면 인간이 야기한 공포는 그와 완전히 다른 문제로, 인간에게 굴욕감을 안겨주고 인간의 가치를 떨어뜨린다. 캉디드는 우리가 엉망으로 만들어놓은 세상을 돌아보면서 당혹감을 느낄 것이다. 수세기 동안 인간은 시종 선량함과 평화에 대한 설교를 되풀이하면서 서로에게 고통을 가해왔다. 그 이유는 예나 지금이나 같다. 일부 사람들은 탐욕스럽고 나머지 사람들은 어리석기 때문이다. 탐욕과 어리석음은 자연이 우리 안에 심어준 연대의 토대를 시시각각 갉아먹는다. 그 때문에 인류는 마치 아름다운 자연의 몸에 자라는 악성 종양처럼 자연의 즙을 게걸스레 빨아먹고 유독물질로 자연을 더럽힌다.

　캉디드는 이렇게 말할 것이다. "참으로 옳으신 말씀입니다. 하지만 우리의 정원은 우리가 가꾸어야만 합니다."[15]

주

머리말

1. Tacitus, *The Annals*, Book 6, secs 13, 19; Panchenko, 'Tiberius i finansovyi krizis v Rime'.

2. Auty, *Resource Abundance and Economic Development*; Dunning, *Crude Democracy*.

3. Sraffa, *Production of Commodities by Means of Commodities*.

4. 주요 산물 수출이론과 관련해서는 Innis, *The Fur Trade in Canada*와 Watson, *Marginal Man: The Dark Vision of Harold Innis*, 상품/원자재에 대한 물신주의와 관련해서는 Marx, *Capital*과 Pietz, 'Fetishism and materialism' 참조.

5. Latour, *Politics of Nature*, p. 33.

6. Hardin, 'The tragedy of the commons'.

7. Cannan, 'The origin of the law of diminishing returns'; Rainert, *How Rich Countries Have Been Enriched*; Saito, *Karl Marx's Ecosocialism*.

8. Keynes, *Economic Consequences of the Peace*, in *Collected Writings*, Vol. 2, p. 6.

9. 물질적 전환을 다룬 가장 중요한 책은 Diamond, *Guns, Germs and Steel*과 Mitchell, *Carbon Democracy*이다. Bennett, *Vibrant Matter*와 Miller, *Cultural Histories of the Material World*, 그리고 LeCain, *The Matter of History*도 참조.

10. Marx, *Capital*, Vol. 1, p. 784.

11. Benjamin, 'On the concept of history', in *Selected Writings*, p. 389.

12. Ibid., p. 405.

13. Voltaire, *Candide*, p. 2.

1부 물질의 역사

1. Hume, *Political Essays*, p. 124.

01 불 다루기

1. Smil, *Energy in World History*.

2. White, 'Energy and the evolution of culture'.

3. Van Gijn, *Flint in Focus*; Lech and Werra, 'On artefacts from the prehistoric mining fields'.

4. Shipman, *The Invaders*.

5. Adler et al., 'Ahead of the game'.

6. Morris, *The Measure of Civilization*.

7. Williams, *Deforesting the Earth*, p. 92.

8. Hennius, 'Viking age tar production and outland exploitation'.

9. Appuhn, *A Forest on the Sea*.

10. Williams, *Deforesting the Earth*, pp. 196-201; de Vries, *The Economy of Europe in an Age of Crisis*.

11. Fedotova and Korchmina, 'Cattle pasturing as a traditional form of forest use'.

12. Thomas, *Man and the Natural World*, p. 209.

13. Braudel, *The Mediterranean*, Vol. 1, p. 62.

14. De Vries, *The Economy of Europe in an Age of Crisis*; Lupanova, *Istorija zakreposhchenija*.

02 곡물의 길

1. Scott, *Against the Grain*.

2. Kant, 'Conjectures on the beginning of human history'; Olson, T*he Logic of*

Collective Action.

3. Olson, 'Space, agriculture, and organization'.

4. Al-Rawi and George, 'Back to the cedar forest', p. 83.

5. Carneiro, 'A theory of the origin of the state'.

6. Pomeranz, *The Great Divergence*.

7. De Vries, *The Economy of Europe in an Age of Crisis*.

8. De Vries, *The Dutch Rural Economy in the Golden Age*.

9. Von Thünen, *The Isolated State*; Małowist, 'Poland, Russia and Western trade in the 15th and 16th centuries'; Moon, *The Russian Peasantry*.

10. Zheleznov, *Ekonomicheskie vozzreniia pervykh russkikh agronomov*, pp. 153, 201.

11. Aston and Philpin, *The Brenner Debate*.

12. Smith, *An Inquiry into the Nature and Causes of the Wealth of Nations*, p. 19.

13. Chayanov, *Krest'ianskoe khoziajstvo*.

14. Kaplan, *Bread, Politics and Political Economy in the Reign of Louis XV*; Kaplan, *The Bakers of Paris and the Bread Question*.

15. Jones, *Bread upon the Waters*.

16. Ibid.

17. McNeill, 'Frederick the Great and the propagation of potatoes'.

18. De Vries, *The Dutch Rural Economy in the Golden Age*; de Vries and van der Woude, *The First Modern Economy*.

19. Von Thünen, *The Isolated State*. 차야노프는 폰 튀넨의 학식을 모범적이라고 평가했으며, 브로델은 그를 마르크스에 비유했다. Parr, 'Overlooked aspects of the von Thünen system'도 참조.

20. Allen, *Farm to Factory*.

03 육류, 어류 및 각종 가죽

1. Sahlins, *Culture and Practical Reason*, p. 175; Goody, *Food and Love*.

2. Braudel, *Afterthoughts on Material Civilization and Capitalism*, pp. 190-4.

3. Mayhew, *New Perspectives on Malthus*.

4. Pomeranz and Topik, *The World that Trade Created*, p. 137.

5. Feenstra, 'The Heckscher-Ohlin model'.

6. Stuart, *Bloodless Revolution*.

7. Gregory, *Of Victorians and Vegetarians*, p. 115에 인용된 내용.

8. Poore and Nemecek, 'Reducing food's environmental impacts'.

9. Magra, *The Fisherman's Cause*; Grafe, *Distant Tyranny*.

10. *The Russian Primary Chronicle*, p. 184.

11. Veale, *The English Fur Trade*; Etkind, *Internal Colonization*.

12. Fisher, *The Russian Fur Trade*, p. 26.

13. *Zhitie Sergiia Radonezhskogo*.

14. Vilkov, 'Pushnoi promysel v Sibiri'.

15. Iadrintsev, *Sibir kak koloniia*.

16. Tarle, *Ocherki*; Butts, *Henry Hudson*.

17. Innis, *The Fur Trade in Canada*; Edwards, 'The North American fur trade world system'.

18. Rich, 'Russia and the colonial fur trade'.

19. Innis, *The Fur Trade in Canada*.

20. Kirchner, 'Samuel Bentham and Siberia'; Morriss, *Science, Utility and Maritime Power*; Papmehl, 'The regimental school established in Siberia by Samuel Bentham'.

21. Matthews, *Glorious Misadventures*.

22. Ibid.

23. Kan, *Memory Eternal*.

24. Bolkhovitinov, *Russian-American Relations and the Sale of Alaska*.

25. Marx, *Capital*, Vol. 1, p. 507.

26. Shchapov, *Sochineniia*, pp. 280-93, 309-37; Etkind, *Internal Colonization*, p. 65.

04 설탕, 향신료, 그리고 온갖 좋은 것들

1. Withington, 'Intoxicants and the invention of "consumption"'.

2. Chanel, 'Taxation as a cause of the French Revolution'.

3. Mintz, *Sweetness and Power*.

4. Smith, *An Inquiry into the Nature and Causes of the Wealth of Nations*, p. 389.

5. Breen, *Tobacco Culture*; Moss and Badenoch, *Chocolate*; Norton, *Sacred Gifts, Profane Pleasures*; Grivetti and Shapiro, *Chocolate*; Breen, *The Age of Intoxication*.

6. Mintz, *Sweetness and Power*, p. 156.

7. Williams, *Capitalism and Slavery*.

8. Mintz, *Sweetness and Power*, p. 67.

9. Hume, *Political Essays*, p. 93.

10. Habermas, *The Structural Transformation of the Public Sphere*.

11. Buck-Morss, *Hegel, Haiti and Universal History*.

12. Yarrington, 'Sucre indigène and sucre colonial'.

13. Farooqui, *Smuggling as Subversion*; Trocki, *Opium, Empire, and the Global Political Economy*.

14. *Eclectic Review* 7 (January-June 1840): 805 참조.

15. Reilly, *The Taiping Heavenly Kingdom*.

16. Isba, *Gladstone and Women*.

17. Hobsbawm, *Industry and Empire*. Sahlins et al., 'The sadness of sweetness', 그리고 Pomeranz and Topik, *The World that Trade Created*도 참조.

18. Sombart, *Luxury and Capitalism*.

19. De Vries, *The Industrious Revolution*, p. 161.

20. Feenberg, '"Max Havelaar": an anti-imperialist novel'; Salverda, 'The case of the missing empire'.

21. Hochschild, *King Leopold's Ghost*; Etkind, *Internal Colonization*, chap. 11; Jasanoff, *The Dawn Watch*.

05 섬유

1. Braudel, *A History of Civilizations*, p. 378.

2. Haigler et al., 'Cotton fiber'.

3. Seneca, *Declamations*, 375.

4. Molà, *The Silk Industry of Renaissance Venice*; Rezakhani, 'The road that never was'; Classen, *The Deepest Sense*.

5. Kosunova, 'Krimskii kokon'.

6. Crosby, *America, Russia, Hemp, and Napoleon*.

7. Ibid.

8. Green, 'John Dee, King Arthur, and the conquest of the Arctic'.

9. Rutherfurd, *The Importance of the Colonies to Great Britain*; Kaplan, *Russian Overseas Commerce with Great Britain*.

10. Małowist, 'Poland, Russia and Western trade in the 15th and 16th centuries'.

11. Liubimenko, 'Angliiskii proekt 1612 g'; Dunning, 'James I, the Russia Company, and the plan to establish a protectorate over North Russia'.

12. Crosby, *America, Russia, Hemp, and Napoleon*.

13. Kulisher, *Istoriya russkoy torgovli*, p. 227; Tengoborskii, *O proizvoditel'nykh silakh Rossii*.

14. Klein, *The Mesta*; Phillips and Phillips, *Spain's Golden Fleece*; Phillips and Phillips, 'Spanish wool and Dutch rebels'.

15. Kamen, 'The decline of Castile'; Engstrand, 'The Enlightenment in Spain'; Bacigalupo, 'Two journeys with one vision'; Mahoney, *Colonialism and Postcolonial Development*.

16. Bisson, *The Merchant Adventurers of England*.

17. More, *Utopia*, p. 12.

18. Bowden, *The Wool Trade in Tudor and Stuart England*.

19. Leng, *Fellowship and Freedom*; Friis, *Alderman Cockayne's Project and the Cloth Trade*.

20. Brown, 'The artist of the *Leviathan* title-page'; Skinner, *From Humanism to Hobbes*; Bredekamp, *Thomas Hobbes, Der Leviathan*; Malcolm, 'The titlepage of *Leviathan*'.

21. Martinich, *Hobbes*, p. 6.

22. Agamben, *Stasis*.

23. Davenant, 'An essay on the East-India trade', pp. 88, 100.

24. Hoppit, 'The political economy of wool'; Hentschell, *The Culture of Cloth in Early Modern England*.

25. Hoppit, 'The political economy of wool'.

26. Smith, *An Inquiry into the Nature and Causes of the Wealth of Nations*, p. 248.

27. Riello, *Cotton*.

28. Berg, *Luxury and Pleasure in Eighteenth-Century Britain*, p. 2.

29. Williams, *Capitalism and Slavery*; Pomeranz, *The Great Divergence*; Beckert, *Empire of Cotton*.

30. Berg, *Luxury and Pleasure in Eighteenth-Century Britain*; Riello, *Back in Fashion*.

31. Riello, *Cotton*, pp. 238-45; Sugden and Cockerill, 'The wool and cotton textile industries'; Sidorova, *Indiiskii khlopok i britanskii interes*.

32. Hamilton, *Report on the Subject of Manufactures*.

33. Polanyi, *Origins of Our Time: The Great transformation*, p. 42.

34. Chapman, 'The cotton industry and the industrial revolution'; Riello, *Cotton*; Beckert, *Empire of Cotton*.

35. Pomeranz, *The Great Divergence*; Berg, 'From imitation to invention'.

36. Stolbov, 'Kapitalistye krest'jane-staroobrjadcy'; 'Selo Ivanovo'.

37. Allen, *Global Economic History*.

38. Obertreis, *Imperial Desert Dreams*; Allen, *Farm to Factory*.

39. Moon, *The Russian Peasantry*.

40. Stalin, 'Ob industrilizatsii i khlebnoi probleme'.

06 금속

1. Goody, *Metals, Culture and Capitalism*.

2. Needleman and Needleman, 'Lead poisoning and the decline of the Roman aristocracy'.

3. Childe, *Man Makes Himself*; Drews, *The End of the Bronze Age*.

4. Graeber, *Debt*.

5. Muhly et al., 'Iron in Anatolia and the nature of the Hittite iron industry'; Pense,

'Iron through the ages'; Hedeager, *Iron Age Myth and Materiality*.

6. Collins, 'Mineral enterprise in China'; Hartwell, 'A cycle of economic change in imperial China'; Lynch, *Mining in World History*.

7. Steinmetz, *The Richest Man Who Ever Lived*.

8. Fors, *The Limits of Matter*.

9. Jardine, *Worldy Goods*.

10. Roper, *Martin Luther*; Schilling and Johnston, *Martin Luther*.

11. Cole, *The Potosí Mita*; Findlay and O'Rourke, *Power and Plenty*; Lane, *Potosí*; Barragán, 'Extractive economy and institutions'.

12. Nriagu, 'Mercury pollution'; Lynch, *Mining in World History*; Lane, *Potosí*.

13. De Vries, *The Economy of Europe in an Age of Crisis*; Fagan, *The Little Ice Age*; Parker and Smith, *The General Crisis of the 17th Century*; Koch et al., 'Earth system impacts of the European arrival'; Blom, *Nature's Mutiny*.

14. Koch et al., 'Earth system impacts of the European arrival'.

15. Principe, 'Alchemy restored'; Smith, *The Business of Alchemy*; Bauer, *The Alchemy of Conquest*; Fors, *The Limits of Matter*.

16. Cressy, *Salpeter*; Buchanan, *Gunpowder, Explosives and the State*; Robertson, 'Reworking seventeenth-century saltpetre'.

17. Robertson, 'A gunpowder controversy in the early Royal Society'; Shapin and Schaffer, *Leviathan and the Air-Pump*.

18. McCune, 'Mining the connections'; Heckscher, *An Economic History of Sweden*, pp. 85-7.

19. Fors, *The Limits of Matter*, pp. 84-90.

20. Bartlett, 'Cameralism in Russia'.

21. Tribe, 'Baltic cameralism?'.

22. Small, *The Cameralists*; Wakefield, *The Disordered Police State*; Raskov, 'Kameralizm knig'; Zubkov, 'Kameralizm kak model'.

23. Ziolkowski, *German Romanticism and its Institutions*, p. 18.

24. Adam, *The Political Economy of J. H. G. Justi*; Wakefield, *The Disordered Police State*.

25. Kolchin, 'Obrabotka zheleza'; Serbina, *Krest'y anskaia zhelezodelatel'naya promyshlennost'*.

26. Boterbloem, *Moderniser of Russia*; Yurkin, *Andrei Andreevich Vinius*.

27. Ogarkov, *Demidovy*; Hudson, *The Rise of the Demidov Family*.

28. Pashkov, 'Inostrannye spetsialisty'; Yurkin, 'Genrikh Butenant'; Kiselev, 'State metallurgy factories'.

29. 'Sozdanie pervoi v mire universalnoi parovoi mashiny'.

2부 관념의 역사

1. Pocock, *Barbarism and Religion*, Vol. 4, p. 40.

2. Hanway, *An Historical Account of the British Trade over the Caspian Sea*, Vol. 1, p. 3.

3. Polanyi, *Origins of Our Time: The Great Transformation*, p. 112.

4. Benjamin, 'On the Concept of History', in *Selected Writings*, pp. 393-4.

5. Arendt, *The Human Condition*, pp. 94, 108.

07 자원과 상품

1. Herodotus, *The History*, p. 106.

2. Marx, *Capital*, Vol. 1, p. 47.

3. Appiah, 'Is the post- in postmodernism the post- in postcolonial?'; Moore, 'Is the post- in postcolonial the post- in post-Soviet?'.

4. Kant, 'Conjectures on the beginning of human history', p. 225.

5. Hume, *Political Essays*, p. 122.

6. *Istoriya torgovli*, Vol. 1, p. 29.

7. Breen, *The Age of Intoxication*, p. 7.

8. '나쁜 공공재(public bads)' 개념에 대해 알아보려면 Beck, *The Metamorphosis of the World* 참조.

9. Berg, 'From imitation to invention'.

10. Berg, 'In pursuit of luxury', p. 118; Daunton, *State and Market in Victorian Britain*.

11. Hume, 'Of commerce', in *Political Essays*, p. 102.

12. Daggett, *The Birth of Energy*.

13. Hume, 'Of money', in *Political Essays*, p. 118.

14. Hume, 'Of commerce', pp. 93-104.

15. Hume, 'Of refinement in the arts', in *Political Essays*, p. 107.

16. Bentham, *Emancipate Your Colonies*, p. 21.

17. Etkind, *Internal Colonization*.

18. Innis, *The Fur Trade in Canada*; Allen, *Global Economic History*.

19. Podobnik, *Global Energy Shifts*; Fischer-Kowalski et al., 'Energy transitions and social revolutions'.

20. Krugman, *Rethinking International Trade*.

21. Toye and Toye, 'The origins and interpretation of the Prebisch-Singer thesis'; Harvey et al., 'The Prebisch-Singer hypothesis'.

22. Polanyi, *Origins of Our Time: The Great Transformation*, p. 26; Arendt, *The Origins of Totalitarianism*, pp. 188, 199.

23. Mirkin, 'Rost zolotogo zapasa v Rossii'.

24. Budnitskiy, *Den'gi russkoy emigratsii*.

25. Osokina, *Zoloto dlya industrializatsii*.

08 자원 프로젝트

1. Defoe, *An Essay upon Projects*, p. 20; Hamilton and Parker, *Daniel Defoe and the Bank of England*.

2. McKim, 'War of words'.

3. Armitage, 'The Scottish vision of empire'; Prebble, *The Darien Disaster*; Roger Emerson, 'The Scottish contexts'.

4. Pushkin, *The Blackamoor of Peter the Great*, in *Complete Prose Fiction*, p. 11.

5. Radishchev, *A Journey from St. Petersburg to Moscow*, p. 157.

6. Voltaire, *Candide*, p. 44.

7. Pushkin, *The Blackamoor of Peter the Great*, p. 11.

8. Murphy, *John Law*; Rist, *History of Monetary and Credit Theory*.

9. Troitskiy, "'Sistema" Dzhona Lo'; Anisimov, *Petr I*; Kurukin, *Persidskiy pokhod Petra Velikogo*, pp. 41-2.

10. Markova, 'Novyye materialy'.

11. Murphy, *Richard Cantillon*.

12. Cantillon, *An Essay on Economic Theory*; Jevons, 'Richard Cantillon and the nationality of political economy'; Spengler, 'Richard Cantillon'; Brewer, 'Cantillon and Mercantilism', in *Richard Cantillon: Pioneer of Economic Theory*; Thornton, 'Was Richard Cantillon a mercantilist?'; Ananyin, "'Quorum pars magna fui'".

09 노동과 중상주의 펌프

1. Knorr, *British Colonial Theories*, pp. 26-59; Wakefield, *England and America*, pp. 244-65; Glamann, *Dutch-Asiatic Trade*; Davis and Huttenback, *Mammon and the Pursuit of Empire*도 참조.

2. Knorr, *British Colonial Theories*, p. 84에서 인용한 내용.

3. Ibid., p. 106에서 인용한 내용.

4. Ibid., p. 103.

5. Ross, *The Life of Adam Smith*.

6. Pushkin, *Eugene Onegin*, stanzas 23-4 (chap. 1); 애덤 스미스는 스탠자(stanza: 4행 이상의 각운이 있는 시구—옮긴이) 7에 언급되어 있다.

7. Smith, *An Inquiry into the Nature and Causes of the Wealth of Nations*, pp. 182, 192.

8. Braudel, *Afterthoughts on Material Civilization and Capitalism*, pp. 5-6.

9. Smith, *An Inquiry into the Nature and Causes of the Wealth of Nations*, p. 22.

10. Ibid., p. 19.

11. Tocqueville, *Democracy in America*, p. 530.

12. Marx, *Economic and Philosophical Manuscripts of 1844*, p. xxiv.

13. Braudel, *The Wheels of Commerce*, pp. 248-9, 254-6, 379.

14. Kulisher, *Istoriya russkoy torgovli*, p. 161.

15. Polanyi, *Origins of Our Time: The Great Transformation*, p. 61.

16. Prinz, 'New perspectives on Marx as a Jew'.

17. Marx, *Capital*, Vol. 1, pp. 31, 130, 52.

18. McNally, *Monsters of the Market*, pp. 113-47; Saito, *Karl Marx's Ecosocialism*, pp. 99-140.

19. De Vries, *The Industrious Revolution*; Ogilvie and German, *European Proto-Industrialization*.

20. Canny, *The Upstart Earl*; Shapin and Shaffir, *Leviathan and the Air-Pump*; Principe, *The Aspiring Adept*.

21. Knorr, *British Colonial Theories*, p. 210.

10 실패한 자원들

1. Beer, *An Inquiry into Physiocracy*; Kaplan, *Bread, Politics and Political Economy*; Martin, *Dairy Queens*; Whatmore, *Republicanism and the French Revolution*.

2. Røge, *Economistes and the Reinvention of Empire*; Popkin, 'Saint-Domingue, slavery, and the origins of the French Revolution'.

3. Radishchev, *A Journey from St. Petersburg to Moscow*, p. 157. 강조 표시는 필자가 추가.

4. Wolff, *Inventing Eastern Europe*, p. 223; Røge, 'Legal despotism and enlightened reform in the Îles du Vent'; Herencia, 'Le séjour du physiocrate Lemercier de La Rivière en Russie'.

5. Albertone, *National Identity and the Agrarian Republic*; Albertone, 'Physiocracy in the eighteenth-century America'.

6. Keynes, 'Thomas Robert Malthus', in *Collected Writings*, Vol. 10, pp. 71-108, at p. 86.

7. Malthus, *An Essay on the Principle of Population*, pp. 68, 114.

8. Bashford and Chaplin, *The New Worlds of Thomas Robert Malthus*.

9. Said, 'Jane Austen and empire'.

10. Malthus, *Principles of Political Economy*, pp. 348-9.

11. Ibid., 349-50.

12. Zimmerman, *Alabama in Africa*, pp. 101-4.

13. Malthus, *An Essay on the Principle of Population*, p. 373.

14. Keynes, 'Thomas Robert Malthus', pp. 86, 88, 100.

15. Jevons, *The Coal Question*, pp. 178-9.

16. Ibid., p. 174.

17. Keynes, 'William Stanley Jevons', in *Collected Writings*, Vol. 10, pp. 109-60, 특히 p. 109.

18. Keynes, 'Thomas Robert Malthus', p. 86.

19. Keynes, 'Commodity policy', in *Collected Writings*, Vol. 27, pp. 105-200.

20. Snyder, *Black Earth*.

3부 에너지의 역사

11 토탄

1. De Zeeuw, 'Peat and the Dutch golden age'; Unger, 'Energy source'; de Vries and de Zeeuw, *Barges and Capitalism*; de Vries and van der Woude, *The First Modern Economy*.

2. De Zeeuw, 'Peat and the Dutch golden age'.

3. TeBrake, 'Taming the waterwolf'; Kaijser, 'System building from below'; de Vries, *The Dutch Rural Economy in the Golden Age*.

4. Blackbourn, *The Conquest of Nature*, p. 45.

5. Kopenkina, 'Lomonosov o torfe'.

6. Stracher et al., 'Smoldering-peat megafires'.

12 석탄

1. Wrigley, *Energy and the English Industrial Revolution*.

2. Nef, 'An early energy crisis and its consequences'.

3. Malm, *Fossil Capital*; Reynolds, *Stronger than a Hundred Men*.

4. Jevons, *The Coal Question*, p. vii.

5. Pomeranz, *The Great Divergence*; Jones, *Agriculture and the Industrial Revolution*; de Vries, *European Urbanization*.
6. Engels, *The Condition of the Working-Class in England in 1844*, p. 248.
7. Gregory, *The Miners and British Politics*.
8. Mitchell, *Carbon Democracy*.
9. Gillingham, *Coal, Steel, and the Rebirth of Europe*; Milward, *The Reconstruction of Western Europe*.

13 석유

1. Coronil, *The Magical State*; Ross, *The Oil Curse*; Gaidar, *Gibel' imperii*; Di Muzio, *Carbon Capitalism*; Badia-Miró et al., *Natural Resources and Economic Growth*; Mitchell, *Carbon Democracy*; Bridge and Le Billon, *Oil*; Kallis and Sager, 'Oil and the economy'.
2. Mitchell, *Carbon Democracy*; Bridge and Le Billon, *Oil*; Backus and Crucini, *Oil Prices and the Terms of Trade*; Kallis and Sager, 'Oil and the economy'.
3. Claes and Garavini, *Handbook of OPEC and the Global Energy Order*.
4. Frank, *Oil Empire*; Hughes, *Energy without Conscience*.
5. Brady, *Ida Tarbell*.
6. Fursenko, *Neftianye voijny*.
7. McKay, 'Baku oil and Transcaucasian pipelines'; Barry, *Material Politics*; Blau and Rupnik, *Baku*.
8. Tolf, *The Russian Rockefellers*.
9. Conlin, *Mr Five Per Cent*.
10. Gokay, 'The battle for Baku'; Suny, *The Baku Commune*.
11. Odom and Salmond, *Treasures into Tractors*; Heymann, 'Oil in Soviet-Western relations in the interwar years'.
12. Tolf, *The Russian Rockefellers*.
13. Aseev, 'Pesnia o nefti'.
14. Slavkina, *Rossiiskaia dobycha*.
15. Etkind et al., 'Ukrainian labour and Siberian oil in the late Soviet Empire'.

16. Mitchell, *Carbon Democracy*.

17. Ross, *Fast Cars, Clean Bodies*.

18. Coronil, *The Magical State*.

19. Ross, 'Does oil hinder democracy?'; Ross, *The Oil Curse*.

20. Herb, 'No representation without taxation?'.

21. Bornhorst et al., 'Natural resource endowments and the domestic revenue effort'.

22. Gaidar, *Gibel' imperii*.

23. Ross, *The Oil Curse*.

24. Perks and Schulz, 'Gender in oil, gas and mining'; Daggett, 'Petro-masculinity'; Etkind, 'Petromacho, or mechanisms of de-modernization in a resource state'.

25. Schmitt, *Political Theology*.

26. Ross, *The Oil Curse*.

27. Polanyi, *Origins of Our Time: The Great Transformation*, p. 26.

28. Hayek, 'A commodity reserve currency'; Steil, *The Battle of Bretton Woods*; Mitchell, *Carbon Democracy*.

29. Keynes, *Collected Writings*, Vol. 21, p. 27.

30. Wong, 'The untold story behind Saudi Arabia's 41-year U.S. debt secret'.

31. McNally, *Crude Volatility*; Clayton, *Market Madness*; Schneider-Mayerson, 'From politics to prophecy'.

32. Spenser, *New Economics of Oil*.

33. Freud, 'Character and anal eroticism'.

34. Etkind and Minakov, 'Post-Soviet transit and demodernization'.

35. Gustafson, *Wheel of Fortune*; Etkind, 'Putin's Russia: an exemplary case of hyper-extractive state'; Rogers, *The Depths of Russia*.

36. Pokrovskij, *Russkaia istorija s drevnejshikh vremen*.

37. Gaddy and Ickes, 'Russia's dependence on resources'.

38. Keynes, *The Economic Consequences of the Peace*, in *Collected Writings*, Vol. 2, p. 15.

39. Novokmet et al., *From Soviets to Oligarchs*.

40. Russel, 'Socioeconomic inequality in Russia'.

41. Keynes, *The Economic Consequences of the Peace*, Vol. 2, p. 11.

42. Rawls, *A Theory of Justice*.

43. Milanović, *Global Inequality*.

44. Wenar, *Blood Oil*.

맺음말

1. Bonneuil and Fressoz, *The Shock of the Anthropocene*.

2. Smil, *Energy Transitions*; Smil, *Making the Modern World*.

3. Lovelock, *Gaia*.

4. Latour, *Facing Gaia*.

5. Nordhaus, 'Reflections on the economics of climate change'; Beck, *The Metamorphosis of the World*.

6. Osokina, *Zoloto dlya industrializatsii*.

7. Mokyr, *The Lever of Riches*; Zaretsky, *Secrets of the Soul*.

8. Kuznets, *Toward a Theory of Economic Growth*.

9. Arendt, *The Origins of Totalitarianism*.

10. Bonneuil and Fressoz, *The Shock of the Anthropocene*.

11. Latour, 'Europe as a refuge'.

12. Agamben, *The Time that Remains*.

13. Deaton, 'How FDR fought climate change'.

14. Fraser, 'From redistribution to recognition?'; Fraser, 'Behind Marx's hidden abode'.

15. Voltaire, *Candide*, p. 97.

참고문헌

Acemoglu, Daron, and James A. Robinson, *Why Nations Fail: the Origins of Power, Prosperity and Poverty*. New York: Crown, 2013.

Adam, U., *The Political Economy of J. H. G. Justi*. Oxford: Peter Lang, 2006.

Adler, Daniel S., Guy Bar-Oz, Anna Belfer-Cohen and Ofer Bar-Yosef, 'Ahead of the game: Middle and Upper Palaeolithic hunting behaviors in the Southern Caucasus', *Current Anthropology* 47/1 (2006): 89-118.

Adshead, S. A., *Salt and Civilization*. Christchurch, New Zealand: Canterbury University Press, 1992.

Agamben, Giorgio, *Stasis: Civil War as a Political Paradigm*. Edinburgh: Edinburgh University Press, 2015.

Agamben, Giorgio, *The Time that Remains: A Commentary on the Letter to the Romans*. Stanford, CA: Stanford University Press, 2005.

Agricola, Georgius, *De re metallica*. New York: Dover, 1950.

Albertone, Manuela, *National Identity and the Agrarian Republic*. London: Routledge, 2016.

Albertone, Manuela, 'Physiocracy in the eighteenth-century America: economic theory and political weapons', *History of European Ideas* (2020): 1-22.

Alexeev, Michael, and Shlomo Weber (eds), *The Oxford Handbook of the Russian Economy*. Oxford: Oxford University Press, 2013.

Allen, David, *Farm to Factory: A Reinterpretation of the Soviet Industrial Revolu-*

tion. Princeton, NJ: Princeton University Press, 2003.

Allen, Robert C., *Global Economic History: A Very Short Introduction*. Oxford: Oxford University Press, 2011.

Al-Rawi, Farouk N. H., and Andrew R. George, 'Back to the cedar forest: the beginning and end of Tablet V of the standard Babylonian Epic of Gilgameš', *Journal of Cuneiform Studies* 66/1 (2014): 69-90.

Ananyin, Oleg, '"Quorum pars magna fui": on the Cantillon-Marx onnection', *European Journal of the History of Economic Thought* 21/6 (2014): 950-76.

Anisimov, Y., *Petr I: lichnost' i reformy*. St Petersburg: Piter, 2009.

Appiah, Kwame Anthony, 'Is the post- in postmodernism the post- in postcolonial?', *Critical Inquiry* 17/2 (1991): 336-57.

Appuhn, Karl Richard, *A Forest on the Sea: Environmental Expertise in Renaissance Venice*. Baltimore: Johns Hopkins University Press, 2009.

Arendt, Hannah, *The Human Condition*. Chicago: University of Chicago Press, 1958.

Arendt, Hannah, *The Origins of Totalitarianism*. New York: Meridian Books, 1958.

Armitage, David, 'The Scottish vision of empire: intellectual origins of the Darien venture', in John Robertson (ed.), *A Union for Empire: Political Thought and the British Union of 1707*. Cambridge: Cambridge University Press, 1995.

Aseev, Nikolai, 'Pesnia o nefti' [A song about oil], *Novy mir* (1935): 7.

Ash, Eric H., *The Draining of the Fens*. Baltimore: Johns Hopkins University Press, 2017.

Aston, T. H., and C. H. E. Philpin (eds), *The Brenner Debate: Agrarian Class Structure and Economic Development in Pre-Industrial Europe*. Cambridge: Cambridge University Press, 1987.

Auty, Richard M., *Resource Abundance and Economic Development: A Study*. Oxford: Oxford University Press, 2002.

Bacigalupo, Mario Ford, 'Two journeys with one vision: Campomanes's travels in Spain (1778-1779)', *Revista de Estudios Hispánicos* 13/1 (1979): 143-60.

Backus, David, and Mario Crucini, *Oil Prices and the Terms of Trade*, NBER working paper 6679, 1998.

Badia-Miró, Marc, Vicente Pinilla and Henry Willebald (eds), *Natural Resources and Economic Growth: Learning from History*. London: Routledge, 2015.

Barragán, Rossana, 'Extractive economy and institutions?', in Karin Hofmeester and Pim de Zwart (eds), *Colonialism, Institutional Change, and Shifts in Global Labour Relations*. Amsterdam: Amsterdam University Press, 2018, pp. 207-38.

Barry, Andrew, *Material Politics: Disputes along the Pipeline*. Chichester: Wiley-Blackwell, 2013.

Bartlett, Roger, 'Cameralism in Russia: Empress Catherine II and population policy', in Marten Seppel and Keith Tribe (eds), *Cameralism in Practice: State Administration and Economy in Early Modern Europe*. Cambridge: Cambridge University Press, 2017, pp. 65-90.

Bashford, Alison, and Joyce E. Chaplin, *The New Worlds of Thomas Robert Malthus*. Princeton, NJ: Princeton University Press, 2016.

Bauer, Ralph, *The Alchemy of Conquest: Science, Religion, and the Secrets of the New World*. Charlottesville: University of Virginia Press, 2019.

Beck, Ulrich, *The Metamorphosis of the World: How Climate Change is Transforming Our Concept of the World*. New York: Wiley, 2017.

Beck, Ulrich, *Risk Society: Towards a New Modernity*, trans. Mark Ritter. London: Sage, 1992.

Beckert, Sven, *Empire of Cotton: A New History of Global Capitalism*. London: Penguin Books, 2015.

Beer, Max, *An Inquiry into Physiocracy*. London: Allen & Unwin, 1939.

Benjamin, Walter, *Selected Writings*, Vol. 4: 1938-1940, trans. Edmund Jephcott et al., ed. Howard Eiland and Michael W. Jennings. Cambridge, MA: Belknap Press, 2003.

Bennett, Jane, *Vibrant Matter: A Political Ecology of Things*. Durham, NC: Duke University Press, 2010.

Bentancor, Orlando, *The Matter of Empire: Metaphysics and Mining in Colonial Peru*. Pittsburgh: University of Pittsburgh Press, 2017.

Bentham, Jeremy, *Emancipate Your Colonies: Addressed to the National Convention of France as 1793*. London: Heward, 1830.

Berg, Maxine, 'From imitation to invention: creating commodities in eighteenth-century Britain', *Economic History Review* 55/1 (2002): 1-30.

Berg, Maxine, 'In pursuit of luxury: global history and British consumer goods in the eighteenth century', *Past & Present* no. 182 (2004): 85-142.

Berg, Maxine, *Luxury and Pleasure in Eighteenth-Century Britain*. Oxford: Oxford University Press, 2005.

Berg, Maxine, and Elizabeth Eger, *Luxury in the Eighteenth Century: Debates, Desires and Delectable Goods*. Basingstoke: Palgrave, 2008.

Bisson, Douglas R., *The Merchant Adventurers of England: The Company and the Crown, 1474-1564*. Newark: University of Delaware Press, 1993.

Blackbourn, David, *The Conquest of Nature: Water, Landscape, and the Making of Modern Germany*. London: Pimlico, 2016.

Blau, Eve, and Rupnik, Ivan, *Baku: Oil and Urbanism*. Zurich: Park Books, 2018.

Bloch, Maurice R., 'The social influence of salt', *Scientific American* 209/1 (1963): 88-99.

Blom, Philipp, *Nature's Mutiny: How the Little Ice Age Transformed the West and Shaped the Present*. London: Picador, 2020.

Bolkhovitinov, Nikolay, *Russian-American Relations and the Sale of Alaska, 1834-1867*. Kingston, Ont.: Limestone Press, 1996.

Bonneuil, Christophe, and Jean-Baptiste Fressoz, *The Shock of the Anthropocene: The Earth, History and Us*. London: Verso, 2016.

Bornhorst, Fabian, Sanjeev Gupta and John Thornton, 'Natural resource endowments and the domestic revenue effort', *European Journal of Political Economy* 25/4 (2009): 439-46.

Boterbloem, Kees, *Moderniser of Russia: Andrei Vinius, 1641-1716*. Basingstoke: Palgrave Macmillan, 2013.

Bowden, P. J., *The Wool Trade in Tudor and Stuart England*. Toronto: Macmillan, 1962.

Brady, Kathleen, *Ida Tarbell: Portrait of a Muckraker*. Pittsburgh: University of Pittsburgh Press, 1989.

Braudel, Fernand, *A History of Civilizations*. London: Penguin, 1994.

Braudel, Fernand, *Afterthoughts on Material Civilization and Capitalism*. Baltimore: Johns Hopkins University Press, 1987.

Braudel, Fernand, *The Mediterranean and the Mediterranean World in the Age of Philip II*, trans. Siân Reynolds, 2 vols. London: Collins, 1972-3.

Braudel, Fernand, *The Structures of Everyday Life: The Limits of the Possible*. New York: Harper & Row, 1985.

Braudel, Fernand, *The Wheels of Commerce*. London: Phoenix, 2002.

Bredekamp, Horst, *Thomas Hobbes, Der Leviathan: Das Urbild des modernen Staates und seine Gegenbilder, 1651-2001*. Berlin: de Gruyter, 2020.

Breen, Benjamin, *The Age of Intoxication: Origins of the Global Drug Trade*. Philadelphia: Pennsylvania University Press, 2020.

Breen, T. H., *Tobacco Culture: The Mentality of the Great Tidewater Planters on the Eve of Revolution*. Princeton, NJ: Princeton University Press, 1985.

Brewer, Anthony, *Richard Cantillon: Pioneer of Economic Theory*. London: Routledge, 1992.

Bridge, Gavin, and Philippe Le Billon, *Oil*. 2nd edn, Cambridge: Polity, 2017.

Brown, Keith, 'The artist of the *Leviathan* title-page', *British Library Journal* 4/1 (1978): 24-36.

Buchanan, Brenda J., *Gunpowder, Explosives and the State: A Technological History*. Aldershot: Ashgate, 2006.

Buck-Morss, Susan, *Hegel, Haiti and Universal History*. Pittsburgh: University of Pittsburgh Press, 2009.

Budnitskiy, Oleg, *Den'gi russkoy emigratsii: Kolchakovskoye zoloto, 1918-1957*. Moscow: Novoe literaturnoe obozrenie, 2008.

Butts, E., *Henry Hudson: New World Voyager*. Toronto: Dundurn, 2009.

Cannan, Edwin, 'The origin of the law of diminishing returns, 1813-15', *Economic Journal* 2/5 (1892): 53-69.

Canny, Nicholas P., *The Upstart Earl: A Study of the Social and Mental World of Richard Boyle, First Earl of Cork, 1566-1643*. Cambridge: Cambridge University Press, 2008.

Cantillon, Richard, *An Essay on Economic Theory*, trans. Chantal Saucier, ed. Mark Thornton. Auburn, AL: Ludwig von Mises Institute, 2010.

Carneiro, Robert, 'A theory of the origin of the state', *Science*, 21 August 1970: 733-8.

Chanel, Gerri, 'Taxation as a cause of the French Revolution: setting the record straight', *Studia Historica Gedanensia* 6 (2015): 65-81.

Chapman, Stanley D., 'The cotton industry and the industrial revolution', in L. A. Clarkson (ed.), *The Industrial Revolution: A Compendium*. London: Palgrave, 1987, pp. 1-64.

Chayanov, Aleksandr, *Krest'ianskoe khoziajstvo*. Moscow: Economika, 1989.

Childe, V. Gordon, *Man Makes Himself*. London: Watts, 1936.

Choroshkevich, A. L., *Torgovlja Velikogo Novgoroda s Pribaltikoj i Zapadnoj Evropoj v XIV-XV vekach*. Moscow: Nauka, 1963.

Christie, Ian R., 'Samuel Bentham and the Western colony at Krichev, 1784-1787', *Slavonic and East European Review* 48/111 (1970): 232-47.

Claes, Dag Harald, and Giuliano Garavini (eds), *Handbook of OPEC and the Global Energy Order*, London: Routledge, 2020.

Classen, Constance, *The Deepest Sense: A Cultural History of Touch*. Urbana: University of Illinois Press, 2012.

Clayton, Blake C., *Market Madness: A Century of Oil Panics, Crises, and Crashes*. New York: Oxford University Press, 2015.

Clegg, Hugh Armstrong, Alan Fox and A. F. Thompson, *A History of British Trade Unions since 1889*. Oxford: Clarendon Press, 1964.

Clingingsmith, David, and Jeffrey G. Williamson, *India's De-industrialization under British Rule*. London: Centre for Economic Policy Research, 2005.

Cole, Jeffrey A., *The Potosí Mita, 1573-1700: Compulsory Indian Labor in the Andes*. Stanford, CA: Stanford University Press, 1985.

Collins, William F., *Mineral Enterprise in China*. New York: Macmillan, 1918.

Conlin, Jonathan, *Mr Five Per Cent: The Many Lives of Calouste Gulbenkian, the World's Richest Man*. New York: Profile, 2019.

Cook, James, *Journal of Captain Cook's Last Voyage to the Pacific Ocean*. London: Newbury, 1785.

Coronil, Fernando, *The Magical State: Nature, Money, and Modernity in Venezuela*. Chicago: University of Chicago Press, 2008.

Cressy, David, *Saltpeter: The Mother of Gunpowder*. Oxford: Oxford University Press, 2013.

Crosby, Alfred W., *America, Russia, Hemp, and Napoleon: American Trade with Russia and the Baltic, 1783-1812*. Columbus: Ohio State University Press, 1965.

Crouzet-Pavan, Elisabeth, *Venice Triumphant: The Horizons of a Myth*. Baltimore: Johns Hopkins University Press, 2002.

Daggett, Cara New, *The Birth of Energy*. Durham, NC: Duke University Press, 2019.

Daggett, Cara, 'Petro-masculinity: fossil fuels and authoritarian desire', *Millennium* 47/1 (2018): 25-44.

Dale, Spencer, *New Economics of Oil* (2015), www.bp.com/content/dam/bp/business-sites/en/global/corporate/pdfs/news-and-insights/speeches/new-economics-of-oil-spencer-dale.pdf.

Dalrymple, William, *The Anarchy: The Relentless Rise of the East India Company*. London: Bloomsbury, 2019.

Daunton, M. J., *State and Market in Victorian Britain: War, Welfare and Capitalism*. Woodbridge: Boydell Press, 2008.

Davenant, Charles, 'An essay on the East-India trade' (1696), in C. Whitworth (ed.), *The Political and Commercial Works of ⋯ Charles D'Avenant*, Vol. 1, London, 1771, pp. 83-123.

Davis, Lance E., and Robert A. Huttenback, *Mammon and the Pursuit of Empire*. Cambridge: Cambridge University Press, 1988.

Deaton, Jeremy, 'How FDR fought climate change', 7 December 2017, https://nexusmedianews.com/how-fdr-fought-climate-change-d81eee7b1fe1/.

Defoe, Daniel, *An Argument shewing, that a standing army, with consent of Parliament, is not inconsistent with a free government, &c. Argument shewing that a standing army is inconsistent with a free government.* London: E. Whitlock, 1698.

Defoe, Daniel, *A Plan of the English Commerce; being a compleat prospect of the Trade of this Nation, as well the Home Trade as the Foreign.* London, 1728.

Defoe, Daniel, *An Essay upon Projects.* London: CreateSpace, [1697] 2018.

Derluguian, Georgi, *Bourdieu's Secret Admirer in the Caucasus: A World-System Biography.* Chicago: University of Chicago Press, 2005.

De Vries, Jan, *The Dutch Rural Economy in the Golden Age, 1500-1700.* New Haven, CT: Yale University Press, 1974.

De Vries, Jan, *The Economy of Europe in an Age of Crisis*, 1600-1750. Cambridge: Cambridge University Press, 1994.

De Vries, Jan, *European Urbanization, 1500-1800.* London: Methuen, 1984.

De Vries, Jan, *The Industrious Revolution: Consumer Behavior and the Household Economy, 1650 to the Present.* Cambridge: Cambridge University Press, 2009.

De Vries, Jan, and Ad van der Woude, *The First Modern Economy: Success, Failure, and Perseverance of the Dutch Economy, 1500-1815.* Cambridge: Cambridge University Press, 1997.

De Vries, Jan, and J. W. de Zeeuw, *Barges and Capitalism: Passenger Transportation in the Dutch Economy, 1632-1839.* Wageningen: L.H., 1978.

De Zeeuw, J. W., 'Peat and the Dutch golden age: the historical meaning of energy-attainability', *AAG Bijdragen* 21 (1978): 3-31.

Diamond, Jared, *Guns, Germs and Steel: A Short History of Everybody for the Last 13,000 Years.* New York: Random House, 2013.

Dickey, Laurence, 'Doux-commerce and humanitarian values: free trade, sociability and universal benevolence in eighteenth-century thinking', *Grotiana*

22/1 (2001): 271-317.

Di Muzio, Tim, *Carbon Capitalism: Energy, Social Reproduction and World Order*. London: Rowman & Littlefield, 2015.

Drelichman, Mauricio, 'The curse of Moctezuma: American silver and the Dutch disease', *Explorations in Economic History* 42/3 (2005): 349-80.

Drews, Robert, *The End of the Bronze Age: Changes in Warfare and the Catastrophe ca. 1200 BC*. Princeton, NJ: Princeton University Press, 1996.

Dunning, Chester, 'James I, the Russia Company, and the plan to establish a protectorate over North Russia', *Albion* 21/2 (1989): 206-26.

Dunning, Thad, *Crude Democracy: Natural Resource Wealth and Political Regimes*. Cambridge: Cambridge University Press, 2008.

Edsall, Nicholas C., *Richard Cobden: Independent Radical*. Cambridge, MA: Harvard University Press, 1986.

Edwards, Richard Wynn, 'The North American fur trade world system', *Filed Notes: Journal of Collegiate Anthropology* 1/1 (2009).

Emerson, Roger L., 'The Scottish contexts for David Hume's political-economic thinking', in *David Hume's Political Economy*. New York: Routledge, 2008, pp. 10-30.

Engels, Friedrich, *The Condition of the Working-Class in England in 1844*. Cambridge: Cambridge University Press, 2010.

Engstrand, Iris H. W., 'The Enlightenment in Spain: influences upon New World policy', *The Americas* 41/4 (1985): 436-44.

Etkind, Alexander, *Eros of the Impossible: The History of Psychoanalysis in Russia*. Boulder, CO: Westview Press, 1996.

Etkind, Alexander, *Internal Colonization: Russia's Imperial Experience*. Cambridge: Polity, 2011.

Etkind, Alexander, 'Petromacho, or mechanisms of de-modernization in a resource state', *Russian Politics & Law* 56/1-2 (2018): 72-85.

Etkind, Alexander, 'Putin's Russia: an exemplary case of hyper-extractive state', *World Financial Review*, 25 January 2015.

Etkind, Alexander, and Mikhail Minakov, 'Post-Soviet transit and demodernization', *Ideology and Politics* 9/1 (2018): 4-13.

Etkind, Alexander, Klim Kolosov and Aleksei Tsvetkov, 'Erotika teksta i analiz stoimosti v Kapitale Marksa', *Sigma*, 21 January 2018.

Etkind, Alexander, Yevhenii Poliakov and Bohdan Shumilovych, 'Ukrainian labour and Siberian oil in the late Soviet Empire', *Journal of Soviet and Post-Soviet Politics and Society* 6/2 (2020): 241-80.

Fagan, Brian M., *The Little Ice Age: How Climate Made History*. New York: Basic Books, 2002.

Farooqui, Amar, *Smuggling as Subversion: Colonialism, Indian Merchants, and the Politics of Opium*. New Delhi: New Age International, 1998.

Fedotova, A., and Korchmina, E. S., 'Cattle pasturing as a traditional form of forest use ⋯ (the case of Białowieza primeval forest)', *Global Environment* 13/3 (2020): 525-54.

Feenberg, Anne-Marie, '"Max Havelaar": an anti-imperialist novel', *MLN* 112/5 (1997): 817-35.

Feenstra, Robert C., 'The Heckscher-Ohlin model', in Feenstra, *Advanced International Trade: Theory and Evidence*. Princeton, NJ: Princeton University Press, 2004, pp. 31-63.

Findlay, Ronald, and Kevin H. O'Rourke, *Power and Plenty: Trade, War, and the World Economy in the Second Millennium*. Princeton, NJ: Princeton University Press, 2009.

Fischer-Kowalski, Marina, et al., 'Energy transitions and social revolutions', *Technological Forecasting and Social Change* 138 (2019): 69-77.

Fisher, Henry Raymond, *The Russian Fur Trade, 1550-1700*. Berkeley: University of California Press, 1943.

Fors, Hjalmar, The Limits of Matter: Chemistry, Mining, and Enlightenment. Chicago: University of Chicago Press, 2015.

Frank, Alison Fleig, *Oil Empire: Visions of Prosperity in Austrian Galicia*. Cambridge, MA: Harvard University Press, 2007.

Fraser, Nancy, 'Behind Marx's hidden abode', *New Left Review* 86 (2014): 55-72.

Fraser, Nancy, 'From redistribution to recognition? Dilemmas of justice in a "post-socialist" age', *New Left Review* 212 (1995): 68-93.

Frederick the Great, 'Anti-Machiavel', in *Philosophical Writings*, ed. Avi Lifschitz. Princeton, NJ: Princeton University Press, 2021, pp. 13-81.

Freud, Sigmund, 'Character and anal erotism', in *The Standard Edition of the Complete Psychological Works*, Vol. IX. London: Vintage, 1999, pp. 167-76.

Friis, Astrid, *Alderman Cockayne's Project and the Cloth Trade*. London: Milford, 1927.

Fursenko, A. A., *Neftianye voijny: konets XIX-nachalo XX v.* Leningrad: Izd-vo Nauka, Leningradskoe otd-nie, 1985.

Gaddy, Clifford G., and Barry W. Ickes, 'Russia's dependence on resources', in Michael Alexeev and Shlomo Weber (eds), *The Oxford Handbook of the Russian Economy*. Oxford: Oxford University Press, 2013.

Gaidar, E. T., *Gibel' imperii: uroki dlia sovremennoĭ Rossii*. Moscow: Astrel', 2012.

Geiselberger, Heinrich (ed.), *The Great Regression*. Cambridge: Polity, 2017.

Gibson, James R., *Otter Skins, Boston Ships and China Goods: The Maritime Fur Trade of the Northwest Coast, 1785-1841*. Montreal: McGill-Queen's Press, 1999.

Gillingham, John, *Coal, Steel, and the Rebirth of Europe, 1945-1955*. Cambridge: Cambridge University Press, 2004.

Glamann, Kristof, *Dutch-Asiatic Trade, 1620-1740*. The Hague: Martinus Nijhoff, 1958.

Gokay, Bulent, 'The battle for Baku: a peculiar episode in the history of the Caucasus', *Middle Eastern Studies* 34/1 (1998): 30-50.

Goody, Jack, *Food and Love: A Cultural History of East and West*. London: Verso, 2010.

Goody, Jack, *Metals, Culture and Capitalism: An Essay on the Origins of the Modern World*. Cambridge: Cambridge University Press, 2012.

Graeber, David, *Debt: The First 5000 Years*. Brooklyn, NY: Melville House, 2011.

Grafe, Regina, *Distant Tyranny: Markets, Power, and Backwardness in Spain, 1650-1800*. Princeton, NJ: Princeton University Press, 2012.

Green, Caitlin R., 'John Dee, King Arthur, and the conquest of the Arctic', *The Heroic Age: A Journal of Early Medieval Northwestern Europe* no. 15 (2012).

Gregory, James, *Of Victorians and Vegetarians: The Vegetarian Movement in Nineteenth-Century Britain*. London: Bloomsbury Academic, 2020.

Gregory, Roy, *The Miners and British Politics, 1906-1914*. Oxford: Oxford University Press, 1968.

Grivetti, Louis Evan, and Howard-Yana Shapiro, *Chocolate: History, Culture, and Heritage*. Hoboken, NJ: Wiley, 2009.

Gustafson, Thane, *Wheel of Fortune: The Battle for Oil and Power in Russia*. Cambridge, MA: Belknap Press, 2012.

Habermas, Jürgen, *The Structural Transformation of the Public Sphere*. Cambridge: Polity, 1989.

Haigler, Candace H., Lissette Betancur, Michael R. Stiff and John R. Tuttle, 'Cotton fiber: a powerful single-cell model for cell wall and cellulose research', *Frontiers in Plant Science* 3 (2012).

Hamilton, Alexander, *Report on the Subject of Manufactures: Made in His Capacity of Secretary of the Treasury, on the Fifth of December, 1791*. Philadelphia: W. Brown, 1827.

Hamilton, Valerie, and Martin Parker, *Daniel Defoe and the Bank of England: The Dark Arts of Projectors*. Winchester: Zero Books, 2016.

Hanway, Jonas, *An Historical Account of the British Trade over the Caspian Sea*. 2 vols, London: Dodsley, 1753.

Hardin, Garrett, 'The tragedy of the commons', *Science* 162 (1968): 1243-8.

Hartwell, Robert, 'A cycle of economic change in imperial China: coal and iron in northeast China, 750-1350', *Journal of the Economic and Social History of the Orient* 10/1 (1967): 102-59.

Harvey, David I., Neil M. Kellard, Jakob B. Madsen and Mark E. Wohar, 'Long-run commodity prices, economic growth, and interest rates: 17th century to the present day, *World Development* 89 (2017): 57-70.

Harvey, David I., Neil M. Kellard, Jakob B. Madsen and Mark E. Wohar, 'The Prebisch-Singer hypothesis: four centuries of evidence', *Review of Economics and Statistics* 92/2 (2010): 367-77.

Hayek, F. A., 'A commodity reserve currency', *Economic Journal* 53 (1943): 176-84.

Heckscher, Eli Filip, *An Economic History of Sweden*. Cambridge, MA: Harvard University Press, 1954.

Hedeager, Lotte, *Iron Age Myth and Materiality: An Archaeology of Scandinavia, AD 400-1000*. Abingdon: Routledge, 2011.

Hennius, Andreas, 'Viking age tar production and outland exploitation', *Antiquity* 92/365 (2018): 1349-61.

Hentschell, Roze, *The Culture of Cloth in Early Modern England: Textual Constructions of a National Identity*. New York: Routledge, 2016.

Herb, Michael, 'No representation without taxation? Rents, development, and democracy', *Comparative Politics* 37/3 (2005): 297-316.

Herencia, Bernard, 'Le séjour du physiocrate Lemercier de La Rivière en Russie, 1767-1768', *Dix-huitième siècle* 1 (2012): 621-58.

Herodotus, *The History*, trans. George C. Macaulay. London: Lector, 2019.

Heymann, Hans, 'Oil in Soviet-Western relations in the interwar years', *American Slavic and East European Review* 7/4 (1948): 303-16.

Hilger, Gustav, and Alfred G. Meyer, *Rossija i Germanija: sojuzniki ili vragi?* Moscow: Tsentrpoligraf, 2008.

Hobsbawm, E. J., *Industry and Empire*. Harmondsworth: Penguin, 1969.

Hochschild, Adam, *King Leopold's Ghost: A Story of Greed, Terror, and Heroism in Colonial Africa*. Boston: Houghton Mifflin, 1999.

Hocquet, Jean-Claude, *Le sel et la fortune de Venise*. Villeneuve-d'Ascq: Presses de l'Université de Lille, 1978.

Hoekstra, A. Y., and M. M. Mekonnen, 'The water footprint of humanity', *Proceedings of the *National Academy of Sciences* 109/9 (2012): 3232-7.

Hoppit, Julian, 'The political economy of wool, 1660-1824', in Hoppit, *Britain's Political Economies: Parliament and Economic Life*. Cambridge: Cambridge University Press, 2017, pp. 216-48.

Hudson, Hugh D., *The Rise of the Demidov Family and the Russian Iron Industry in the Eighteenth Century*. Newtonville, MA: Oriental Research Partners, 1986.

Hughes, David McDermott, *Energy without Conscience: Oil, Climate Change, and Complicity*. Durham, NC: Duke University Press, 2017.

Hume, David, *Political Essays*. Cambridge: Cambridge University Press, 1994.

Iadrintsev, Nikolai, *Sibir kak koloniia*. Novosibirsk: Sibirskii Khronograf, 2003.

Innis, Harold A., *The Fur Trade in Canada*. New Haven, CT: Yale University Press, [1930] 1962.

Isba, Anne, *Gladstone and Women*. London: Continuum, 2007.

Istoriya torgovli i promyshlennosti v Rossii, ed. P. K. Spasskii. SPb, 1910.

Jardine, Lisa, *Worldly Goods: A New History of the Renaissance*. New York: W. W. Norton, 1998.

Jasanoff, Maya, *The Dawn Watch: Joseph Conrad in a Global World*. London: Penguin, 2017.

Jevons, William Stanley, *The Coal Question*. London: MacMillan, 1906.

Jevons, William Stanley, 'Richard Cantillon and the nationality of political economy' (1881), *Journal of Political Economy* 62/4 (1954): 281-95.

Jones, Eric Lionel, *Agriculture and the Industrial Revolution*. Oxford: Wiley, 1974.

Jones, Robert E., *Bread upon the Waters: the St Petersburg Grain Trade and the Russian Economy, 1703-1811*. Pittsburgh: University of Pittsburgh Press, 2017.

Kaijser, Arne, 'System building from below: institutional change in Dutch water control systems', *Technology and Culture* 43/3 (2002): 521-48.

Kaiser, Thomas E., and Dale K. Van Kley (eds), *From Deficit to Deluge: The Origins of the French Revolution*. Stanford, CA: Stanford University Press, 2011.

Kallis, Giorgos, and Jalel Sager, 'Oil and the economy: a systematic review of the literature for ecological economists', *Ecological Economics* 131 (2017): 561-71.

Kamen, Henry, 'The decline of Castile: the last crisis', *Economic History Review* 17/1 (1964): 63-76.

Kan, Sergei, *Memory Eternal: Tlingit Culture and Russian Orthodox Christianity through Two Centuries*. Seattle: University of Washington Press, 2014.

Kant, Immanuel, 'Conjectures on the beginning of human history', in *Political Writings*. Cambridge: Cambridge University Press, 1991.

Kantorowicz, Ernst, *The King's Two Bodies: A Study in Medieval Political Theology*. Princeton, NJ: Princeton University Press, 1957.

Kaplan, Herbert H., *Russian Overseas Commerce with Great Britain during the Reign of Catherine II*. Philadelphia: American Philosophical Society, 1995.

Kaplan, Steven L., *The Bakers of Paris and the Bread Question, 1700-1775*. Durham, NC: Duke University Press, 1996.

Kaplan, Steven L., *Bread, Politics and Political Economy in the Reign of Louis XV*. Amsterdam: Martinus Nijhoff, 1976.

Kelennbenz, Hermann, 'The economic significance of the Archangel route', *Journal of Economic History* 2 (1973): 541-80.

Keynes, John Maynard, *The Collected Writings of John Maynard Keynes*. London: St Martin's Press, 1952-80.

Khodarkovsky, Michael, *Russia's Steppe Frontier: The Making of a Colonial Empire, 1500-1800*. Bloomington: Indiana University Press, 2002.

Kirchner, Walther, 'Samuel Bentham and Siberia', *Slavonic and East European Review* 36/87 (1958): 471-80.

Kiselev, Mikhail A., 'State metallurgy factories and direct taxes in the Urals, 1700-50', *Kritika: Explorations in Russian and Eurasian History* 16/1 (2015): 7-36.

Klein, Julius, *The Mesta: A Study in Spanish Economic History, 1273-1836*. New York: Kennikat Press, 1964.

Knorr, Klaus, *British Colonial Theories, 1570-1850*. London: Frank Cass, 1968.

Koch, Alexander, Chris Brierley, Mark M. Maslin and Simon L. Lewis, 'Earth system impacts of the European arrival and great dying in the Americas after

1492', *Quaternary Science Reviews* 207 (2019): 13-36.

Kolchin, B. A., 'Obrabotka zheleza v Moskovskom gosudarstve v XVI v', *Materialy i issledovaniya po arkheologii SSSR* II/12 (1949).

Kopenkina, L. V., 'Lomonosov o torfe', *Trudy Instituta Torfa* 3/56 (2011).

Kosunova, Ritta, 'Krimskii kokon', https://chudesamag.ru/neobyichnoe-ryadom/kryimskiy-kokon.html.

Krugman, Paul R., *Rethinking International Trade*. Cambridge, MA: MIT Press, 1994.

Kulisher, I. M., *Istoriya russkoy torgovli* (1922). Moscow: Sotsium, 2016.

Kurlansky, Mark, *Salt: A World History*. London: Vintage, 2011.

Kurukin, I. V., *Persidskiy pokhod Petra Velikogo*. Moscow: Kvadriga, pp. 41-2.

Kuznets, Simon, *Toward a Theory of Economic Growth, with Reflections on the Economic Growth of Modern Nations*. New York: W. W. Norton, 1968.

Lane, Kris, *Potosí: The Silver City that Changed the World*. Berkeley: University of California Press, 2019.

Langsdorff, Grigory, *Narrative of the Rezanov Voyage to Nueva California in 1806*. San Francisco: Russell, 1927.

Latour, Bruno, 'Europe as refuge', in Heinrich Geiselberger (ed.), *The Great Regression*. Cambridge: Polity, 2017, pp. 78-88.

Latour, Bruno, *Facing Gaia: Eight Lectures on the New Climatic Regime*, trans. Catherine Porter. Cambridge: Polity, 2018.

Latour, Bruno, *Politics of Nature*. Cambridge, MA: Harvard University Press, 2004.

LeCain, Timothy J., *The Matter of History: How Things Create the Past*. Cambridge: Cambridge University Press, 2017.

Lech, Jacek, and Dagmara H. Werra, 'On artefacts from the prehistoric mining fields', *Anthropologie* 54/1 (2016): 21-8.

Leng, Thomas, *Fellowship and Freedom: The Merchant Adventurers and the Restructuring of English Commerce, 1582-1700*. Oxford: Oxford University Press, 2020.

Liubimenko, I. I., 'Angliiskii proekt 1612 o podchinenii russkogo severa protektoratu korolia Iakova I', *Nauhnyj istoriheskii zhurnal* 5 (1914): 1-16.

Lomonosov, Mikhail Vasil'evich, Stephen Mark Rowland and Slava S. Korolev, *On the Strata of the Earth: A Translation of 'O slojakh Zemnykh'*. Boulder, CO: Geological Society of America, 2012.

Lovelock, James, *Gaia: A New Look at Life on Earth*. Oxford: Oxford University Press, 1987.

Lovelock, James, *The Vanishing Face of Gaia: A Final Warning*. London: Allen Lane, 2008.

Lupanova, Evgenija, *Istorija zakreposchenija prirodnogo resursa: lesnoe chozjajstvo v Rossii, 1696-1802*. St Petersburg: Evropeiskii Universitet, 2017.

Lynch, Martin, *Mining in World History*. London: Reaktion Books, 2003.

McCune, Sarah, 'Mining the connections between Falu Gruva and Emanuel Swedenborg', *New Philosophy* 117/3-4 (2014): 143-63.

McKay, John P., 'Baku oil and Transcaucasian pipelines, 1883-1891: a study in tsarist economic policy', *Slavic Review* 43/4 (1984): 604-23.

McKim, Anne M., 'War of words: Daniel Defoe and the 1707 Union', *Journal of Irish and Scottish Studies* 1 (2008): 29-44.

McNally, David, *Monsters of the Market: Zombies, Vampires and Global Capitalism*. Leiden: Brill, 2011.

McNally, Robert, *Crude Volatility: The History and Future of Boom-Bust Oil Prices*. New York: Columbia University Press, 2019.

McNeill, William, 'Frederick the Great and the propagation of potatoes', in Byron Hollinshead and Theodore K. Rabb (eds), *I Wish I'd Been There: Twenty Historians Revisit Key Moments in History*. London: Macmillan, 2008.

McNeill, William Hardy, *The Global Condition: Conquerors, Catastrophes, and Community*. Princeton, NJ: Princeton University Press, 2017.

Magra, Christopher Paul, *The Fisherman's Cause: Atlantic Commerce and Maritime Dimensions of the American Revolution*. Cambridge: Cambridge University Press, 2012.

Mahoney, James, *Colonialism and Postcolonial Development: Spanish America in Comparative Perspective*. Cambridge: Cambridge University Press, 2010.

Malcolm, Noel, 'The titlepage of *Leviathan*, seen in a curious perspective', *Seventeenth Century* 13/2 (1998): 124-55.

Malm, Andreas, *Fossil Capital: The Rise of Steam Power and the Roots of Global Warming*. London: Verso, 2016.

Małowist, M., 'Poland, Russia and Western trade in the 15th and 16th centuries', *Past and Present* no. 13 (1958): 26-41.

Malthus, Thomas R., *An Essay on the Principle of Population: The 1803 Edition*. New Haven, CT: Yale University Press, 2018.

Malthus, Thomas R., *Principles of Political Economy*. Cambridge: Cambridge University Press, 1820.

Markova, O. P., 'Novyye materialy o proyekte Rossiyskoy zakavkazskoy kompanii', *Istoricheskiy arkhiv* 6 (1951): 324-90.

Martin, Meredith, *Dairy Queens: The Politics of Pastoral Architecture*. Cambridge, MA: Harvard University Press, 2011.

Martinich, A. P., *Hobbes: A Biography*. Cambridge: Cambridge University Press, 1999.

Marx, Karl, *Capital*. 3 vols, London: Lawrence & Wishart, 1959.

Marx, Karl, *Economic and Philosophical Manuscripts of 1844*. Moscow: Progress, 1977.

Matthews, Owen, *Glorious Misadventures: Nikolai Rezanov and the Dream of a Russian America*. London: Bloomsbury, 2013.

Mayhew, Robert J. (ed.), *New Perspectives on Malthus*. Cambridge: Cambridge University Press, 2016.

Milanović, Branko, *Global Inequality: A New Approach for the Age of Globalization*. Cambridge, MA: Belknap Press, 2016.

Miller, Peter N. (ed.), *Cultural Histories of the Material World*. Ann Arbor: University of Michigan Press, 2013.

Milne, Seumas, *The Enemy Within: The Secret War against the Miners*. London: Verso, 2014.

Milward, Alan S., *The Reconstruction of Western Europe, 1945-51*. London: Methuen, 1984.

Mintz, Sidney Wilfred, *Sweetness and Power: The Place of Sugar in Modern History*. New York: Penguin Books, 1986.

Mirkin, Jakov, 'Rost zolotogo zapasa v Rossii—dlinnyj trend', *Rossijskaja Gazeta*, 28 October 2018.

Mitchell, Timothy, *Carbon Democracy: Political Power in the Age of Oil*. London: Verso, 2013.

Mokyr, Joel, *The Lever of Riches*. Oxford: Oxford University Press, 1990.

Molà, Luca, *The Silk Industry of Renaissance Venice*. Baltimore: Johns Hopkins University Press, 2000.

Moon, David, *The American Steppes: The Unexpected Russian Roots of Great Plains Agriculture, 1870s-1930s*. Cambridge: Cambridge University Press, 2020.

Moon, David, *The Plough that Broke the Steppes: Agriculture and Environment on Russia's Grasslands, 1700-1914*. Oxford: Oxford University Press, 2013.

Moon, David, *The Russian Peasantry, 1600-1930: The World the Peasants Made*. Abingdon: Routledge, 2014.

Moore, David Chioni, 'Is the post- in postcolonial the post- in post-Soviet? Toward a global postcolonial critique', *PMLA* 116/1 (2001): 111-28.

More, Thomas, *Utopia*. New York: CreateSpace, [1516] 2019.

Morris, Ian, *The Measure of Civilization: How Social Development Decides the Fate of Nations*. Princeton, NJ: Princeton University Press, 2014.

Morriss, Roger, *Science, Utility and Maritime Power: Samuel Bentham in Russia, 1779-91*. Aldershot: Ashgate, 2015.

Moss, Sarah, and Alexander Badenoch, *Chocolate: A Global History*. London: Reaktion Books, 2009.

Muhly, J. D., R. Maddin, T. Stech and E. Özgen, 'Iron in Anatolia and the nature of the Hittite iron industry', *Anatolian Studies* 35 (1985): 67-84.

Murphy, Antoin E., *John Law: Economic Theorist and Policy-Maker*. Oxford: Oxford University Press, 2018.

Murphy, Antoin E., *Richard Cantillon: Entrepreneur and Economist*. Oxford: Clarendon Press, 1986.

Needleman, Lionel, and Diane Needleman, 'Lead poisoning and the decline of the Roman aristocracy', *Echos du monde classique: Classical Views* 29/1 (1985): 63-94.

Nef, J., 'An early energy crisis and its consequences', *Scientific American* 237/5 (1977): 140-51.

Nordhaus, William D., 'Reflections on the economics of climate change', *Journal of Economic Perspectives* 7/4 (1993): 11-25.

Norton, Marcy, *Sacred Gifts, Profane Pleasures: A History of Tobacco and Chocolate in the Atlantic World*. Ithaca, NY: Cornell University Press, 2010.

Novokmet, Filip, Thomas Piketty and Gabriel Zucman, *From Soviets to Oligarchs: Inequality and Property in Russia, 1905-2016*. NBER working paper 23712, 2017.

Nriagu, Jerome O., 'Mercury pollution from the past mining of gold and silver in the Americas', *Science of the Total Environment* 149/3 (1994): 167-81.

Obertreis, Julia, *Imperial Desert Dreams: Cotton Growing and Irrigation in Central Asia, 1860-1991*. Göttingen: V&R Unipress, 2017.

Odom, Anne, and Wendy R. Salmond, *Treasures into Tractors: The Selling of Russia's Cultural Heritage, 1918-1938*. Washington, DC: Hillwood, 2009.

OECD, *Material Resources, Productivity and the Environment*, www.oecd.org/environment/waste/material-resources-productivity-and-the-environment-9789264190504-en.htm.

Ogarkov, V. V., *Demidovy*. Moscow: Strelbytskyy, 2018.

Ogilvie, Sheilagh C., and Markus Cerman (eds), *European Proto-Industrialization*. Cambridge: Cambridge University Press, 1996.

Olson, Mancur, *The Logic of Collective Action: Public Goods and the Theory of Groups*. Cambridge, MA: Harvard University Press, 1965.

Olson, Mancur, 'Space, agriculture, and organization', *American Journal of Agricultural Economics* 67/5 (1985): 928-37.

Osokina, Yelena, *Zoloto dlya industrializatsii: Torgsin*. Moscow: ROSSPEN, 2009.

Panchenko, Dmitry, 'Tiberius i finansovyi krizis v Rime v 33 gody', *Indoevropeiskoe yazykoznanie i klassicheskaia filologiia* XVII (2013): 680-96.

Papmehl, K. A., 'The regimental school established in Siberia by Samuel Bentham', *Canadian Slavonic Papers* 8/1 (1966): 153-68.

Paquette, Gabriel (ed.), *Enlightened Reform in Southern Europe and its Atlantic Colonies, c. 1750-1830*. London: Routledge, 2016.

Parker, Geoffrey, and Lesley M. Smith, *The General Crisis of the 17th Century*. London: Routledge, 1997.

Parr, John B., 'Overlooked aspects of the von Thünen system', *Spatial Economic Analysis* 10/4 (2015): 471-87.

Pashkov, A. M., 'Inostrannye spetsialisty na Olonetskikh gornykh zavodakh', *Otechestvennaya istoriya* 4 (2006): 46-54.

Pendergrast, Mark, *Uncommon Grounds: The History of Coffee and How it Transformed Our World*. New York: Basic Books, 2019.

Pense, Alan W., 'Iron through the ages', *Materials Characterization* 45/4-5 (2000): 353-63.

Perks, Rachel, and Katrin Schulz, 'Gender in oil, gas and mining: an overview of the global state-of-play', *Extractive Industries and Society* 7/2 (2020): 380-8.

Peterson, Wesley F., *A Billion Dollars a Day: The Economics and Politics of Agricultural Subsidies*. London: Wiley, 2009.

Phillips, Carla Rahn, and William D. Phillips, *Spain's Golden Fleece: Wool Production and the Wool Trade from the Middle Ages to the Nineteenth Century*. Baltimore: Johns Hopkins University Press, 1997.

Phillips, William D., and Phillips, Carla Rahn, 'Spanish wool and Dutch rebels: the Middelburg Incident of 1574', *American Historical Review* 82/2 (1977): 312-30.

Pietz, William, 'Fetishism and materialism: the limits of theory in Marx', in Emily S. Apter and William Pietz (eds), *Fetishism as Cultural Discourse*. Ithaca: Cornell University Press, 1993, pp. 119-51.

Pocock, J. G. A., *Barbarism and Religion*, Vol. 4: *Barbarians, Savages and Empires*. Cambridge: Cambridge University Press, 2005.

Podobnik, Bruce, *Global Energy Shifts*. Philadelphia: Temple University Press, 2006.

Pokrovskij, M. N., *Russkaia istorija s drevnejshikh vremen*. Moscow: Izd. 'Miï', 1920.

Pokrovskij, N. N. *Antifeodal'nyj protest Uralo-Sibirskich Krest'jan-Staroobrjadcev v XVIII v*. Novosibirsk: Nauka, 1974.

Polanyi, Karl, *Origins of Our Time: The Great Transformation*. London: Victor Gollancz, 1945.

Pomeranz, Kenneth, *The Great Divergence: China, Europe and the Making of the Modern World Economy*. Princeton, NJ: Princeton University Press, 2012.

Pomeranz, Kenneth, and Steven Topik, T*he World that Trade Created: Society, Culture and the World Economy, 1400 to the Present*. New York: Routledge, 2018.

Poore, J., and T. Nemecek, 'Reducing food's environmental impacts through producers and consumers', *Science* 360 (2018): 987-92.

Popkin, Jeremy D., 'Saint-Domingue, slavery, and the origins of the French Revolution', in Thomas E. Kaiser and Dale K. Van Kley (eds), *From Deficit to Deluge: The Origins of the French Revolution*. Stanford, CA: Stanford University Press, 2011, pp. 220-48.

Prebble, John, *The Darien Disaster*. Edinburgh: Birlinn, 2000.

Principe, Lawrence M., 'Alchemy restored', Isis 102/2 (2011): 305-12.

Principe, Lawrence M., *The Aspiring Adept: Robert Boyle and His Alchemical Quest*. Princeton, NJ: Princeton University Press, 2000.

Prinz, Arthur, 'New perspectives on Marx as a Jew', *Leo Baeck Institute Yearbook* 15/1 (1970): 107-24.

Pushkin, Alexander, *Complete Prose Fiction*, trans. Paul Debreczeny. Stanford, CA: Stanford University Press, 1983.

Pushkin, Alexander, *Eugene Onegin*, trans. James E. Falen. Oxford: Oxford

University Press, 2009.

Radishchev, Aleksander, *A Journey from St. Petersburg to Moscow*, trans. Leo Wiener. Cambridge, MA: Harvard University Press, 1958.

Rainert, Erik, *How Rich Countries Have Been Enriched ··· and Why Poor Countries Remain Poor*. London: Constable, 2008.

Raskov, D. E., 'Kameralizm knig: perevody Yusti v Rossii XVIII veka', *Terra Economicus* 17/4 (2019): 62-79.

Rawls, John, *A Theory of Justice*. Cambridge, MA: Belknap Press, 1999.

Reilly, Thomas H., *The Taiping Heavenly Kingdom: Rebellion and the Blasphemy of Empire*. Seattle: University of Washington Press, 2011.

Reynolds, Terry S., *Stronger than a Hundred Men: A History of the Vertical Water Wheel*. Baltimore: Johns Hopkins University Press, 1983.

Rezakhani, Khodadad, 'The road that never was: the Silk Road and trans-Eurasian exchange', *Comparative Studies of South Asia, Africa and the Middle East* 30/3 (2010): 420-33.

Rich, Edwin Ernest, 'Russia and the colonial fur trade', *Economic History Review* 7/3 (1955): 307-28.

Riello, Giorgio, *Back in Fashion: Western Fashion from the Middle Ages to the Present*. New Haven, CT: Yale University Press, 2020.

Riello, Giorgio, *Cotton: The Fabric that Made the Modern World*. Cambridge: Cambridge University Press, 2013.

Rist, Charles, *History of Monetary and Credit Theory: From John Law to the Present Day*. New York: Routledge, 2016.

Robertson, Haileigh, 'A gunpowder controversy in the early Royal Society, 1667-70', *Notes and Records* 74/1 (2020): 73-94.

Robertson, Haileigh, 'Reworking seventeenth-century saltpetre', *Ambix* 63/2 (2016): 145-61.

Robertson, John, *A Union for Empire: Political Thought and the British Union of 1707*. Cambridge: Cambridge University Press, 2006.

Robertson, Roland, and Frank Lechner, 'Modernization, globalization and the problem of culture in world-systems theory', *Theory, Culture & Society* 2/3 (1985): 103-17.

Røge, Pernille, *Economistes and the Reinvention of Empire: France in the Americas and Africa, c. 1750-1802*. Cambridge: Cambridge University Press, 2019.

Røge, Pernille, "'Legal despotism" and enlightened reform in the Îles du Vent', in Gabriel Paquette (ed.), *Enlightened Reform in Southern Europe and its Atlantic Colonies, c. 1750-30*. London: Routledge, 2016, pp. 167-82.

Rogers, Douglas, *The Depths of Russia: Oil, Power, and Culture after Socialism*. Ithaca, NY: Cornell University Press, 2015.

Roper, Lyndal, *Martin Luther: Renegade and Prophet*. London: Bodley Head, 2016.

Ross, Ian Simpson, *The Life of Adam Smith*. Oxford: Oxford University Press, 2010.

Ross, Kristin, *Fast Cars, Clean Bodies: Decolonization and the Reordering of French Culture*. Cambridge, MA: MIT Press, 1996.

Ross, Michael L., 'Does oil hinder democracy?', *World Politics* 53/3 (2001): 325-61.

Ross, Michael L., *The Oil Curse: How Petroleum Wealth Shapes the Development of Nations*. Princeton, NJ: Princeton University Press, 2013.

Russel, Martin, 'Socioeconomic inequality in Russia' (2018), www.europarl.europa.eu/RegData/etudes/ATAG/2018/620225/EPRS_ATA(2018)620225_EN.pdf.

The Russian Primary Chronicle, trans. Samuel Hazzard Cross and Olgerd P. Sherbowitz-Wetzor. Cambridge, MA: Medieval Academy of America, 1953.

Rutherfurd, John, *The Importance of the Colonies to Great Britain*. London: Millan, 1761.

Sahlins, Marshall, *Culture and Practical Reason*. Chicago: University of Chicago Press, 1976.

Sahlins, Marshall, et al. 'The sadness of sweetness: the native anthropology of Western cosmology', *Current Anthropology* 37/3 (1996): 395-428.

Said, Edward W., 'Jane Austen and empire', in Said, *Culture and Imperialism*.

London: Vintage, 1993.

Saito, Kohei, *Karl Marx's Ecosocialism*. New York: Monthly Review Press, 2017.

Salverda, Reinier, 'The case of the missing empire, or the continuing relevance of Multatuli's novel *Max Havelaar* (1860)', *European Review* 13/1 (2005): 127-38.

Schilling, Heinz, and Rona Johnston, *Martin Luther: Rebel in an Age of Upheaval*. Oxford: Oxford University Press, 2017.

Schmitt, Carl, *Political Theology*. Chicago: University of Chicago Press, [1922] 2006.

Schneider-Mayerson, Matthew, 'From politics to prophecy: environmental quiescence and the "peak-oil" movement', *Environmental Politics* 22/5 (2013): 866-82.

Scott, James C., *Against the Grain: A Deep History of the Earliest States*. New Haven, CT: Yale University Press, 2018.

Scown, Murray W., Mark V. Brady and Kimberly A. Nicholas, 'Billions in misspent EU agricultural subsidies could support the Sustainable Development Goals', *One Earth* 3/2 (2020): 237-50.

'Selo Ivanovo', *Zhurnal Ministerstva Vnutrennih Del* (1844): 132-6.

Seneca the Elder, *Declamations*, Vol. I: *Controversiae*. Cambridge, MA: Harvard University Press, 1974.

Seppel, Marten, and Keith Tribe (eds), *Cameralism in Practice: State Administration and Economy in Early Modern Europe*. Cambridge: Cambridge University Press, 2017.

Serbina, K. N., *Krest'yanskaya zhelezodelatel'naya promyshlennost': Severo-Zapad Rossii*. Leningrad, 1971.

Serres, Michel, *The Parasite*. Minneapolis: University of Minnesota Press, 2008.

Shapin, Steven, and Simon Schaffer, *Leviathan and the Air-Pump: Hobbes, Boyle, and the Experimental Life*. Princeton, NJ: Princeton University Press, 1985.

Shchapov, Afanasii, *Sochineniia*, Vol. 2. St Petersburg, 1906.

Shipman, Pat, *The Invaders: How Humans and Their Dogs Drove Neanderthals to Extinction*. Cambridge, MA: Harvard University Press, 2017.

Sidorova, S. E., *Indiiskii khlopok i britanskii interes*. Moscow: Nestor, 2016.

Skinner, Quentin, *From Humanism to Hobbes: Studies in Rhetoric and Politics*. Cambridge: Cambridge University Press, 2018.

Slavkina, M. V., *Rossiiskaia dobycha*. Moscow: Rodina Media, 2014.

Small, A. W., *The Cameralists: The Pioneers of German Social Polity*. Miami: HardPress, [1909] 2013.

Smil, Vaclav, *Energy in World History*. Abingdon: Routledge, 2019.

Smil, Vaclav, *Energy Transitions: History, Requirements, Prospects*. Santa Barbara, CA: Praeger, 2016.

Smil, Vaclav, *Making the Modern World: Materials and Dematerialization*. Chichester: Wiley, 2014.

Smith, Adam, *An Inquiry into the Nature and Causes of the Wealth of Nations*. Oxford: Clarendon Press, 1979.

Smith, Kate, 'Amidst things: new histories of commodities, capital, and consumption', *Historical Journal* 61/3 (2018): 841-61.

Smith, Pamela H., *The Business of Alchemy: Science and Culture in the Holy Roman Empire*. Princeton, NJ: Princeton University Press, 2016.

Snyder, Timothy, *Black Earth: The Holocaust as History and Warning*. New York: Duggan, 2016.

Sombart, Werner, *Luxury and Capitalism*. Ann Arbor: University of Michigan Press, 1967.

'Sozdanie pervoi v mire universalnoi parovoi mashiny', http://rusdarpa.ru/?p=856.

Spengler, Joseph J., 'Richard Cantillon: first of the moderns', *Journal of Political Economy* 62/4 (1954): 281-95.

Sraffa, Piero, *Production of Commodities by Means of Commodities*. Cambridge: Cambridge University Press, 1960.

Stalin, Joseph, 'Ob industrilizatsii i khlebnoi probleme' (9 July 1928), in *Polnoe sobranie sochineniii*. Tver: Soiuz, 2006, Vol. 11, pp. 157-87.

Steil, Benn, *The Battle of Bretton Woods: John Maynard Keynes, Harry Dexter*

White, and the Making of a New World Order. Princeton, NJ: Princeton University Press, 2013.

Steinmetz, Greg, *The Richest Man Who Ever Lived: The Life and Times of Jacob Fugger*. New York: Simon & Schuster, 2016.

Stoff, Michael B., 'The Anglo-American oil agreement and the wartime search for foreign oil policy', *Business History Review* 55/1 (1981): 59-74.

Stolbov, V., 'Kapitalistye krest'jane-staroobrjadcy i ih vlijanie na razvitie promyshlennogo Ivanovo-Voznesenskogo rajona v XVIII-XIX vv', in S. Taranets (ed.), *Sud'ba staroobrjadchestva v XX-nachale XXI vv*. Kiev, 2008.

Stracher, Glenn B., Anupma Prakash and Guillermo Rein, 'Smoldering-peat megafires: the largest fires on earth', *Coal and Peat Fires: A Global Perspective*, Vol. 4. Amsterdam: Elsevier, 2016, pp. 1-11.

Struve, Petr Berngardovich, *Krepostnoe khozajstvo: izsledovanija po ékonomicheskoj istorii Rossii v XVIII i XIX vv*. Moscow: Izdanīe M. i S. Sabashnikovykh, 1913.

Stuart, Tristram, *Bloodless Revolution: Radical Vegetarians and the Discovery of India*. London: HarperPress, 2006.

Sugden, Keith, and Anthony Cockerill, 'The wool and cotton textile industries in England and Wales up to 1850', *The Online Historical Atlas of Occupational Structure and Population Geography in England and Wales, 1600-2011* (2017), www.campop.geog.cam.ac.uk/research/occupations/outputs/onlineatlas/.

Suny, Ronald Grigor, *The Baku Commune, 1917-1918: Class and Nationality in the Russian Revolution*. Princeton, NJ: Princeton University Press, 2019.

Szeman, Imre, and Dominic Boyer, *Energy Humanities: An Anthology*. Baltimore: Johns Hopkins University Press, 2017.

Tacitus, *The Annals*. New York: Random House, 1942.

Tarakanova, E. S., 'Poyavleniye i rasprostraneniye parovykh mashin v Rossii', *Polzunovskiy al'manakh* 2 (2004): 178-86.

Tarle, Evgenij, *Ocherki istorii kolonial'noj politiki zapadnoevropejskih gosudarstv (konec XV-nachalo XIX vekov)*. Moscow: Nauka, 1965.

Tatham, William, *Communications Concerning the Agriculture and Commerce of*

America: Containing Observations on the Commerce of Spain with Her American Colonies in Time of War. London: Ridgway, 1800.

TeBrake, William H., 'Taming the waterwolf: hydraulic engineering and water management in the Netherlands during the Middle Ages', *Technology and Culture* 43/3 (2002): 475-99.

Tengoborskii, L. V., *O proizvoditel'nykh silakh Rossii*. Moscow: Univ. tip. 1854-8.

Thomas, Keith, *Man and the Natural World: A History of the Modern Sensibility*. New York: Pantheon Books, 1983.

Thomson, Ann, 'Colonialism, race and slavery in Raynal's *Histoire des deux Indes*', *Global Intellectual History* 2/3 (2017): 251-67.

Thornton, Mark, 'Was Richard Cantillon a mercantilist?', *Journal of the History of Economic Thought* 29/4 (2007): 417-35.

Tocqueville, Alexis de, *Democracy in America*. Chicago: University of Chicago Press, [1835] 2000.

Tolf, Robert, *The Russian Rockefellers: The Saga of the Nobel Family and the Russian Oil Industry*. Washington, DC: Hoover Institution Press, 1976.

Toye, John F. J., and Richard Toye, 'The origins and interpretation of the Prebisch-Singer thesis', *History of Political Economy* 35/3 (2003): 437-67.

Tribe, Keith, 'Baltic cameralism?', in Marten Seppel and Keith Tribe (eds), *Cameralism in Practice: State Administration and Economy in Early Modern Europe*. Cambridge: Cambridge University Press, 2017, pp. 39-64.

Trocki, Carl A., *Opium, Empire, and the Global Political Economy: A Study of the Asian Opium Trade, 1750-1950*. London: Routledge, 2005.

Troitskiy, S. M., '"Sistema" Dzhona Lo i ee russkiye posledovateli', *Franko-russkiye ekonomicheskiye svyazi* M. (1970).

UNEP, *Decoupling Natural Resource Use and Environmental Impacts from Economic Growth*. UN Environment Document, 2011, file:///C:/Users/Caroline/App Data/Local/Temp/Decoupling_FReport_EN.pdf.

Unger, R. W., 'Energy sources for the Dutch golden age: peat, wind, and coal', *Research in Economic History* 9 (1984): 221-53.

Van Gijn, Annelou, *Flint in Focus: Lithic Biographies in the Neolithic and Bronze Age*. Leiden: Sidestone Press, 2009.

Veale, Elspeth M., *The English Fur Trade in the Later Middle Ages*. Oxford: Clarendon Press, 2003.

Vieira, Patricia, 'Mountains inside out: the sublime mines of Novalis', *Interdisciplinary Studies in Literature and Environment* 23/2 (2016): 293-308.

Vilkov, Oleg, 'Pushnoi promysel v Sibiri', in *Nauka v Sibiri*. Novosibirsk, 1999.

Virginskiĭ, V. S., and Mikhail Liberman, *Mikhail Ivanovich Serdiukov, 1677-1754*. Moscow: Nauka, 1979.

Voltaire, *Candide*. New York: Millennium, [1759] 2014.

Von Thünen, Johann Heinrich, *The Isolated State*, ed. Peter Hall. London: Pergamon Press, 1966.

Wakefield, Andre, *The Disordered Police State: German Cameralism as Science and Practice*. Chicago: University of Chicago Press, 2009.

Wakefield, Edward Gibbon, *England and America*. New York: Harper, 1833.

Wallerstein, Immanuel, *The Modern World-System*, Vol. 2: *Mercantilism and the Consolidation of the European World-Economy, 1600-1750*. Berkeley: University of California Press, 2011.

Watson, Alexander John, *Marginal Man: The Dark Vision of Harold Innis*. Toronto: University of Toronto Press, 2006.

Wenar, Leif, *Blood Oil: Tyrants, Violence, and the Rules that Run the World*. Oxford: Oxford University Press, 2016.

Wennerlind, Carl, and Margaret Schabas, *David Hume's Political Economy*. London: Routledge, 2008.

Whatmore, Richard (ed.), *David Hume*. Abingdon: Routledge, 2017.

Whatmore, Richard, 'Luxury, commerce, and the rise of political economy', in James A. Harris (ed.), *The Oxford Handbook of British Philosophy in the Eighteenth Century*. Oxford: Oxford University Press, 2013.

Whatmore, Richard, *Republicanism and the French Revolution: An Intellectual History of Jean-Baptiste Say's Political Economy*. Oxford: Oxford University

Press, 2000.

White, Leslie A., 'Energy and the evolution of culture', *American Anthropologist* 45/3 (1943): 335-56.

Williams, Eric, *Capitalism and Slavery*. London: Deutsch, [1944] 1964.

Williams, Michael, *Deforesting the Earth: From Prehistory to Global Crisis*. Chicago: University of Chicago Press, 2006.

Wilmers, Mary-Kay, *The Eitingons: A Twentieth-Century Family*. London: Faber & Faber, 2010.

Winch, Donald, *Riches and Poverty: An Intellectual History of Political Economy in Britain, 1750-1834*. Cambridge: Cambridge University Press, 1996.

Withington, Phil, 'Intoxicants and the invention of "consumption"', *Economic History Review* 73/2 (2020): 384-408.

Wittfogel, Karl August, *Oriental Despotism: A Comparative Study of Total Power*. New York: Random House, 1957.

Wolff, Larry, *Inventing Eastern Europe: The Map of Civilization on the Mind of the Enlightenment*. Stanford, CA: Stanford University Press, 1994.

Wong, Andrea, 'The untold story behind Saudi Arabia's 41-year U.S. debt secret', *Bloomberg*, 30 May 2016.

Wrigley, E. A., *Energy and the English Industrial Revolution*. Cambridge: Cambridge University Press, 2010.

Yarrington, Jonna M., '*Sucre indigène* and *sucre colonial*: reconsidering the splitting of the French national sugar market, 1800-1860', *Economic Anthropology* 5/1 (2018): 20-31.

Yurkin, Igor, *Andrei Andreevich Vinius, 1641-1716*. Moscow: Nauka, 2007.

Yurkin, Igor, 'Genrikh Butenant i rossiyskaya metallurgiya posledney chetverti XVII veka', *Uchenyye zapiski Petrozavodskogo gosudarsvennogo universiteta* 2/171 (2018): 33-43.

Zaretsky, Eli, *Secrets of the Soul: A Social and Cultural History of Psychoanalysis*. New York: Vintage Books, 2005.

Zheleznov, V. V., *Ekonomicheskie vozzreniia pervykh russkikh agronomov*.

Moscow: Printsipium, 2015.

Zhitie Sergiia Radonezhskogo. Sergieva Lavra, 2014.

Zimmerman, Andrew, *Alabama in Africa: Booker T. Washington, the German Empire, and the Globalization of the New South.* Princeton, NJ: Princeton University Press, 2010.

Ziolkowski, Theodore, *German Romanticism and its Institutions.* Princeton, NJ: Princeton University Press, 1992.

Zubkov, K. I., 'Kameralizm kak model' vzaimodeystviya gosudarstva I obshchestva: novoye prochteniye', *Ural'skiy istoricheskiy vestniks* 3 (2013): 20-9.

양날의 검, 천연자원: 천연자원을 키워드로 재구성한 세계사

더 이상 내려갈 곳 없는 진정한 아래로부터의 역사

알렉산드르 옛킨트는 자신이 몸담은 분야가 '역사인류학'이라고 밝히는데, 그 학문이 역사학에 특별히 기여한 바를 꼽자면 바로 역사에서 소외된 자들, 소외된 것들을 다룬다는 점이다. 이 책 《자연의 악: 천연자원의 문화사》도 그에 비추어 의미를 부여해볼 수 있다. 지구 행성의 주역에는 인간뿐 아니라 자연도 포함된다. 그런데 그간 역사학이 치중해온 것은 인간 중심의 역사다. 이 책은 거기서 시종 배제되고 소외되어온 자연을 작정하고 주인공으로 내세운 책이다. 그중에서도 특히 저만의 사연을 간직한 천연자원, 즉 토탄과 대마, 곡물과 철, 모피와 석유 등을 말이다.

저자가 말한다. "사회사는 '아래로부터의 역사'를 재구성하는 데 열성이지만, 가장 낮게 드리운 부분인 원자재는 대체로 무시해왔다. 고유한 생명을 지닌 이 원자재 상품들은 …… 인류와 함께 우리 공동의 역사를 이끌어온 주역이기도 했다. ……자원의 역사는 더 이상 내려갈 곳 없는 진정한 아래로부터의 역사다. 게다가 저만의 고유한 행위주체성

으로 가득 차 있다." 그가 이런 입장을 취하는 근거는 다음과 같다. "우리는 자원경제를 인위적 구성물이라고, 즉 인간이 원자재를 일상적으로 사용하면서 자신들에게 유리하거나 불리하게끔 만들어낸 결과라고 생각하기 쉽다. 그러나 우리는 이 모든 사건과 정책을 역사에서 중요한 역할을 담당하는 존재들이자 자율적 행위자인 광석·양·물고기·날씨의 관점에 비추어서도 살펴봐야 한다."

저자는 다양한 천연자원을 본격적으로 다루면서 지상에서부터 국가로, 즉 아래로부터 위로, 그것들의 경제적·문화적·정치적 삶을 파헤친다. 각 장은 저마다 다음의 4단계를 거친다. 첫째, 원자재의 고유한 특성에 대해 살펴본다. 둘째, 요구되는 노동의 세부사항을 정의하는 그 가공법을 확인한다. 셋째, 노동을 조직하고 이 원자재로부터 수입을 창출하는 제도에 관심을 기울인다. 넷째, 주어진 자원에 의존하는 국가의 정치적 특색을 다룬다. 그런데 그 과정은 주제의 방대함과 지면의 제약 탓일 텐데, 숱한 역사적 사실을 간략하게 훑고 넘어가면서 살짝 지루한 느낌을 주기도 한다. 그렇지만 이런 아쉬움조차 곳곳에 번득이는 저자의 통찰과 해박함과 혜안을 퇴색시킬 정도는 아니다.

가이아 개념에 비춰본 인류의 현주소

2023년 7월 2일자 뉴스는 지난해 한반도의 이산화탄소 농도가 관측 이래 최고치이자, 전 지구 평균인 417ppm을 상회하는 425ppm이라고 보도했다. 전 지구 평균을 웃도는 결과는 선진국 문턱에 진입한 우리나라의 경제적 위상에 비춰볼 때 얼마든지 추정 가능한 것이다. 사상 최고치라는 결과 또한 저간의 인간 활동에 획기적 변화가 없는 실상에 비춰볼 때 우리나라뿐 아니라 그 어느 나라에서도 당연한 것이다. 우리는 그저 정확한 수치로 그 당연함을 다시금 확인했을 따름이다. 그 결과가 오늘날 우리가 마주하는 잦은 산불, 대규모 홍수, 극심한 무더위 등 이상 기후의 일상화다.

저자는 이 같은 자연의 반격을 자애로운 '가이아'가 제 안에 똬리 틀고 있는 또 다른 면모인 괴물의 속성을 발현하는 과정으로 해석한다. 가이아 가설을 공식화한 제임스 러브록은 "인간이 가이아를 위태롭게 만들 경우, 가이아는 지구를 건강하게 유지하기 위해 필요하다 싶으면 바로 그 인간을 희생시킬 것"이라고 경고한다. 그의 아이디어를 좀더 발전시킨 브뤼노 라투르는 강력하고 무시무시한 가이아를 인류에 맞서 들고일어서는 자연의 상징으로 내세웠으며, "가이아가 과거에는 고혹적인 면모와 섬찟한 면모를 동시에 지니고 있었다면, 오늘날에는 오직 섬찟한 모습만 우리에게 보여주고 있다"고 말했다.

저자는 라투르의 주장을 다음과 같이 보완한다. "가이아는 …… 인류만큼이나 무수히 많고 사회만큼이나 다원적이다. 악의 자연사는 무궁무진한 다채로움을 자랑한다. ……각 천연자원은 나름의 고유한 정치적 특성을 띤다. 각 자원은 그것을 추출하고 가공하고 거래하는 인간들과 함께, 자연이 정한 규칙에 따라 작동하는 사회적 제도다. 인간과 자연을 통합하기 위해서는 자연현상에 시민권을 부여하고, 인간의 목소리뿐 아니라 자연의 이야기도 국민투표에 반영해야 한다."

저자는 하지만 인류가 그동안 그와 정반대 방향으로 치달았다면서 그에 따른 결과에 대해 다음과 같이 비관을 드러냈다. "1974년 윌리엄 노드하우스는 '카우보이 경제'에서 '우주선 경제'로의 전환을 예측했다.

카우보이는 자연을 순종적이고 무한한 존재로 여기기에 쓰레기를 얼마나 발생시키든 원하는 만큼 소비한다. 반면 우주비행사는 삶을 지탱하는 데 쓸 수 있는 한정된 자원에 집중하며 자신이 소비한 것을 재활용한다. ……하지만 그의 예측은 실현되지 않았다. 인류는 초원에 착륙한 우주비행사라기보다 제 스스로가 우주선에 올라탔음을 발견한 카우보이처럼 굴고 있다."

옛킨트는 자원의 축복과 저주는 각국 차원의 문제지만, 자원의 오용이 빚어낸 기후변화라는 궁극적 결과는 공공선에 입각한 국가의 선택 및 정치적 의지, 그리고 국제공조로만 해결할 수 있는 전 지구적 문제라고 진단한다. "국가는 에너지 거물들의 탐욕과 물에 잠기는 도시들의 비극 사이에 서 있는 유일한 힘이다. 장기적이고 보편적이며 조정력 있는 조치를 시행해야 하는 주체 말이다. 이것이 바로 우리에게 국가가 필요한 이유다. ……신성한 제국들과 세계대전을 견디고 살아남은 인류에게 오늘날보다 사회적 협정이 더욱 절실했던 적은 결코 없었다. 이는 개별 시민들 간의 계약이 아니라 인간과 자연 사이의 평화조약이어야 한다." 그의 말마따나 기후재앙의 위협이야말로 진정한 인류의 첫 번째 공동 관심사이자 여러 부분으로 나눌 수 없는 글로벌 이슈다. 그런데 저자는 "사회학자 울리히 벡은 …… 지구온난화만이 우리를 구원할 수 있다고 설파했다. 그러나 많은 사람들, 그리고 기독교 교회의 학자들 역시 이 사실을 똑똑히 알고 있으면서도 전혀 구원받기를 원치 않는다"고 밝힘으로써, 글로벌 차원에서 문제 해결의 난망함을 다시 한번 강조했다.

자원의 저주와 기생 국가

자원은 어떻게 활용하느냐에 따라 축복으로도 저주로도 작용할 수 있다. 이른바 '양날의 검'인 것이다. 저자가 말한다. "국가 간 통계를 보면, 한 국가의 석유 및 천연가스 수출은 그 나라의 민주적 발전을 저해하고 인적자본의 성장을 가로막으며 다른 국가 수입원을 파괴한다는 것을 알 수 있다. ……그러나 나머지 국가들보다 더 성공적으로 석유에 대처해온 국가들도 없지는 않다. ……자원 의존성은 저주도 미리 운명지어진 결과도 아닌, 자유로운 선택, 정치적 의지의 표현이라고 볼 수 있다." 또한 단일자원에 집중하는 자원 의존 국가의 특성에 대해 **"다른 원자재들을 배제하고 특정 형태의 한 가지 원자재에만 집중하는 경향을 띤다"** 고 설명한다. 저자는 이 같은 자원 의존 국가를 지칭하기 위해 '기생 국가'라는 용어를 사용한다. **"기생 국가**는 국가의 속성은 유지하되 그 기능을 수행하지는 못하는 정치 공동체다. 내가 보기에 기생주의는 중상주의의 극단적 버전이다. ……하지만 전성기에는 본국 영토 내에서 국가의 기능을 실현한 중상주의 제국과 달리, 기생 국가는 심지어 자국민을 위해서도 이러한 기능을 충족시키지 못한다. ……국가는 천연자원에 의존할수록 인적자본에 대한 투자를 게을리한다. 인적자본 수준이 낮은 국가일수록 자원 추출에 대한 의존도는 더욱 커진다. 악순환이 펼쳐지는 것이다."

이러한 현상은 대다수 자원 의존 국가에서는 역사적으로 보편화한 현상이지만, 노동 의존 국가에서는 찾아보기 어렵다. 저자는 두 국가 유형의 특성을 다음과 같이 대비시킨다. "자원 의존 국가와 노동 의존 국가 간 무역……은 국제관계 분야에서 흔히 볼 수 있는 상황으로, 두 선수 중 한쪽이 상대 선수가 판매하는 귀중한 자원을 구매하고 자국민의 노동으로 생산한 제품을 그 대가로 제공하는 경기다. 노동 의존 국가는 내부 경쟁을 장려하고 재산권을 보호하며 기술 발전을 보장하고 공적 재화와 서비스를 촉진한다. 자원 의존 국가와 자원 독점 국가에서는 이 가운데 아무 일도 일어나지 않는다. 그런 국가에서는 제도가 발전하지 않고 자연이 훼손되며 국민이 풍요를 구가하지 못한다. 이 모든 것은 자원 의존 국가에게는 저주이지만 그 파트너 국가에게는 축복이다."

세계무역에서 비교우위를 차지할 정도의 국지형 자원이 전무한 우리나라는 천연자원이라는 프리즘을 통해 인류사를 조망하는 저자의 시야에서 완전히 벗어나 있다. 하지만 자원 의존 제국 및 국가들의 흥망성쇠와 '자원의 저주'를 겪는 이른바 기생 국가의 실상을 접하자니 문득 이런 생각이 든다. 죽으나 사나 노동력과 인적자본 개발에 매달릴 도리밖에 없는 조건이 어쩌면 우리나라가 지금처럼 발전하도록 이끈 원동력이라고, 국가 권력 및 엘리트의 타락과 시혜 대상으로 전락한 국민의 무기력을 특징으로 하는 기생 국가로 전락하지 않도록 막아준 요인이라고 말이다. 물론 자원 부국임에도 좋은 제도들을 도입해 '자원의 저주'를 막은 미국·스웨덴 같은 예외도 없지는 않으니 이는 억지스러운 자기위안이긴 하다.

전 지구적 규모의 그린뉴딜

인류 문명의 역사는 '천연자원' 개발의 역사라고 해도 과언이 아니다. 저자는 지금이 그 문명과 그것의 핵심을 이루는 '진보' 개념을 돌아보아야 할 때라고 제안한다. 그러면서 이렇게 글을 맺는다. "사회는 자연을 떠나 살 수 없으며, 경제생활은 그에 따른 생태적 결과와 별개가 아니다. ……생태 개혁은 혁명에 버금갈 만한 인간 행동의 변화에 달려 있으며, 그와 마찬가지로 급진적 국제관계의 변화 없이는 불가능하다. 재앙은 오로지 글로벌 공동체 차원에서만 피할 수 있으며, 다시 한번 강조하거니와 혁명은 전 세계적일 때만 성공을 거둘 수 있다. 뉴딜은 한 개별 국가에서 효과가 있었지만, 그린뉴딜은 전 지구적 규모로 추진되어야만 효력을 발휘할 것이다."

저자는 책 후반부에서 "생태학·정치학·경제학은 늘 불화하지만, 지금이야말로 그들이 조화를 꾀해야 할 때이며, 이 새로운 질서는 분명 생태학이 이끌어가게 될 것"이라고 힘주어 강조한다. 천연자원의 역사를 다룬 이 책의 결론이 진정성을 담은 숱한 환경 저서들의 결론에 수렴한다는 사실은 정말이지 의미심장하다. 그런데 인간은 역사를 돌아봄으로써 미래에 대비하는 교훈을 새기는지라, 그건 어쩌면 당연한 일인지도 모르겠다.

2023년 7월
김홍옥

찾아보기